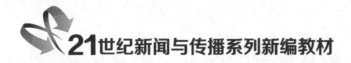

21世纪新闻与传播系列新编教材

公共关系策划

（第二版）

谭昆智 汤敏慧 劳彦儿 ◎ 著

PUBLIC

RELATIONS PLANNING

清华大学出版社
北京

内容简介

本书作者历经数年的积累，在积极借鉴和吸收国外先进的公关活动策划与管理的理念、观点和方法的基础上，结合中国国情以及公共关系教育与活动的发展现实，将策划与管理融为一体，采用实证研究的方法构建本书的框架体系，引用与分析大量的案例和数个原创策划方案来阐释如何进行公关策划，力求使本书具有一定的开拓性、系统性和应用性。

对大学生来说，公共关系策划既是一门专业基础课，又是一门素质教育课。本书贯彻"学以致用"的原则，注重培养学生的实际应用能力。本书的特点是：语言简洁明快、内容新、案例新、观点新、可读性强，较好地将专业学习和素质训练融为一体。

本书既可作为高等院校公共关系及相关专业的教学用书，也可作为企事业单位在职人员培训及自学用书。

本书封面贴有清华大学出版社防伪标签，无标签者不得销售。
版权所有，侵权必究。举报：010-62782989，beiqinquan@tup.tsinghua.edu.cn。

图书在版编目（CIP）数据

公共关系策划/谭昆智，汤敏慧，劳彦儿著. —2版. —北京：清华大学出版社，2014（2024.1重印）
21世纪新闻与传播系列新编教材
ISBN 978-7-302-36916-5

Ⅰ. ①公… Ⅱ. ①谭… ②汤… ③劳… Ⅲ. ①公共关系学-高等学校-教材 Ⅳ. ①C912.3

中国版本图书馆CIP数据核字（2014）第131232号

责任编辑：邓　婷
封面设计：刘　超
版式设计：文森时代
责任校对：王　云
责任印制：刘海龙

出版发行：清华大学出版社
网　　址：https://www.tup.com.cn，https://www.wqxuetang.com
地　　址：北京清华大学学研大厦A座　　邮　编：100084
社 总 机：010-83470000　　邮　购：010-62786544
投稿与读者服务：010-62776969，c-service@tup.tsinghua.edu.cn
质量反馈：010-62772015，zhiliang@tup.tsinghua.edu.cn

印 装 者：三河市君旺印务有限公司
经　　销：全国新华书店
开　　本：185mm×230mm　　印　张：22.25　　字　数：469千字
版　　次：2009年11月第1版　2014年12月第2版　印　次：2024年1月第7次印刷
定　　价：59.80元

产品编号：054034-02

第二版前言

《公共关系策划》第一版自 2009 年 11 月出版以来，受到广大读者的厚爱，多次重印。随着公共关系教育与活动不断地向前发展，书中的部分内容需要更新和调整，因此，笔者对原书进行了再版修订。此次修订的主要工作是去掉一些冗长的、学究气太浓的阐述，增加三个最新的原创策划："第三届广州 Mini 马拉松赛"、"科学中心，走进人心"和"全新高尔夫 唯你，为我"，这三个策划都是中山大学新华学院 2012 级公共关系学专业学生集体智慧的结晶。

站在今天的时代高度，在本次修订的过程中，我们力争做到为读者提供一个既保持传统文化的魅力，又能体现出新时代精神的《公共关系策划》教材，让公共关系学这门学科在更广大的意义上，更有效地成为我们构建和谐社会、实现"中国梦"的思想资源。本书凝聚了作者团队多年在中山大学从事公共关系教学的实践与研究，这是一个不断总结的过程，也是一个不断收获的过程。

"公共关系策划"课程的教学目的是：（1）巩固和复习"公共关系学"课程的理论知识。（2）理论与实际相结合。（3）掌握公共关系策划实践工作的基本程序和主要内容。（4）培养学生对自己做好公共关系策划工作的信心。（5）综合训练学生在公共关系实践中的操作技能。

我系对这门课程进行了创新改革，邀请了 12 位校外导师来教授该课程，这 12 位校外导师都是学习过公共关系学专业系统理论知识的专业人才，而且现在基本上都是活跃在公共关系行业一线（公关公司、广告公司、新闻单位、政府部门等）的工作人员，因此，他们能够很轻松地带领在校学生走上实践的"舞台"。此外，校外导师能够弥补校内导师在实践上的短板，帮助学生实现从学校到社会的过渡。通过校外导师的授课，学生们可以得到大量的实证素材，为其今后走向公关行业打下了坚实的基础。

一句话，公共关系教学的实践经验，孕育了这本书。所以，这本书就有了以下鲜明的特性：一是实践性。本书源于实践、用于实践，紧紧围绕实践这个中心，对公共关系策划提供了具体而实用的指导，具有很强的操作性。二是本土性。本书立足我国公共关系策划这片土壤，吸纳国外一些可取方法，深入总结我国公共关系策划的实践经验。三是全面性。在写作过程中我们尽量做到涵盖公共关系策划的全部实际问题，包括理论和实操方法。四是科学性。本书贯彻公共关系策划的科学规律，较系统地介绍公共关系策划的科学方法。五是可读性。本书虽是学术类教材，但我们力争让文字通俗易懂，为读者营造轻松的阅读氛围。

我认为，"公共关系策划"不要强调"专、深、尖"，而要强调"广、博、实"。因此，在进行公共关系策划的过程中，首先要依据公关调查中所确定的组织形象的现状，提出新的形象、目标和要求，并据此设计公共关系活动的主题，然后，通过分析组织内外的人、财、物等具体条件，提出若干可行活动方案，并对这些活动方案进行比较，择优确定出能够达到公关目标要求的、最适当、最有效的活动方案。因此，公共关系策划一般包括六个工作步骤：确定目标、确定公众、设计主题、选择媒介、编制预算、审定方案。

成功的公共关系策划除了要遵循公共关系策划的程序外，还要运用活动创意的一般方法，灵活把握活动时机和选择合适的活动模式。同时，要让读者明白：组织目标是公共关系策划的原动力。公共关系策划方案是以书面文字形式确定下来的策划者的构思和创意。整个策划的思维过程，最终是以策划方案的形式加以条理化和系统化，所有的灵感和创意都在策划方案中被具体细化为可供实施的方法和步骤。

《公共关系策划（第二版）》的完成，清华大学出版社提供了物质和精神的支持，在此向为此书问世给予大力支持的清华大学出版社及有关人员，特别是与我合作了七本书的编辑邓婷老师表示衷心的感谢。

谭昆智

于中山大学新华学院

前言

公共关系学是当今科学高度发展的产物，它综合了传播学、经济学、社会学、心理学、语言学和信息论等现代科学知识，是现代空前复杂的经济活动的延伸，是一门应用性和综合性极强的、新兴的软管理科学，而公共关系策划是公关活动的重要组成部分。

策划，即筹划或谋划。公共关系策划，就是对公共关系活动的筹划和谋划过程。公关策划的含义就是策划人员根据组织的目标要求，在充分进行调查研究的基础上，对总体公关战略、专门公关活动和具体公关操作进行的计划、构思和设计。也就是说，公共关系策划主要研究在信息量急剧膨胀的现代社会里，组织机构如何在复杂、活跃的经济活动和激烈竞争中立于不败之地，使组织自身能运用各种信息传播手段，及时、准确地预测环境变化，有效地传递信息，获得公众的理解和信任，为自己创造良好的生存和发展环境。公关策划的特征是创造性、超前性、应变性、有效性和导向性；公关策划的价值是公关价值的集中体现，它是公关竞争的法宝，属于公关活动中最高的层次。

中国的公共关系发展到今天，越来越多的公共关系业内人士意识到公共关系策划的重要性。公共关系策划犹如灵魂，没有灵魂，公共关系便失去了应有的活力；公共关系策划犹如浩荡驰骋的航船白帆，没有了白帆，公共关系的航船便会停滞不前。现在，公关策划已被广泛地应用于社会的各个领域，特别是从事管理、金融、财政、外贸、商业等工作的人员，都应该通过公关策划理论的学习，掌握其基本技能，在实践中不断提高自己的公关策划能力，才能在社会主义建设中发挥自己的价值和作用。

从 20 世纪 80 年代初至今，中国公共关系事业经历了三十多年的历程，从最初的接待型公关到后来的营销型公关，再到现在的策划型公关，不仅是价值的提升、功能的回归，也是公共关系在社会发展中日益展示其魅力的过程。20 世纪 80 年代末，中国的劳动人事部门正式将公共关系纳入职业序列，标志着公共关系策划进入专业化、规范化发展的主流轨道。公共关系策划在中国的发展过程不仅是公共关系日益成熟的过程，也是中国市场日益健康发展的过程。

本书借鉴了国内外公共关系策划的有关理论和实例，并介绍了一些在公共关系策划大赛中获奖的方案，以最新的视野和角度，构建出公共关系策划的整体框架。本书既具理论性，又具实用性。

　　本书是一本介绍公共关系策划理论与实务的书籍，其目的是要使社会组织的管理者和工作者在实施经营与管理时，能轻松掌握与领会公共关系策划的内容与方法，并贴近现代管理的实际所需。本书可作为社会组织开展内训的基本教材之一，也可作为公共关系学及相关专业在校学生和指导教师的教学用书，同时也是社会组织（特别是企业）咨询师、高校教师和专家学者的实务类参考指南。

　　本书由谭昆智编写大纲、统稿，各章编写情况如下（以章节为序）：前言，第一、二、三、四、五章，谭昆智；第六、七章，汤敏慧；第八、九章，劳彦儿；第十章，汤敏慧、劳彦儿。第一至九章的原创策划方案由谭昆智整理与编写。

　　《公共关系策划》一书之所以能够顺利出版，离不开方方面面的鼎力支持，在这里我们要对关心、支持本书出版的各界人士致以深深的敬意！

　　《公共关系策划》仅是书山一角，挂一而漏万。作者才疏学浅，笔力不逮，疏漏和错误之处在所难免，敬请专家学者和广大读者不吝批评指正。

作　者
于广州中山大学康乐园

目 录

第一章 公关策划概述 1
　第一节　策划与公关策划 1
　　一、策划的理论 1
　　二、公关策划的内涵 3
　第二节　公关策划的地位与原则 7
　　一、公关策划的地位 8
　　二、公关策划的原则 10
　第三节　公关策划内容 13
　　一、组织形象调查 13
　　二、确定总体目标 17
　　三、设计活动主题 19
　　四、分析目标群体 22
　　五、选择活动方式 24
　第四节　原创策划"红丝带，奥运之旅" 25

第二章 公关策划程序 35
　第一节　两阶段的策划程序 35
　　一、公关策划的前期准备 35
　　二、公关策划的实际步骤 37
　第二节　六步骤的策划程序 42
　　一、收集公关信息 42
　　二、策划公关目标 46
　　三、确定公关对象 49
　　四、部署公关战略 53
　　五、抓住公关时机 58

六、评估公关效果 60
　第三节　2010年亚运会对广州城市形象传播实证分析研究 61
　　　一、广州将举办历史上最出色的亚运会 61
　　　二、调查问卷的实证分析与操作 63
　　　三、通过举办亚运会来提升广州城市形象的对策和建议 67
　第四节　原创策划"第三届广州Mini马拉松赛" 67

第三章　公关专题活动策划 82
　第一节　公关专题活动策划的概念 82
　　　一、公关专题活动策划的内涵 82
　　　二、公关专题活动策划的内容 83
　　　三、公关专题活动策划的原则与要求 85
　第二节　公关专题活动策划书 87
　　　一、公关专题活动策划书概述 87
　　　二、公关专题活动策划书实例 90
　第三节　典型的公关专题活动策划 94
　　　一、社会赞助 94
　　　二、新闻发布会 95
　　　三、庆典活动 97
　　　四、展览会与会展业 98
　　　五、公关谈判与交流活动 102
　第四节　原创策划"创业起航" 102

第四章　公关调查策划 112
　第一节　公关调查的内涵与原则 112
　　　一、公关调查的概念 112
　　　二、公关调查的原则 115
　第二节　公关调查的内容 117
　　　一、基本情况调研 117
　　　二、组织的形象调查 119
　第三节　公关调查的程序与方法 122
　　　一、公关调查的程序 122
　　　二、公关调查的方法 126
　第四节　原创策划"广州市上下九步行街调查策划报告" 132

第五章 公关广告策划 141
第一节 公关广告策划的概念 141
一、公关广告的内涵 141
二、策划的内涵 145
三、公关广告策划的内涵 147
第二节 公关广告策划的流程 148
一、环境、产品与目标 148
二、广告策略与目标 149
三、广告主题与预算 150
第三节 公关广告策划传播 152
一、公关广告传播的要求 152
二、公关广告与商品广告策划 154
第四节 公关广告策划与制作技巧 160
一、公关广告策划技巧 160
二、公关广告制作技巧 162
第五节 原创策划"广州市大学城岭南印象园" 166

第六章 公关新闻策划 174
第一节 公关新闻策划概述 174
一、公关新闻策划的起源背景 174
二、公关新闻策划的概念 175
三、新闻策划的发展方向 177
第二节 公关新闻稿写作 178
一、公关新闻与一般新闻的区别与联系 178
二、公关新闻稿的一般结构 179
第三节 公关新闻策划的原则 183
一、公关新闻策划的基本原则 183
二、公关新闻策划应对媒体原则 186
三、公关新闻创意方式 190
第四节 公关新闻策划的一般程序 194
一、新闻调查分析 195
二、新闻规划 198
三、新闻实施 198
四、新闻监测 199

第五节　原创策划"市民礼仪及公关礼仪义务宣传日" …………… 200

第七章　公关谈判策划 …………………………………… 207
第一节　公关谈判知识 …………………………………… 207
一、公关谈判的概念和特点 …………………………… 207
二、公关谈判的原则 …………………………………… 211
第二节　公关谈判程序 …………………………………… 213
一、公关谈判的准备阶段 ……………………………… 213
二、谈判开局阶段 ……………………………………… 218
三、交流探测阶段 ……………………………………… 218
四、磋商交锋阶段 ……………………………………… 219
五、妥协阶段 …………………………………………… 219
六、协议签订阶段 ……………………………………… 219
第三节　公关谈判技巧 …………………………………… 219
一、公关谈判的技巧原理 ……………………………… 220
二、公关谈判的情报技巧 ……………………………… 221
三、公关谈判的时间技巧 ……………………………… 222
四、公关谈判的报价技巧与方法 ……………………… 225
五、公关谈判的让步技巧 ……………………………… 230
第四节　原创策划"梅州首届客家文化旅游节策划方案" ………… 233

第八章　公关营销策划 …………………………………… 241
第一节　营销公关的含义与种类 ………………………… 241
一、营销公关的含义 …………………………………… 241
二、营销公关的种类 …………………………………… 245
第二节　营销公关的环境和原则 ………………………… 251
一、营销公关的环境 …………………………………… 251
二、营销公关的原则 …………………………………… 253
第三节　营销公关的决策过程 …………………………… 257
一、建立营销目标 ……………………………………… 257
二、选择公关信息和载体 ……………………………… 257
三、执行营销公关计划 ………………………………… 261
四、评估营销公关的效果 ……………………………… 264
第四节　原创策划"松山湖形象宣传画册构思方案" …………… 267

第九章　公关危机的管理策划 ... 271
第一节　公关危机的类型与特点 ... 271
　　一、公关危机的定义 ... 271
　　二、公关危机的类型 ... 272
　　三、公关危机的特点 ... 279
第二节　公关危机的预防 ... 280
　　一、分析公关危机产生的原因 ... 280
　　二、设立完善的危机预警机制 ... 283
　　三、周密策划危机的预防方案 ... 284
第三节　公关危机的管理处理 ... 287
　　一、公关危机的处理原则 ... 287
　　二、公关危机的处理方法 ... 288
　　三、公关危机的处理过程 ... 289
　　四、公关危机的恢复管理 ... 292
第四节　原创策划"科学中心，走进人心" ... 293

第十章　公关策划人员的素质要求与培训 ... 310
第一节　公关策划人员的基本能力 ... 310
　　一、表达能力 ... 310
　　二、人际交往能力 ... 312
　　三、组织管理能力 ... 313
　　四、决策能力 ... 313
　　五、应变能力 ... 313
　　六、收集处理信息的能力 ... 315
　　七、创新能力 ... 315
第二节　公关策划人员的基本素质与培训 ... 316
　　一、公关策划人员的基本素质 ... 316
　　二、培训原则和方法 ... 322
第三节　公关策划要遵守的相关法律和职业道德 ... 324
　　一、公关策划需要遵守的法律 ... 324
　　二、公关策划人员的职业道德 ... 327
第四节　原创策划"全新高尔夫　唯你，为我" ... 328

参考文献 ... 341

第一章

公关策划概述

本章介绍策划与公关策划的不同含义及公关策划的地位与原则,以公众至上、形象为本和整合传播为切入点介绍公关策划。同时,在公关策划内容中,重点阐述了组织形象调查、确定总体目标、设计活动主题、分析目标群体、选择活动方式等内容。

第一节 策划与公关策划

策划与公关策划有不同的含义,策划是公关策划中的一部分,公关策划其实是一项相对复杂的项目推广系统,而策划更多的是在公关策划确定后就所需传播载体进行细致规划的一个步骤。策划与执行是一个统一体,一定要做到"双剑合璧",才能扎实地做好管理和经营。

一、策划的理论

策划是组织通过激发创意,有效地配置和运用自身有限的资源,选定可行的管理方案,达成预定的目标或解决某一难题。策划虽然不能保证组织绝对成功,但绝对可以保证组织少走弯路。对于策划的理论有多种理解和解释。

(一)策划的概念

事实上,"策划"行为贯穿于人的一生。例如,策划一次生日派对、策划一次球赛和策划一顿饭等,这些实际上都是策划的初始形态。一旦形成科学的思维体系,策划将成为每个人工作中最重要的一部分。

策划，即有计划、谋划、筹划、打算之意，它是根据现有条件和目标要求，寻找事物的因果关系，设计最佳行动方案的过程。

（二）对策划的不同解释

1．策划是整合

策划不是万能的，只能在客观和主观条件允许的范围内大显神通。策划的成功不是靠运气，而是靠现代思维科学。策划只有建立在有效地整合多个学科（如经济学、商业经济学、市场营销学、管理学、广告学等）的基础上，才能有生命力。

2．策划是过程

策划不是简单地制定一个方案，而是要对整个项目运作过程加以动态把握，对出现的各种问题做出准确和快速的反应，捕捉稍纵即逝的机会。"条条大路通罗马"，但是最近的路只有一条。策划就是寻找这条路。策划是一个绘制航海图的过程，理念设计是罗盘的指南针。

3．策划是科学

策划的系统体现在：信息如水，策划如舟，水载舟行，休戚与共。策划是一门复合性科学、交叉科学、边缘科学和监理科学。它的最奥妙之处是，将单线思维转变成复合思维，将封闭性思维转变成发散性思维，将孤立的、静止的思维转变为辩证的、动态的思维，将量入为出的思维转变为量出为入的思维。

（1）策划是思维科学。策划是用辩证的、动态的、发散的思维来整合行为主体的各类显性资源和隐性资源，使其达到最大效益的一门科学。策划的本质是运用脑力思维，对各种类型的资源有效整合的结果，它包括思维路线的选择、理念的设计、资源的整合和操作过程的监理。

思维方法、思维习惯、思维意识，直接对策划方案的成型产生影响。策划强调发散思维多于线型思维，强调理性思维与感性思维并重，强调将量入为出的思维转化成量出为入的思维，强调将静止的思维转化成动态的思维。

（2）策划是设计科学，理念的设计始终处于策划的核心和首要地位。设计是一项复杂的工作，涉及内容广泛。一个成功的设计，主要取决于消费者生活方式、价值观念、目标顾客、企业理念、商品分类、商品构成、卖场构成、商品布局、商品陈列和商品表现等因素，及其相互之间的内在联系。

（3）策划是实践科学，要考虑怎样才能获得现实的可操作性。策划需要方案，策划人要达成目标就需要对未来的事物提早进行规划。但这只是策划的一部分，策划的真正意义在于将确定的方案落实，从而产生生产力。实践、实践、再实践，唯有如此才能避免策划沦为纸上谈兵。策划人要在实践过程中对项目进行动态的把握，要对项目的实施过程进行有效的监控。

(4)策划是整合科学。策划的力量在于整合,策划是通过全新的理念和思路,对生产力的各种要素、资源重新整合,使之产生 1+1>2,甚至原子裂变式的市场效应或者经济效益;策划是全部生产力要素的综合,甚至是经济因素、政治因素、社会因素以及其他多种因素的综合。整合的出发点是系统论,整合的手段是方法论,整合的目的是让策划产生生产力。

二、公关策划的内涵

公关策划(Public Relation Planning)属于公关活动中的最高层次,它是公共关系价值的集中显现,其公关活动是连续不断的过程。公关策划是公关活动的核心和公关竞争的法宝。

(一)公关策划的概念

1. 公关策划的要素

公关策划的要素有策划者、策划内容、策划渠道、策划对象和策划环境等。其中,策划者是公共关系策划的主体,整个策划过程就是策划者实现自己意志的过程,是策划者主动影响策划对象的过程,策划者在策划活动过程中始终处于支配地位。而其他基本要素经过策划者的组织,能促使策划过程有序地展开,实现既定的策划目标。

2. 公关策划的定义

公关策划属于公共关系的高层次动作,其主要内容是为达到一定目标而进行的有科学程序的谋划、构思和活动方案的设计与制作。公关策划是一种独特的管理职能,是当代公共关系学整合的核心——帮助一个组织建立并维持它与公众之间的相互沟通,从而帮助复杂而多元化的社会更有效地取得一致和发挥作用。

由此可见,公关策划的核心内容是策划,即谋划、构思与设计。这些谋划与设计绝不是策划人员的"闭门造车"、"凭空想象",它必须建立在一个扎实的基础之上。

因此,我们可以给公关策划下这样的定义:公关策划是指公共关系人员以分析预测为基础,根据组织自身形象的现状和目标要求,分析现有条件,对公关活动的主题、手段、形式和方法等进行构思和设计,确定公共关系活动的战略与策略,并制定出最佳计划方案的过程。

3. 公关策划的操作

(1)公共关系策划是为组织目标服务的。组织目标就是为了更好地实现个人目标而设置的计划、步骤。组织的发展,组织目标的实现应当是为了更好地实现个人目标。我们应该站在组织中最广泛的立场上建立组织目标,从这个角度出发才能够把员工的目标作为己任。以这种思想为指导去设置组织的目标,组织内的成员会理所当然地形成一种"主人翁意识",进而产生更大的积极性和创造性。

(2)公共关系策划是建立在公共关系调查基础上的，既非凭空产生，也不能囊括所有公共关系活动。所以，公共关系调查研究是指公共关系工作人员对自己或所服务的组织（指公共关系专业公司受特定组织的委托为其进行公共关系调查）的公共关系状态进行的情报搜集与研究工作，公共关系调查是在实证的基础上产生和完善的。

(3)公关策划可分为三个层次：总体公关战略策划，如某企业的CIS导入、组织形象的五年规划、建设型公关、进攻型公关、防守型公关等；专门公关活动策划，如四通集团向科技奥运会获奖学生赠送计算机的活动、壳牌公司为司机发放交通图的活动等；具体公关操作策划，如典礼、联谊会、集资、赞助等。

(4)公共关系策划包括谋略、计划和设计三方面的工作。谋略是根据形势发展而制定的行动方针和竞争方式，讲究竞争艺术、注意方式方法是其关键的一点；谋略性思维的表现形式有灵感、想象、兴趣和好奇性。而在计划上，更应该倾向于"概念规划"，概念规划的内容主要是对策划项目具有方向性、战略性的重大问题进行集中专门的研究，从经济、社会、环境的角度提出项目策划的综合目标体系和发展战略，以适应策划完善的要求。设计并不是对策划表面的装饰，而是以策划目的为基础，将社会、人类、经济、技术、艺术、心理多种因素综合起来，使其能纳入策划项目完善的轨道。设计不局限于对物象外形的美化，而是有明确的功能目的，设计的过程正是把这种功能目的转化到策划的具体对象上去。

（二）公关策划的特征

公关策划是策划的延伸与细化，它是指在公关工作与活动中，运用策划思想原理与技巧，依据公关目标与宗旨的需求，为获取高功率、高效能而利用策划者的智能筹划出来的计划与方案，并以其贯穿实施过程中的明确主题思想和特有的心态行为特征，构造出一种新的思维模式与工作方法。它的特征或特点表现为以下几个方面。

1. 超前性

公关策划是对某项重要工作的筹划与实施，具有超前性。公关策划人员应根据已有的经验和条件，对未来提出科学的预测与估算，并设计出一整套较为可行的谋略方案。在公关策划中，策划者应有相对超前的意识。

(1)相对于其他决策者思维形成所需的时间超前。策划者想到某一方案时，可能会有很多人同时想到了，如不超前，则可能在策划方案实施时遇到意想不到的竞争者。

(2)相对于决策者认识、理解所需的时间超前。策划的思想要转化为决策者的思想，这往往要一个过程。

(3)相对于管理者行为分解所需的时间超前。决策者要把他的思想变成全体员工的行动，也需要一个过程，但不能过于超前，过于超前一般难以让决策者和管理者接受，而且可能在行动时机成熟之前暴露了公司的秘密，反而启发了竞争者。策划不仅要追求空前，还要追求绝后。

2．创造性

公关策划的来源一般超脱于日常，能依据形势的发展和环境的变化，从新方位与新角度进行谋划，进而挖掘出蕴藏于日常工作之中而又出人意料之外的、非常规的、非常知的做法与举措。策划的实质在于创造性地整合资源，有以下三层含义。

（1）策划必须整合资源。策划者整合资源的能力直接影响其策划水平的高低。整合资源的前提是要有资源，"巧妇难为无米之炊"，没有资源的策划是没有办法完成的。但是，资源的有无和多少与策划者是有深刻关系的。策划者一方面要注意积累资源，如媒体资源、人脉资源、广告资源等；另一方面，还要善于挖掘资源。

（2）整合资源必须是创造性的。俗话说，"纲举目张"，事实上，整合资源的关键就是找到"纲"，找到了"纲"才能把相关的资源和优势（相当于"目"）有机地整合在一起，否则就是"貌合神离"。但是，"纲"的确定必须经过认真思考，或经过一群人的"脑力激荡"，才能最终定论，因为"纲"必须从"人性"出发，符合人性特征，必须准确表达基于人性的资源和优势的综合特征，而且"纲"又必须具有创意和高度的概括性，才能够吸引社会关注，引起大家的共鸣，最好是带动一批人参与其中，这样才有可能取得预期的效果。所以要做到"创造性"，必须深刻理解人性、资源以及相关优势的特征，然后加以分析和综合。

（3）创造性必须符合社会发展需要，不能为了创造而一味地标新立异。换句话说就是，创造性地整合资源必须能够为个人、组织或社会带来实实在在的价值，否则就不能称其为一项成功的策划。当然，这里的策划不涉及价值标准评判，只是强调策划必须产生具有实际意义的效果。

3．智慧性

公关策划者应有胆略、有心计、有头脑、有技艺，能不断地设计新招与计策，思维形式和工作方法令人耳目一新，显示出一种高智慧和高技能。

（1）策划中的智慧性，指的是总体策划要充分运用智慧。智慧是对各种知识的灵活应用、对各种信息的灵活使用、对各种资源的灵活利用和对各种变化的灵活反应。

（2）策划者要充分挖掘组织的潜在资源，不是进行资源的简单罗列，而是带有较强智慧性成分去策划项目，独辟蹊径，"从无到有"、"从小到大"、"无中生有"地创造策划的智慧，从而让组织管理与策划更为成功。

（3）组织策划，个人的作用不可否认，但大家的智慧则更是不可忽视的。说到海尔，人们自然会想到张瑞敏；说到希望集团，就不能不提到刘永好。其实，张瑞敏再有能力，他能一个人独立生产出冰箱、洗衣机吗？当然不能，海尔能够发展到今天，靠的是谁？是他的员工，他的团队。企业要讲群策群力，首先是群策，就是大家献计献策，集思广益，"三个臭皮匠，胜过诸葛亮"说的就是这个道理。

4. 谋略性

公关策划要站在战略的高度,从宏观到微观,精心构建计策,周密地进行布局安排,要有胆识、有策略。策划概念强调的思维谋略,是与盲目行为相反的谋略性。社会组织内外部的策划部门,其所从事的全部工作都是智慧活动。谋略是策划的特征,是策划思想的精髓,其特点表现在以下三个方面。

(1)组织成功的发展战略策划,可以使组织的发展避免盲目性,增强组织的竞争力。竞争主要是一种以服务性为特征和内容的无形产品的竞争,情况变化多端,捉摸不定。因此,不能拘泥于成规,不能恪守于一格,必须以奇制胜,以谋制胜。

(2)组织成功的发展战略策划,可以推动和促进组织的可持续发展。不谋全局,不足谋一域。组织的发展战略策划,突出发展,强调战略,注重组织发展的整体性、全局性、系统性和宏观性,因而能有效促进和推动组织的可持续发展。

(3)组织成功的发展战略策划,架起了组织今天和明天的桥梁。组织的发展战略策划,策划的是组织的将来和未来,成功的组织发展战略策划,可以使人们明确目标,理清思路,增强信心。谋略策划是一个组织策划的核心和灵魂。

综上所述,公关策划的设计要求策划者必须具备广阔的知识、丰富的经验、熟练的技能和高度的智慧与心计。

(三)公关策划的意义

公关策划虽然不是直接生产产品,却确定了产品和服务的灵魂。公关策划是一种独特的管理职能,它是当代公共关系整合的核心——帮助一个组织建立并维持它与公众之间的相互沟通,从而帮助我们这个复杂而多元化的社会更有效地取得一致和发挥作用。公关策划的目的就是要促进组织的宣传力度,树立良好的组织形象,提高组织的美誉度。

1. 公关策划的有效性

公关策划可以增强公关工作的有效性。通过精心的策划和科学的设计,才能确保公关目标、对象的准确性。公关工作要取得实效,离不开公关活动的精心策划,策划是保证公关工作有效性的重要环节。公关策划的核心就是解决以下三个问题。

(1)寻求传播沟通的内容和公众易于接受的方式。传播沟通是社会组织将特定的信息准确地传达给公众,并使公众接受的过程。也就是说,公关人员将组织的决定、意见、政策、措施等通过特定的媒介及时传达给有关公众,并对上述信息做出解释,以便公众能更好地理解,这是公共关系最基本的功能。

(2)提高传播沟通的效能。运用传播沟通的方法可以协调组织的社会关系,影响组织的公众舆论,塑造组织的良好形象,优化组织的运作环境。媒体的选择对于传播沟通的效果至关重要。恰当地利用报纸、杂志、广播、电视、电影、网络等大众传播媒介,是公共关系工作的一项重要内容。

（3）完备公关工作体系。公关策划是一个系统、科学和完备的程序，要求做到：科学性和艺术性的有机结合；长期性和可调适的有机结合；完整性和创新性的有机结合；可操作性和效益性的有机结合。

2. 公关策划的目的性

公共关系策划可以增强公关工作的目的性。公关策划的基本出发点，就在于促进组织的公关活动从无序转变为有序，从模糊转变为清晰，从不确定转变为确定。公关策划是一个明显的目的增强和清晰化的过程。

无论哪一层次的公关策划，都有目的性。策划中无论是设想计划还是规划方案，都必须目标明确。公关策划的目标是公关策划人员通过策划活动最终要解决的问题和达到的目的。让公众了解组织，树立组织形象，增强公众的好感和信任，从而乐于接受组织的产品、服务和价格，这就是公共关系中公关策划的目的。

3. 公关策划的计划性

经过精心策划的方案，在通常情况下是不能轻易改变的。然而，由于社会组织的主客观条件和外部环境是处在不断变化中的，公关策划时，应对行动方案留有充分的余地，针对可能发生的变化，考虑灵活的应对策略，使行动方案有一定的灵活性。

公共关系策划可以保证公关工作的计划性。公关策划既要立足于全局，顾及其他部门，又要与组织的整体公关活动保持协调。在公关策划系统中，各要素之间应当相互协调、彼此联系、环环相扣、承上启下，既有阶段性，又有连续性，实行最优化选择，寻找最能发挥组织优势，最能适应环境气氛和公众需求的方式方法，充分体现它的计划性。所以，策划人员要对公共关系活动的时间、地点以及人、财、物等条件有一个全面考虑，对公共关系活动实施细节提出一些具体的安排意见，以确保公共关系工作按计划实施，步步到位，井然有序，保证工作有计划、有步骤的完成。

4. 公关策划的连续性

公关策划可以保证公关工作的连续性。要树立良好的组织形象，不是依靠一两次公共关系活动就能一蹴而就的，它需要长期持久的努力。所以，策划的连续性管理及应急计划是最基本和必须面对的任务。但是，制订一个健全的连续性计划是一项复杂的工作，涉及不同的阶段及不同的工作。总之，策划本身既是对以前公关工作的总结和评估，又是下次公关活动科学规划的开始，能够发挥承前启后、承上启下的作用。

第二节　公关策划的地位与原则

改革开放三十多年来，我国公关的发展先后经历了传播、兴起、鉴别三个阶段，现在正处于从鉴别阶段向创新阶段的转变时期。实现这一转变的关键在于开展公关策划，而开展公共关系的前提是正确认识公关策划的地位和原则。

一、公关策划的地位

社会组织发展需要系统、完整而又科学的指导思想。这其中需要有卓然超群、独步天下的领袖意识，需要有奋力拼搏、敢于争先的竞争意识，需要有高点起步、精品制胜的全面质量管理意识，需要有迅速反应、灵活机动的市场意识；但毫无疑问，还必须具有与环境和谐相处、树立良好形象和信誉的公共关系意识，这是社会组织发展战略谋之长久、谋之深远的必要因素。下面从公关三大意识入手来考察公关策划对组织发展的指导意义。

（一）公众至上——公关策划的理念

从组织与公众间关系的发展史可以看出，公众最初往往是被忽视，甚至是被蔑视的对象；后来随着社会政治、经济的不断进步，组织被迫正视公众，但却把服务公众、尊奉公众当作权宜之计，公众又成为被欺骗、被利用的对象。公共关系学从根本上揭示了公众对组织生存发展的决定性意义，确定了"公众至上"的准则。现代公共关系学主张，在政治不断民主化、市场日趋竞争化、社会日益信息化的当今时代，组织必须从根本上认识公众对组织生存发展的无可置疑的重要作用，必须重视与公众相互依存、相互制约的内在关系，真正做到与公众真诚相处、互利互惠，从而求得共同发展；而无视公众、欺骗公众，组织终将无立足之地。

公关策划标志着现代经营思想的嬗变：尊重公众、服务公众绝不再是权宜之计，对公众负责、对社会负责是组织自身发展的必要条件和组织道德的基本要求。实践证明，组织真诚服务于公众，承担起应尽的社会责任，才是实现自己社会价值和经济效益的唯一正确途径，只有这样组织才能在满足公众和社会的同时，赢得自己长远的生存发展空间。20世纪90年代以来风行欧美、影响世界的CS运动（Customer's Satisfaction，顾客满意）正体现了公众至上的观念。

（二）形象为本——公关策划的追求

1. 形象是巨大的无形资产

当今社会，社会组织竞争日趋激烈，而且随着社会生产力的不断发展，社会组织间在技术、质量、价格、营销手段等方面也渐趋同质化，差距在逐渐缩小。社会组织如何在对手如林的情形下脱颖而出，赢得公众，关键就在于其有无完美而独特的组织形象，在于能否长期保持组织良好的信誉。现今的组织竞争是组织形象之争。

公共关系学认为，形象是组织特征和行为在公众心目中的总体反映，形象和信誉是组织安身立命的根本，也是组织长远发展的保证。形象的树立不是一朝一夕之功，它需要组织长期坚持不懈地努力。而良好的形象就是一种巨大的无形资产，具有非凡的社会号召力和影响力。

2. 坚持不懈地维护形象

社会组织发展自然要追求良好的名声、卓越的形象，所以，社会组织发展必须牢固树立形象意识，要百倍珍视形象、科学塑造形象并坚持不懈地维护形象。

（1）要充分认识到良好的组织形象是组织发展的目标，也是组织信誉的根本保证。在组织发展过程中，要高度重视组织形象的设计和建设，要使每一个员工都树立起珍惜形象、信誉至上的意识，将形象为本的观念渗透到组织工作的每一个环节。特别是在组织形象和信誉与组织经济利益发生冲突时，要毫不犹豫地坚持形象和信誉高于一切。

（2）要深入研究树立形象的客观规律，科学地塑造名牌形象。公共关系学认为，良好的形象源自良好的内在品质。吹牛、行骗、自我封赏、广告轰炸、重金购买和浅尝辄止，之所以不能创造出真正的名牌，皆在于其舍本逐末、有违名牌生成的内在规律。真正的名牌诞生于企业脚踏实地、矢志不渝的艰苦努力之中，它要求一丝不苟地抓好从设计定位到全面质量管理，从组织生产到定价、营销等所有环节。切实提高内在品质，注重形象建设，才能塑造出卓越的名牌形象。

（3）要立足于长期努力来建设和维护组织形象。形象的树立不可能一蹴而就，组织的发展战略应坚决克服急功近利的思想，摈除有始无终、虎头蛇尾的做法。要确立相应的保障体系，从而不断地创造组织荣誉，保持和发展组织荣誉，逐步在公众心目中树立起牢固的、完善的组织形象。有了科学的形象观念作指导，才能保证组织发展战略驾驭客观规律、善始善终，从而创造出令公众心悦诚服、长期信赖的组织形象。

（三）整合传播——公关策划的保证

1. 内外和谐系统的传播

有人说，形象是广告堆出来的。虽然从有效利用现代传播手段上讲不无道理，但如果将其作为组织发展战略的指导思想则肯定大错特错。那么，组织发展战略中传播活动应坚持什么原则呢？现代公关学认为，有效传播应该是一种内外和谐系统整合的传播。毫无疑问，传播的效果并不仅仅取决于你说了什么，更重要的是取决于你做了什么。

公关传播不同于一般的宣传活动，它要求美誉度和知名度的共同提高。因而，公关传播必须立足于内在的努力，追求自身行为的完善，并由内而外综合运用各种传播媒介，从实物、行为至语言、文字，和谐运作，发挥整合效应，使传播切实有效，这才是一种科学的公关策划传播观。

2. 科学的公关策划传播观

（1）实施组织发展战略不能片面强调广告和宣传的功效。社会组织必须树立这样的观念：发展战略的传播工作应内外协调，应做到知名度和美誉度的共同提高；要破除传统的宣传观念，摈弃单纯依靠宣传手段、单纯追求知名度的做法；要以全优的行为和卓越的品质为先导，同时结合有效的信息传递活动。可以肯定，仅仅寄希望于强力度的宣传攻势，却忽视全面质量管理、忽视组织人员素质的提高，只能获得一时的高知名度，而一旦产品、服务与公众见面，则必定会损害组织形象。这样的思路必然会误导组织的发展战略。

（2）组织形象不能仅仅依靠商品广告。我们应当认识到，商品广告固然是一种高效的现代传播手段，但单纯运用这一种形式而忽略全方位、多方式的信息载体和手段只会导致组织发展战略传播工作的失衡和偏颇，无助于树立完整的组织形象。事实上，产品、服务、商标、新闻稿件、新闻发布会、策划新闻事件、公益活动、营销活动等均是有效公关策划的信息载体，它们可以稳定地、直接地和多方面地向公众传递信息。公关策划能够使社会组织既重视商品广告的效用，同时又综合运用各种形式，追求整合效果。

综上所述，公关策划在公共关系中绝非雕虫小技。它既是组织处理与公众间关系准则的现代管理理论，也是组织发展战略指导思想的重要组成部分。在组织发展战略中，公关策划居于全局性的指导性地位，发挥着无可替代的重要作用。

二、公关策划的原则

公关策划原则是指社会组织在公共关系策划过程中，必须遵循的指导原理和行为准则。它是公关策划活动客观规律的理性表现，也是公关策划实践经验的概括和总结。

（一）求实原则

1. 实事求是

实事求是是公关策划的一条基本准则。公关策划必须建立在对事实真实把握的基础上，以诚恳的态度向公众如实传递信息，并根据实事的变化来不断调整策划的策略和时机等。

同时，公关活动涉及的不可控因素很多，任何人都难以全面把握，留有余地才可进退自如。因此，公关工作必须说真话、办实事、惠于公众、诚实守信，以事实为依据，所说与事实相吻合，内容与形式、真实性与艺术性相吻合，这样才能赢得社会公众的信赖。

2. 应变求实

应变求实就是在求变时要掌握一定的分寸，即把握好度。度是事物性质所达到的程度，是事物保持自己本质属性的数量界限，在界限之内搞变化不管其数量如何增减都不会引起质的变化，不会导致事物面目皆非。

公关策略要创新求奇，自然要冒风险，社会组织由于管理与技术条件的局限：承受力有一定的限度、广告投入的多少、大型活动的组织、谈判合作的实力分析、技术革新的可靠性等，一旦出现数量过大、速度过快、投资过大等，非但不能促进经济的发展，反而会造成负荷膨胀，引起经营管理紊乱，心理的失调，员工与合作伙伴也容易产生种种疑虑和不信任感，危机便不可避免地来临。所以，公关策划谋略，在大胆想象构思时，要掌握界限之内的适度，不要因敢想而随意破坏必要的平衡。

（二）尊重公众的原则

1. 伦理道德准则

伦理道德准则的核心是组织公关活动策划者的道德观念要日趋加强，这并不是要组织完全牺牲自身利益，而是要求组织在考虑自身利益与公众利益的关系时，始终坚持把公众利益放在首位，更多地为社会做出贡献。所以，公关策划时要正确把握公众心理，按公众的心理活动规律，因势利导。

2. 公众利益优先

公关策划必须遵循尊重公众、尊重组织和尊重自己三位一体的做法，因为尊重是策划的基础，只有互相尊重，才有可能保持和谐愉快的关系。组织策划的关键问题不是技术问题，而是"人"的问题。尊重公众，牢记公众第一，以公众的需求为需求，是策划者的追求。公众利益优先是公关策划的基本指导思想，必须将公众利益放在首位，为公众利益着想，才能得到大众的好评，才能获得更大、更长远的利益。

（三）创新原则

创新原则指公关策划必须打破传统、刻意求新、别出心裁，使公关活动生动有趣，从而给公众留下深刻而美好的印象。创新与求异是密切结合的，推出与众不同的策划方案，是组织占领市场的捷径。组织在管理中应不断推出多种多样的策划方案，以适应日新月异的市场，满足公众的需求。创新、求异的独特创新原则有以下几个。

1. 曲折性

一个好的策划，不应该只是"一锤子买卖"，而应该有很强的发展性，能够不断"产生"新的事件和新的角度，紧紧围绕主题层层推进，以"组合拳"的方式进行"轰炸"，从而更好地达到策划目标。就像好莱坞的经典电影，故事必须一波三折，曲折离奇，才能自始至终吸引观众的注意力，给人留下深刻的印象。

2. 求优性

求优即依据整体的目标要求去寻找个体与局部的优化。公关策划谋略的制定，应从社会组织的整体，或某一项目的完整过程出发，去解决局部的、个别的问题。策划谋略往往需要高瞻远瞩，注意整体的规划和系统或系列的设计，但更多的情况下，要解决的又是有特殊意义的、局部的、个别的问题。这就是整体为"势"，局部为"子"，重"势"谋"子"则大者和顺，小者优化，即全局和谐通畅。

公关策划应注重多层次、多角度、多侧面且尽量优化，力求以较少投入，换取较大的效果。所以，公关策划谋略，包括从理想目标、方针策略、主题、模式的框定到由虚到实，即从由书面文字的抽象蓝图到切切实实的实施推进以及各种措施、办法与条件的保证，各种因素和各种功能需要相互作用、取长补短、凝聚合力，进而达到最优的效果。

3. 时机性

时机性是指在策划中必须重视推出的时机。时间变化，社会的大背景就会发生变化，公众的关注点也将发生变化。因此，同样一个事件放在不同的时间——也就是不同的社会大背景下发生，会产生不同的效应。对于某个具体的事件来说，只有在符合其"发生"的社会大背景存在的那个时间段推出才能产生效果。当这个时间段已经过去，整个社会的关注点已经转移时，如果你再来推出这一"过时"的策划，就没有多大意义了。

策划有个基本的要求，就是要有足够的敏感性，以准确选择最佳的、能产生最大效应的实施时机。"机不可失，时不再来"正是提醒我们要抓住身边的每个机会。善于探究事物的深层，挖掘机会和把握机会，是策划者走向成功的一大秘诀。

（四）系统整合原则

系统整合原则指在公关策划中，应将公关活动作为一个系统工程来认识，按照系统的观点和方法予以谋划统筹。系统整合原则，是指从系统的整体与部分之间的相互依存、相互制约的关系中，揭示系统的特征及其运动规律，实现整体最优。以较少的公关费用，取得更佳的公关效果，达到组织的公关目标。

1. 整体性

整体性即系统的整体统一性，一个组织系统的各个部分，如对不同业态的组织，或一个业态中不同部门的策划，都是完成组织系统的统一目标不可分割的一部分。商场如战场，在竞争中要对竞争对手做深入了解、研究，充分估计对手。知己知彼，百战不殆，要不断发掘自身的强项，发挥自身的优势。因此，要求组织系统的各部分必须以一个统一的整体协调运作，其策划内容包括统一的文化、统一的管理模式和统一的人力资源队伍。例如，某组织虽然有大卖场、综合超市、便利超市和便利店四种业态，但通过统一的组织文化、统一的管理制度和统一的人力资源政策形成组织的整体。

2. "1+1>2" 规模

由于组织系统的统一采购、统一配送、统一形象、统一结算和统一管理，使其具有规模递增的增长模式，因此，在策划中，对新加入组织系统的资源进行"系统整合"时，必须遵循整合后系统的效益必须大于整合前两个系统各自效益之和的原则，即"1+1>2"，否则系统整合就是多余和无效的。

3．优势互补

一个组织在竞争中，要寻找与其他组织共同合作的机会，在优势互补中共创双赢，不仅要在物质上优势互补，精神上、文化上也要取长补短，共创美好未来。对新加入组织系统的资源进行整合时，要注意吸收各组织的优势和特点，在整合中要本着产生最大经济效益的原则，在不失整体性原则的基础上，注意保留原有的优势和特色。此举贵在：通过优势互补，弥补"先天不足"；通过牵线搭桥，发展壮大自己。

4．最优化目标

最优化是系统方法的根本目的，指从多种可能途经中选出系统的最优方案，达到任何传统方法达不到的最好效果。具体来说，就是根据需要和可能为系统定量地确定最优目标，用最新技术手段和处理方法把系统分成等级，在动态中协调整体与部分的关系，以便达到整体的最优化。

第三节　公关策划内容

公关策划是为了逐步实现公关活动的目标，在公关活动实施之前，找出组织需要解决的具体公关问题，分析比较各种相关因素和条件，遵循科学的原则与方法，运用自己的知识和经验，充分发挥想象力、创造力，确定公关活动的主题与方略，并制定出最优活动方案的过程，公关活动策划主要有以下几方面内容。

一、组织形象调查

组织形象现状及原因的分析工作，实际上就是要求在公关策划之前，对组织形象的现状进行诊断，从而为选择公关活动目标和方法提供依据。

（一）组织形象调查的定义

组织形象指的就是公众对一个社会组织的全部看法和总体评价，是社会组织的表现与特征在公众心目中的反映。它是指运用科学、系统的方法，有目的、有计划地对组织在社会公众心目中的总体形象和评价进行的考察。组织形象的构成要素主要有三个方面：组织的总体特征与风格；组织形象定位；知名度与美誉度。

（二）组织形象地位四象限图（见图1-1）

1．高知名度/高美誉度区（第Ⅰ象限）

组织处于这种形象地位，属于最佳的公共关系状态，但同时要注意，知名度越高，美誉度的压力就越大。因为在公众高度注目的情况下，公众对组织美誉度的要求会变得更加严格和苛刻，美誉度方面即使发生微小失误，都有可能造成较大的负面影响。因此，组织处于这种公共关系状态时绝不是高枕无忧、万事大吉。如果知名度超过了美誉度，就更应该警觉，以防美誉度跟不上而造成知名度方面的负面压力。

2. 低知名度/高美誉度区（第 II 象限）

组织处于这种形象地位，属于较为稳定、安全的一种公共关系状态，其美誉度高于 50 点，知名度则低于 50 点。由于美誉度是形象的客观基础，因此这种状态具有良好的形象推广基础。其缺陷是知名度偏低，美誉度的社会价值得不到应有的体现，因此，公共关系工作的重点是在维持美誉度的基础上提高知名度，扩大其美誉度的社会影响面。

3. 低知名度/低美誉度区（第 III 象限）

组织处于这种形象地位，其公共关系处于不良状态，知名度和美誉度都处于 50 点以下，既没有名气，公众评价也不好。但因为其知名度低，公众不良印象和评价的影响面也比较窄，负面作用相对比较小。在这种情况下，公共关系传播工作应该保持低姿态，甚至从"零"开始，首先努力完善组织的素质和信誉，争取改善组织的美誉度，然后再考虑提高知名度的问题；或者通过良好的传播控制，使组织的知名度和美誉度协调发展。如果在这种情况下片面地扩大知名度，有可能使组织的形象地位滑至第 IV 象限的恶劣状态。

4. 高知名度/低美誉度区（第 IV 象限）

处在这种形象地位，组织的公共关系处于"臭名远扬"的恶劣状态，不仅信誉差，而且知之者甚众。在这种情况下，组织首先应该设法降低已有的负面知名度，向第 III 象限转移；再努力挽救信誉，为重塑形象打基础。或者在特殊的情况下，利用已享有的公众知名度，大刀阔斧地改善信誉，将坏名声迅速转变为好名声，直接向第 I 象限跳跃。这样的成功例子也不是没有的。

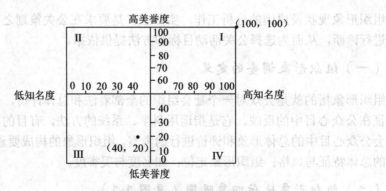

图 1-1 组织形象地位四象限图

注：第 I 象限——高知名度/高美誉度区；第 II 象限——低知名度/高美誉度区；
第 III 象限——低知名度/低美誉度区；第 IV 象限——高知名度/低美誉度区

就一个组织的形象，对 100 个人进行抽样调查：如果 100 个人对此公司表示了解和知道，并且对它感兴趣和赞赏它，那么该公司的知名度和美誉度均为 100，该公司的形象地位就处于第 I 象限的（100，100）点处。如果在被调查的 100 名公众中，只有 40 个人知道和了解该公司，那么它的知名度则为 40，知道这个公司的这 40 个人中，如果仅有 8 人对该公司表示赞赏，占 40 人的 20%，那么这个公司的美誉度则为 20，该公司的形象地位便处于第 III 象限的（40，20）点处。

（三）组织形象调查的特征

公共关系是一项经营管理的功能，属于一种经常性与计划性的工作，组织机构均通过它来保持与其相关公众的了解、同情和支持，亦即审度公众意见，使本机构的政策和措施尽量与之配合，再运用大量资料，争取建设性的合作，而获得共同利益。公关策划活动作为一种特殊的社会调查，组织形象调查就有其自身的特征。

1. 完整性

组织形象调查是从多角度、多侧面、多层次进行的，通过对收集到的各类材料的深入分析，达到对组织形象整体性的认识。对于承揽、外协、外贸等业务要注意法律合同的完整性，避免商务损失。组织形象手册系统地规定了组织视觉形象的应用标准，要注重组织形象手册（组织画册）的完整性与规范性。

2. 层次性

组织形象的竞争是一种高层次的竞争，但是，其前提条件是必须打好基础。作为组织机构的基础，从时间上看具有先行性，因此它必须走在导入 CIS 战略之前；从空间上看具有层次性，其为组织的工作提供了可靠的保证，我们可以从层次性的内涵开始了解：

（1）最低层次，即对组织视觉识别系统进行调查。这包括组织场地规划、建筑装饰、制服设计、产品包装及商品在店堂中的陈列方式等。

（2）中间层次，即对组织知名度和美誉度进行调查。

（3）最高层次，即对组织理念进行调查。这包括组织的价值观念、创新精神和组织的社会责任意识。

3. 不可量化性

组织形象属于比较复杂的社会心理现象，不太容易被量化，但这并不意味着组织形象调查不需要量化分析，只是在讲求定量分析与定性分析相结合的同时，定性分析的作用表现得更为突出。定性分析是用文字语言进行相关描述，它是主要凭分析者的直觉、经验，凭分析对象过去和现在的延续状况及最新的信息资料，对分析对象的性质、特点、发展变化规律做出判断的一种方法。定量分析是用数学语言进行描述，它是依据统计数据，建立数学模型，并用数学模型计算出分析对象的各项指标及其数值的一种方法。定性分析与定量分析应该是统一的，相互补充的；定性分析是定量分析的基本前提，没有定性的定量是一种盲目的、毫无价值的定量；定量分析使定性分析更加科学、准确，它可以促使定性分析得出广泛而深入的结论。

4. 描述和评价性

组织形象实际上是一种长期的、经常变化的动态过程。组织形象调查一方面要对这一过程进行全面、客观的反映和记录；另一方面要对组织形象形成过程中的利弊得失加以判断和分析。描述性特征意味着组织形象调查应该不带任何偏见地收集各种有关的信息材料，而评价性特征说明了资料收集过程也是一种理性考察的过程。

（四）组织形象调查的内容

1. 公众要求的调查

任何一个社会组织都是一个具体的存在，而非抽象虚幻之物，它既有实在的外观形象，又有内在的精神气质，而这种外观形象与内在气质的结合就使组织具有鲜明的形象性特征。组织形象调查的起点就是公众要求，分以下两方面进行。

（1）组织"自我定位"，即弄清楚自身的本质，包括"我"是谁（组织名称）、"我"做什么（产品及服务内容）、"我"如何做（产销及服务方式）等。

（2）社会公众的期待与要求，即公众要"我"做什么（提供什么样的产品及服务）、要"我"如何做（以什么样的方式才能保证公众利益得到最大限度的满足）等。进行公众要求的调查，尤其要重视民意测验并注意对舆论信息的收集。

2. 组织形象要素的调查

组织形象构成因素可归纳为外感形象与内在精神两大部分。

（1）外感形象，包括组织的产品质量、服务特色，以及组织的经营管理规范，推销方式，公共关系，销售点的格调，商品的外包装、广告和组织标志、图案造型等。

（2）内在精神，包括组织宗旨，经营管理特色，管理者与职工的素质，人才，技术力量，产品的研制力、开发力以及创新与开拓精神等。

内在精神体现着组织的价值观念、经营风格，构成了外感形象凝聚力源点，而外感形象则是组织内在精神的表现形式。

3. 组织知名度、美誉度的调查

真实反映组织形象的镜子是社会舆论和公众评价，而这两者正是组织在社会公众心目中的知名度、美誉度的具体表现，一般隐藏于社会评价（书面的或口头上），甚至存在于人的意念之中，很难定格或量化为具体的数字、数据与符号。

（1）对组织知名度调查：① 组织自身知名度调查，包括组织的个性特征、组织人才流动的频率、组织社会活动范围及影响、新闻媒体的传播频率。② 产品知名度调查，包括产品的市场占有率、产品的换代周期、产品的媒体传播频率。③ 管理者知名度调查，包括开拓、创新意识，公关能力，新闻媒体的传播频率。

（2）对组织美誉度调查：① 组织自身美誉度调查，包括组织资信状况、组织经营风格，组织的履约率。② 产品美誉度调查，包括顾客回头率、产品返修率、产品投诉率。③ 管理者美誉度调查，包括管理者的事业心和责任感、职业道德和法律意识、经营能力和工作风格等。

4. 组织期望形象的调查

组织期望形象是指组织争取实现的一种未来形象，是组织广泛开展组织形象创新活动的动力源泉与目标所在。

（1）设计组织期望形象：① 首先要考虑环境因素的制约。组织形象的优劣是与周围其他组织形象相比较而言的，看其与社会公众要求的适应程度。② 必须考虑到内部职工的建议和要求。组织形象的形成过程也是组织职工共同参与的集体活动，组织期望形象的塑造取决于全体职工的认同及其共同参与的自觉性。③ 必须考虑到组织自身的特殊性。组织期望形象调查的实际含义是对影响组织期望形象形成的因素进行调查。

（2）组织外部环境需求内容：① 同行组织形象的现实状况；② 社会公众的愿望和要求；③ 市场经济运行规则及组织行为规范。

（3）组织内部职工需求内容：① 对组织形象功能及意义的理解；② 参与意识的强弱及行为的自觉性。

（4）组织的生存与发展内容：① 组织的性质和特征；② 组织管理与经营状况；③ 组织形象所表现出的优势与不足。

二、确定总体目标

设立公关策划活动的分目标，这些分目标在策划方案形成时，应该明确、具体，具有可行性和可操作性。一般来说，所要解决的问题就是公关活动的具体目标，它服从于树立组织形象这一总体目标。在总体目标指导下，确立公关策划活动的目标一般有以下几种类型。

（一）提升企业形象

组织可通过了解提升企业形象领域的实践和动态，体验鲜活而精彩的提升企业形象的案例，聆听专家对提升企业形象难点问题的解答，掌握实用工具并紧跟前沿，与广大公众切磋提升组织形象之道来提升自身的形象。树立良好的组织形象是每个组织管理者的追求，它的价值很难用金钱来衡量。塑造良好的组织形象往往更需要知名的品牌、时间的积累、广告的投入、产品的改进及售后的服务等重要因素。薄利时代的到来进一步加剧了市场竞争，迅速积聚实力、脱颖而出成为各大组织急需解决的难题。有些组织注重产品质量，有些组织注重员工素质，有些组织注重企业管理，而所有的这些都是以组织所打造的品牌为中心的，品牌组织是赢得市场主动权的筹码。

（二）提高品牌知名度

对于家喻户晓的大品牌来说，知名度永远不是问题，然而对于很多的中小组织，尤其是那些地域性品牌，要想图谋更大的市场，首先面临的就是如何提升品牌知名度的问题。消费者没听说过你的品牌，在面对选择的时候就不可能选择你，他习惯的方式是选那些已经熟悉的品牌，这是一种很自然的保护意识。消费者只有在知道你的品牌的前提下，才会在选择时考虑你。要提高品牌知名度，应该遵循以下规律。

1. 简单

一定要明确组织现在的任务就是建立知名度，告诉人家你是谁、是做什么的就足够了，也就是说，首先要解决的是脸熟，不要奢望在广告里表达太多的东西，不要期望消费者能记住你有多少条生产线、你的工艺流程，这些都是以后的问题，你现在首要的任务是大声喊出来——我来了！

2. 直接

在公关策划中尽量少绕弯子，一切创意都围绕产品。斯达舒上市的时候，巧妙地借助斯达舒的谐音"四大叔"来宣传，直接突出了品牌的名字，整个创意都是围绕名字展开，便于消费者记忆。

3. 出奇

要想让别人记住你，你就得动点心思，使自己显得与众不同。这一切的取得，自然与组织决策层有着密不可分的关系，因为组织现在需要的就是知名度，无论采用网络或者其他传播方式，只要别人能够知道本组织的名称就行。正是因为策划的理智，才能够促成创意的大胆。有时最不合逻辑的想法，就是公关策划中最符合现实的逻辑，因为它恰好符合了大众传播的逻辑。

思维拓展 1-1

AFLAC 鸭成了流行形象

美国家庭人寿保险公司（AFLAC）最初做了十多年的广告，但是几乎没有人记住这家公司，直到他们以鸭子的"呱！呱！"声作为创意为止。

当你大声地把 AFLAC 念出来的时候，听起来就好像鸭子叫，于是，他们大胆地把鸭子的呱呱声引到创意中来，当别人在交谈时，总会有一只鸭子在旁边呱呱地乱插嘴。这个在一般人看来疯狂、幼稚、不合传统的广告，居然取得了巨大的成功。

在广告播出的六天内，AFLAC 网站的访问量比前一年的总量还多，销售额总共增长了 55%，91% 的美国人都知道了 AFLAC，更有趣的是，其中 1/3 的人不是说出了 AFLAC，而是记住了像鸭子的叫声,不仅如此,AFLAC鸭居然成了流行形象,大家总是时不时地喊出AFLAC,这相当于价值数万元的免费广告。

4. 产品为主角

公关策划不能为了创意而忽略产品,尤其是第一次亮相,更应该对产品进行充分的展示,把产品作为整个创意的主角并放大,当然绝非像有的广告那样只是让产品在屏幕上飞来飞去,而是巧妙地进行展示。如美国乐高(Lego)在奥巴马就职后的几天内就制作了奥巴马就职模型,其产品栩栩如生,该公司就是通过抓住社会热点突出了自己的产品。

5. 记忆点

人最容易被细节吸引和打动,在人的脑海里,经常会浮现出一些断章式的情节,也许某一部电影的具体内容你已经记不清了,但是对里面的某个情节却记忆犹新,如电影《英雄本色》里小马哥咬着牙签的情节,让很多人对它过目不忘,这就是记忆点。公关策划必须有一个细节,或是画面,或是语言能够让消费者记住,农夫果园的"喝前摇一摇"就是记忆点方面非常好的例子。

6. 多说两遍产品名

人是需要进行提醒记忆的,第一次和别人打交道,为了让他们记住组织名称,策划中就要多出现两遍组织和品牌的名称。记住:在公关策划里,只出现一次组织和品牌名称绝对是一个失误,必须多出现两遍,消费者才可能看到,别怕重复,宁多勿少。

三、设计活动主题

公关活动的主题是对公关活动内容的高度概括,它对整个公关活动起着指导作用。主题设计得是否精彩恰当,对公众活动的成效影响很大。公关活动主题的表现方式是多种多样的,它可以是一个口号,也可以是一句陈述或一个表白。如日本精工计时公司,为使精工表走向世界,利用在东京举办奥运会的机会,进行了以"让世界的人都了解:精工计时是世界第一流技术与产品"为目标的公关活动,活动的主题是:"世界的计时——精工表。"公关活动的主题看似简单,实非易事。设计一个好的活动主题一般要考虑以下三个因素。

(一)公关活动目标

公关活动的主题必须与公关活动目标相一致,并能充分表现目标。

1. 活动目标量化

公关活动策划目标,特别是大型公关活动策划,往往耗费很多人力、物力、财力资源,所以公关活动策划目标一定要量化。一个新产品在中心城市的上市传播费用,一般都在百万元以上。进行这样大的公关活动策划投入是为了企业的传播需要，为了建立品牌的知名度、认知度和美誉度，为了更多的目标消费者去购买组织的产品，这些都是新产品上市公关活动策划的目标。没有目标而耗费巨资做公关活动策划是不可取的，目标不明确是不值得投入经费的。

2. 策划程序设定

组织矫正性公关活动策划管理，是通过组织实施一系列科学矫正性公关活动的策划完成的。遵循其公关活动策划程序设定法则非常重要，应明确基本层次的设定：矫正性公关活动策划的思路来源于准确地分析危机事件产成的具体原因。一般来说，导致危机的原因主要有以下两种情况。

（1）外部原因造成，其中包括：组织因社会环境的变化而导致的危机，社会环境因素包括政治、经济、军事、文化等；组织因人为因素的影响而导致的危机，如公众的误解、谣言的破坏、盗用商标造成对组织形象的损害；组织因自然界的因素而突发的危机，如在地震、台风、洪水、火灾等自然灾害的影响下发生的危机。

（2）内部原因造成，即由于自身的工作失误，导致组织整体公众关系系统的失调。

3. 提升舆论引导

危机事件发生后，各种传闻往往容易在时间与空间上得到迅速扩散，形成对组织较强的负面影响，并转化为对组织以后进一步发展极为不利的舆论环境。在负面印象下会造成某种思维定势，一旦在公众心目中长期留下不好的印象，此时再进行形象的扭转，其难度将会加大。此外，危机事件发生后，传闻者往往以其对事件的某一侧面或某一部分细节的感知来推断全局，猜测性地描述事件全部，这样会造成更为不利的舆论环境。因此，在危机处理的策划中，必须采取主动、及时的正面传播战略，以公开的、客观的报道实现危机事件的媒介宣传上的定位；用积极的、坦诚的态度引导舆论，形成转化逆意公众的有利氛围。

（二）信息特性

信息特性即公关活动主题的信息要独特新颖，有鲜明的个性，突出本次活动的特色。

1. 信息的深刻性

信息的深刻性是活动主体对实际事物中的相互关系进行抽象概括而获得问题，对具体材料、问题进行实证调查、分析概括而得出信息。在实践检验过程中，信息的深刻性是思考的广度、深度、难度和严谨性水平的集中反映。在归纳、演绎、类比等推理过程中，在对公关活动主题的阐述过程中，都会体现出信息深刻性的差异来。"刨根问底"、"打破砂锅问到底"是深刻性的写照，"去粗取精，去伪存真，由此及彼，由表及里"也是深刻性的体现。

2. 思维的灵活性

思维灵活主要是指能够根据客观事物的发展与变化，及时调整公关活动主题的思路，改变已有的思维过程，寻找新的解决问题的方法。所以，思维的灵活性主要是组织在策划活动中，思考的方向多、过程活，思维技巧能够适时转换，即策划方案的应变能力强。公关活动的主题往往表现在随着具体条件而确定方向，并能随着条件的变化而有的放矢地转化活动方式；表现在从新的高度、新的角度看待公关活动。思维的灵活性与思维的发散性有一致的地方。发散思维的特点是多开端、灵活、精致和新颖。

3. 理念的独创性

理念的独创性品质也可以从用新颖、独特的方法解决熟悉问题的过程中表现出来。在公关活动中需要智力的创造性，任何创造、发现、革新都与智力的创造性紧密相连。

创造性理念的特征是：

（1）新颖、独特且有意义。新颖是指不墨守成规，前所未有；独特是指不同凡响，别出心裁；有意义是指有社会价值和个人价值。

（2）理念加想象，即通过想象对公关活动所涉及的各方面及其联系性进行思考，对公关活动过程做出估计，对公关活动主题进行构思，对某一策划理念的适用性做出判断，对结果的合理性做出评价等。因此，公关活动的整个过程都与策划的想象力有紧密关系。

（3）在创造性思维过程中，公关活动主题的新形象或新假设的产生带有突然性，常被称为"灵感"。灵感是对某个问题坚持思考、付出劳动的结果，它与创造动机和对思想方法的不断寻觅有紧密联系。

4. 思想的批判性

思想的批判性是指在策划活动中，策划者善于严格地评估公关活动过程的实证研究。"知其然，知其所以然"就是实证研究的表现。思想的批判性的特点是：分析性、策略性、全面性、独立性和正确性。通过实证调查研究，策划者不仅能认识自己的思维过程，而且也能根据活动要求，及时调整思维过程，修改策划活动中存在的不足。这是一个反馈的过程，从而提高了公关活动策划的效率。所以，思想的批判性体现了一个组织的策划活动水平。公关活动策划成功的组织需要一个善于反思学习的过程。

（三）公众心理

公众心理即公关活动主题要适应公众心理的需要，主题要形象，词句能打动人心，使之具有强烈的感召力。公众心理还是公关活动的承受者对主体行为的感知与反映，它是组织调整自身行为以塑造良好形象的根据。公众心理包括个体心理和群体心理两部分。

1. 个体心理

个体不只有其自然的一面，也有其心理的一面。个体心理包括个体身上表现出来的一切心理现象和特点。个体心理的实质，是大脑对客观世界的主观反映。个体心理是作为公关活动承受者的公众个体所具有的心理状态和倾向，具体表现为个体的不同兴趣、动机需要等。

2. 群体心理

一个群体也有其自然的一面（如群体规模等）和心理的一面。群体的许多特点是通过群体共同或主导的心理倾向表现出来的，如凝聚力、心理气氛、士气、态度倾向等。群体心理普遍在其成员的头脑中存在，反映群体社会状况的共同或不同心理状态与倾向。由于群体成员相互影响的存在，这种状态与倾向已不简单是个人的特征，而是群体的特点。群体心理是作为公关活动承受者的公众的共同心理状态和倾向，具体表现为认同感、归属感、排外感等。

公众心理是公关活动的承受者对主体行为的认知与反映，是组织调整自身行为以塑造良好形象的根据。群体心理与个体心理是密切关联的。一方面，没有个体心理，群体心理就没有基础；另一方面，个人作为群体的成员，其心理状况必定会受到群体心理倾向的感染与影响。一个人心情不愉快时，欢乐的群体心理气氛会使他受到感染，忘记烦恼。相反，如果群体有不良的心理气氛，如不信任、猜忌，这些特征也最终会投射到个人身上，成为个人的特点。

四、分析目标群体

确定公关活动的目标群体，简单来说，就是确定公关活动希望让哪些人来看，确定他们属于哪个群体、哪个阶层、哪个区域。只有让合适的用户来参与广告信息活动，才能使公关活动有效地实现其目标。

（一）目标公众圈定

公关活动是以不同方式对不同公众展开的，而不像广告是通过媒介把各种信息传播给大众。因此，对目标公众的圈定和分析就显得十分重要。这个目标群体与公关活动主旨要面对的群体是统一的。无论是品牌推广，还是销售促进，都存在既有核心群体，所以公关的设计必须与目标群体的心理动机和需求结合起来。只有确定了公众，通过透彻分析，才能选定公关活动的主调和主要内容的设计。不同的目标群体有着不同的要求，其欣赏的差异很大。

1. 目标群体特征

组织的目标群体特征是准确定位公关活动目标群体的关键。因为公关活动的目标群体是由组织的产品消费对象来决定的，策划者要深入调查和分析目标群体的性别、年龄、职业、爱好、文化程度、素质水平、收入、生活方式、思想方式、消费心理、购买习惯、平时接触媒体的习惯等。只有了解了目标群体的特征，才能有的放矢地调整组织的公关活动策划。

2．时代特征

公关活动的目标群体具有一定的时代特征。目前公关活动的目标群体主要呈现年轻化、受教育程度较好、收入较高的特点。同时，由于公关策划的工作特性多于它的娱乐性，因此要求公关活动的目标群体对公共关系本身具有较浓厚的兴趣。

（二）修养与素质

1．操作水平

在公关活动中，还要清楚了解目标群体的公关操作水平，这决定着公关活动时采用何种形式，针对那些熟悉公关操作技能的公关受众，可以采用较复杂的展现形式和增加公关的互动操作来提高公关活动的活泼性和趣味性。

2．反馈功能

由于公关管理系统具有定向发布和定向反馈的功能，使得公关策划人员能更准确地了解公关活动目标群体的情况。组织在进行公关活动时，必须分析目标群体与组织的目标市场之间的重合度有多大，以避免盲目的公关活动策划。组织应充分考虑公关活动目标群体的容量，这主要包括目标群体的人数、购买力及偏好。同时，还要考虑组织、产品及竞争对手在消费者心目中的形象。

思维拓展 1-2

目标群体在鹰的带领下走进鹰牌世界

鹰牌花旗参将消费者的众多购买理由通过大众媒体进行了一系列对位传播。从"认准这只鹰"到"加油时间"，使消费者对鹰牌所传达的高品质、时尚生活的品牌形象从逐渐认知到认同，最终形成记忆。目标群体在这只鹰的带领下走进了鹰牌的世界。一句"你也来一杯"邀请目标群体进行购买，最大限度地激发目标群体的购买欲望，从而产生购买行为。

鹰牌花旗参在注重大众媒体与目标群体沟通的同时，也将鹰牌思想注入目标群体的生活中，举办了一系列配合大众媒体传播理念的公关活动，使他们随时都感受着鹰牌带来的时尚体验。"鹰牌花旗参"连续赞助"鹰牌花旗参杯"上海、北京精英业余网球公开赛。倡导健康、运动、时尚生活观念的鹰牌花旗参在赛事中设立"加油站"，让选手们在比赛的间隙"喝一杯鹰牌花旗参茶，随时为自己加油！"不仅为选手补充体力，更希望把"喝参茶"作为一种生活情趣，融入城市精英和新贵白领消费者的精致生活习惯当中，并形成口碑传播效应。

五、选择活动方式

公关活动内容的选择是策划的关键,通过什么方式开展公关活动关系到公关工作的成效,选择活动方式是创造性的工作。公关活动是否新颖、有个性,关键取决于策划人员的创造性思维是否活跃。因此,在选择活动方式时,要充分发挥策划人员的独创能力和潜在能力。

(一)设计公关活动方案

活动是手段,目的是让公众接受活动中所包含的意图,这就要精心设计活动的内容,使活动既能充分包含设计意图,又容易让大众接受。活动内容和目标一经确定,就要围绕目标拟订可供实施的公关活动方案,这是公关策划的关键环节。

公关活动设计方案的内容包括以下几个方面。

(1)设计公关活动主题。有新意的活动才有好的效果,在构思公关活动方案的主题时,设计的活动构架必须强调新意。

(2)确定活动的时机和地点。时机往往会影响到活动的效果,时机选择得不好,活动就达不到预期的效果,如果抓住了适当的时机,活动就会显得有声势。可以把活动时间定在组织的成立纪念日,活动办好了,既可以利用这个时机来提高员工的士气,树立公司的良好印象,又可以加深公众对组织及其产品的良好印象,他们会逐渐地把组织成立纪念日看成是一个特别的日子,使客户和消费者与组织共同分享欢乐,这是一个很好的感情融合手段。

(3)策划公关活动项目。活动的目的是让公众接受活动中所包含的意图,这就要精心设计活动项目,使活动既能充分包含设计意图,又容易让大众接受。

(4)设计活动具体安排。如组成拜访小组、派出广告送货车、开展现场赠送活动、举办庆祝活动等。

(5)选择恰当的媒体宣传。举办一个大型的活动一定要考虑到媒体的作用,通过媒体可以扩大活动的影响范围。利用媒体的关键是要为活动找一个好的新闻点,也就是说,组织在设计活动时,要站在记者的角度看问题,找一个好的新闻由头、利用最适合的媒介手段等。

(二)编制公关预算

公关预算是指为了达到公关目标而实施公关活动方案所需的费用。预算是根据公关活动方案设计的内容来计算的,费用计算不能只有一个笼统的总金额,要进行分解,计算出每一项活动的费用，除了列出总金额外，还要计算出各种宣传费用。

1．费用计算与活动方案紧密联系

费用计算实际上与公关活动方案设计是有紧密联系的，绝对不能把两者割裂开来。在进行方案设计时，本身就要考虑到费用的支出。不顾成本的公关方案，其实已经违反了切实可行的基本原则。

2．成功方案要考虑可执行性

一个比较成功的公关活动方案必须要考虑可执行性。这种可执行除了外围因素上的场地、气候、安全、特殊人物邀请和行政许可等，关键还有企业的资源可承受性，要做精准的费用预算。很多公关组织在做方案时很唯美，但在实施时财力却很难跟上，最后在执行中临时更改、变形，导致活动的效果大打折扣。所以，量力而行的原则尤为关键。

第四节 原创策划"红丝带，奥运之旅"[①]

第一篇 前 言

2007年12月1日是第二十个世界艾滋病日，全世界各国的防治艾滋病工作如火如荼地进行。而那时的中国，适逢2008年北京奥运会开幕前期，奥运会为全球盛典，有效地借助奥运的东风将为各个活动带来更好的效果。"121联合行动计划"同样需要考虑如何运用奥运来取得更高的关注度、认可度和更好的效果。

奥运精神是"更快、更高、更强"，而"121联合行动计划"旨在通过联合多部门、多组织、多种团体的协作和参与，最大限度地整合和利用现有的社会资源，充分发挥各自优势，以多种形式深入进行艾滋病预防宣传教育和干预，倡导社会各界奉献爱心，营造一个不歧视艾滋病感染者和患者的良好社会环境，从而唤起全社会对艾滋病防治工作的关怀、理解、支持和参与，树立形象并扩大影响。为了更好地达到这个效果，同时与奥运对应，我们为2007年的"121联合行动计划"提出了两个口号，针对艾滋病感染者和患者提出"自信、自强、自尊"，针对社会公众提出"沟通、理解、关怀"。

在这两个口号的指导下，我们把2007年的"121联合行动计划"命名为"红丝带，奥运之旅"，红丝带，代表的是让大家伸出友爱、关怀之手来帮助那些身受艾滋病毒折磨的人，同时也成为整个活动的代名词；而奥运之旅，表层意思是这个活动将借奥运的东风，深层的含义则是指这是一场社会公众与艾滋病感染者和患者共同参与的珍爱生命、

[①] 本策划方案根据中山大学2004级公共关系学专业学生杨剑升、陈立的原创策划方案改编而来。

尊重生命的思想之旅。整个活动可以阐述为精神的奥运之旅。右图为本次活动的LOGO。

活动LOGO设计说明：将红丝带与奥运五环完美结合，并赋予强烈的动感与视觉冲击力，既响应了奥运精神，又融入了红丝带细腻人文的风格，号召所有人行动起来，齐心协力共抗艾滋病，为奥运建设添砖加瓦！

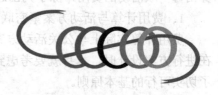

第二篇 活动总述

2007年"121联合行动计划"的架构设计为奥运五环，每一环代表一个活动，各具特色，同时像奥运五环一样相互联系成为一个整体。奥运五环包括红、黄、绿、蓝和黑五种颜色，在奥运里五种颜色分别代表五大洲，在这里我们将赋予它们新的意义，以便与活动对应起来。

我们设计了四个活动和一个平台。四个活动包括"同一天空下，我们的生活"DV大赛、"理解、关怀、一路有你"拍卖会、"寻找欢乐"晚会和艾滋病知识宣传活动，这四个活动中我们所突出的一个重点是社会民众与艾滋病患者和感染者的共同参与和合作，以使民众尽可能理解艾滋病患者和感染者。一个平台是指建立一个反映艾滋病感染者和患者生活及心声，同时表达公众对他们支持与关心的网站，该网站以"红丝带"为名，它是一个公众与艾滋病感染者和患者双向沟通的平台，因此在网站的结构设计上突出了新的特点。

一、五环

（一）红环——"红丝带"网站
（二）蓝环——"同一天空下，我们的生活"DV大赛
（三）绿环——"理解、关怀、一路有你"拍卖会
（四）黑环——"寻找欢乐"文艺晚会
（五）黄环——艾滋病知识宣传活动

"红丝带"网站是一个艾滋病患者和感染者与普通人进行双向沟通的平台，它因这个活动而产生，但不会因为这个活动的结束而消失；考虑到红丝带已经成为"121联合行动计划"的代名词，为社会所接受，因此以红环来代表网站，既是借助红丝带来宣传网站，同时也是借红色象征着生命生生不息的意义来为这个网站定基调。

生命生来平等，生命和天空一样是蓝色的，蓝色同时也代表着希望，代表着理想，

因此用蓝环来代表"同一天空下，我们的生活"DV大赛再恰当不过了。

绿色是春天的颜色，拥有绿色就拥有了温暖，拥有了希望，而拍卖会所突显的也是社会各界人士对艾滋病患者的关怀和帮助，因此这个拍卖会是绿色的，是温暖的。

顾城说："黑夜给了我黑色的眼睛，我却用它寻找光明"，而"寻找快乐"文艺晚会所代表的就是这样一种永不放弃、永远向上的精神。

黄色代表尊重而理智，艾滋病知识宣传活动就是要让社会了解艾滋病，对艾滋病患者和感染者不再盲目排斥，倡导大家像尊重普通人一样尊重艾滋病患者和感染者。

二、五环，环环相扣

奥运五环是一个相互联系的整体，而我们所设计的这四个活动和一个平台也是紧密联系的。首先以艾滋病宣传活动为铺垫，在2007年12月1日举办拍卖会和晚会是第一个高潮，在晚会结束前宣布开展DV大赛，一环紧扣一环，在2008年1月15日的DV大赛颁奖典礼上再次达到高潮，而网站则始终贯穿于整个活动中，服务于活动。通过这样一个长期活动，以达到引起媒体关注、使社会不再歧视艾滋病患者和感染者的效果。

第三篇　活动时间安排

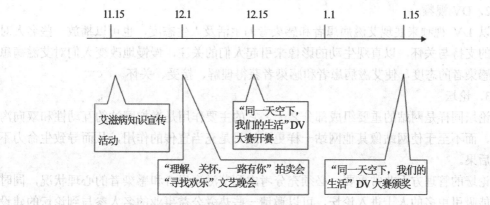

注：① "红丝带"网站建设贯穿整个活动过程，并且作为一个永久的传播平台将一直使用下去。

② 活动时间从2007年11月15日开始，时间轴上的1.1是指2008年1月1日。

第四篇 具体活动介绍

一、"红丝带"网站

（一）宗旨

倡导社会各界奉献爱心，营造一个不歧视艾滋病感染者和患者的良好社会环境，从而唤起全社会对艾滋病防治工作的关怀、理解、支持和参与，树立形象并扩大影响。

（二）定位

艾滋病患者和感染者与社会民众交流的平台。

（三）主要结构

该网站的主要结构如下图所示。

1. 艾滋病知识

主要是起到宣传教育的作用，使人们对艾滋病有一个正确的认识，包括艾滋病的防治、感染途径等。

2. DV 视频

以 DV 视频来展现艾滋病患者和感染者的生活及人生态度，也可以播放一些名人对他们的支持与关怀，以直观生动的影像来引起人们的关注，慢慢地改变人们对艾滋病患者和感染者的态度，使艾滋病患者和感染者获得理解、接受、关怀。

3. 论坛

论坛同样是网站的重要组成部分之一，它的主要作用是增加网站的互动性和双向沟通性，而不至于使网站像其他网站一样更多地只是充当宣传的作用，从而导致生命力不强的后果。

论坛的管理方面非常重要，必须充分考虑到艾滋病患者和感染者的心理状况，同时为了能吸引更多的人士进入论坛，可以邀请一些热爱公益事业的名人参与到论坛的建设和管理中，并参与广大网民的讨论。

4. 祝福台

如果要问这个网站与其他网站最大的区别是什么，那么祝福台毫无疑问是最好的代表。在这个祝福台上将会留下广大网民的祝福语，突显人文关怀。

5. 图片集

可以把艾滋病患者和感染者生活的一些图片放到网上，这些图片应该是一些乐观向上、显现积极态度的图片，从而给整个网站增添更多的乐趣。

二、"同一天空下，我们的生活"DV大赛

（一）目的

DV大赛是整个活动中很突出的一环，它充分地运用了DV这种新媒体工具，通过动态影像来表现艾滋病患者和感染者的生活，消除普通人对他们莫名的恐惧和排斥。

（二）操作

提倡普通人与艾滋病患者或感染者组队参赛，以奥运为背景来展现艾滋病患者和感染者的生存状况和生活态度。选出部分作品，与各电视台合作，在电视台上播放。

比赛时间为一个半月，在2007年12月1日的晚会上宣布比赛开始，2008年1月15日进行颁奖典礼，同时选取部分参赛的艾滋病患者或感染者成为2008年北京奥运的现场志愿者和奥运火炬接力手。

（三）报名方式

1. 接受网上报名
2. 递交报名表
3. 部门推荐

其中，网上报名和递交报名表到指定地址两种方式主要针对身体健康的普通人，报名者需提交自己的详细资料、影视作品以及对此次活动的个人想法。

部门推荐指的是由相关民间机构，如"红十字总会"、北京"红丝带之家"、广州"爱之关怀"等，推荐的在生理和心理上都比较适合参加这次比赛的HIV携带者。

本次活动需要HIV携带者全程以真实的身份面对镜头，面对大众和队友，目的是让大众消除对艾滋病患者和感染者的歧视，带来正面的和鼓舞人心的作用。

三、"理解、关怀，一路有你"拍卖会

在五个城市（广州、郑州、长沙、杭州、北京）同时举行，主要采用电视现场直播

方式,以追求媒体的轰动效果。

(一) 时间

2007年12月1日。

(二) 拍卖物品

(1) 世界顶级品牌联合顶级设计师共同推出的全世界独一无二的五色环安全套。这个五色环安全套将是整场拍卖会的重头项目,意在借助奥运精神给社会带出正面的影响——积极预防艾滋病。

(2) 国内外著名企业为本次拍卖会特别推出的限量产品,产品主旨契合本次活动的主题。

(3) 国内外知名人士为本次拍卖会捐献的有纪念意义的个人物品。

(4) 国内外知名艺术家为本次拍卖会捐献的作品。

(5) 各国际机构、民间组织,包括国际红十字会、国际奥委会、全国艾滋病基金会等为本次拍卖会提供的珍贵纪念品。

(三) 竞拍人士

相关各国际机构,民间组织负责人,国内外著名慈善人士,国内外著名影视明星、歌星,国内外知名奥运冠军,国内外知名企业负责人等200人。

(四) 拍卖形式

慈善拍卖,拍卖师现场操作,对每件拍品采取无保底拍卖,即拍品不设底价,最终以最高价为成交价,同时邀请当地公证处人员全场监督、公证。

(五) 拍款用途

本次活动拍卖所得资金将全部捐至中国预防性病艾滋病基金会,用于艾滋病患者和感染者的治疗和相关艾滋病的研究调查活动等。

四、"寻找欢乐"文艺晚会

(一) 目的

寻找欢乐,笑面人生,这是对艾滋病患者和感染者的鼓励与支持,同时也希望借此淡化艾滋病患者和感染者的弱势形象，帮助他们树立自信、自强的人生态度。

（二）效果追求

和"理解、关怀，一路有你"拍卖会一样作为2007年12月1日当天的重头戏，这台晚会同样会在五个城市（广州、郑州、长沙、杭州、北京）同时举行，以取得轰动性效果，引起媒体的关注。

（三）参与演出者

艾滋病患者与感染者、部分普通民众以及明星。

（四）晚会地点

各大城市的大广场。

（五）时间

2007年12月1日。

五、艾滋病知识宣传活动

（一）活动目的

为宣传和做好艾滋病防治工作，让更多的人注意到这种疾病的危害以及更好地防治艾滋病，在北京奥运会即将到来之际，我们特地开展了以"宣传艾滋、了解艾滋、预防艾滋"为口号的奥运艾滋病广场宣传论坛讲座系列活动，目的在于普及艾滋病知识，提高公众的艾滋病预防控制意识，动员全社会共同参与艾滋病防治行动。

（二）活动主题

宣传艾滋、了解艾滋、预防艾滋。

（三）活动简介

本系列活动分广场宣传活动和论坛巡讲活动两部分。
1. 广场宣传活动
广场宣传活动侧重宣传，即口号中的"宣传艾滋"，让更多的人了解艾滋病，不盲目地恐惧艾滋病。

2. 论坛巡讲活动

论坛巡讲活动侧重讨论，即口号中的"了解艾滋"，目的是让大家能更深入地了解这种疾病的危害，以便更好地防治。

（四）活动基调

1. 和谐

和谐环境，给公众更舒心的环境，营造与艾滋病人和谐共处的环境。

2. 和睦

和睦相处，让公众更多、更深入地了解艾滋病人，消除对艾滋病的盲目恐惧，能够使公众发自内心地与艾滋病人和睦相处。

3. 和善

和善的宣传服务，我们的志愿者能够做到和善地对待每一位活动的参与者，绝没有对艾滋病人的任何偏见。

4. 平和

平和心态，艾滋病不是不能预防的，通过这次活动，希望每位参与者今后都能以一个平和的心态重新面对艾滋病。

（五）活动具体安排

1. 广场宣传活动

（1）活动目的。宣传防治艾滋、奥运以及整体的奥运艾滋活动。

（2）活动时间、地点。

① 时间：2007年11月中旬—2008年12月中旬期间的周末。

② 地点：北京、上海、广州等主要城市的标志性广场。

2. 论坛巡讲活动

（1）活动目的。在各大高校宣传艾滋病知识，让更多的学生有一个更为专业、直接的渠道了解艾滋病，学会如何预防艾滋病，使他们在踏入复杂的社会前就对这个疾病有全面的了解。

（2）活动时间、地点。

① 时间：2007年12月中旬—2008年的1月中旬。

② 地点：北京、上海、广州等主要城市的各大高校。

第五篇　活动媒体运用

"红丝带，奥运之旅"活动媒体宣传

阶段	前　期	中　期	后　期
时间	2007年11月10日－11月15日	2007年11月16日－2008年1月14日	2008年1月15日－1月22日
传播目标	全面介绍本次"红丝带，奥运之旅"的各项活动，在社会上引起民众的关注	及时报道各项活动的进展情况，强势宣传并且吸引更多人参与活动，关注艾滋	持续后续报道，保持社会关注
传播重点	"红丝带，奥运之旅"活动启动仪式暨艾滋病知识宣传活动	1．艾滋病知识宣传活动； 2．"理解、关怀、一路有你"拍卖会； 3．"寻找欢乐"文艺晚会； 4．"同一天空下，我们的生活"DV大赛启动及进展	1．"同一天空下，我们的生活"DV大赛颁奖； 2．"红丝带，奥运之旅"活动后续报道
传播战略	1．通过全国各大平面、立体媒体宣传，在短时间内提高活动知名度； 2．运用公关传播手段，为活动进一步造势； 3．运用网站、手机、博客等新媒体技术，在普通大众中产生一定的影响力	1．各大主流媒体强势宣传，并时刻报道活动的相关进程； 2．联系相关部门、民间组织，运用公关传播手段，开展各项子活动； 3．在各大网站、博客、社区掀起大赛竞猜及关于艾滋病讨论的热潮	各大主流媒体强势报道活动的后续情况及调查民众反馈
传播手段	广告、公关、网站、新媒体	广告、公关、网站、新媒体	广告、公关、网站、新媒体
广告	1．在全国各大主流报刊、杂志发布活动的相关信息及报名事项； 2．在全国各大高校张贴各项活动预告的大幅海报； 3．在全国各省级及地方电视台、电台播放节目间隙插播活动相关信息； 4．直播启动仪式现场以及媒体见面会； 5．在地铁、公交站、学校食堂、户外大型展板等媒体中宣传本活动； 6．在赞助商的产品或店面内张贴大赛的宣传广告	1．在全国各大主流报刊、杂志开设活动专栏、读者来信反馈、专家评论等栏目，每日见报，跟进活动进度； 2．在全国各省级及地方电视台、电台每日播放相关活动报道，直播、转播或者重播相关活动； 3．在各大电视台、电台开设专门节目，邀请评论嘉宾及普通民众，共同参与讨论； 4．在各地铁、公交站、学校食堂、户外大型展板等媒体中时刻更新活动信息； 5．在全国各主要城市（省会、直辖市）的公共场所、人群密集处、交通设施周围时时更新灯箱、电子牌等街头广告宣传动，主要交通设备（地铁、公交、出租车等）车身广告等也要时时更新； 6．在赞助商的产品或店面内张贴活动的最新进展，并设立投票处，方便大众参与	1．在全国各大主流报刊、杂志的大赛专栏开展活动后续报道，加强与大众的反馈； 2．在各大电视台、电台展开后续报道并邀请评论嘉宾及普通民众，共同参与活动讨论，并重播相关活动； 3．各地铁、公交站、学校食堂、户外大型展板等媒体中重播活动

续表

阶段	前　期	中　期	后　期
公关	召开"红丝带，奥运之旅"活动的新闻发布会，邀请社会著名人士、艾滋病感染者、国家公共卫生机构负责人、赞助企业代表等共同参加启动及剪彩仪式	邀请社会著名人士、艾滋病感染者、国家公共卫生机构负责人共同参与各项活动	举行盛大的总决赛暨颁奖晚会，邀请社会各界人士、民间组织、国家艾滋病防范相关机构、赞助企业代表、广大普通市民出席
网站与新媒体	1．开通官方网站及论坛，详细介绍各活动事宜； 2．全程视频直播活动启动仪式； 3．在各主流网站、博客、交友社区、论坛发布大赛的相关信息； 4．向中国移动、联通及小灵通用户发送活动预告信息	1．官方网站时时更新活动进展及相关报道（文字、视频、图片、声音），花絮； 2．在各主流网站、博客、交友社区、论坛开展活动讨论； 3．向中国移动、联通及小灵通用户发送活动预告信息，包括邀请他们向DV大赛投票	1．官方网站各项活动后续报道； 2．各项活动资料归档整理及备案

第二章

公关策划程序

公关策划是找出事情的因果关系，衡量未来所采取的措施，作为目前决策的依据，即公关策划是实现决定做什么、何时做、谁来做。策划如同一座桥梁，它连接着我们目前之地和我们要经过之处。本章主要介绍两种类型的公关策划程序，分别是两阶段的策划程序和六步骤的策划程序。

第一节 两阶段的策划程序

策划要明确先做什么，后做什么，要按照一定的步骤、章法去思考问题，并且要符合客观规律。

一、公关策划的前期准备

在公关策划项目没有做出充分的前期准备与判断之前，应该保持一个成熟的公关策划的战略意识，要使一切前期准备落实到位，要能够客观冷静地判断形势，在庞杂的市场信息中把握住对组织机构真正有意义的东西，分析公众需求产生的来龙去脉，对公众需求在不同时期、不同条件下的形态有高度的敏感。策划的前一个阶段为前期准备阶段，分为判断形势和目标定位两个步骤。

（一）判断形势

判断形势即在把握组织形象现状及原因分析的基础上，认识组织自身的公共关系状况。按照通常定义，问题是应有现象与实际现象之间出现的差距。这就是说，问题就是差距。组织公共关系的应有现象与国家政策法律、社会精神文明、社会职业道德的要求应是一致的。一个组织的公共关系应体现政策法令与社会进步观念的要求,这是思考和认定公共关系问题的尺度。公共关系调查研究问题的确定,需要从历史、现状、预测分析中探讨。

1. 历史分析

历史分析就是对反映组织公共关系的文献资料进行搜集与分析研究,从历史角度找寻参照系。这种纵横统一、多元思考、全方位反映历史整体的思维方式就是立体思维,亦称为三维思维。这种对历史立体结构的剖析是历史分析综合的最高层次。历史分析包括收集以前的调查资料以及文献资料分析。

(1) 收集以前的调查资料。文献资料的收集可通过图书馆与情报所进行搜集,也可通过个人、档案馆、展览馆或学术会议等渠道搜集。凡属于与本组织有关的书报、刊物、科研项目情报、学术会议文献、技术标准、产品样本等都属搜集的对象,其内容应有关于本单位及环境状况,以及与本单位有关的历史、政策、设备条件、产品声誉、新闻报道及面临问题等的信息分析。搜集的方法有追溯查找法、检索工具查找法和分段查找法等。

(2) 文献资料分析,即对资料中提供的职业经理公共关系的历史材料与现实状况进行对比研究,找出差距。

2. 现状分析

现状分析就是认识组织面临的公共关系的状况,主要包括以下几方面。

(1) 组织要建立珍视信誉、重视形象、注重双向信息交流和注重社会整体效益的公共关系观念;要有重视公共关系纠纷并防止其发生的"预防"意识;注重公共关系纠纷前兆和苗头的"报警"意识;重视公共关系纠纷的排除和善后,找到妥善的解决方案。

(2) 对组织公共关系的现状要有清醒的估计。估计的参照系就是国家政令与社会公众的意见,要分析现行组织公关的行政法规,以及公关障碍的风险程度。通过现状分析,列出各种问题,分别作为专题进行研究。

(3) 考虑到调查的人力、财力以及科学技术情况,审核已收集的公关资料,分析公关现状;明确公共关系存在的主要问题及原因;了解组织形象的选择和规划。

3. 预测分析

预测是指调查前在历史分析、现状分析基础上对调查问题的未来意义的科学估计,由四个步骤组成:(1) 识别问题;(2) 排列问题等级,即按照不同的标准把问题列成不同等级,分清轻重缓急;(3) 把问题同本单位实际联系起来进行分析;(4) 根据问题制定调查计划。预测时要使用一般预测科学中的有关方法和技术。

(二) 目标定位

定位就是"确定位置",对公共关系策划来说,定位就是要弄清自己"想干什么"、"想达到什么目的",即确定公共关系目标。公关目标可以分成以下几类。

1. 全新塑造目标

一个组织机构想要取得成功,就要不断地给自己树立新的、更高的目标。失去目标的组织一定会陷入满足和麻木的状态,平静中一定暗藏着危机。

有了新的目标,人们就不会纠缠于往事,反而会积极总结、改进,继续前进。往事当然要好好总结,但目标不是为了对过去的评判和回忆,而是为了未来做得更好。所以,我们要把更多的精力用来进行自身的改进提高,以达到新的目标。

2. 形象矫正目标

现代公共关系是一种专门向社会提供沟通服务、为公众设计形象、矫正失误、缓和矛盾、提高声誉的新型职业。当组织形象还没有在公众面前树立的时候,公关的主要任务是树立形象。一旦树立了组织形象,就要维护组织的形象。当组织形象在公众心目中下降或不好时,就应从各个方面疏通与公众的关系。同时,促使组织改进工作,矫正组织形象。从内外条件的变化来不断修改组织公关的目标和任务,是动态调整系统模式的主要工作方法和工作态度。

3. 形象优化目标

组织形象是公众对组织本身、组织的各项活动及其成果给予的总的评价和认定,它体现着组织的宗旨和性质,直接影响着公众对组织的认识和态度。优化组织形象又受政治因素、经济因素、观念因素、社会因素等的制约。优化组织形象任重而道远。公关策划为组织形象的优化提供了目标取向和客观的路径选择。

4. 问题解决与危机公关

组织出现公关危机,公关策划就应该以尽量快的速度消除不良影响。但是,不少组织应对公关危机动作迟缓,其中的原因是多方面的。一方面,没有意识到公众维权意识的增长以及媒介力量的强大,总以为一切尽在掌控之中;另一方面,也是对自己的产品质量检测体系过于自信,总觉得错都是别人的,但自身在其中的重大疏漏却无论如何难以掩盖。

出现公关危机的原因最主要的一条是:在追求销售、利润的过程中,漠视了公众的权益。所以,争辩、回避都不是解决危机的办法,都会走向反面。解决危机就要态度鲜明,该认错认错,该召回召回,让公众看到组织机构在认真总结教训,亡羊补牢。组织机构面临公关危机,只能以诚实来解决问题,因为关键时刻,诚实永远是最重要的。

二、公关策划的实际步骤

公关策划在很多人的眼中,只是一个"点子"、一个"事件",没有步骤和程序可言,其实，科学的公关策划步骤和广告策划程序一样，有一个同样的基本阶段，而策划者熟知并运用这一程序之后，其思考将更为严谨，从而使策划的质量得到提高。

（一）分析公众

1. 确定目标公众

（1）选择目标公众只有确定了目标公众，才能有针对性地策划具体的公共关系活动方案和选定参与人员。（2）选择传播媒介。只有确定了目标公众，才能有针对性地选择传播媒介和工作技巧。（3）搜集实效信息。只有确定了目标公众，才有利于搜集、准备那些既能被公众接受，又有实效的信息。

2. 确定组织目标

公关策划应确定目标、整合资源、服务公众。目标公众的确定必须建立在公众分析的基础上。组织并不承诺要获得多大的成功，而是承诺以后组织要付出的所有辛勤努力。如果组织没有承诺，就没有目标和动力。公众承诺就是让公众知道组织的目标，然后组织全力以赴奔向目标的同时要：（1）鉴别公众的权利要求；（2）满足公众的权利要求，对公众的各种权利要求进行概括和分析，先找出各类公众权利要求的共同点和共性问题，把满足各类公众的共同权利要求作为设计组织总体形象、策划总体公共活动的基础；（3）分析各类公众的特殊要求，个性的要求有助于设计组织的特殊形象，是策划具体公关活动的基础。

（二）设计主题

1. 设计公关活动主题

公关活动的主题是对公关活动内容的高度概括，是公关活动的主线和灵魂，对整个公关活动起着指导作用。公关活动主题的表现形式是多种多样的，它可以是一句口号，也可以是一个陈述或是一种表白。设计一个好的主题，必须考虑四个因素，即公共关系目标、社会组织个性、公众需求心理和审美情趣，具体为：（1）公共关系活动的主题必须与公共关系目标相一致，并能准确概括目标；（2）公共关系活动的主题表述要做到"新颖、亲切、简明和中肯"；（3）公共关系活动主题的设计要有美感，表述语言要有文采，有语感，最好还有幽默感。

2. 创意公关活动主题

在公关活动的策划中，公关活动主题的创意也是至关重要的。公众在审阅公关活动策划方案时，首先映入其眼帘的就是公关活动主题，活动主题的好坏将在很大程度上决定方案的好坏，因为活动主题给公众的是第一印象。创意公关活动的主题要做到以下三点。

（1）把握基点，与品牌定位相契合。组织必须对产品的市场情况、品牌情况进行充分调研，了解产品的市场成长阶段，掌握品牌的定位与目标受众，只有这样才能符合公众的胃口。从某种意义上讲，公关活动最主要的目标是提升组织品牌。因此，在创意公关主题时首先要与组织品牌定位相契合。

（2）把握热点，与社会大势相结合。借势和顺势，也是公关活动策划中的重要策略。在目前的市场环境下，只有"顺大势"的组织才能更好、更快地发展，尤其是要积极响应国家的重要政策和发展方向。只有这样，才能提升活动的规格及影响。

（3）不断创新，与活动创意相结合。组织只有把握了公众需求及社会环境的情况下，才能设计出"不离谱"的活动方案和主题。在此基础上，创新就显得更加重要了，因为组织不可能总做"千篇一律"的工作。可以说，策划是世界上最艰辛的工作，策划人多是"苦行僧"。

总之，在公关活动的策划中，主题的创意是最重要的。而在主题的创意上，一定要将组织品牌与社会大势有机结合，这样才能提升活动的规格及影响，同时，注重创新，挖掘活动亮点，只有这样，才能不断超越自我，才能征服公众，与公众共同成长。

（三）策动新闻

策动新闻即制造新闻，它是指社会组织为吸引媒介的报道和社会公众的关注，以事实为基础，按照新闻报道工作的规律有意策划的，既对自己有利又使公众受惠的活动。

1. 人为"策动"新闻

人为地"策动"出来的新闻与一般新闻相比，具有以下特点。

（1）"策动"的新闻不是偶然发生的。它要求公关策划者要有"新闻眼"，在事实的基础上，抓住有利的时间、地点和事由开展工作，这与广告的创意有异曲同工之妙。

（2）"策动"的新闻不是无中生有的捏造，不是哗众取宠、故弄玄虚，它必须以事实为依据，以新闻规范为指导，有益于社会利益和公众生活。新闻不可以随便编造，所以，策划者在"策动"新闻时，应该弄清真相再进行报道。

（3）"策动"的新闻是专门针对塑造和改善组织形象而精心安排的。在大多数情况下，能起到一鸣惊人的作用，而一般新闻通常只能提高组织的知名度，并不能改善组织的形象、提高组织的美誉度。"策动"新闻是组织提高知名度和美誉度的有效手段。

2. 新闻策划吸引眼球

新闻策划是组织机构在公关活动中常用的方法。它是指由组织以健康正当的手段，有意识地采取既对自己有利又使社会公众受惠的行动，去引起新闻单位和各界人士的注意。在公共关系策划过程中，成功地策划新闻要做到以下两点。

（1）要善于发掘由头，寻找结合点。由头是指一项活动得以开展的依据和价值。结合点要符合公众利益，符合组织的总体目标和自身利益，具有新闻价值和情感价值。

（2）不落俗套，勇敢创新。策划者应就公众关注的话题策动新闻；利用现有事件策动新闻；巧借节假日、纪念日策动新闻；组织竞赛，吸引观众；利用名人策动新闻；开展联谊，以情感人；抓住问题，化害为利。

（四）选择时机

时机对公关策划很重要。

1．选择公关时机

选择公关时机时要注意以下几点：（1）公众的可接受程度；（2）对社会组织的生存与发展的关系程度；（3）时机的选择要服从整体公关策划，有利于公关目标的实现；（4）时机的选择要尽可能满足公众的需求。

2．把握公关时机

开展公关活动可利用以下几个时机。

（1）组织成立或开业庆典之际。通过公关活动直接宣传和提高组织的形象与业绩，提高组织知名度及组织员工日后工作的积极性。同时，推出组织机构自己的特色并营建自身文化底蕴和内涵，逐步确立品牌形象，加大组织的大众认知率。

（2）组织推出新的产品或服务之际。推出一类新品，通过规划有节奏的战术推进，逐步实现和领先品牌共存，甚至取代领先品牌的位置，统领整个品类的高级营销战略称为品类战略。应该注意的是：消费者不会像企业组织设想的那样对新产品来者不拒；创业家推出新品类的激情，更化解不了来自市场的冷漠。

（3）组织形象是公众对组织的印象。公众形成组织印象（形象）的过程是一个综合的过程。公众往往是根据自己获得的信息，经过筛选、分析、综合才形成相应的印象。在组织发展平稳而声誉尚未树立之际，组织的质量声誉、社会责任、实力、管理者的魅力和优秀员工的模范作用等方面的信息，对公众形成组织印象起主要作用。

（4）组织出现失误或受到误解之际。可运用有效手段查明情况，判断事件的性质、现状、后果及影响，果断做出处理，并及时向公众通报事件的真相和组织正在做出的努力。同时，社会组织应抓住时机，利用各种传播媒介，向社会公众宣传自己组织的宗旨，以诚恳、真实的态度取得公众的谅解与合作，引导公众以客观公正的态度去看待组织和事件，从而为树立良好的组织形象打下基础。

（5）组织遇到突发事件之际。从社会组织运作的外部环境看，也有不少需要注意选择的时机：要注意利用或避开重大节日；要注意利用或避开国内外重大事件；不要在同一天或同一段时间内同时开展两项重大公共关系活动，以免其效果相互抵消；要注意把握公众的心理时机，避免逆反心理。

（五）媒介选择

浙江大学新闻传媒学院教授邵培仁认为，媒介就是指"介于传播者与受传者之间的用以负载、传递、延伸特定符号和信息的物质实体"，它包括书籍、报纸、杂志、广播、电视、电影、网络等及其生产、传播机构。[①] 媒介是能让人与人、物与物以及人与物产生关联的任何物质。

1. 媒介选择原则

（1）根据公共关系的目标定位进行选择；（2）根据不同对象进行媒介选择；（3）根据传播内容进行媒介选择；（4）根据经济条件进行选择。

2. 媒介选择形式

（1）报纸与广播相搭配；（2）电视与广播相搭配；（3）报纸、刊物和户外公共关系广告的相搭配；（4）电视、广播、售点（POP）和直邮（DM）相搭配；（5）公共关系活动与广告活动相搭配；（6）大胆使用新媒介、新技巧，如网络（特别是博客与播客）与手机（3G）等。

（六）预算经费

1. 公共关系经费预算的内容

（1）日常经费开支，主要包括工作人员的劳务费、管理费用、材料设备费。（2）项目经费开支。

2. 公共关系经费预算的方法

（1）固定比率法；（2）投资回报法；（3）量入为出法；（4）目标先导法。

（七）审定方案

审定方案主要包括方案优化、方案论证和书面报告与方案审定三个层次的工作。

1. 方案优化

从委托方的利益角度出发，运用不完全信息静态博弈模型理论分析委托方的最优策略，以及从设计方态度出发，提出优化设计方案的对策。方案优化工作可以从以下三个方面进行。

（1）增强方案的目的性。策划的目的是为公众服务，依据自身的能力和优势，帮助公众分析市场和产品，提高组织知名度，塑造组织和品牌形象，从而达到双赢的效果。一个好的策划创意可以直接产生社会效益与经济效益，而要搞好策划创意需要专门的、高素质的人才。

[①] 马广海. 社会心理学对传播学的影响初探. 文史哲，1998（1）

(2) 增强方案的可行性。策划方案的实施也很重要，好的策划创意来源于对信息的充分把握和丰富的想象力，但最终要接受实践的检验，在公关活动过程中不断修正和完善。

(3) 降低成本耗费。可以通过以下几个方法来降低成本、优化方案：① 重点法，即重点突破薄弱环节，使方案整体优化；② 轮变法，即在影响方案的要素中将一个作为变量，其他的作为定量，对变量要素作增减，以提高方案的合理性，直至不能再增减为止；③ 反向增益法，即以一个要素的较小变动去求得整体要素的较大变动，追求"舍寸进尺"的效果；④ 优点综合法，即将各方案中，可以利用的优点部分综合到被选中的方案内，使被选中的方案达到最优化。

2．方案论证

公关活动策划方案要经过充分论证才能形成，实际上就是项目的可行性论证。方案论证主要包括四个方面：(1) 对目标进行分解；(2) 对方案有效性进行分析；(3) 对制约因素进行分析；(4) 对潜在问题进行分析。

3．书面报告与方案审定

书面报告的内容分为：(1) 活动背景介绍；(2) 目标定位；(3) 公众分析；(4) 活动内容与进度；(5) 经费使用；(6) 方案论证。

第二节　六步骤的策划程序

一、收集公关信息

公共关系首先要履行收集信息、监测环境的职责，以帮助组织对复杂、多变的公众环境保持高度的敏感性，维持组织与整个社会环境之间的动态平衡。

古今中外，一切高明的管理者都十分重视民情民意，并通过各种方式和方法了解民情民意。在公关活动策划中，公众的需求至关重要，因为公众的态度是社会舆论的重要组成部分，在逐渐形成一种标志民心向背的社会潮流后，公众的需求将对组织制定和实施政策法令产生巨大影响。

（一）收集信息的内容

当今社会，组织的生存和发展对信息有很大的依赖性，因而充分掌握信息自然就成为组织公共关系的基本职能。公关策划收集的信息主要是与组织经营决策和形象信誉相关的各类信息，在收集这些信息时需要注意以下方面的问题。

1. 智能化信息服务

随着信息化技术的发展，信息服务日益走向智能化。互联网普及后，产生了信息爆炸的局面，人们被垃圾信息所困扰。虽然通过搜索引擎、目录、人工编辑的社区等工具，人们可以获得一定的辅助，但是这些工具的准确性和方便性仍不够理想。人们需要智能、精确、专业、个性化和以用户为中心的智能信息服务。

（1）巨大的市场需求。通过自然语言与计算机交流，获取合适的信息并得到满意的服务，是人们长期以来所追求的目标。自然语言理解技术的发展，使文本自动分类、智能搜索、信息提取、语言翻译、自动文摘、自动勘校、智能聊天等成为可能。

（2）丰富的智能服务方式。这种方式已成功应用在客户服务、知识管理、智能软件帮助、企业管理、网上营销等多个领域。随着互联网的高速发展和产业的激烈竞争，智能信息服务不断走向实用化和大众化，智能短信服务、智能聊天机器人和智能搜索引擎等成为新的应用亮点。这些服务模式与普通用户更贴近、更具吸引力，也更具市场影响力和价值创造力。

（3）智能短信服务。允许短信用户在手机上直接以口语化的自然语言形式输入文字（而不是输入复杂的代码或操作繁琐的菜单），系统据此能迅速、准确地理解用户的意思，提供周到的信息和服务。短信服务商可根据具体应用领域定制一系列全新的智能短信业务，如旅游交通、餐饮娱乐、金融证券、交友网聚、智力竞猜等受欢迎的服务，以刺激用户使用短信服务的兴趣和频率。

2. 公众对组织形象的评价信息

组织形象之所以引起人们的重视，关键在于它的巨大价值和巨大的作用。研究组织形象的价值和作用有助于确立它在公共关系中的战略地位。

（1）组织形象塑造。塑造组织形象是公共关系的核心，它像一条红线贯穿于公共关系运作的全过程。组织形象是社会公众对于组织的总印象和总评价，是主客观的统一。

（2）公众对组织的实际行为。运用公共关系塑造组织形象是指一个组织通过各种信息传播手段，与公众进行沟通，使公众在客观的基础上对组织的认识和评价与组织的追求和实际行为趋于一致。

3. 组织自身状况的信息

（1）自我期望形象，是一个组织希望在社会公众中的形象。

（2）实际社会形象，是指社会公众对一个组织的真实看法和评价，是组织形象的客观存在。了解组织的实际形象是制订公共关系目标的基本依据。组织的实际社会形象有以下几类。

① 整体形象和特殊形象。

- 组织的整体形象是指社会公众心目中对组织的全部看法和评价。

- 组织的特殊形象是指与组织有特殊利益关系和对组织有特殊要求的公众对组织的看法和评价。这是特殊公众从特定的角度对组织形成特定的看法和评价。

组织必须善于处理好特殊公众和其他公众的关系，使特殊形象和整体形象达到平衡统一，以保证为组织营造良好的生存和发展环境。

② 外观形象和内在形象。

- 组织的外观形象是指社会公众对组织的名称、标记、环境、建筑、设备、设施、组织行为等方面的看法和评价。
- 组织的内在形象是指通过组织的外观形象表现出的内在品质给公众留下的印象，如组织的信誉、职工的精神风貌、企业的特征与风格等。

4. 组织危机的预警信息

（1）应变心理与能力，指无论是组织管理者还是公关人员都要有强烈的危机意识和危机应变的心理预备。

（2）危机预警系统，指建立危机预警系统以及时捕捉危机爆发前的预兆。危机预警系统包括：组建一个由具有较高专业素质的人员和高层领导组成的危机管理小组；建立高度灵敏、准确性高的信息监测系统；建立自我诊断制度；面对员工开展危机管理教育和培训，增强全体员工的危机管理意识和技能。

（二）收集信息的程序

公关策划工作是与信息收集、研究分不开的，除了亲临市场一线获取一手资料外，对二手资料的收集及研读也非常重要。信息收集本身是一项程序化的工作，一般包括以下几个步骤。

1. 确定信息收集的需求和目标

信息收集总是具有明确的目的性，是为满足某一工作的信息需求服务的。需求和目标既决定了信息收集的方向和方法，也是纷繁复杂的零星信息之所以能联系起来的纽带。如果需求不明，目标不清，信息采集的针对性和适用性就无从谈起。

应当先通过目标分析研究、归纳出若干信息需求，并在总体目标和阶段目标下，将信息需求分为若干层次。可以列出目标需求表，使目标和需求更加具体化，这样就可以使各个阶段的信息收集的方向更为明确，以保证信息收集工作少走弯路，成效大，收益多。

2. 明确信息收集的边界范围

在明确了信息需求和目标的基础上，应当进一步限定信息收集的边界范围。边界范围分为以下三个层次。

（1）中心边界范围信息。每一项决策实际上都是对某一事物各种相关环节的梳理，信息收集工作的全部艺术就在于在每一个特定时机找出信息链条上的特殊的中心环节。

（2）本体边界范围信息。这是关于某一事件本身应具有的标准意义的边界范围信息。它能够满足决策的基本需要，丝毫不游离于事件本身。

（3）环境总和边界信息。环境总和边界信息是指影响和制约决策活动各方面因素的总和，即全部的环境信息，包括影响事物或事件的直接因素和间接因素，可控因素和不可控因素。

3. 开拓信息来源

没有信息来源，信息收集自然无法进行，而如何选择信息源对信息收集工作的质量影响很大。一般来说，信源越广阔，收集到的信息就越多；信源越可靠，收集到的信息就越真实可信。因此，应当大力开拓信息来源，以保证信息的数量和质量。

4. 选择收集方法

方法是达到目的的手段，方法正确，信息收集工作的效率就高。方法的选择要切合实际，一方面要符合采集的目标与要求，另一方面还要综合考虑本地区、本单位的具体条件并进行效率比较。除此之外，在收集方法时还应当注意以下几个问题。

（1）收集方法应多样。可选的方法有观察法、调查法、体验法、阅读法、视听法和引擎法等。根据具体的目标需求，可以确定某一种适用的方法，但应尽可能综合使用几种方法，以弥补某一种方法的局限。

（2）收集制度要健全，包括收集信息记录与保密制度、信息定期报送制度、各类信息分析反馈制度等。

（3）收集思路要创新。思路指在目标与需求下考虑收集何种信息，怎样获取这类信息，如何灵活运用常规手法和非常规手法来获取信息，如何运用现代手段传输所收集到的信息。有了富有创新意义的思路，就能使信息收集变得高效和实用。

5. 制订收集计划

信息收集计划的制订，实际上是将上述工作进一步步骤化，使具体实施的时序和过程明确，循序渐进，有条不紊，特别是当执行中出现常规步骤之外的意外情况时，应有相应的对策，不至于使收集工作受到干扰，以致影响整体信息的收集。为了保证计划的落实，还应当注意以下两点问题。

（1）确定好收集信息的人员，即挑选具有相当文化水平、专业知识、熟悉信息源并有一定信息收集经验的人员。

（2）编制好经费预算。信息收集也要遵循经济效益原则，即以尽可能少的投入获得最大的效益。因此，事先要做好必要的经费预算，如材料购置费、差旅费、调查费（含必要的被调查和采访对象的报酬、招待费、场租费等），力求减少不必要的开支。

6. 编制数据结构和调查表

信息往往是以数据的形式出现的，因而在收集之前应按照信息收集的目标和要求，设计出合理的数据结构。由于收集的目的不同，数据结构的形式也是多种多样的。但总的要求大体一致,即既要将所收集的数据都包含进去,又要便于以后的加工、存储。

二、策划公关目标

船在海上航行,有了风的推力就会加速前进。组织的公关策划也是这样,善于借势就能达到四两拨千斤的功效。但是,市场形势变幻莫测,特别是在资源有限的情况下要最大程度地拓展影响力,从某种程度上来说,能否借势是组织自身公关目标能否实现的关键。

(一) 公关目标的内容

公共关系目标所体现的是在一定时期内,能控制组织机构公共关系活动全过程的总目标和指导实施方案中的各个分目标。组织机构的各项公共关系工作都围绕这些目标而运作。

1. 公关目标的定义

我们可以给公关目标下这样一个定义:公关目标是指组织通过策划和实施公关传播活动,所追求和渴望达到的一种状态或目的,是公共关系全部活动的核心和公关工作努力的方向。整个公关实务工作的过程可理解为制定公关目标和实现目标的过程。

确定公共关系总目标和各项具体目标是制订公关活动计划的重要环节,是指导组织公共关系实务工作的关键,是组织公共关系全部活动的核心。确立公关目标的重要意义表现在以下方面:(1)确定公关目标是确定公关工作的方向和一定时期内必须完成的任务;(2)确定公关目标是制订公关计划的基础;(3)确定公关目标是安排指导和协调控制公关工作的依据;(4)确定公关目标是评价公关活动效果的标准与尺度;(5)确定公关目标是提高公关工作效率、实现公关活动价值的保证。

2. 确定公关目标的依据

(1) 社会组织自身形象调查。通过公共关系的调查与分析,客观地认识本组织的关系状况,了解本组织的类型、性质和地位,以此进行准确的形象定位。尤其要了解公众对组织的评价,即组织在公众心目中的印象,得出组织的实际形象。在此基础上,发现社会组织关系状态、沟通和协调形象定位存在的问题,科学地设定公关目标。

(2) 公众需要及对组织的期望。社会组织要注重了解公众的需要,公关目标的确定,要以满足公众的需要,尤其是以满足公众日益升华的精神需要为目标;社会组织还要了解公众对社会组织的要求和期望,在设定公关目标时要兼顾公众的要求和期望,这也符合"公众总是对的"这一法则。

(3) 组织总体目标和发展战略,它们是社会组织确定公关目标的重要依据。组织的公关目标必须与总体目标保持协调一致,必须为组织的整体发展战略服务。

（4）组织资源及可提供的条件。组织可通过广泛的调查研究工作取得及时、准确的各项信息，为公关目标的确定提供可靠的依据。组织的公关部门及公共关系人员应积极主动地收集有关信息，了解与本组织有关的和受其影响的个人、组织、社会群体的态度和反应，及时发现组织在公共关系方面存在的问题，以此确立明确的公关目标。

（二）公关目标的分类

在不同的公关目标指导下，组织会策划和实施不同的公共关系行动方案，为了使组织的公关活动与公关目标相一致，我们必须对公关目标进行合理、准确的分类，以利于组织根据不同的公关目标，开展有针对性的公关活动。公关目标可以根据以下不同的标准进行分类。

1. 按目标时间跨度

（1）长期目标，指与组织总体发展规划、组织的长远利益相一致的目标，是关于组织发展的战略目标。它的时间跨度通常在 5 年以上，对组织的发展起长远的指导作用，是一个方向性的奋斗目标。

（2）中期目标，指将组织公共关系长期目标所提出的基本任务进行分解所形成的目标，时间跨度一般为 2~5 年。组织依据中期目标指导和开展其公关工作。

（3）短期目标，即年度目标，是指组织公关活动在一年内的工作计划和要达到的标准，它是根据组织的年度发展计划和奋斗目标而制定的。短期目标将组织公关工作总目标的有关任务落实到公关活动计划上，对组织在一年中的各项具体公关活动起着指导作用。

（4）具体目标，是组织针对各项具体问题而开展的专项公关活动所制定的目标。组织为达到与公众沟通的目的，经常会开展一些专项公关活动，如召开一次新闻发布会，处理一次突发的危机事件，开展一项公益活动等。要达到这些专项公关活动的特定效果，必须制定各项具体目标以指导活动的顺利开展。

2. 按目标实现顺序

（1）传播信息的目标，指组织向公众开展传播宣传活动，让公众知晓有关组织的真实情况，这是公共关系最基本的目标，是公关策划首先要考虑的问题。连接公共关系主体与客体的中介就是传播，因此大量的公关工作都要围绕这一目标而开展。

（2）联络感情的目标。这是组织的感情投资工作，交际型公关活动模式特别适合于这一目标。它是组织依靠某种行为去争取公众对组织的好感和信任，既是一项具有长期性的任务，也可以在较短的时期内见到成效。在进行公关策划时，首先要考虑到它的方式方法，要区别于一般人际关系，避免出现不正当的"拉关系"、"走后门"现象。如果事前策划不当，消耗了大量的人力、财力、物力，还可能无所作为；反之，按照科学的方法和正当的途径，则可以产生事半功倍的效果。

（3）改变态度的目标。无论现代公共关系理论有了什么新发展，组织通过引导、沟通，改变公众对组织的某种观念和态度，始终是公共关系的主要目标。

3. 按目标性质

这是与组织的根本利益、整体形象相关的重大长远目标，它的实现能为组织的发展创造和谐的内外环境，建立广泛良好的社会形象。

（1）适应性公关目标，指公关的目的是使组织对各种社会环境因素（如社会文化、政治、法律、经济的活动方向）产生接受与反馈应变能力。

（2）控制性公关目标，指组织在适应环境的过程中的能动反应。这是根据组织公共关系的具体情况而开展的活动所追求的目标，它有较强的可操作性。由于各组织的情况不同，同一组织在不同时期以及各组织的工作重点不同，所以组织公共关系的战术目标也各不相同。

4. 按组织环境和战略目标性质

按组织所处的社会环境和战略目标起作用的性质，可以分为进攻型公关目标和防御型公关目标。

（1）进攻型公关目标，指以积极的自我调整和改变环境条件为特点，以攻为守，抓住一切有利时机，在短时期内造成巨大声势和空前影响，创造新局面。它是在组织需要拓展或环境发生变化时所采用的一种工作目标类型。在开展进攻型公关活动时，要注意以下几点。

① 掌握时机。进攻型公关活动讲究时机条件，并不是组织与外部环境条件一发生矛盾冲突就采用这种公关活动，而在缺乏一定的社会气候、环境气候时，尤其是在组织的内在应变能力本来就不强时，则不能开展这种公关活动。如果时机条件把握不好，盲目进攻，不仅会伤了组织自身的元气，还会加剧组织与环境的冲突。

② 遵守道德原则。开展进攻型公关活动，必须注意遵循公共关系的职业道德准则。"火药味"无论多浓，都不能做出损人利己或损害社会大利益保全组织小利益的行为，否则，就违背了公共关系的初衷，也与公关策划活动的原则和目标不相符了。

（2）防御型公关目标。这是组织为防止自身公共关系失调采取的一种公关工作目标类型，其目的是将不协调因素和摩擦苗头尽量消除，防患于未然。其特点是防守与引导相结合、预测与措施相结合，以退守防御的方式，开创更为有利的时机和局面，使防守工作科学化、制度化，把可能出现的问题和危机控制起来，改造被损害的组织形象，挽救组织的声誉。这种防守型公关活动多用于应付突发性的公共关系危机。

（三）公关目标的原则

原则是说话或行事所依据的法则或标准，是做某件事、解决某个问题或在某个领域里不能违反的禁止性规定。任何组织在确立公关目标时，要使确立的目标科学、可行，而又不至于偏离方向，就必须遵守一定的原则。

1. 协调统一原则

公关目标必须符合组织整体发展的要求，与组织的其他活动目标协调统一，这是因为任何组织都是由很多要素构成的具有明确目标的有机系统。组织成员必须通过合理分工和密切协作才能实现组织的整体目标。公关目标作为组织总目标下的一个子目标，必须服从和服务于总目标。

2. 明确具体原则

（1）目标明确性。目标的明确性是指目标的含义必须十分清楚、单一，可直接操作，有明确的内容与要求，不能有歧义，不使人产生多种理解。具体来说就是，工作对象应是特定的；目标是结果式的；目标可确定执行者责任范围；目标应明确实现目标的约束条件。

（2）目标具体性。目标作为实施的准则和评价的标准，必须是具体的、量化的，不能是泛泛的、抽象的口号。不仅要明确公关目标的性质，还要做到量化，使其具有可比性、可考核性和可操作性，这样才有利于公关目标的实施、检查和对公关活动效果的考核。

三、确定公关对象

公共关系不是单位个体的单方面行为，而是关系主体与客体在社会活动中，因价值需求形成的一种公众关系。客体是与主体有着利益关联的对应者，属公共关系对象，主要由主体的内部关系对象与主体的外部关系对象（利益关联的所有个人、群体、组织、团体等公众）构成，具有广泛性、独立性等特点。

（一）公众的含义

在公关策划活动中，公众（Public）是指与公共关系主体因价值需求而相互联系、相互影响的相关个人、群体、组织和团体，是公共关系对象的总称，具有广泛性、独立性、同属性、动态性、多样性、相关性等特点。

（1）广泛性。公众不是单一的个体，相对一个主体而言，包括所有与之相关联的内外公众环境，涉及社会各个领域和阶层，不同主体面对的公众是不一样的。

（2）独立性。公众不是一个单一体，它通常由若干个分散的单位（可以是个体）组成，各个单位都具有独自的特点。针对不同特点的公众，关系主体需要找到公众共鸣的利益点，选择合适的公共关系手段，从而促进双方情趣相投、交往融洽。

（3）同属性。公众尽管具有独立性的特点，但并不是一盘散沙，公众可以根据共同需求、共同利益、共同志向、共同背景等共性特点划分成不同类别。公众类别具有交叉性，各类别的公众不是绝对分割的，是多个共性特点的不同组合。

（4）动态性。社会是一个开放系统，处于不断变化之中。公众是社会的主体，随着客观环境变化，公众的性质、数量、利益点、关系范围、态度、行为也会不断变化，从而对公共关系产生不同的影响。

（5）多样性。公共关系是一个复杂体，从而导致公众形式的多样性。针对主体而言，公众可以是单一的个人、群体、组织、团体，也可以是多个群体、组织、团体，而且不同个人、群体、组织、团体之间的身份、地位还有层次之分。

（6）相关性。社会是一个大集体，公众不是绝对独立的，它相对于不同的关系主体而存在。公众在按某种标准划分成一个类别时，同相关类别的公众依旧存在一定的相关性和互动性。公众的态度、观点、意见往往会共同对关系主体产生直接或间接的影响。同时，主体的任何一个决定和行为都有可能对不同公众产生相同的影响和反映。这就要求主体在建立和维护关系的过程中，善于把握公众的共性，找到公众的共鸣点，有效确立关系目标，选择具有普遍影响力的关系手段。

（二）公众的分类

社会是一个关系复杂体，针对不同的利益、观念、策略、人员结构等客观条件，不同主体面对的公众会有所不同，而且公众也存在多种划分标准。在公共关系学科中，关系主体主要是指社会组织。为确保公众分类的针对性，我们首先需要对社会组织的类型有基本的了解。

1. 社会组织类型

（1）按职能划分，可分为：① 经济组织，主要指各类生产、流通、服务类企业；② 政治组织，主要指各行政级别的政府、公安、法院等行政机关；③ 文化组织，主要指教育、文艺、体育等文化娱乐机构；④ 学术组织，主要指协会、促进会、科研机构等民间组织；⑤ 公益组织，主要指红十字会、养老院、福利院、孤儿院等慈善机构。

（2）按背景划分，可分为：① 营利性组织，是指通过创造经济效益而求得生存和发展的组织，如经济类组织；② 非营利组织，是指不以获取经济效益为直接目的的组织，如政治组织、公益组织。

2. 具有代表性的社会组织

不同组织选择的公众不同，并且同一个组织也可以采用多种方式来选择公众，但同一个组织内的公众与不同组织之间的公众相比，要多一些共性的特点。认识了社会组织之后，就可以针对最有代表性的社会组织进行公众的分类。

（1）根据所处的环境，公众可分为内部公众、外部公众。

（2）根据关系程度，公众可分为松散公众、至交公众、亲密公众。

（3）根据对主体的态度，公众可分为赞誉公众、逆意公众、游离公众。

(4) 根据稳定性，公众可分为短效公众、长效公众。
(5) 根据主体需求价值，公众可分为互惠公众、排斥公众、仰慕公众。
(6) 根据发展形态，公众可分为非公众、潜在公众、目标公众。

（三）鉴别公众的权利要求

对公众的各种权利要求进行概括和分析，先找出各类公众权利要求的共同点和共性问题，把满足各类公众的共同权利要求作为设计组织总体形象、策划总体公关活动的基础。因规模、人才、业务范围等要素不同，关系主体划分公众的标准就会不同。并且因利益点不同，关系主体同各公众的关系程度也会不同。通常，大型企业组织机构的公众按独立单位大致可划分为以下十类。

1．政府机关

政府机关是管理社会公共事务的政府部门，包括工商、税务、交通、治安、环保、法院等行政机构。企业组织机构应熟悉政府各项政策、法规，积极参与政府组织的社会公益活动，帮助政府解决就业、环保等难题，以获得政府的政策支持。

2．员工

员工是企业组织机构各岗位的工作人员，属于组织内部的首要公众，相对于外部公众又属于公共关系的主体。组织需要建立激励机制，加强员工培训、沟通，营造良好的人文环境，通过有效协调组织团体、个体之间的利益关系来调动员工的积极性，培养员工的认同感、归属感，以提高各部门之间的协作精神，增强企业的凝聚力和创造力，促进组织强健发展。

3．股东

股东是按一定比例出资，享有股东会表决权和利润分配权，并在工商部门备案登记的投资者，是企业组织机构的所有者。在经营管理过程中，企业组织机构要注重维护股东的利益，定期向股东会汇报经营情况，遇重大决策问题应及时向股东会申报。企业组织机构通过交流、沟通以获得股东的信任和支持。

4．消费者

消费者指购买企业产品或服务的相关顾客，是与企业组织机构有着切身利益关系的外部公众。企业组织机构应以市场为导向，为消费者提供合格的商品和满意的服务，加强信息的传递和沟通，坚持诚信经营，正确引导消费，勇于创新，积极塑造良好的公众形象，同消费者建立广泛而紧密的依附关系。

5．竞争者

竞争者是指同企业组织机构共同分割市场份额的经济组织。与竞争者之间，企业组织机构需要形成经营特色，摆脱价格战的困扰，积极预防和应对竞争者的攻击。同时，要注重维护行业利益，遵守行业约定，尽可能避免采取相互挑衅或不正当竞争的经营策略来扰乱市场规则。此外，可以选择能产生优势互补效益的竞争对手进行技术、资金、人才等资源的交流与合作，共同挖掘市场潜力，获取新的发展商机。

6. 协作者

（1）供应商。它是向企业供应原料、耗材等物资或商品的经济组织。与供应商之间，企业组织机构应注重信息传递，恪守合同条款，加强沟通，定期拜访，促使双方达成利益统一的紧密合作关系。

（2）分销商。它是销售企业产品的批零商户。与分销商之间，企业组织机构应负责按时提供保质、保量的产品，维护好价格体系，不断开发有竞争力的新产品，注重品牌培育，加大支持力度，制定积极的销售政策将企业利益同分销商利益捆绑在一起，并可定期举办分销商会议，加强信息沟通，增强分销商的信心，围绕共同目标使双方获利。

（3）金融机构。它是融集资金和出售资金的场所。企业组织的发展离不开金融机构的支持。企业组织应与金融机构保持紧密的关系，以便为企业组织的规模化成长打通资金渠道。

7. 社区组织

社区组织是企业组织所在地的区域性群体和单位，包括区域群众、基层管理机构、地方团体、区域经济组织等。企业组织应同社区组织保持友好往来，维护社区共同利益，积极参与社区组织的社会活动，主动承担必要的社区责任和义务，积极营造祥和、关爱的社区环境，以赢得社区的赞誉和支持。

8. 市政单位

市政单位主要指城市能源供应和市政设施管理单位，包括电力公司、自来水公司、煤气公司、天然气公司、公交公司、污水处理中心等。企业组织要遵守市政管理规定，按时缴纳能源费用，积极配合能源单位检修、查验等工作，有选择性地支持、赞助市政建设，就容易获得能源的充足保障，并能获得良好的口碑宣传。

9. 社会团体

社会团体主要指以共同兴趣、爱好或利益自愿集合在一起的合法民间组织及社会相关非营利机构，包括民间组织、协会、医院、学校、慈善机构等。根据企业组织经营管理活动范围，有选择地同社会团体建立协作、联谊等友好、互助关系，能开阔企业视野，丰富信息资源，并能扩大企业组织在社会中的影响力，树立良好的公众形象。

10. 媒介

媒介是传播新闻和信息的传媒机构，包括广播电台、杂志社、报社、电视台等，是企业组织机构向社会公众传递信息，进行沟通的桥梁，是企业组织形象宣传的窗口。企业组织应同新闻媒介保持长期联系，加强同新闻记者的关系维护，有选择地赞助新闻事业，积极营造新闻热点，通过吸引新闻媒介的关注，扩大企业组织的社会影响力。

(四) 分析公众的权利要求

分析各类公众的特殊要求，那些带个性的要求是设计组织特殊形象、策划具体公关活动的基础。组织要向公众表达的是一种人文关怀，并且这种关怀并不是一时的权宜之计，更不是道义和口头上的"软关怀"，而是要成为硬标准。这种"人文标准"高过了组织的建设，要真正体现对公众的权利、公众的价值的重视，而这就是确定公关对象的精髓所在，因为公众的尊严决定着组织的文明品质。表 2-1 是对重要的目标公众权利要求做出的结构分析。

表 2-1　目标公众权利要求

组织的目标公众	目标公众对组织的期望和要求
员工	受到尊重；合理的工资福利，工作安全；培训和进步的机会；和谐的人际关系；参与表达、晋升的机会
股东	参与利润分配；参与股东表决和董事会的选举；优先试用新产品；了解公司经营状态，有权检查账目和转让股票；有合同所确定的各种权利
政府	保证各项税收；遵纪守法；承担法律义务；公平竞争；保证安全等
消费者	产品的质量保证和适当的寿命；合理的价格，优良的服务态度，认真解决公众的投诉，完善的售后服务；《消费者权益保护法》规定的各项权利
竞争者	遵守由社会或本行业确定的竞争准则，平等的竞争机会和条件；竞争中使用的正当手段和现代企业风范
社区	向社会提供必要的生产和生活服务及就业机会；保证社区环境和秩序；关心和支持当地政府；支持文化和慈善事业；赞助公益活动，促进社区各项事业的发展
媒介	提供真实的、有价值的信息；尊重其职业尊严；保证记者采访的独家新闻不被泄漏，提供采访便利

通过表 2-1，组织能够清晰地了解目标公众对组织的期望和要求。只有全面、充分地尊重、确保公众享有的权利，社会公众才不会因权利要求内容不可预见的变动而无所适从，从而从根本上保证公关策划活动的正常运作和价值实现。

四、部署公关战略

拥有成功的公关战略能帮助社会组织从同行竞争者中脱颖而出，掌握组织内外环境沟通之契机，提升公关策划活动的方式与技巧。

(一) 公关战略的概念

公关战略深一点说是公共关系管理，即组织通过一系列活动的运作，树立并维护组织的公共形象，传递组织文化，建立组织与社会间的沟通桥梁，有目的、有计划地影响公众心理，从而使组织处于一个良好的社会环境中。

1. 公关战略的价值

从公关活动的规律看，公关战略是公关策划者在公关活动过程中，为实现组织的公关目标所采取的对策和应用的方式方法与特殊手段。公关战略在创造组织价值、组织形象上都起着至关重要的作用。同时，通过公关战略，还能将组织提供的产品和服务所涵盖的主要信息传递至目标对象。

（1）公关战略特征。以竞争为中心，全面强化组织素质并实施有效的信息传播，是买方市场发展条件下的新一代组织发展战略。公关战略强调公众关系目标对组织发展的战略意义，重视与公众关系环境协调平衡，以实现自身的可持续发展。

（2）战略价值创新。在策划创新方面，引进符合历史发展趋势和消费者价值创新的体系和工具，必须把价值创新置于策划创新之上，构建中长期价值产品发展策略，而不是简单地模仿和跟随对手开发新产品，被动地接受市场中推出的新价值。

2. 新媒体环境下的公关战略

据工业和信息化部的统计，截至2008年，我国网民数达2.21亿人，超过美国，居全球首位。由于我国网民数的增长使得互联网普及率大大提高，因此要考虑到新媒体环境下的公关战略。

（1）e公关战略。互联网能帮助社会组织加强品牌推广，促进销售量，使组织有更多的机会与目标公众交流，加强双方相互沟通的关系。互联网公关策划实际上和传统的公关策划差不多，只是把一些手段稍微调整一下，就有可能发挥更大的作用。e公关给了我们更多可选择的渠道。

（2）聊天室。互联网除了多渠道作用外，还要考虑哪个门户能够吸引最多的眼球。要让目标公众跟着人潮走，就必须让在线宣传和离线宣传相配合，使公关策划活动有更多的切入点。聊天室是一个很好的机会，能直接让品牌与组织机构产生双重性的关系。

（3）手机短信。几年前它还是非常新的技术，现在我们已经可以充分利用手机短信来开展公关策划活动，而且传播成本很低廉，是一种回报率很高的营销和公关手段。

（4）视频传播。视频短片已经成为一种新的公关和营销手段。现在美国和中国都出现了视频博客网站，Google也推出了视频博客及互动的视频短片，组织可以利用这些互动的视频短片来传递需要传达的信息。

（二）公关战略与创意

公关贵在创意，公关并不是装门面、凑热闹的应酬活动，而是一种文化内涵，是能产生一定心理冲击波和信息辐射力的潜意识投资。

1. 创意是战略的核心

成功的公关策划活动能够抓住特定的时机，以引人注目的方式展示组织不同凡响之处，或是以闻所未闻的内容刺激公众的感觉，使组织形象在一片赞叹声、惊奇声中"定格"于公众脑海；或是以文化品位和艺术韵味所营造的浓郁氛围感染公众；使组织形象在感情共鸣中走向公众意识的深处；或是以峰回路转、跌宕起伏的戏剧冲突吸引公众的注意，使公众不知不觉地接受公关策划活动的传播理念。

（1）创意公关与传统公关。传统的公关方式是通过各种人为的辅助方式或打广告的形式影响目标对象，从而建立关系，以达到宣传推广的效果，常见的方式有电视广告、报纸广告、宴请等；而创意公关是指通过策划一些有创意的主题活动以引起公众的注意，从而使公众通过口头传播的方式广而告之，起到宣传推广的效果。

（2）公关创意需要的条件。做公关创意前要了解公众的需求、文化背景、喜好等，为创意提供线索。接着要运用有效媒体和活动进行信息的传播，从而达到理想的宣传效果。公关创意要从艺术和美的角度出发，既要为公众展现赏心悦目的艺术效果，又要用美的原则约束自己的言行举止，维持美好的形象。

（3）公关创意是一种双赢，凭借思想的火花寻求双方利益的最大化，更多是表现出双向的需求。这就是公关创意的实施方及受众方在互动时需要掌握的度。好的公关创意无疑是思想和智慧的产物。

2．创意条件

在某一特定环境下，人们以知识、经验、判断为基点，通过亲身的感受和直观的体验而闪现出的智慧之光，可以很全面地提示事物或问题的本质，可以让人有一种假设性的觉察和敏感，这就是通常所说的灵感。灵感实际上是因思想集中、情绪高涨而突发表现出来的一种创造能力，可以从以下四个方面理解创意：（1）创意形成的前提——动机、目的；（2）创意形成的基础——知识积累；（3）创意方法的过程——选择性、可变性；（4）创意实现的关键——联想、假设。

3．创意种类

（1）超序相干法——天马行空法；（2）拉线相干法——巨蜘蛛吐丝法；（3）超大系统法——万花筒法；（4）非系统法——王子创意法；（5）创意原子弹——创意裂变法；（6）氢弹创意法——创意大聚变风暴法；（7）意场感应法——上山下乡法；（8）创意魔牌——创意游戏法；（9）集中导向法——综摄法；（10）头脑风暴法——"BS"法。

（三）创意过程

创意的种类很多，但是在长期的教学实践中，我们认为头脑风暴法是最实用的一种。头脑风暴法（Brainstorming）的发明者是现代创造学的创始人，美国学者阿历克斯·奥斯本于1938年首次提出的。头脑风暴这个概念比喻思维高度活跃，打破常规的思维方式而产生大量创造性设想的状况。头脑风暴法力图通过一定的讨论程序与规则来保证创造性讨论的有效性，由此，讨论程序构成了头脑风暴法能否有效实施的关键因素，从程序来说，组织头脑风暴法关键在于以下六个环节。

1. 确定议题

一个好的头脑风暴法从对问题的准确阐明开始，因此，必须在会前确定一个目标，使与会者明确通过这次会议需要解决什么问题，同时不要限制可能的解决方案的范围。一般而言，比较具体的议题能使与会者较快产生设想，主持人也较容易掌握；比较抽象和宏观的议题引发设想的时间较长，但设想的创造性也可能较强。

2. 会前准备

为了使头脑风暴畅谈会的效率较高、效果较好，可在会前做一点准备工作，如收集一些资料事先给大家参考，以便与会者了解与议题有关的背景材料和外界动态。就参与者而言，在开会之前，对于要解决的问题一定要有所了解。会场可做适当布置，座位排成圆环形的环境往往比教室式的环境更为有利。此外，在头脑风暴会正式开始前还可以出一些创造力测验题供大家思考，以便活跃气氛、促进思维。

3. 确定人选

一般以8～12人为宜，也可略有增减（如5～15人）。与会者人数太少不利于交流信息，激发思维；而人数太多则不容易掌握，并且每个人发言的机会相对减少，也会影响会场气氛。只有在特殊情况下，与会者的人数可不受上述限制。

4. 明确分工

要推定一名主持人，1～2名记录员（秘书）。主持人的作用是在头脑风暴畅谈会开始时重申讨论的议题和纪律，在会议进程中启发引导，掌握进程，如通报会议进展情况、归纳某些发言的核心内容、提出自己的设想、活跃会场气氛，或者让大家静下来认真思索片刻再组织下一个发言高潮等。记录员应将与会者的所有设想都及时编号，简要记录，最好写在黑板等醒目处，让与会者能够看清。记录员也应随时提出自己的设想，切忌持旁观态度。

5. 规定纪律

根据头脑风暴法的原则，可规定几条纪律，要求与会者遵守，如要集中注意力积极投入，不消极旁观；不要私下议论，以免影响他人的思考；发言要针对目标，开门见山，不要客套，也不必做过多的解释；与会者之间相互尊重，平等相待，切忌相互褒贬等。

6. 掌握时间

会议时间由主持人掌握，不宜在会前定死。一般来说，以几十分钟为宜。时间太短与会者难以畅所欲言，太长则容易产生疲劳感，影响会议效果。经验表明，创造性较强的设想一般会在会议开始10～15分钟后逐渐产生。美国创造学家帕内斯指出，会议时间最好安排在30～45分钟。倘若需要更长时间，就应把议题分解成几个小问题分别进行专题讨论。

（四）创意步骤

创意是一项煞费苦心的工作，尤其在信息缺乏时，策划者常常感到力不从心。对此，公关顾问机构在实践中总结出了能够帮助不同级别的策划者快速进入头脑风暴的五个科学、简单的步骤——收集、加工、推销、执行和评估。[①]

1. 收集

在接到新客户或新项目时，策划者要尽量获取有关客户想要实现的目标信息，学会与客户进行沟通，了解他们真正的目标，这样才能创造出满意的方案。在创意前期，策划者要对即将推广的产品或服务、客户的竞争对手、潜在市场和潜在消费群体进行调研。不幸的是，某些压力往往使策划者无法在调研阶段获得客户的支持，而只能在创意完成后向客户反馈。

2. 加工

基于已有的信息，策划者要用几天的时间来思考最合适的创意，并尝试着在脑海里规划其执行以及想要达到的目标。在思量每一个创意的时候，问自己几个问题：

（1）这个创意如何帮助客户达到所需要的结果？

（2）实施这个创意需要花费多长时间？能否在客户规定的时间内完成？

（3）成功实施这个创意需要哪些资源？预算是否充足？

如果策划者对自己的创意还没有达到百分之百的满意，那么请回到头脑风暴的阶段，继续改进或重新创造，只有这样，才能有助于策划者完善自己的想法和打造出具有可行性的公关方案。

3. 推销

具有可行性和良好的性价比，能够达到预期目标，增加品牌价值的创意才会得到客户的认可。策划者要严肃、认真地对待自己的创意，并且为与管理者和客户的沟通做好充分准备。如果策划者对自己的创意进行了足够的考虑，并确信只要正确地实施就能产生非同寻常的结果，那么就可以亲自或请主管去说服客户采纳这个方案。

4. 执行

创意的执行要精益求精。策划一个执行方案要包括需要的工作时间、每个阶段的预算分配以及时刻准备应对突发事件的到来。

5. 评估

如果创意能够达到预期的商业目标，那么就可以视为成功。公关活动的项目评估就是在直接策划活动中，在对活动项目进行可行性研究的基础上，从组织整体的角度对拟策划项目的计划、设计、实施方案进行全面论证和评价，从而确定活动项目的预期目标。

[①] 艾雪珂，孔琳. 公关创意五步骤. 国际公关，2007（6）：86

五、抓住公关时机

公共关系作为一种新型的管理方法和艺术，在组织的管理过程中发挥着独特而重要的作用。公关的作用在于：它通过传播手段帮助社会组织适应并影响公众环境，力求为组织塑造良好的公众形象，争取公众对组织工作的理解和支持，在正确的时间做正确的事情。

（一）公关时机的概念

现代社会组织的健康有效运作呼唤公关管理的及时有效实施。公关人员要善于把握时机，适时公关，以促进组织管理的效率和质量的提高。

1. 公关时机的定义

公关时机是指实施公关管理的时间和重点。强调时机的把握，目的在于争取更好的效果。对时间管理的研究表明，在事物发展过程中，总会在某些时间内，各种因素能达到最佳组合，组织能够以较少的投入（就组织公关管理而言，这里的投入包括人力、物力、财力、政策、环境及其他无形资源），取得最高的工作效率，发挥最佳时间的效能，这段时间就称为最佳时区，而最佳时区内的峰值点则称为最佳时机。

2. 把握最佳时机

时机并不是不可把握的，在组织的运作中，实施公关管理的最佳时机可能经常出现，也可能只有少数几次，只要客观地分析管理过程中宏观形势和微观小气候的变化，正确地估计过去、现在、将来时间流程中组织系统运作及相关公众关系的发展变化趋势，根据经验，必要时进行科学的考察和调查，最佳时机是能够把握得住的。公众的注意力在一段时间内因特殊情况很容易对组织集中，形成舆论的中心和关注的焦点，无论是从积极的角度，还是从消极的角度，抓住有利传播时机，利用这种注意力的高集中度，可形成公众对组织的知名度和高美誉度。

（二）公关时机的类型

1. 常态公关

在正常状态下，管理过程可看作组织决策及其执行的过程，这一过程同时也是一个信息流动的过程，需要进行卓有成效的信息传播与沟通。

在组织决策的准备阶段，公关部门应及时开展公关调查活动，广泛搜集信息，找出组织工作与公众期望之间的差距，明确组织当前迫切需要解决的问题，弄清楚公众有什么要求，因为问题是决策的逻辑起点。发现问题后，公关部门应向决策部门提供科学可行的依据，这同样是一个信息收集和加工的过程。决策是否代表大多数公众的利益和愿望，是否符合客观规律的实际情况,这是衡量决策合理与否的两大标准。有效的公关工作可以为组织决策开辟更多的信息渠道,增大信息量,还可以为决策提供咨询服务。

2. 危机公关

准确把握公关时机,还体现在组织面临压力或危机之时。美国著名危机管理专家迈克尔·里杰斯特曾经说过:"预防是解决危机的最好办法。"这十分深刻地揭示了危机管理的最基本原则:重在预防。同时,他还指出:"当组织面临危机时,与相关公众的沟通和传播会比往常任何时候都显得更为重要。若一个组织不能就其发生的危机与公众进行合适的沟通,不能告诉社会它面对灾难局面正在采取什么补救措施,不能很好地表现它对所发生事故的态度,这无疑将会给组织的信誉带来致命的损害,并甚至有可能导致组织的消亡。"

当组织面临强大公众压力和危机之时,便是组织与公众的矛盾和不协调达到高峰之时,公众的注意力被偶发事件吸引到组织身上,组织所做的一切都逃不过公众的眼睛。然而压力有可能变成动力,危机可能变成转机。公关部门如果能始终将公众利益置于首位,满足公众的知情权,并采取切实行动,多做实事,向公众表明自己鲜明、公正的立场,那么,无论客观情况对组织多么不利,公众总会给予某种程度的谅解和支持。

(三) 时势造英雄

"时势造英雄"这句话足以表达出时机的重要性,对于一个人如此,对于一个组织来说,更是如此!一般来说,以下四种时机对组织来说是最重要的。

1. 组织创业之初

良好的开端是成功的一半。刚成立的组织,刚踏入社会的人,都是如此,充分向公众宣传并表现自己的优势,扩大自身的知名度,使组织在开业之初就有一批"顾客",就是成功的一半。

2. 推出新产品

新的东西总是可以引起人们的好奇心,推出新产品或新的服务项目时利用公关把人们的好奇心转化成实际的购买行为,体验新产品,从而接受和再次购买新产品。常用方法有新品发布会、上市优惠、新品展销、座谈会等。

3. 组织声誉跟不上时

如果存在组织发展很快,但声誉跟不上的情况,简单来说,就是没有充分地向公众表现出组织本身的优势,组织就要乘这个时机加强与公众的沟通,把自己的影响力和知名度打开。

4. 组织更名或合并

更名会给组织带来一定的消极影响,所以组织要在这个时候加大公关力量,一方面维持原有顾客,减少损失;另一方面乘机向公众宣传组织,利用这一时机开发新的顾客。

六、评估公关效果

（一）公关效果评价

许多公关活动的唯一致命弱点，就是没有使最高决策者看到这一活动的明显效果。在激烈竞争压力下的现代组织，管理者越来越强调要在公关项目上不断增加资金进行经济效果分析，他们经常要求公关策划者以可测量的结果说明公关投资的收益情况。由于公共关系目标管理在管理学上的发展，效果评价变得越来越重要。而对于公关人员来说，如何评估公关成效也是大家最关心的问题。

1. 公关效果评价程序

真实、有价值的公关效果评价应包括以下步骤。

（1）评价目标的明晰性。目标具有明晰性就可使活动目标方向明确、便于分解落实、有利于目标完成和执行情况的检查、考核。总之，目标具有明晰性是目标具有可操作的前提。

（2）从可测量的角度将目标具体化，要将效果评价的目标进行分解，使它更加具体。

（3）选择适宜的评价标准，就是将需要评价的内容转化为可测量的具体指标，实际上仍是对上一个步骤的结果进一步具体化的过程。

（4）收集必要的资料。按照所确定的评价标准收集所需要的资料，使标准具有反映事实的实际意义。

（5）资料分析。有了所需要的各种资料，公关人员就能够得出本次公关活动效果的综合评价。

（6）效果评价结果的运用。得出评价结果后，要将这一结果向管理者报告，这应成为一项固定的制度。这样可以保证组织管理者及时掌握情况，有利于进行全面的协调。

2. 公关效果评价的层次

（1）发送信息的数量；（2）信息为传播媒介所采用的数量；（3）信息理论接收者的数量；（4）注意到信息的公众数量；（5）了解信息内容的公众数量；（6）改变观点、态度的公众数量；（7）实施期望行为的公众数量；（8）重复期望行为的公众数量；（9）达到的目标与解决的问题；（10）社会与文化的改变。

（二）公关效果总结

1. 信息数量是效果评价的基础

发送信息的数量是公关效果评价的基础性信息，这通常是在公关活动实施记录中可以精确得到的，如提供有关纸质媒体的报道版面和读者构成、电波媒体的传播时段，以及受众群的报告。

2. 了解接收信息的公众数量

了解接收信息的公众数量要比了解发送信息的数量困难得多,但也可以通过某种专门的电子仪器或以电话访问的方式来得出有关收听率、收视率、阅读率等各种数据。例如,广州社情民意研究中心在城市调查系统中,开展包括问卷入户调查、电话快速调查、网上调查、街头监控访问、个案深入访谈、座谈会、文献收集等多种形式的调查,运用先进的统计分析软件进行数据处理。在调查程度测定方法上,将人的理解程度分为注意、认知、熟知三个层次。

3. 估算给组织形象带来的改善

在其他管理条件和管理工具(广告、传播推广等)基本不变的情况下,估算公关给组织的知名度、美誉度带来多大程度(百分比)的改善,对组织的社会效益和经济效益是否产生积极的促进作用。

4. 公众行为产生量化指标法

"发生期望行为的公众数量——行为改变",这是公关效果评价更高层次的一个指标,即将公关活动对公众行为产生的影响进行量化指标的方法。

5. 达到目标与解决问题

这是对公关活动效果的最后总结。我们必须清晰地看到:公关活动的效果一般具有复杂性和滞后性,即它必须与广告、网络推广等市场行为协同作用,才能发挥最大的效用。而且公关往往与组织中长期的发展目标相联系,而不可能立竿见影。

第三节 2010年亚运会对广州城市形象传播实证分析研究[①]

本节通过对回收的广州城市形象的调查问卷进行实证分析,得出的结论是:2010年亚运会的成功举办对广州市社会、经济、文化、城市建设与城市形象等方面产生深远影响,广州将迎来迈向国际化、提升城市形象与知名度、提高城市竞争力的空前机遇,城市形象和地位也将得到极大的提升。

一、广州将举办历史上最出色的亚运会

良好的城市形象不仅能折射出城市的魅力和吸引力,同时能形成一种强大的凝聚力、辐射力,成为扩大对外交往、吸引投资与旅游者的"金字招牌",可以把无形的精神财富

---

① 本实证分析研究根据中山大学政务学院研究生陈尚君的论文编写而成。

转化为有形的物质财富。因此，世界上许多城市都非常注重城市形象宣传，注重开发利用这笔无形资产。

通过1988年汉城奥运会、1992年巴塞罗那奥运会、2000年悉尼奥运会、2004年雅典奥运会，我们可看到，举办大型体育赛事既可以提升城市形象，又可以对经济产生推动作用，是打造城市品牌、实现城市快速发展目标的动力。但对于如何借助大型体育赛事来建立城市品牌，却是一个深奥的课题。亚运会是继奥运会之后世界上规模最大的综合性运动会。随着北京第29届奥林匹克运动会的成功举办，中国人民、亚洲人民，甚至世界各国都对在中国举办的下一个综合性大型运动会——亚运会有所期待。

（一）值得研究的一个课题

城市形象是一座城市的历史文化底蕴和经济社会发展水平的综合反映，是城市的自然资源、人文环境、历史传统、经济发展、科教文化、建筑景观、整体风貌等多方面要素在公众头脑中形成的总体印象。

而广州在2004年7月1日成功获得了2010年第16届亚洲运动会的主办权，届时，有来自亚洲45个国家和地区的14 000名运动员和随队官员，6 500名国际和亚洲体育单项组织的官员，10 000名境内外媒体人员，2 000多名亚奥理事会大家庭成员云集广州。对广州来说，这是一次绝好的机遇，而如何抓住这次机遇全面提升广州的城市形象，是非常值得研究的一个课题。

（二）理性地研究广州亚运会

"办历史上最出色的亚运会"，这是广州亚运会的目标。然而，上届亚运会——2006年多哈亚运会和2008年北京奥运会的成功，让人们对广州亚运会的期望更高了，无疑也为广州亚运会定下了无形的高标准。然而，多哈亚运会的奢华和北京奥运会的影响力和号召力，是广州亚运会难以复制或借鉴的。在这种情况下，如何理性地对广州亚运会进行定位，是决定广州亚运会成败的关键因素。

（三）广州亚运会的定位

有鉴于此，广州市有关方面的领导提出了要"成功举办一届有中国特色、广东风格、广州风采"的亚运会。即便如此，只有更加清晰和具体地认识到自身的优势和不足，才能对症下药，因地制宜，取长补短。

为此，陈尚君同学设计了一份关于广州城市形象的调查问卷，以广州亚组委和广州市政府外事部门为对象进行调查，旨在更清楚地了解对于举办亚运会广州城市形象的优势和不足，以便为相关领导决策提供依据，在办好亚运会的同时提升广州的城市形象。所有问卷采取匿名的形式发放。

二、调查问卷的实证分析与操作

此次调研共发放 305 份问卷,回收 260 份,其中有效问卷 251 份。问卷回收率为 85.2%[①],问卷有效率为 82.3%[②]。

本次问卷调查所涵盖的内容包括:通过 SWOT 分析法设计的调查问卷,收集调查对象对广州举办亚运会的优势、不足,举办亚运会所带来的机会以及威胁等方面的看法。下面根据问卷内容逐题进行分析。

(一)举办亚运会广州城市形象的实力和优势(见表2-2和图2-1)

表2-2 广州城市形象实力和优势

第一部分:对举办亚运会,您认为广州城市形象有何实力和优势?										
	完全认同/人	有效百分比/%	比较认同/人	有效百分比/%	不清楚/人	有效百分比/%	比较不认同/人	有效百分比/%	完全不认同/人	有效百分比/%	有效数据
经济实力雄厚	93	37.1	127	50.6	15	6.0	13	5.2	3	1.2	251
地理位置优越	104	41.8	124	49.8	12	4.8	9	3.6	0	0.0	249
悠久的历史文化	103	41.9	108	43.9	17	6.9	16	6.5	2	0.8	246
岭南文化的开放、包容和多样性	137	54.8	95	38.0	9	3.6	9	3.6	0	0.0	250
海外华人华侨众多	112	45.0	98	39.4	27	10.8	11	4.4	1	0.4	249
大众体育基础好	108	43.4	99	39.8	28	11.2	13	5.2	1	0.4	249
市民对亚运的支持	73	29.6	98	39.7	59	23.9	16	6.5	1	0.4	247

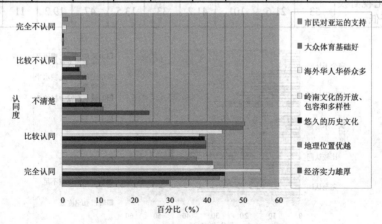

图2-1 广州城市形象实力和优势概况

---

① 问卷回收率=实际收回问卷数÷发出问卷数

② 问卷有效率(度)=(实际回收数-无效回答数)÷实际回收问卷数

调查对象对于广州所存在的实力和优势都是非常清楚和认同的,对"经济实力雄厚"、"地理位置优越"、"历史文化悠久"、"开放性、包容和多样性"、"海外华人华侨众多"、"大众体育基础好"、"市民的支持"等各项因素"完全认同"的比例均接近30%或以上,其中"开放性、包容和多样性"更是达到54.8%,可见这一岭南文化的最大特点深入人心。各项要素"比较认同"及以上的比例均接近70%或以上,其中"地理位置优越"、"开放性、包容和多样性"的数据都超过了90%。

(二)举办亚运会广州城市形象存在的弱点和不足(见表2-3和图2-2)

表2-3 广州城市形象弱点和不足

第二部分:对举办亚运会,您认为广州城市形象有何弱点或不足?											
	完全认同/人	有效百分比/%	比较认同/人	有效百分比/%	不清楚/人	有效百分比/%	比较不认同/人	有效百分比/%	完全不认同/人	有效百分比/%	有效数据
城市知名度低	20	8.0	91	36.5	25	10.0	71	28.5	42	16.9	249
基础建设设施不足	21	8.4	93	37.2	35	14.0	74	29.6	27	10.8	250
交通状况严峻	85	35.4	119	49.6	10	4.2	18	7.5	8	3.3	240
环境污染	76	30.3	120	47.8	11	4.4	35	13.9	9	3.6	251
治安差	59	25.0	98	41.5	20	8.5	52	22.0	7	3.0	236
旧城区和城中村的改造未完善	64	26.7	122	50.8	20	8.3	22	9.2	12	5.0	240
市民的文明礼貌水平有待提高	59	23.5	119	47.4	16	6.4	42	16.7	15	6.0	251
市民的国际化视野及整体外语水平低	53	21.6	101	41.2	33	13.5	47	19.2	11	4.5	245

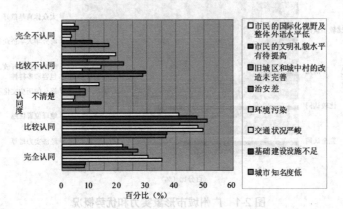

图2-2 广州城市形象弱点和不足概况

调查对象对于广州形象所存在的弱点和不足的认识相对比较明确,但是在某些要素上又存在较大的分歧，如对于交通、治安、环境、旧城改造、市民文明和国际视野方面的意见较为统一，"比较认同"或以上的意见超过60%，其中"交通状况严峻"一项最为突出，达到85%。而对于"城市知名度低"和"基础建设施不足"两项存在比较大的分歧，"比较认同"或以上的意见分别占了44.5%和45.6%，而"比较不认同"和"完全不认同"的意见分别占了45.4%和40.4%。这可能是由于调查对象基于不同的区域而做出的判断，如调查对象A以广州B地区的情况为主而做出判断，而调查对象C则以广州D地区的情况为主而做出判断；又如调查对象有可能以广州在国内的知名度或国外的知名度情况做出判断。

（三）举办亚运会对广州城市形象提升的机会（见表2-4和图2-3）

表2-4 亚运会对广州提升城市形象带来的机会

第三部分：对举办亚运会，您认为广州提升城市形象存在什么机会？										
	完全认同/人	有效百分比/%	比较认同/人	有效百分比/%	不清楚/人	有效百分比/%	比较不认同/人	有效百分比/%	完全不认同/人	有效百分比/%	有效数据
广州亚运会规模空前绝后，将永载史册	68	30.8	83	37.6	33	14.9	25	11.3	12	5.4	221
亚运会期间及筹备期间将吸引众多境内外媒体的眼球	92	39.7	103	44.4	24	10.3	10	4.3	3	1.3	232
举办亚运会需要城市各类硬件的配套	122	52.8	98	42.4	8	3.5	1	0.4	2	0.9	231
举办亚运会需要高素质市民的支持	119	54.3	89	40.6	4	1.8	5	2.3	2	0.9	219
多哈亚运会与北京奥运会的成功使得广州亚运会更让人期待	89	38.4	86	37.1	28	12.1	24	10.3	5	2.2	232

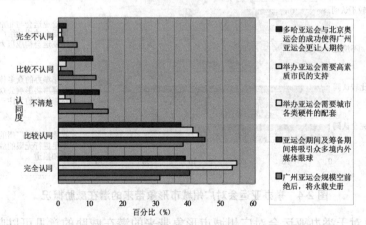

图2-3 亚运会对广州提升城市形象带来的机会概况

从各项数据可以看出，调查对象对于亚运会对广州提升城市形象带来的机会也是十分明确的，对广州亚运会的规模、人们对它的期待、媒体的关注、城市硬件设施的提高以及市民素质的提高等方面都颇为认同，各项要素"比较认同"或以上的比例都超过了68%，其中对于城市硬件和市民素质的提高表示认同的比例达到95%左右。

（四）举办亚运会将带来广州城市形象的潜在威胁（见表2-5和图2-4）

表2-5 举办亚运会对广州城市形象带来的潜在威胁

第四部分：对举办亚运会，您认为将给广州城市形象带来什么潜在的威胁？	完全认同/人	有效百分比/%	比较认同/人	有效百分比/%	不清楚/人	有效百分比/%	比较不认同/人	有效百分比/%	完全不认同/人	有效百分比/%	有效数据
媒体可能对广州的不足进行无限的放大和报道	41	17.7	99	42.9	33	14.3	51	22.1	7	3.0	231
同年举办的众多体育赛事将影响公众对亚运会的关注	56	24.5	101	44.1	14	6.1	44	19.2	14	6.1	229
多哈亚运会与北京奥运会的成功给广州亚运会构成压力	73	31.7	96	41.7	13	5.7	37	16.1	11	4.8	230
亚运会的某些特殊政策和措施可能引起部分市民的不满	29	12.6	79	34.2	58	25.1	49	21.2	16	6.9	231

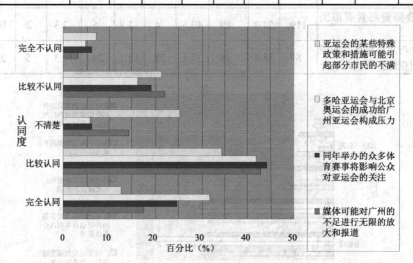

图2-4 举办亚运会对广州城市形象带来的潜在威胁概况

调查对象对于举办亚运会对广州城市形象带来的潜在威胁的意见可以归纳为在明确

中带有一定的分歧,如媒体潜在的负面报道、其他赛事的影响以及上届亚运会和奥运会的影响三个要素,"比较认同"或以上的意见所占的比例都超过60%,但同时"比较不认同"或"完全不认同"的总比例人数也在20%~25%。分歧较大的要数市民对政府政策的反应,认同率为46.8%,不认同率为28.1%。这可能是部分调查对象对市民的支持比较乐观,认为他们将谅解政府为亚运会所采取的特殊政策。

三、通过举办亚运会来提升广州城市形象的对策和建议

(一)调查对象的观点与意见

对于如何利用举办亚运会提升广州城市形象这一问题在调查中属于开放式的问题,调查对象提出了各式各样的意见,有些意见比较宏观,是站在全盘的角度来考虑问题,有些意见则十分具体,针对某一具体问题提出意见和见解,而更多的调查对象选择不发表任何意见和建议。

在所提出的约80条意见和建议中,约有24条与亚运会的宣传推广有关,其中,明确提到要加大宣传力度的建议有10条,如"加大对2010年广州亚运会的宣传力度,提升广州的亚运城市形象";明确提到宣传推广力度不够的意见有6条,如"对广州亚运会的宣传不够,很多外省人并不知道2010年广州有亚运会";其他为具体做法,如"整合城市文化资源,借助亚运会形成统一的宣传、服务平台,为更多的市民、旅客、潜在客户提供信息,并吸收各方人才前来发展"。可见调查对象普遍比较重视这方面的工作,认为必须大力加强宣传工作。

(二)调查后的建议与结论

通过对回收的广州城市形象的调查问卷的实证分析,我们可以看到:2010年广州亚运会作为城市发展的动力和契机,亚运会的成功举办将对广州市社会、经济、文化、城市建设与城市形象等方面产生深远影响,广州将迎来迈向国际化,提升广州的城市形象与知名度,提高广州的城市竞争力的空前机遇;同时,广州城市形象全方位地向国际大都市接轨和传播,城市形象和城市地位也将得到极大地提升。

第四节 原创策划"第三届广州 Mini 马拉松赛"[①]

马拉松(Marathon)是国际上非常普及的长跑比赛项目,全程距离为26英里385码,

[①] 本策划方案根据中山大学新华学院2012级公共关系学专业陈健超、杨康均、翁乐、林芳燕、李子莹、李清的原创策划方案改编而来。

折算为公里数是 42.195 公里。马拉松分全程马拉松、半程马拉松和四分马拉松三种。以全程马拉松比赛最为普及，一般提及马拉松，即指全程马拉松。本策划案是针对第三届广州 Mini 马拉松赛而撰写的。

一、活动背景

自从广州亚运会[①]结束后，广州接连举办了多项世界级别的赛事，尤其是此前不久结束的羽毛球世锦赛，让广州成为世界上唯一一座举办羽毛球比赛的大满贯城市。为了更好地提升城市国际影响力和知名度，促进国家中心城市的发展，广州特申办马拉松比赛，以此促进广州城市体育运动的发展。

从广州走新型城市化发展道路来看，现阶段既是城市发展转型升级的战略机遇期，又是广州向世界展示良好城市形象的美好契机；从建设国际体育名城的认识来看，现在申办马拉松比赛不仅有利于广州亚运精神的弘扬和延续，而且更有利于向世人展现广州一流的城市环境、一流的组织工作、一流的服务水平，向世界展示中国、广东、广州经济社会发展的伟大成就。

二、活动调研

在活动调研上，我们应用了扎根理论。扎根理论虽有"理论"一词，但其实是一种研究策略，指"透过系统地收集和分析资料的研究历程之后，从资料所衍生而来的理论"，重点是通过对研究对象的"意义"及其概念关系的整理和概括，形成研究者的结论。

（一）扎根理论介绍

从方法上来说，扎根理论较为适合挖掘深刻命题背后的规律性。

（二）样本选取

扎根理论的抽样数目从理论上来说是越多越好，但从研究需要角度，只要研究者新近抽取的样本所反映的问题已经可以被原先样本所涵盖，则无需继续抽样，也就是达到"理论饱和"状态。

本次调研所采访的人士均来自广州马拉松的参赛者、志愿者和观众，通过收集他们

[①] 第16届亚运会于2010年11月12日至27日在中国广州举行，广州是中国第二个取得亚运会主办权的城市（北京曾于1990年举办第11届亚运会）。广州亚运会设42项比赛项目，是亚运会历史上比赛项目最多的一届。广州还在亚运会后举办了第10届残疾人亚运会。第16届亚运会的协办城市有汕尾、佛山和东莞。

对广州马拉松的宣传、活动流程、问题等方面的看法,抽样基本达到"理论饱和"状态。访谈的样本分布情况如表2-6所示。

表2-6 访谈样本分布

类别	人数
广州马拉松参赛者	3
广州马拉松志愿者	4
广州马拉松观众	4

(三) 资料收集

扎根理论强调以开放的方式收集研究信息。本研究以开放式访谈方式采集信息。受访者均在自愿的基础上接受录音访谈,访谈结束后将录音整理为文字稿,作为进一步分析的材料。

(四) 材料分析

数据分析遵循扎根理论的基本程序进行。具体的材料分析程序为:访谈文字稿的分析由2012级公共关系学专业的6位同学组成的资料分析小组完成。经过样本的试验性分析后,对分析过程和标准形成共识,然后完成资料的程序性分析。分析过程为,依次按照扎根理论的开放性编码、主轴编码和选择编码的分析要求进行分析,具体环节如下所示。

1. 概念化

将访谈文字稿逐句、逐段、逐词分解并独立分析,共抽取出100个概念,例如从"干部任命基本上是走过场,走形式主义"这句话抽取出"形式主义"概念。

2. 范畴化

把几个、十几个甚至更多内涵一致或接近的概念归类为更抽象的范畴化,本研究从100个概念抽取出18个范畴。

3. 主轴编码

把开放编码中发现并已经命名的概念、范畴进行关联而形成系统化的类别,如本研究抽取出了前期准备、活动进行、活动反馈、亟待解决等四个主轴编码,具体如表2-7所示。

4. 选择编码

把主轴编码按照"条件、脉络、策略、结果"四个维度进行分类,通过这个分类来得出可以说明研究现象的理论。结合本研究,"条件"主要指广州马拉松开展策划的原因,

"脉络"主要指活动开展策划的执行过程,"策略"主要指活动开展策划的反应,"结果"即相应"策略"对应的后果。选择编码的具体内容和作用机制如表2-8和图2-5所示。

表2-7 主轴编码和开放编码

主轴编码	开放编码	文本备注或说明
前期准备	宣传渠道	广州这一带的人可通过各种渠道了解活动; 宣传十分到位
	报名流程	网络报名方式; 报名时间有所规定
	人性化配置	安排参赛者在指定时间到规定地点领取比赛用物资,保证每个参赛者可以在比赛前领取到物资; 每个参赛者按照自己的号码牌到规定的帐篷内领取物资;物资领取只能是本人到场; 配置物资时考虑到参赛者的各方面要求,比较人性化
活动进行	人员配置	志愿者们和蔼友善;保安工作认真负责;现场秩序井然;有工作人员指引,志愿者服务态度很好
	现场氛围	参赛者们相当兴奋,现场气氛热烈,参赛者的穿着各有特色,有全民参与的感觉; 有热情、有气氛,比赛前有教练带选手和全场一起做一些健身运动、热身运动; 整个场面都可以用"热"来形容,整场赛事很令人难忘; 参赛者很有毅力
	场地与流程安排	起点"花城广场",位于广州城市新中轴线广场,黄埔大道以南、华夏路以东、冼村路以西、临江大道以北,广场最宽处250米,总面积约56万平方米,是人民公园面积的8~10倍;本次比赛选址在市中心,场地较广、交通方便,有地铁和公交;有保安在场维持秩序;有流动医疗车保证参赛者的安全; 参赛者和观众有明确的划分区域,保证围观者不影响参赛者的比赛; 迷你路程有众多的景观区,可供参赛者在跑步过程欣赏; 环境不错,定位准确,半程路程设置合理,长度适合,景点多,地标建筑多
	站点服务	有流动的洗手间;有流动的医疗服务车;站点服务一改以往只提供大瓶水的铺张浪费现象;一千米左右就会看见饮用水站点,很方便
活动反馈	活动意义	给广州的快节奏生活增添活力,让大家自我放松,让生活不那么单调和枯燥; 可以和亲朋好友一起参加马拉松,感受友谊的力量; 运动,趁年轻干想干的事;可以体验马拉松当中的气氛;可以感受轻松、自由的生活方式;可以体验下那么多不同的人一起跑马拉松的感受; 参加志愿者活动,可以拓宽眼界、锻炼身体; 可以认识很多陌生人,增强团队意识和锻炼沟通能力

续表

主轴编码	开放编码	文本备注或说明
活动反馈	难忘瞬间	目睹冠军冲刺的那一刹那；欣赏"青蛇"、"白蛇"、"许仙"和"法海"真人秀
亟待解决	前期宣传不足	地区性强，像潮汕等地区的人不了解、不关注这件事；前期宣传没有充分利用微信
	报名方式单一	抢报名造成网络大塞车，大拥挤；报名时间没考虑到学生和上班族的上课时间和工作时间；官网服务器性能不够强大，应预留部分名额供现场报名
	人员培训不足	工作人员本身不熟悉场地，导致指引不明确；使工作人员的作用没有发挥出来；绝大多数人是随着人流前进，但是他们又不是参赛者；花费时间太长
	流程安排不完善	赛前领取物资比较麻烦，没有考虑到参赛者的地域问题；人数较多，秩序混乱，没有及时疏导；签到及检录场地没有明确的指示牌；工作人员的服装不统一，无法区分志愿者、工作人员和参赛者； 遇到衣服码数不合适时未能有及时的补救方案； 路程中没有设置鼓励性标志； 比赛时间到了，参赛者拒绝上收容车，继续跑不太安全； 提前领取物资，通知渠道不够完善； 迷你马拉松秩序接近失控
	配备设施有待提高	流动厕所的数量太少，间距太长；对于参赛者而言，纸杯提供饮料难拿稳；起跑点不明确，导致参赛者需跨过障碍才能看到
	纪念品分配不够人性化	针对迷你路程的参赛者在比赛后没有颁发证书； 应增加符合不同人群喜好的纪念品； 迷你马拉松没有纪念品

表2-8 选择编码表

条件	脉络	策略	结果
前期准备	宣传渠道 报名流程 人性化设置	宣传策略	对群众 对组织
活动进行	人员配置 现场氛围 场地与流程安排 站点服务	现场策略	

续表

条　件	脉　络	策　略	结　果
活动反馈	活动意义 难忘瞬间	情感策略	
亟待解决	前期宣传不足 报名方式单一 人员培训不足 流程安排不完善 配置设施有待提高 纪念品分配不够人性化	改进策略	

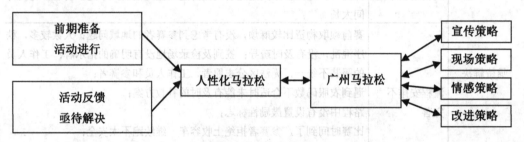

图 2-5　广州马拉松的选择编码作用机制示意图

（五）结论推导

1. 现场氛围

参赛者们相当兴奋，赛前有教练带选手和全场一起做一些健身运动、热身运动，现场气氛相当热烈，有全民参与的感觉，全场赛事只能用一个"热"字来形容。

2. 宣传渠道

宣传十分到位，广州这一带的人更是可通过各种渠道了解活动。

3. 活动意义

给广州的快节奏生活增添活力，让大家进行自我放松，使生活不会那么单调和枯燥；可以和亲朋好友一起参加马拉松，感受友谊的力量；趁年轻干想干的事；感受轻松、自由的生活方式；体验与不同的人一起跑马拉松的感受。

一方面可以宣传运动精神，提高广州的地位和知名度；另一方面是对自己的历练和自我肯定，拓宽眼界、锻炼身体，从运动中收获友谊和毅力，从运动中体验全民参与的热情。

三、活动目的与意义

（一）活动目的

马拉松赛是极具号召力的全民健身赛事，代表了一种坚持不懈、勇敢拼搏的精神。通过此次广州马拉松赛的活动，不仅能延续亚运精神，提升广州市的知名度、美誉度、软实力，更能增进全民健身意识，增强城市活力，塑造城市文化和性格。在促进岭南文化的传播与发扬过程中推进广州国际化一流城市建设目标的实现。打造一项融合传统文化、国际时尚、人文风情、全民健身于一体的永久落户广州的体育盛典。

（二）活动意义

通过马拉松赛事的平台，可以很好地宣传城市，提高城市的知名度，向全世界传播广州城市形象、城市文化、城市价值；带动全民健身在全市范围内的普及，点燃广州市民积极投身赛事的热情。

（三）活动主题

"乐跑每公里"。

（四）参赛明细

1. 参赛要求

（1）参赛年龄要求：年龄满 15 周岁。

（2）健康要求：参赛选手应身体健康，有长期参加跑步锻炼或训练的基础。

2. 路程设置

迷你马拉松（5 公里）路线：花城广场—临江大道（西行）—广州大道（北行经南北向立交跨越中山一和天河立交）—天河北路—天河体育中心北门入—南门广场。

3. 比赛流程

上午 6:30 运动员开始检录；7:15 运动员进行赛前热身运动；8:00 运动员开跑；8:40 预计最后一组运动员跑过起点线；10:00 迷你马拉松赛颁奖仪式（在体育场内）；11:50 乐队表演；下午 1:15 马拉松赛正式结束。

4. 活动报名安排

（1）报名时间。迷你马拉松：2013 年 10 月 15 日—10 月 31 日（双休日不休息）9:00—17:00，额满为止；迷你马拉松名额 12 000 人。

（2）报名方式与地点。
① 线上报名：在广州马拉松赛官方网站上的报名系统进行报名，且仅接受个人报名。
② 线下报名：广州各区的报名点。
（3）报名费。中国籍（含港、澳、台）：60元人民币/人；外国籍：15美元/人。
（4）现场报名程序。
① 在报名点领取报名表或在广州马拉松赛官方网站下载报名表。
② 参赛者本人逐项如实填写报名表，按要求签署参赛声明。
③ 迷你跑无需医疗机构证明，身体健康者均可参加，确认后交付报名费。
④ 报名确认后，请参赛者于11月15—18日（9:00—19:00）凭领物卡到马拉松展示会领取相关比赛物品；若有不便领取的参赛者，请填写好说明，留下住址，我们将会把比赛相关用品邮寄给您（邮寄费用为20元，需现场缴纳）。
（5）在线报名流程及注意事项。
① 参赛者登录广州马拉松赛官方网站。
② 认真阅读报名须知及网上报名的相关内容。
③ 填写报名表。
④ 网上缴纳报名费（支持支付宝及Paypal用户）。
⑤ 支付成功后参赛号码将自动生成（可在3个工作日后登录官网查询）。
⑥ 在官网核实报名信息、打印报名表并签字。
⑦ 报名确认后，请参赛者于2013年11月15—18日（9:00—19:00）凭领物卡到马拉松展示会领取相关比赛物品；若有不便领取的参赛者，请填写好说明，留下住址，我们将会把比赛相关用品邮寄给您（邮寄费用为20元，需现场缴纳）。

四、活动实施

（一）活动前

1. 开通微信公众账号

（1）微信软件将会定时推送广州马拉松准备情况以及报名情况，达到宣传效果，比赛前会有注意事项提醒等，可以让公众更快捷方便地了解报名信息和比赛路线，也可以为参赛选手和群众解答疑问。在比赛的宣传海报上放置有二维码，方便公众通过"扫一扫"关注广州马拉松公众账号，加强宣传效果。

（2）利用微信派送宣传产品，每个关注广州马拉松微信公共账号的群众只要发一条内容为"广州马拉松"的微信消息，就将会在微信上收到一个验证码，作为领取广州马拉松纪念手绳的凭证，收到验证码的人可以到指定的地点领取。工作人员在送出手绳的同时派送广州马拉松的宣传单,并详细解释如何快捷报名,从而让公众以最直接的方式了解广州马拉松。

2. 宣传片

组织拍摄在两个不同时间段播放的宣传片。

(1) 在报名阶段,在广州各电视台放映介绍广州马拉松背景意义、介绍报名方式,以及2012年比赛冠军鼓励打气的宣传片。

(2) 在报名截止后的时间段里,在广州各电视台放映的是一条卡通宣传片,片中以卡通人物为原型,还原出一个马拉松参赛选手的比赛过程,并着重体现过程中遇到困难时的解决方法以及能得到的服务,以展现马拉松比赛的安全保障。

3. 设置线上与线下报名

广州马拉松比赛只限在官网报名,2013迷你马拉松首批有1万个名额,官网报名系统也持续"塞车",并一度"瘫痪"。考虑到报名方式的单一问题,拟通过考虑交通情况和人群密集程度设置现场报名站点,也作为之前宣传产品领取的站点,让报名方式多样化、人性化。

4. 志愿者安排

在马拉松开始前半个月面向市民公开招募志愿者约一千名,在确定志愿者人数后对志愿者进行培训。

此次培训共包括马拉松知识、广州马拉松介绍、急救常识等相关的常识介绍。在广州马拉松介绍中,工作人员主要从其赛事历史、赛事特色以及赛事意义三个方面进行详细介绍,并强调广州马拉松的主题。本次志愿者要在熟悉赛道的基础上,主要提供导引、秩序维护、接待及检录等九类志愿服务。

5. 服装安排

由赞助商资助服装,与广州马拉松大赛标志的颜色相统一,参赛者的服装可采用红、蓝、黄色。为了更好地区分参赛者与志愿者,志愿者们的服装统一为印有显眼的广州马拉松标志的荧光绿的马甲。

6. 赛道安排

(1) 比赛前十天在赛道周围设置指示牌(也可在地上粘贴箭头标志),引领人们到指定地点。

(2) 起跑点和检录点设置在较近的区域,明显突出起跑点和检录点,让参赛者一目了然。

(3) 在起跑点两旁设置"闸口",隔离参赛者和观众。在工作人员的指引下,参赛者有序进入"闸口"等待比赛开始,其他观众则有序地排在起跑点两旁,观看比赛。

(4) 在马拉松赛道及部分主干道布置各种鲜花,美化沿线景观。

(5) 在全程的一半路程,即广州大道中部设置一个休息站,提供饮用水和医疗服务。

（6）成立医疗应急工作领导小组，针对赛事可能出现的运动员健康安全问题，科学合理地制定医疗方案，并对现场指挥、救护站、救护车组、沿线应急值班医院等进行具体的分工。

（7）在赛道沿途布置移动公厕，密度达到每1公里至1.5公里一个，且投入一定人力对移动厕所进行清理与维护。

（8）全程赛道中将分别在2公里、4公里、4.5公里处设置公里指示牌。如在2公里处的指示牌写明离终点还剩2公里，在4.5公里处则写明还剩500米。

（9）在赛道过程中每隔一定的距离粘贴一条醒目的鼓励横幅，激励鼓舞参赛者。

（二）活动中

1. 比赛当天

志愿者驻守在赛道周围的公交站、地铁站出口处，为参赛者和观众指引赛道方向，提供热心的服务。

2. 在比赛过程中

沿途每个站点都安排一名摄影师，专门拍摄参赛者在参赛途中的身姿。拍摄的照片将上传到广州马拉松的官网，参赛者和观众可以登录网站下载自己的照片。

3. 在终点处

安排专业摄影师专门拍下每一位参赛者到达终点时冲刺的照片。拍好的照片可供参赛者选择，根据各位参赛者的意愿自行购买。

4. 安排医疗车

为了防止参赛过程中参赛者出现受伤、身体不适等情况，除了在路途中设置了医疗站点外，还安排医疗车跟在参赛者队伍后，随时准备救治受伤的参赛者。

5. 保证参赛选手比赛安全

比赛期间比赛路线各段实行限时交通封闭，封闭结束后，相应路段将逐段恢复开放。参赛选手未在规定的封闭时间跑完对应的距离须立即停止比赛，退出赛道，以免发生危险。退出比赛的选手可乘坐组委会提供的收容车到达终点处。

（三）活动后期

1. 迷你马拉松纪念品

针对很多参赛者反映的迷你马拉松没有纪念品问题，因此拟对在规定时间内跑到终点的选手赠送相应的纪念品，分别是纪念钥匙扣、马克杯和公仔，选手可以根据各人喜好选择纪念品。

对于没有在规定时间内跑到终点又想获得纪念品的参赛者，可以以一定价格购买限量的纪念公仔，作为参赛的留念。

2. 后期特辑

后期计划制作一部记录比赛点滴的特辑,收集比赛过程中的趣闻轶事,以及感人故事、精彩瞬间,并展现对个别有代表性的参赛选手的参赛感受采访,发扬运动精神,展现广州人的精神面貌,传达广州马拉松的真正意义。

五、可行性分析

(一)开通微信公众账号

微信是近年来在微博之后兴起的一种热门的聊天软件,截至2013年1月15日,微信用户已达到3亿,而且年轻人是使用微信的主力军,在微信开设公众账号,将大大加强对广州马拉松的宣传效果,是行之有效的。

申请公众账号无需成本,相对于大量的电视广告投放和地铁、公交海报宣传,可以节省许多费用,在宣传效果方面,更可以做到与受众的一对一交流,进行信息的单向推送,宣传效果将大大加强。

此外,通过微信送出宣传产品,在指定地点领取可以扩大宣传产品领取人群分布的广度,每人一个验证码可以避免随意领取和重复领取。通过微信发送领取宣传产品的消息可以增加消息的到达率,达到宣传效果。人们出于好奇心理会去主动参与并在此过程中对广州马拉松有了详细的了解。

(二)宣传片

广州马拉松在每年都会制作宣传片进行广告投放,故宣传片是在预算成本之内的,而增加的卡通版宣传片减少了拍摄时间和成本,只需要简单的卡通制作,既能展现比赛流程和服务,又能使公众看到承办方对群众的细心尽责,简单易懂,让参赛者感受到安全与贴心。

(三)站点

设置流动的可以二次利用的报名站点,可以解决网络报名塞车的问题,还可以循环利用,虽增加了成本和人力却为群众带来了便捷,扩大了宣传效果。

(四)纪念品

钥匙扣、马克杯和公仔的制作成本低廉,但是具有很高的纪念价值,可以给按时跑到终点的选手以鼓励,其他选手也可以通过购买纪念公仔,纪念这次参赛;同时增加承办方的资金来源,收回一定成本。

（五）特辑

特辑的制作是为了宣传广州马拉松的意义所在，由于成本较高以及制作过程繁琐，资金不允许的情况下可以选择放弃。

（六）志愿者

1. 荧光绿的马甲

绿色是志愿者的标志，荧光绿的马甲能够让志愿者们在人群中凸显，使参赛者和观众们能够快速找到志愿者。此外，荧光绿马甲可成为广州马拉松志愿者的一种标志，可重复使用。

2. 有意义的赛事

广州马拉松赛是极具号召力的全民健身赛事，是一项有意义的赛事。志愿者的招募主要面向大学生。参加志愿活动，不仅能够增长见识，拓宽视野，还能结交朋友，因此大学生都愿意参加此类的志愿活动。

（七）赛道的安排

1. 设置指示牌

在公交站、地铁站口设置指示明确的指示牌，且只需在比赛前十天粘贴。设置指示牌能够让参赛者和观众及时到达场地。

2. 设立"闸口"

在起跑点设立可重复利用的"闸口"，工作量小，易操作。只需安排工作人员守在"闸口"处，能够杜绝观众混入参赛者，影响比赛。

3. 组织医疗休息点

饮水休息站点以及医疗车队等能够保障参赛者的身体健康。

4. 增加流动厕所

增加流动厕所虽然会增加费用，但为现场观众及参赛者提供了方便，也在一定程度上缓解了当地的卫生压力，减少了事后对现场环境的清洁费用。

5. 安排摄影师照相

在赛道旁安排摄影师，能够让参赛者在比赛中留下影像纪念。参赛选手可选择购买自己冲向终点的照片，赞助商能够获得一定的利益。

（八）危机管理

1. 宣传资金不到位

对前期宣传效果进行调查评估，最大程度使用新媒体进行宣传，撤去一季宣传片拍摄。

2. 服装印制出差错

服装印制由于在管理问题上出现差错，未在服装领取日前到位。因此，要提前两个星期与服装赞助商联系，并且在原定服装总数上增加50件作为备用服装。

3. 网络出现舆论谣言

对该谣言进行监测跟踪，对内部进行排查，若是由于内部原因，应第一时间处理问题，及时向公众承认疏忽；若是属于舆论传播，先不予以回应，尽量找出舆论来源进行处理，及时告知公众，保证活动的整体形象。

六、效果评估

（一）宣传

1. 开通微信公众账号

提前开通广州马拉松的微信公众账号，让有意参加的人群更加迅速、方便地了解到广州马拉松的准备情况、报名情况、比赛路线等，并利用微信派送宣传产品。

2. 制作官方网站

提前设计制作广州马拉松官方网站，网站里面包含广州马拉松的一些信息以及报名信息等，以便让参赛者更快、更便捷地了解广州马拉松，并能在网上报名参加活动。

3. 拍两季宣传片

在报名阶段与报名截止后拍两季的宣传片，报名阶段拍摄广州马拉松背景宣传片，让更多的人了解广州马拉松，促使他们踊跃报名参加活动。报名截止后拍摄卡通宣传片，还原选手的比赛过程，让选手了解如果在比赛过程中遇到困难应该怎样解决，以及可以得到什么样的服务。

4. 服装印广州马拉松标志

服装方面，参赛者的服装采用与广州马拉松大赛标志相统一的红、蓝、黄的颜色，志愿者服装上统一印有广州马拉松的标志。通过衣服上的广州马拉松标志和颜色的特性宣传广州马拉松，提高广州马拉松的知名度。

（二）受众

从报名开始到比赛结束，关注广州马拉松的人以及参赛者可以通过各种渠道了解到广州马拉松的历史背景，对于参赛者，更起到强身健体的作用，并能在比赛过程中感受到广州城市的活力。

(三)媒体

(1)比赛当天,在大众媒体上大量报道广州马拉松的相关内容。

(2)现场会有记者采访工作人员、参赛者以及观众等,还会拍摄比赛时的一些精彩片段,编辑完将在电视以及互联网播出。

(3)在活动后期,主办方会制作一部记录比赛点滴的特辑,也会在网上发布。

七、经费预算

由于广州马拉松的活动赞助商较多,所以本次经费预算以赞助商品牌代之,如图2-6所示。

图2-6 广州马拉松赞助商品牌

八、总结

本次策划要以策划广州马拉松迷你路程为主,大赛采取线上与线下的报名方式,方便了社会各界人士参与活动;本次报名有着严格的审核程序,经过严格审批才可成功报名,以确保大赛的安全与准确性。报名后大赛机构采取人性化设施,参赛选手可自行选择到现场领取比赛用品,或由相关机构以邮寄方式邮寄过去,尽量给选手提供便利。

在本次活动的宣传上,本机构主要采取微信宣传,人们通过关注广州马拉松的微信公众账号,可以实时收到与比赛相关的最新信息,确保消息的时效性,方便群众及时了解大赛最新的动态。在大赛接受报名前,将会拍摄介绍广州马拉松背景意义的宣传片,能很好地推动人们对马拉松比赛的热情,增加参与大赛的人数,起到一个很好的宣传作用。

在赛道的安排上,采取相当人性化的措施,沿途设置饮用水供应点与医疗机构,为参与大赛的人与观赏大赛的人提供最好的服务。在大赛中,专业摄影师会为大赛记下每个难忘的时刻,这为下一届广州马拉松大赛积累了很好的宣传资源,同时参加大赛的选手也可以登录广州马拉松的官网下载大赛当天的照片,观赏和回味自己当天的英姿。大赛结束后,选手可自愿选购大赛的纪念品,以作为自己参赛的纪念。

第三章

公关专题活动策划

本章介绍公关专题活动策划,通过公关专题活动策划的概念、公关专题活动策划书、典型的公关专题活动策划三部分来阐述,需要学习者掌握的知识要点是:了解专题活动策划类型及写作要点;分析和掌握写作专题活动策划书的策略与技巧。能力要求是:为政府或企业策划一次专题活动并先写出活动策划书。

第一节 公关专题活动策划的概念

一、公关专题活动策划的内涵

(一)公关专题活动的含义

公关专题活动(Public Relation Activities)是策划人员利用特定的时机,策划举办有特定主题的公关活动,以达到提升主体形象的目的。公关专题活动又名"公关专门事件",是社会组织围绕某一明确的目标而开展的策划活动,是一项操作性、应用性和技术性很强的工作,是组织为提升主体形象,利用特定时机,举办有特定主题的公共关系活动。公关专题活动是指服务于组织整体公关目标的各项专题活动的总称。

(二)策划核心与主流领域

许多专题活动以其独特的风格和形式,为整体公关工作打下了坚实的基础。而在开展专题活动中又会出现若干与策划有关的问题。有人把专题活动与整体形象塑造割裂开来;有人过分追求专题活动的轰动效应,从而导致活动与组织文化之间的断层;更有甚者,以盈利为专题活动的目的,从而使组织的公关形象受到极大损害。为解决存在的问题，我们就要了解公关专题活动策划的核心。

1. 解决问题

（1）如何寻求传播沟通的内容和公众易于接受的方式。

（2）如何提高传播沟通的效能。

（3）如何完备公关工作体系。

2. 主流领域

公关专题活动是公共关系学教学课程设计的主流领域。公关专题活动策划需要有明确的目标、贴近公众生活、强化理念的引导、以问题解决为主线、活动形成系列，在不同的公关专题活动的类型中，策划的侧重点和活动模式各不相同，其层次为活动→体验→调适。

二、公关专题活动策划的内容

（一）拉斯韦尔 5W 模式

公关专题活动策划是对公关专题活动的 5W 进行策划。5W 也叫 "5W 模式" 或 "拉斯韦尔模式"。5W 模式由哈罗德·D. 拉斯韦尔（Lasswell, Harlod D）1948 年在题为《传播在社会中的结构与功能》（*The Structure and Function of Communication in Society*）一文中提出的。5W 模式的学术地位不可撼动，因为它最早明确地将传播过程划分为 5 个部分或者要素，并且相对应地限定了 5 个研究领域，有效地描述了传播和规划了传播学研究。

1. 5W 策划

5W 即何事（What）、何时（When）、何地（Where）、何人（Who）以及为什么（Why）等五方面：(1) 谁（Who）；(2) 传播什么（Say What）；(3) 通过什么渠道（Which Channel）；(4) 向谁传播（to Whom）；(5) 传播的效果怎样（with What Effect）。

2. 五要素的特点

其称谓来自模式中 5 个要素相同的首字母 "W"。这 5 个要素又构成了后来传播学研究的 5 个基本内容，即控制研究、内容分析、媒介研究、受众研究和效果研究。这 5 个要素各有其自身的特点。

（1）"谁"，指传播者，他在传播过程中担负着信息的收集、加工和传递的任务。传播者既可以是单个的人，也可以是集体或专门的机构。

（2）"传播什么"，指传播的讯息内容，它是由一组有意义的符号组成的信息组合。符号包括语言符号和非语言符号。

（3）"渠道"，指信息传递所必须经过的中介或借助的物质载体。它可以是诸如信件、电话等人际之间的媒介，也可以是报纸、广播、电视等大众传播媒介。

(4)"对谁",指受传者或受众。受众是所有受传者如读者、听众、观众等的总称,它是传播的最终对象和目的地。

(5)"效果",指的是信息到达受众后在其认知、情感、行为各层面所引起的反应。它是检验传播活动是否成功的重要尺度。

(二)策划系列

1. What——策划内容

What,即公关专题策划内容,大致有以下活动。

(1)典型仪式,如奠基典礼、落成典礼、开幕典礼、就职仪式等。

(2)周年店庆,如周年纪念日。

(3)展销会。通过实物(新产品)的展示和示范表演来配合宣传企业的形象和产品。

(4)专题喜庆活动,如消费者联欢会、军民共建联欢会、招待会、舞会、大型文艺演出。

(5)学术研讨会。赞助和承办全国性、地区性的专题学术研讨会,通过理论界传播,扩大社会影响。

(6)社会公益活动,如资助办学的社会募集等活动。

2. When——策划时机

When,即公关专题策划的时机。公关专题策划应善于分析,抓住"准时"、"准点",掌握好专题活动的开展时机。

(1)重大事件发生的自然时间,如组织重大事件发生的时间、组织推出新产品的时间等。

(2)社会生活中的节日和组织纪念日。

(3)组织管理运行过程中蕴含的时机。组织成长升级换代时期、组织发展受挫或危机转换时机。

3. Where——举办地点

Where,即公关专题活动的举办地点。选取事件发生地、目标公众所在地、公交便利、人口流动较多的地点,以地利为佳。

4. Who——人员及规模

Who,即参与公关主体活动的人员及规模大小的策划。以扩大影响为最终目的,以经济成效为原则,根据专题活动的需要来确定人员及规模。

5. Why——策划氛围

Why,即创造良好的策划氛围。为专题活动的展开进行必要的预告、铺垫、宣传、广告,使活动能形成良好的氛围。

三、公关专题活动策划的原则与要求

公关专题活动成功与否，与策划工作的立意、创新的层次都是分不开的。因此，要从多层面来思考公关专题活动策划的原则与要求。

（一）公关专题活动策划的原则

公关专题活动的目的是塑造社会组织形象、协调相关关系以促进组织的发展。在开展专题活动的过程中，如果能够使所采用的专题活动为公关对象所喜闻乐见，则有利于强化传播效果。公关专题活动策划绝非随意为之，它必须坚持以下三方面的原则。

1. 目的明确

结合专题性，选准策划点。在五花八门的公关专题活动策划中，如何使每一个公关专题活动既有社会效益，又能够创造较为客观的经济效益。这就需要在公关专题活动策划中实事求是，避免弄虚作假，要真实、客观地进行公关专题活动策划，以争取得到更多的社会公众的信赖。

任何一种社会活动，只有人们自觉地去从事它，才能获得更好的效果。就此而言，组织利用专题传播开展公关活动，也须增强自觉性，才能体现出公关事业的神圣感和使命感。

2. 因势而发

公关专题活动，是就某一特定时期的特定事物而言的。而这些专题活动又与组织的整体形象塑造是分不开的，大概这就是近年来兴起的公关整合原理的内涵之一。因此，任何一个专题活动的策划，都是整体形象策划的阶段性反映，这在一个专题活动中更多反射的是整体形象的有机组合，所以孤立无援的异军突起，绝不是现代公关组织行为的最佳选择。在因势而发中，寻求最佳的时机，"整中见专、专整结合"。公关专题活动如果时机选择不得当，将导致事倍功半。

3. 注重效果

公关专题活动必须注重效果。这里的效果是指商誉目标的实现，政府、企业或社会组织自身的发展和社会整体效益的扩大。它具体体现在富于创新上，即要求公关专题活动在具体内容、分析角度、运用手法等方面，新颖别致、富有创新意识，给予社会公众一种清新的活力和奇特的美感。同时，公关专题活动还要独具风格，即应在特定的公关主题下，形成自己独特的风格，以加深社会公众对本组织的印象。

公关专题活动特别要注意：避免商业气息，即公关专题必须避免与商业广告雷同，应体现出公关活动的特点，从维护社会公众利益的角度出发，中立组织的形象，以给组织发展带来长期的社会效益。

（二）公关专题活动策划的要求

1. 诚信可靠

公关专题活动策划要保证举办者的动机单纯、可靠，而不带商业欺诈成分，不设圈套，不隐瞒事实真相，不引人误入歧途，要用情感的呼唤去获取公众的了解与信任，要从情感入手增强传播和劝服艺术的感召力和真切可靠性。公关专题活动策划可以总结为：树立形象第一、诚信信誉为重、传播沟通为本。

在公关专题活动策划上，组织要有一个长远计划，在我国加入WTO后，由于客户的选择性增加，诚信的形象对组织的生存尤为重要。通过制定相应规章制度，打破公关行业垄断。加强公关行业协会的指导、监督作用，建立公关行业自律制度，从而快速建立公关行业在社会公众中的诚信制度。

2. 吸引力大

任何一项专题活动都有着鲜明的独特性。即便是同一类型的若干组织搞的同一活动，如招商会、展销会、产品说明会等，虽然名字、形式、大体内容是一致的，但其活动的内涵、创意的角度、创造的活动辐射力都是不尽相同的。因此公关专题策划应富有文化内涵，抓住大众心理，吸引公众积极参与。同时，具有启发性和趣味性，能引人注意，撩起公众的心理共鸣。

3. 新颖别致

公关专题活动策划切忌步人后尘、一味模仿，而要独辟蹊径，花样更新，以形式上的多样和内容上的奇特化显示其特色。创新力强，每一次公共关系专题活动，都应策划得新颖别致、富有特色、大胆创新、力戒平淡。公共关系专题活动的创新主要表现在创意新、形式新、内容新和方法新。

4. 影响力大

一般情况下，公关专题活动的影响越大，说明其专题活动办得越成功，如果没有什么影响，则说明公共关系专题活动是失败的。

"扬长避短、善用优势"是公关专题活动策划成功不可缺少的条件之一，通过社会调查组织可以对专题活动有一个基本了解，来决定活动定位。让专题活动更有影响力、效果更加明显，同时"借势、造势"，利用媒体作为强大的造势支撑工具。

5. 切实可行

要制定出切实可行的公共关系政策、方针和策略。不搞花架子，从实际出发，充分体现可行性。在活动经费的消耗上，要保证举办单位的承受能力和投入产出比。专题活动方案切忌盲目，要完整、系统、出奇制胜。

除了满足以上要求外，还要注意：明确策划专题活动的目的，制订详细计划；对计划进行可行性研究；设计一个令人耳目一新的标题和宣传口号；组织精明能干的班子来实施；编制预算、控制经费开支；注意做好时间的安排；制订传播计划；加强活动前期宣传等。

第二节 公关专题活动策划书

公关专题活动策划不是一个孤立的策划行为，其间对策划者的更高、更新的要求以及策划技巧（现代科技）的动用，也是策划专题活动成功与否的重要部分，所以，公关专题活动策划书就显得尤其重要。

一、公关专题活动策划书概述

公共关系专题活动策划书，又称公关策划文案，是开展公关实务活动前必须做的一项工作。一个策划文案，表明了为取得预期结果而必须采取什么行动的工作理论。在经济繁荣、社会发展的今天，公关专题活动如雨后春笋，层出不穷。成功的公关策划会使专题活动有声有色，取得圆满成功。

（一）公关专题活动策划书的含义

公关专题活动主要指对外接待、参观、开业、庆典、新闻发布会、记者招待会、竞赛、捐助等大型活动。这种专题活动是为了达到一定的目的，在一个特定的时期、特定的场合下，使成为对象的每一个人都能亲身体会到直接针对性的某种媒介刺激，这种直接性是报纸杂志、广播电视等媒介所不可比拟的。

当组织有新产品问世、开张营业时，当组织声誉受损，受到指责、误解时，有针对性的公关专题活动就十分有必要了，而公关专题活动策划书就是对上述这些活动所制订的行动计划。

（二）公关专题活动策划书的写作要求

1. 选定主题

主题是整个策划的灵魂。主题是对公关活动内容的高度概括，是公关策划所要达到具体目的的主要理念，是统领整个公关活动、连接各个项目、各个步骤的纽带。公关专题活动要为广大公众接受，就必须选好主题。

2. 文化个性

公关活动的主题是多样的，它既可以是一句口号，如"为了千千万万个失学儿童"、"迎接奥运，爱我中华"，第29届奥林匹克运动会主题口号"同一个世界，同一个梦想"，广州申办 2010 年第 16 届亚洲运动会承诺"办历史上最出色的亚运会";也可以是陈述式表白,如雅戈尔的"中国的皮尔·卡丹",步步高的"世间自有公道,付出总有回报,说到不如做到,要做就做最好"。主题看似简单,但设计难度很大,它既要虚拟、拔高,又不能空洞、口号化,必须贴近受众心理,这就是:真实生活,文化个性。

3. 确定日期

日期的选择一般较为灵活,策划人员首先要将日期和时间确定下来,以便做具体的时间安排,并将其列入组织计划中去,最好避开重大节日。

4. 选择地点

策划人员在选择活动地点时必须考虑公众的分布情况、活动性质、活动经费以及可行性等因素。

5. 通知参加者

要通知具体日程安排,如设计日程计划表,明确起止日期和公众宣传日程。

6. 费用预算

无论是举办什么活动,都要考虑成本问题。策划人员应计划如何用有限的资金支付各项费用,估计可能需要的各种支出,并呈报上级批准。

总之,专题活动策划的基本要求是主题明确,内容具体;时机恰当,规模适中;形式新颖,组织周密;符合公众心理,赢得社会支持。

(三)公关专题活动策划书的内容

理论决定着战术的选择,指导着具体的工作实践过程,是进行公关实务活动的指南。公关策划文案,是公关实务操作中最常用的文案之一,也是公关人员国家职业资格统一鉴定"中级技能"部分重点考核的内容。学会撰写公关策划文案,是一名合格的公关人员必须具备的基本功。公关策划文案的内容主要包括以下方面。

1. 标题

一份完整的公关策划文案,必须有一个标题,使人一读就明白这是一份活动策划书而不是一份工作小结或评估报告。

标题可以直接写成"××公司××活动策划书",也可以采用点明某一活动主题的词语作为主标题,而将"××公司××活动策划书"作为副标题列在下面。标题撰写要明白易懂。

2. 前言

前言也称背景介绍,一般应简略地介绍组织策划这份文案的背景情况。因为社会组织的任何一项公关专题活动的策划、组织和实施,都不是无缘无故的,均有其特定的背景和需要。只有阐明了这一背景和需要,才能引出后面的具体策划内容(方案),也才能说明举办这一活动的迫切性和意义所在。脱离了一定的活动背景,会使公众对策划内容

（方案）不得要领。前言撰写要简明扼要。

3. 调查分析

公关策划是建立在调查分析的基础上的，调查分析是公关活动策划的前期工作。调查分析主要是对组织形象做出具体分析，可以从当前组织形象存在的优势、问题和机会三个方面进行分析，从而明确下一步公关工作的重点和方向。

调查分析要注重调查对象的代表性，调查手段的适用性，调查方法的科学性，资料收集的真实性和全面性，分析结论的可靠性。

4. 目标战略

为了提高公关活动的效果，必须确立公关目标。应根据组织的具体情况选择目标分类，如将目标分成总目标与分目标、长远目标、阶段目标、具体目标等。

目标战略主要考虑所设目标是否符合社会组织的发展战略，是否符合组织形象的定位要求，是否符合公众需要，是否符合社会文化及其发展需要，是否针对组织存在的问题等。

5. 创意说明

创意是公关活动成败的关键。创意是公关人员根据调查结论、社会组织形象特性和公众需求所进行的一种创造性思维活动，它是整个公关活动策划中的画龙点睛之笔。一个富有创意性的公关策划，能吸引和感染公众，使公关传播受到良好的效果。创意的内容包括：（1）活动主题；（2）活动名称和项目；（3）标语；（4）宣传作品等。活动主题要新颖，富有独特性和个性，有意境感和吸引力。

6. 媒介策略

公共关系活动策划过程也就是组织向公众的信息传播、双向沟通过程，因此正确选择传播媒介是使活动取得成功的重要一环。媒介的选择要有针对性、可行性、有效性。

7. 活动计划

活动计划是对具体活动的指导，应根据各个活动项目分别制订各项活动计划。活动计划要有周密性、可操作性和具体性。

8. 经费预算

正确的经费预算是实施活动的保证。经费预算要合理、全面、留有余地。

9. 效果评估

正确地评估活动的效果，有助于组织了解公关方案的实现程度，衡量公关活动的实际效果，调动公关人员的积极性，并为下一轮公关工作提供新的信息。效果评估要依据目标，实事求是，并给出评估效果的方法。

10. 署名

文案最后需写明：（1）策划者名。公关公司、公关部名称或策划人员名称。（2）策划书写作时间，格式为：×年×月×日。

二、公关专题活动策划书实例

(一) 新闻活动策划书

美国电影《泰坦尼克号》是世界电影中实现票房价值最成功的商业电影之一。在影片播出一年后，特别是在盗版 VCD 充斥市场时，正版《泰坦尼克号》VCD 上市前，通过新闻策划等一系列举措，让第一批上市货品在 24 小时内全部卖出，并有效地打击了盗版市场。

宣伟公司通过市场调查，制定了相应的策略以重建市场对《泰坦尼克号》的兴奋感，带动正版 VCD 的销售。通过理性的辨析，宣伟公司将正版 VCD 带给人们的情感价值，通过电影所宣扬的真心相爱等情感因素，来调动消费者对正版 VCD 的购买意愿。

宣伟公司设想，通过宣传引起媒体的关注，使记者争相报道这一热门话题，最终获得商业成功，在中国来一记打击盗版 VCD 市场的重拳。

《泰坦尼克号》VCD 上市新闻活动策划

1. 市场调研

美国巨片《泰坦尼克号》在中国上映后，引起了轰动，成为实现票房价值最成功的商业电影之一，也不可避免地出现了有些人利用《泰坦尼克号》带来的巨大商机，大量制作盗版的《泰坦尼克号》VCD 光盘，扰乱了商业秩序。宣伟公司对盗版 VCD 市场进行了调查，比较了正版和盗版 VCD 之间价格的差异，了解到虽然推动消费者购买盗版 VCD 的重要原因是价格，但对于具有收藏价值的影片来说，消费者也会考虑画质、音质等因素。

在充分了解市场之后，我们制定了相应的策略以重建市场对《泰坦尼克号》的兴奋感，带动正版 VCD 的销售。正版 VCD 的影片质量优于盗版，这是不争的事实，但是，我们没有将创意宣传的重点放在理性的角度，而是将重心放在通过正版 VCD 带给人们的情感价值，放在男女主人公真心相爱的情感因素，来调动消费者对正版 VCD 的购买意愿。

2. 新闻活动设计与策划

一般情况下，召开新闻发布会推介一种商品，不外乎将记者召来，开个新闻发布会，吃一顿饭，再发几条消息即可。我们认为正版 VCD《泰坦尼克号》的发行要独辟蹊径，要以全新的公关方式引起各种媒体的关注，增强其新闻价值，使之成为记者争相报道的热点、亮点和焦点。

3. 方案的实施

(1) 通过新闻传媒来借事造势，隆重推出正版 VCD 光盘。这一活动的主旨是：原汁原味，即无论你看到的、听到的还是吃到的，都与电影中的一模一样。这一主旨鲜明地向消费者传达正版 VCD 所含有的附加价值，并在真情、真爱与正版的 VCD 之间架起一座无形的桥梁。

（2）将上海这一全国商业和娱乐中心定为此次宣传活动的中心，并通过邀请北京和广州的记者来上海参加大型现场活动而辐射全国，并在南京、大连和沈阳等城市同时发布新闻稿。

（3）为了达到持续宣传的效果，将活动分为前期媒体预热活动和正式上市活动两部分。前期活动的重点是调动媒体造势，使消费者对即将上市的 VCD 有强烈的期待心理。而正式活动是通过媒体的宣传，使《泰坦尼克号》正版 VCD 成为人们议论的热点话题和争相购买的物品。

（4）发行活动前两天，在上海举行前期新闻发布会，请来上海各界的主要媒体，并于当天在北京、广州等城市几乎同时召开新闻发布会。

（5）在正式上市活动前一天，把国际和国内记者聚集在浦东香格里拉饭店，请《泰坦尼克号》的制片人约翰·兰度先生介绍电影制作背后的花絮——中国媒体与好莱坞的距离被缩短了。

（6）正式上市活动当天晚上 6 时，邀请包括政府官员、新闻媒体、行业代表和企业赞助商在内的 270 位来宾入席。晚餐全部按照《泰坦尼克号》上的菜单定制，共 12 道菜。歌手一曲感人至深的"我心依旧"，使来宾重温此片的浪漫主题。约翰·兰度先生手捧奥斯卡金像奖走上舞台，来宾可与其合影留念。

（7）晚餐结束，请来宾带着赠送的正版《泰坦尼克号》VCD 光盘离开会场。

这是一个成功的新闻活动策划，它的成功之处是多方面的：精心确定了新闻活动的主题，确定了应邀者的范围，选定了合适的地点，选择了适当的时机，活动进程安排得科学有序，会务期间始终笼罩着一种和谐的气氛。通过新闻活动策划等一系列举措，达到了使正版《泰坦尼克号》VCD 隆重上市，让第一批上市货品在 24 小时内全部卖出，并达到有效地打击盗版市场的目的。

写作新闻活动策划书时应想到的八个问题：

（1）确定活动主题，认真审视会议将宣布什么？
（2）时间是否合适、地点是否便利、环境是否舒适？
（3）记者可能提出哪些问题？
（4）应邀出席者的范围与活动涉及的范围是否合适？
（5）是否为记者提供了较完备的信息资料？
（6）有关会务问题是否能够落实？
（7）整个活动进程安排得是否科学、缜密？

（8）会后工作是否准备就绪？

为了达到更好的新闻活动效果，举办单位应尽量避开重大节日，也不要与人们普遍关注的社会重大活动相重叠。会场布置要富有时代气息，要让记者有一种宾至如归的感觉。主持人和发言人的言谈既要庄重，又要有幽默感，要善于调节气氛，巧妙回答问题。正式发言时间不宜超过一小时，会后一般应为记者准备工作餐。

（二）社会赞助活动策划书

北京四通集团有限公司是中国第一家民办现代高科技企业，从创办开始，就以科技领先著称。对教育的资助是这家公司一直支持的行为。它每年向一所中学提供办学资金25万元，以改善学校的办学条件；是向国家科委和团中央主办的"希望工程"捐款首家突破100万元的企业；北京市连年举办的中小学生计算机程序设计大奖赛，以及每年9月10日的教师节，这家公司都做出了自己的奉献。

当体育奥林匹克大火大红之时，学科奥林匹克却显得比较冷清。北京四通集团敏感地发现了社会对教育科技的忽略，独自发起并完成集资捐助奥赛的公关活动。9月12日，中央电视台在新闻联播里报道了当天在人民大会堂举行的四通公司资助中国学科奥林匹克代表队的颁奖活动。第二天，首都各大报纸纷纷报道了这一消息。从这次活动的内容、参加者的层次以及公众对这一活动的关注来看，它在中国学科奥林匹克史上都是空前的。由于四通公司独家发起并圆满地完成了这次活动，这种以促进科技教育发展为出发点的赞助活动具有远见卓识。这种首创精神和善举，赢得了良好的声誉，"四通"的名字又一次给广大公众留下了深刻的印象。

从这个案例来看，四通公司选择了最佳公关角度——重视教育、重视科技发展。作为一家民营高科技公司，为中国学科奥林匹克代表队慷慨解囊，有力地衬托出公司"致力于发展民族科技事业"的形象，使之成为企业定位的有力延伸，成为我国公关史上具有经典意义的专题活动案例。

1. 社会赞助活动的定义

社会赞助活动是指社会组织通过对某一社会事业、事件无偿地给予资金或物质上的捐赠或赞助，以扩大组织的知名度和美誉度，使组织获得一定的形象传播效益的社会活动。社会组织所赞助的社会事业范围涉及体育、科技、文化、教育、社会慈善、社会福利、环保及人类和平事业等。

2. 社会赞助活动策划书的要素

（1）活动的前期研究，包括妥善选择赞助的对象、确定赞助的主题，分析赞助积极的社会意义及将要产生的影响，分析政策和目标，保证组织受益和社会受益，达到树立企业良好形象、扩大社会影响力、显示爱心、提高社会组织知名度和美誉度的目的。

(2) 制订赞助计划，包括赞助对象的范围、计划的预算、赞助的形式、赞助的宗旨等。

(3) 整个活动的程序，包括报请公司批准→提请有关方面赞同许可→成立专门活动组织进行操作→得到内部员工和企业的支持→获得资金→确定分配方案并予以实施→新闻传播→获得领导和专家在内的各方面好评。

（三）重大节日庆祝与庆典活动策划书

思维拓展 3-1

北京大学举行百年校庆

1998 年，北京大学将举行百年校庆。北大未名生物集团策划了给母校的贺礼——发一趟校庆专列。在铁道部及下属部门的大力支持下，经过充分的准备，1998 年 4 月 30 日，专列在盛大的欢送队伍的注视下顺利从深圳出发，一路上激昂的情绪始终伴随着乘坐专列的校友们。列车上，举办了题为"北大往事"的演讲活动，该活动最初由一个车厢推举一人参加，后来则是大家踊跃报名，抢着要说。一名校友为百年校庆创作了几首歌，一上车就教大家唱，此后发展为许多车厢开始对歌。

由三节硬座车厢组成的"长明教室"，使很多人回忆起学校彻夜开放的教室。大家聊天、唱歌，久久不肯去睡。在长 5 米、宽 1 米的条幅上签名留念，使校友们激动欢喜，这条签名条幅将送到北大校史馆收存。列车每到一站，车上的校友就敲锣打鼓下车迎接上车的校友，"欢迎北大新生"的横幅令每一个上车的校友备感亲切。已经六十多岁的老校友说："新生"两个字让我想起了刚入学的情景，仿佛自己又是一个求学青年，再次回到北大的怀抱。

1. 策划方案创意新颖独到

北大百年校庆无疑是一项重大庆祝活动。策划者通过发校庆专列，于沿途举办各种活动这一形式，成功地为母校奉献了一份有意义的贺礼。列车，既承载着北大人，也承载着北大的历史，这是一趟世纪列车，也是一趟时代列车，尽管有颠簸，有风雨，但它始终勇往直前。另外，专列从深圳出发，更具有时代意义。深圳是中国改革开放的前沿，列车滚滚向前，象征着祖国沿着改革开放之路走向繁荣富强。这一重大庆典活动能够取得圆满成功，是与策划者精心周密的策划分不开的。

2. 重大节日庆祝与庆典活动的类型

(1) 庆典活动，如国庆、校庆、厂庆、店庆、婚庆、开业典礼、奠基典礼等。

(2) 纪念活动，如纪念"五四"活动、纪念党的生日活动等。

(3) 剪彩仪式，如开业剪彩、开幕剪彩等。

(4) 开放参观仪式，如展览（馆）开展仪式、揭幕仪式等。

（5）联谊活动，如单位联谊、同学聚会、同乡聚会、军民联谊等。

一个单位或组织开展上述活动都要制定出活动方案。良好的策划方案，加上顺利的实施就能使活动圆满成功。

3. 重大节日庆祝与庆典活动策划的基本步骤

（1）选定主题。主题是对活动内容的高度概括，是整个策划的灵魂。活动要为广大公众接受，就必须选好主题。

（2）选定日期。除了固定的纪念日，日期的选择一般较为灵活，但策划时首先要将日期和时间确定下来，以便做具体的时间安排，并将其列入组织计划中。

（3）选择地点。选择地点时必须考虑公众分布情况、活动性质、活动经费以及活动的可行性等诸多因素。

（4）通知参加者。要将具体日程安排通知参加者，包括设计日程计划表，明确起止日期，明确每一天的活动项目。除节目内容和日期的安排外，许多时候同时也进行公众宣传方面的日程安排。

（5）费用预算。要计算好活动成本和各项费用支出，让有限的资金发挥最大的作用。

总之，重大节日与庆典活动策划时要明确庆典活动的目的及意义，确定主题。要精心设计活动的形式和内容，要有独特的创意，避免落入俗套。

第三节　典型的公关专题活动策划

公关专题活动策划的主要类型：社会赞助、庆典、宴请、参观、新闻发布会、展览会、公关谈判等。

一、社会赞助

（一）社会赞助的含义

社会赞助是一项社会福利性活动，是组织为提高社会声誉而举办的专题活动，如赞助、捐款、设立福利基金仪式、服务等。社会组织通过资金或物资赞助某项社会公益活动，以提升赞助者的社会形象。目前，社会组织通过对文体、福利事业和市政建设以及一些社会活动进行赞助，来扩大组织影响、提高美誉度；特别是一些效益比较好的企业，由于具有经济实力，经常被广泛邀请进行赞助。

我们常常可以看到，服装公司为体育代表团赞助服装，饮料厂为体育代表团赞助比赛期间的饮料。社会组织、个人赞助教育事业，对于提供赞助的组织来说，一方面是为了表达爱心，承担社会责任，关心社会公益事业，树立起良好的组织形象；另一方面也是一次十分有效的宣传机会，而且这比商业广告更具说服力，是种种广告形式所无可比拟的。因此，组织应该重视搞好赞助活动。

（二）社会赞助 ABC

1. 社会赞助的基本类型

（1）赞助体育活动。以赞助体育设施和大型体育比赛为主。产生的效果：因关注者多，所以影响最大、效果最明显。

（2）赞助文化活动。赞助电影、电视节目、文艺表演、知识竞赛、艺术节等。产生的效果：因有利于提高民族科学文化的素质，所以能培养公众的感情，提升组织在公众中的知名度。

（3）赞助教育事业。赞助学校、图书馆、博物馆的软硬件建设。产生的效果：因教育在国民心目中具有崇高的地位，所以赞助者可获得良好的声誉，能快速提升自己的知名度和美誉度。

（4）赞助社会福利事业。为贫困地区，残疾人、孤寡老人、荣誉军人等提供帮助。产生的效果：因体现了组织高尚的品德和主动承担社会责任的精神，所以社会效果最好，能迅速提升组织的知名度和美誉度。

2. 社会赞助的原则与步骤

（1）社会影响力原则；（2）经济效益原则；（3）社会关注原则；（4）合法原则。

3. 社会赞助的实施步骤

（1）研究和确定赞助项目；（2）成立专门的领导机构，主持赞助活动；（3）制订赞助计划，计划内容包括赞助的目标、对象、赞助形式、经费预算、赞助主题、传播方式、实施方案；（4）实施赞助活动；（5）活动评估。

二、新闻发布会

新闻发布会是一种两级传播，组织先将信息告知记者，再通过记者所属的大众传播媒介告知公众。以新闻发布会的形式发布消息，其形式比较正规、隆重，规格较高，易于引起社会广泛的关注。

（一）新闻发布会的含义

新闻发布会又称记者招待会，是社会组织为公布重大新闻或解释重要方针政策而邀请新闻记者参加的一种公共关系专题活动。它是组织与新闻界建立和保持联系的一种较正规的形式，任何社会组织（如政府、企业、社会团体）都可以举行新闻发布会，也是组织直接向新闻界发布有关组织信息、解释组织重大事件而举办的专题活动。例如，西方国家政府普遍采用新闻发布会的形式发布新闻。

（二）新闻发布会 ABC

1. 新闻发布会的特点

（1）正规隆重。形式正规、档次较高，参加者有一定的身份和地位。

（2）沟通活跃。发布信息、相互问答，双方沟通时间长、接触较深。

（3）传播迅速。发布信息速度快、扩散面广、社会影响大。

2. 选择发布的时间和主题

新闻发布会的目的就是为了造声势，扩大影响，因此，为了吸引更多的记者参加，提高记者的出席率，时间上就应有选择。新闻发布会的时间一定要掌握好。新闻发布会一般情况下时间也不应过长。半小时左右为宜，最好不要超过一小时。

（1）发布会一般应安排在下午，这样一方面是为了有更多的时间准备，另外，也更符合记者的生活习惯。许多西方国家的新闻发布会也大多安排在下午。

（2）要避开周末或假日。

（3）要避开重要的政治事件和社会事件，因为媒体对这些事件的大篇幅报道任务会冲淡发布会的传播效果。

（4）如果要请外国记者，应注意避开社会各个重要部门的发布会和记者招待会。如选择与这些部门的新闻发布会时间同时进行，则外国记者出席率会大打折扣。

在选择发布会主题时，可选择一个具有象征意义的标题。这时，一般可以采取主题加副题的方式。副题说明发布会的内容，主题表现组织想要表达的主要含义。

3. 新闻发布会的筹备工作要求

（1）根据主题准备好各种材料。这些材料包括发言稿、宣传材料，为记者准备的新闻稿，答记者问的备忘录等。

（2）确定主持人和发言人。发言人应由组织的主要领导人担任；主持人则由公关部负责人担任，两人事先应熟悉发言稿。

（3）确定所邀请记者的范围。根据发布信息的重要性，确定所邀记者的范围，但与组织有密切联系的新闻机构和记者不能遗漏。

（4）选择合适的会场。基本要求是交通方便、设施完善，最好利用大型会务中心、专业新闻中心、大饭店和大宾馆的会议室。

（5）做好预算、留有余地。

4. 会议的程序要求

主要工作程序：（1）迎宾、签到；（2）分发资料，最好将资料用专用会议袋装好备用；（3）开始会议过程。会议的程序为：① 主持人宣布会议开始、介绍发言人、来宾和新闻单位;② 发言人发布新闻、介绍详细情况;③ 记者提问、发言人逐一回答;④ 主持人宣布结束;⑤ 参观或其他安排。会后可安排参观、茶话会或自助餐等,以方便记者采访,强化双向交流。

三、庆典活动

(一)庆典活动的含义

庆典活动是指社会组织利用重要节日或自身重要事件,以庆祝的方式开展的一种公关活动。

(二)庆典活动 ABC

1. 庆典活动作用

可引起三大效应:引力效应、实力效应和合力效应。

(1)引力效应,指组织通过庆典活动吸引公众的注意力。

(2)实力效应,指通过举办大型庆典,显示组织强大的实力,以增加公众对组织的信任感。

(3)合力效应,开展大型庆典,能增强组织内部职工、股东的向心力和凝聚力,提高公众对组织的信任感。

2. 庆典活动的主要类型

(1)开业庆典,指一个组织成立或开张时所举办的庆祝活动。如某景区的开业、某旅行社的成立。作用是让公众认识自己(组织)。

(2)周年庆典,组织生日时,为扩大影响而举办的一种传统庆祝活动。组织的庆典往往与地方传统项目相结合,如西班牙举行的西红柿节,云南西双版纳傣族自治州的泼水节等。作用是借此联络各相关组织,扩大社会影响。

(3)庆功典礼,在组织取得了某一重要荣誉时举办的庆祝活动。作用是提高内部员工士气,扩大社会影响。

(4)节日庆典,利用特殊节日,如旅游节、春节等举办的庆祝典礼。作用是扩大社会影响,联络各种社会关系。

3. 庆典的组织程序

(1)庆典策划。要求主题明确,题目新颖、别致、不落俗套,以吸引更多公众的注意力;如广州市皮具皮革行业商会十周年活动庆典亮点是"世界皮具看中国,中国皮具看广州",社会反映强烈,轰动整个广州。

(2)确定来宾及发放请柬。来宾组成:政府官员、地方实力人物、知名人士、新闻记者、社区公众代表、客户代表或特殊人物等。总之,来宾要具有一定的代表性。发放请柬要求:请柬提前 7~10 天发放。重要来宾请柬发放后,组织者当天应电话联系,庆典第一个晚上再电话联系。

(3)设计庆典活动程序。一般程序:主持人宣布开典;介绍来宾;由组织的重要领导或来宾代表讲话;安排参观活动;安排座谈或宴会;邀请重要来宾留言或题字。

(4)落实致辞人和剪彩人。致辞人和剪彩人分己方和客方;己方为组织最高负责人,客方为德高望重、社会地位较高的知名人士。选择致辞人和剪彩人应征得本人同意。

(5)编写宣传材料和新闻通信材料。列出庆典主题、背景、活动内容等相关材料,将材料装在特制的包装袋内发给来宾。对记者,还应在其材料中添加较详细的资料,以方便记者写作新闻稿件。

(6)庆典活动的接待工作。设置接待室,对所有来宾都应热情接待、耐心服务,对重要来宾要由组织领导亲自接待;他们的签到、留言、食、宿均应由专人负责。

(7)庆典注意事项。准备要充分;庆典是一种规模较大、十分正规的活动。因此,在举办前,尽量做到设想周到、事事落实。只有准备充分,才能有备无患,应付自如。同时,要选择好时机(时间与机会)。

(8)庆典活动特点。庆典(时间)与节日(机会)结合。要善于制造新闻,造成轰动效应。指挥要有序,头脑要清醒。庆典活动参加人员多,场面热闹,组织不好,容易乱套。所以,组织者必须安排周密,分工明确,指挥有序。要点:在活动前,一定要建立有效的联络系统,从上到下,保持通畅的联络。

(9)庆典鼓动。庆典是一种传播活动,要善于鼓动,才能收到好的效果。必须创造一种和谐热烈的气氛,使参加者的情绪受到感染,在不知不觉中接受传播者的宣传。为了达到此目的,鼓动是最好的方法,组织者应具有敏锐的观察力,善于调动大众情绪,不断把气氛推向高潮。

四、展览会与会展业

展览活动是应用直观、形象的传播方式,把实物直接展现在公众面前,并有现场操作表演,给人以"亲眼目睹"、"眼见为实"的感受。展览会上还可以了解公众的反映和意见、相互沟通、增进友谊。展览会是一种树立组织形象、推广产品的好形式。

(一)展览会的含义与特点

1. 展览会的含义

展览会是公关专题活动中经常采用的形式,它是通过实物的展示和示范表演来展示社会组织的成果和风貌的公共关系宣传活动。展览会是一种综合运用各种媒介、手段推广产品、宣传组织形象、建立良好公共关系的大型活动，比较容易引起公众和新闻界的注意。展览会上不仅可安排实物、模型、示范表演，可放映幻灯片、电视、电影，还可展出照片、图片，并加以解说等，使展览会具有一定的知识性和趣味性，使公众更直观、更全面地了解组织及其产品，从而留下深刻的印象。

2．展览会的特点

（1）综合运用多种传播手段，给观众留下深刻印象。展览会上既有面对面的交谈、讲解，也有文字材料，还有图片、幻灯片、录像带等影视资料。多种传播手段的结合，能给观众留下深刻的印象。

（2）沟通、宣传效果好。展览会通过直观的实物、精致的艺术造型、亲切动人的解说、悦耳的背景音乐，营造出一种绝佳的宣传环境。在这种环境中，组织与公众最容易沟通和交流。

（3）效率高，省时省力。展览会可集中不同行业的同一产品，也可集中同一行业的不同产品，给公众提供了选择、比较的机会。这为组织的宣传促销节省了大量时间和费用。

（4）深受新闻媒介关注。展览会属于综合、大型的社会活动，是新闻媒介关注的焦点。因此，展览会往往会成为传媒采访的热点，对提高展览组织的知名度和美誉度有很大的帮助。

（二）会展业的定义与作用

1．会展业的定义

会展业是会议业和展览业的总称，它是在展览会的基础上发展起来的一个新兴服务行业，影响面广，关联度高。会展经济逐步发展成为新的增长点，而且会展业是发展潜力大的行业之一。在新时期，必须大力发展会展业，全面提升会展经济。

2．会展业的作用

会展业的地位和作用日益凸现，涉及工业、农业、商贸等诸多产业，对结构调整、开拓市场、促进消费、加强合作交流、扩大产品出口、推动经济快速持续健康发展等具有重要作用。它在城市建设、精神文明建设、和谐社会构建中的特殊的地位和作用日益显现出来，具体体现在：（1）能产生强大的互动共赢效应；（2）能获得优质资源；（3）能提升支持力度；（4）能增加就业机会；（5）能成为经济发展的"风向标"。

3．会展业现状

作为世界会展业的发源地，欧洲会展业整体实力强，规模最大，其中，德国是世界头号会展强国；北美（主要是美国、加拿大）是世界会展业的后起之秀；亚洲会展业规模和水平仅次于欧美，强于拉美和非洲；大洋洲会展业发展水平次于欧美，规模小于亚洲；非洲大陆的会展业发展状况与拉美类似，北部非洲以埃及为代表，南部非洲以南非发展最好。

我国会展业起步较早，特别是近年来会展业异军突起，呈现出良好的发展态势。我国会展业现状：建设规模不断扩大、会展活动空前活跃、会展形式丰富多彩、组展主体呈多元化、会展群聚效应突出。

4. 会展业前景

（1）国际会展业。随着经济全球化程度的日益加深，会展业已发展成为新兴的现代服务贸易型产业，成为衡量一个城市国际化程度和经济发展水平的重要标准之一。

（2）国内会展业。从20世纪80年代以来，我国会展业经历从无到有、从小到大，以年均近20%的速度递增，行业经济效益逐年攀升，场馆建设日臻完善，已成为国民经济的助推器和新亮点。

全国以北京、上海、广州为一级会展中心城市，初步形成三大会展经济产业带，即包括北京、天津、烟台、廊坊等地的环渤海会展经济带，以上海为龙头、沿江沿海为两翼的长江三角洲会展经济带，以广交会和高交会为龙头的珠江三角洲会展经济带。

（三）会展业策划的发展趋势

在新世纪，随着世界经济格局的变化以及我国改革开放的深入，中国会展业将赢得众多发展的契机，尤其是加入WTO后，中国会展业在管理体制及运作机制上发生了一系列变革。概括而言，在未来一段时期中国会展业策划发展将呈现出以下八大趋势。

1. 全球化趋势

与其他行业相比，中国会展业是一个壁垒相对较少的行业。经济的全球化将给国内会展业带来先进的管理经验和办展技术，尤其是在会展业的配套服务部门怎样分工协作、会展业与旅游业如何实现有效对接等问题上可以提供新的参考依据，这势必会提高国内会展管理部门的调控水平。面临加入WTO所带来的机遇和挑战，中国会展界应做好两方面的准备，即对内抓紧制定行业法规，对外尽快熟悉国际规则。

2. 信息化趋势

人类社会已经迈入知识经济时代，作为第三产业成熟后迅速兴起的会展业更应该跟上时代的步伐。知识经济的主要标志就是信息化，正如美国微软公司总裁比尔·盖茨所说："世界正在变成一个小家"。中国会展业要实现信息化发展还有许多事情要做：（1）加强与国际会展组织或世界知名会展公司之间的交流与合作；（2）在会展业中积极推广现代科技成果，逐步实现行业管理的现代化、会展设备的智能化和活动组织的网络化；（3）充分利用国际互联网（Internet），推动国内会展业的信息革命，如开展网络营销、举办网上展览会等。

3. 集团化趋势

中国推进会展业集团化的最终目的是为了使会展企业之间实现优势互补，从而提高全国会展业的国际竞争力。会展企业的集团化不是企业和企业的简单相加，而是整个行业在资产、人才、管理等方面全方位的融合与质的提升。我国会展行业的集团化可以分三步走：（1）采取横纵向联合、组建会展集团；（2）开展品牌竞争；（3）实行海外扩张。

4. 品牌化趋势

品牌是会展业发展的灵魂。国内已初步涌现出一批具有知名品牌的会展企业或展会，如北京国际会展中心、上海国际会议中心、大连星海国际会展中心、北京国际汽车展、深圳高交会等，这些品牌企业或展会为我国其他城市发展会展业积累了宝贵的经验。中国会展业的品牌化应主要围绕三个内容来进行，即培育品牌展会、建设会展名城和扶持领导企业。

5. 专业化趋势

"只有实现专业化才能突出个性，才能扩大规模，才能形成品牌"已成为国内会展界的共识。专业化是中国会展业发展的必然选择。近年，国内会展界已在这方面做了大量有意义的探索：（1）展会内容的专题化；（2）场馆功能的主导化；（3）活动组织的专业化。

6. 创新化趋势

21世纪是创新的世纪，在这样一个追求个性的时代里，一种事物如果不能常变常新，就不能获得持续发展的能力。中国会展业的创新可分为：（1）经营观念创新；（2）会展产品创新；（3）运作模式创新；（4）服务方式创新。

7. 生态化趋势

可持续发展是人类社会永恒的话题。任何一项经济产业要获得持续、健康的发展，都必须寻求经济效益、社会效益和生态效益的统一。可以预见，生态化将成为会展业发展的必然趋势。中国会展业的生态化主要体现在：（1）注重场馆的生态化设计；（2）大力倡导绿色营销理念；（3）强化环境保护意识；（4）以环保为主题的展览会将备受欢迎。

8. 多元化趋势

从整体上看，世界会展业正在向多元化方向发展，具体包括产品类型的多行业化、活动内容的多样化和经营领域的多元化：（1）中国会展企业应根据当地的产业经济基础和自身的办展实力，积极开发新的专业性展会，专业内容可涉及汽车、建筑、电子、房地产、花卉等各个行业，关键是要尽快形成自己的品牌；（2）会展形式正在从传统的静态陈列转向融商务洽谈、展会参观、旅游观光、文化娱乐等项目于一体，这是全球会展业发展的必然趋势；（3）面临激烈的行业市场竞争，我国绝大多数会展公司都会努力拓展本企业的经营项目，形成"一业为主，多种经营"的格局，以分担经营风险，增强企业综合竞争力。

五、公关谈判与交流活动

（一）公关谈判

1. 公关谈判的定义

公关谈判指双方或数方组织就一项涉及各方利益的问题，利用协商的手段，经反复调整各自的目标，在满足己方的利益下取得一致的过程。

2. 公关谈判的内容

由上可见，其含义包含四个基本内容：（1）两个或两个以上参加者；（2）各方都有自己的目标和利益；（3）主要手段是协商；（4）成功的前提：各方利益大部分都得到满足。

（二）信息沟通交流活动

1. 信息交流性活动的定义

信息交流性活动是企业与社会、企业、同行间开展的有关业务信息、技术交流性的专题活动，如研讨会、座谈会、交流会等。

2. 沟通性活动

沟通性活动是为树立企业形象、提高信誉、达到企业与公众的双向沟通而举办的专题活动，如组织公众参观连锁经营企业设施及工作现场等。

3. 联谊娱乐性活动

联谊娱乐性活动是为加深企业内部、外部感情，为企业广结良缘、建立广泛的社会关系网络、形成有利于企业发展的人际环境而举办的专题活动，如联欢会、电影招待会、文艺演出、聚餐会、宴会、舞会、体育、摄影、智力竞赛。

第四节　原创策划"创业起航"

——广东电视台大型娱乐性创业真人秀策划方案

一、背景环境

根据国家广电总局发布的《关于促进广播影视产业发展的意见》中"对于产业经营

前景比较好、具备企业化运作条件的如体育、交通、影视、综艺、音乐、生活、财经、科教等频道频率，经批准可以组建公司，探索进行频道频率的企业化经营"的精神，国家体制改革要求各大电视台对频道自负盈亏，走市场化道路。卫星频道间的相互竞争更促使广东电视台卫视频道（以下简称"广东卫视"）确立新的频道定位，即凸显"财富"本色，立足广东，面向全国，辐射海外华人华侨的综合频道。

因此，在市场机制和社会竞争压力的促使下，广东卫视必须全力打造全国性的、真正意义上的财富品牌卫星频道，以特色定位带领频道参与市场竞争，为频道发展注入新的活力。目前，广东卫视只有通过与企业有机合作这种符合现今中国电视频道发展趋势的方式来打造其品牌节目，才能达到双赢目的：一方面，广东卫视可以获得充足的资金筹划一档有水平的栏目，打造自身的品牌；另一方面，企业也可以通过对广东卫视节目的冠名赞助等形式提升其知名度和美誉度，达到比直接投入广告更好的效果。

广东电视台卫视频道顺应当前的创业热潮，策划一场全国范围内征集选手的财富型真人秀栏目更有利于在2008年进一步打造自我的频道品牌。

在此，我们对广东卫视筹办一档创业类真人秀栏目进行了综合的整体分析，分别从创业类真人秀的可行性分析、节目内容的设置以及整体营销进行一个深度的分析探讨。

二、创意来源

起航者，开始航行，出发之意。不论是刚走出校园的大学生，还是已经踏足社会的人，在本次创业真人秀中，都将站在同一起跑线上，被赋予平等的舞台，展现个人创业智慧与才能。

创业好比航海，娴熟的航行技巧固然重要，准确的方向把握和路线选择亦不可或缺，另辟蹊径则更可能事半功倍；创业路上既有风平浪静之时，更不乏风高浪急之境。

创业者好比船长，既要有睿智的头脑来判断和把握时机，又要有冷静的心态来分析应对突发情况；既要有强烈的团队合作意识，又要有敢于独自承担重任的勇气。

三、操作流程

（一）成立活动组委会

组委会是这次创业真人秀的中枢机构，负责整个栏目的策划、实施、协调、联络等工作，其组成人员既要有广泛的代表性，又要有较强的执行能力。建议组委会由如下人员组成：电视台栏目编导、栏目组成员、方案策划人、赞助商代表、合作媒体代表、相关政府部门代表、人力资源专家、法律顾问。

（二）前期宣传

前期宣传重点是覆盖面要广，在省内甚至国内主要城市为创业真人秀的开展造势，最大可能地吸引人们关注真人秀，参与真人秀。为了达到最佳效果，全方位地宣传网络必须在这个阶段投入使用。

1. 传统宣传方式

广东电视台制作精彩的宣传短片，在各个频道全天候轰炸式播放，营造浓厚气氛，拉开宣传帷幕。在发行量大的报刊、杂志大力宣传真人秀，如《广州日报》、《中国青年报》、《大学生杂志》等。

2. 网络传播方式

联合国内知名门户网站，建立创业真人秀网上报名系统和栏目专题网页，展开强大的网络宣传攻势。新浪网和QQ门户网站是合作的首选。前者是国内门户网络的大哥大，影响力无可匹敌，尤其值得推崇的是其专题制作的能力。新浪的专题具有内容丰富、资讯权威、更新速度快、点击率高的特点，在国内网站的专题制作中处于领先地位。后者依托聊天软件——QQ，影响力同样不容忽视。QQ现在拥有大约4亿用户，其中绝大多数是年轻人，即本次创业真人秀的主要参与对象；另外，多数拥有QQ软件的人，每次上网均会打开QQ接收信息，因此消息传播速度快；腾讯公司还可以通过客户服务号码向全体QQ用户发布实时系统消息；最后，腾讯公司总部设在深圳，更便于协商合作事宜，这些都是其他网站所不具备的优势。

具体而言，可以考虑采用在线报名、在线提交简历和创业计划的方式。这种方式的优势在于让参与者容易接受，只要具备上网条件，随时随地均可报名参与，免去了现场报名的舟车劳顿和各种花费，因此能够极大地扩大参与面。

3. 针对性传播沟通

有针对性地在高校、招聘会现场、科技创业园区等地方进行宣传。由于创业的主要是年轻人，而且本次真人秀要体现创业智慧，因而可以重点到高校、招聘会现场、科技创业园区等人力资源密集的地方开展宣传。以高校为例，可以考虑同高校学生会或者创业社合作，在校园内举办"活动推介会"一类的活动，并接受现场咨询和报名。或者换一种方式，选择一所省内有影响力的高校，举行活动的新闻发布会。

4. 真人秀广告传播

利用城市交通工具，让这次真人秀的广告成为一道亮丽的风景线。就广州市而言，一是同公交公司协商，在城市主要线路的公交车身喷绘创业真人秀的宣传海报，让活动的信息传递到广州的大街小巷。另外一种更富创意的宣传方式，是将活动名称"创业起航"和广州的珠江夜游充分结合起来，在活动期间向负责珠江夜游的公司购买某一游艇的冠名权，例如命名为"创业起航号"。这种宣传方式一方面突出了栏目名称中的"起航"

两个字,另一方面可以把"创业起航号"作为户外拍摄的选景之一,让观众欣赏节目的同时欣赏到珠江夜晚的美景,也拉近了摄像头和城市生活的距离。

5. 栏目视觉识别

建立本栏目的VI（Visual Identity）视觉识别系统。随本策划一同提供的"创业起航"标志,该标志含义如下：由上至下,第一个字母是C,代表"创",第二个字母是变形的Y,代表"业",连起来即"创业"。将字母C和Y一起看,则是变形的"广"字,寓意本栏目由广东电视台策划制作。将C、Y连同下面的图案一起看,是一艘正起航出发的帆船,突出本栏目"创业起航"的名称。

（三）海选真人秀选手

作为本次真人秀的第一阶段,能否选拔到合适的创业者是事关全局的大事,因而必须坚持"宽进严出"的选人原则。在充分做足前期宣传的基础上,以全国几大主要城市为报名点,划分为五大选区,分别是以北京为中心的华北区,以上海为中心的华东区,以武汉为中心的华中区,以重庆为中心的华西区,以及分散于广东各主要城市的华南区（广州、深圳、汕头等）。参赛者可以通过在线报名和现场报名的方式参与海选,经过"海选执行小组"（由组委会中的相关人员组成）层层筛选,最终确定15名参赛者进入第二阶段的创业PK。

1. 海选具体标准

（1）形象标准。真人秀终究还是一种电视节目,要符合观众的审美需求,因此需要大多数入围选手有较好的形象和气质。

（2）个性标准。这里的个性标准,确切来说是指入选的选手应当具有鲜明的个性,以区别于其他的选手。真人秀的核心内涵在"真人"二字,唯有有血有肉、个性鲜明、敢于在镜头面前表现自己的真实性格的选手,才是观众乐于关注、乐于支持的。

（3）心理素质。选手一经选拔进入第二阶段的创业PK,就将面对数以千万计的电视观众,有的甚至可能一夜成名,成为万人瞩目的公众人物。随之而来的,将是金钱、机会的诱惑,还可能会面临隐私曝光、被公众过度关注以致个人空间减少、舆论压力巨大等问题。这些都对选手的心理素质提出了较高的要求,一旦入围的选手无法承受由于节目带来的压力,便可能给节目的制作带来意想不到的冲击。

（4）能力素质。注重选手各方面的能力考察,如学习能力、检索信息的能力、创新的能力、分析决策的能力、预见能力、应变能力、用人能力、组织协调能力、社交能力、激励能力。

（5）创业计划书的质量。主要考察创业计划的创意、可操作性、趣味性、互动性、可拍摄性、成本是否在可接受范围、是否符合行业发展前景、是否有社会效益。作为创业真人秀的创业计划,既要具备普通创业计划的特点,也要满足电视节目的特殊要求。

2. 海选具体流程

(1) 在线递交简历和创业计划。

(2) 组委会筛选简历和创业计划,确定各赛区第一轮面试名单(各约 50 人)。

(3) 各赛区第一轮面试,同时接受现场报名、提交简历和创业计划。第一轮面试内容:在评委和镜头前,以任意方式展示个人的创业计划,时间限制为三分钟。考察选手对创业计划的思考是否成熟、表达能力、形象气质、面对镜头是否能自然发挥。本轮面试淘汰 25 人。

(4) 第二轮面试:商业案例分析或无领导小组面试。将选手分成五个组,选择具有商业背景的案例进行分析,重在考察选手的商业素养;无领导小组面试可以全面考察选手的组织行为、洞察力、说服力、倾听习惯、感染力、成熟度、团队意识和有效发言,能够较准确地反映选手综合素质,相对商业案例分析而言,对无商业经验的选手更为公平。面试均在镜头前进行,让选手提前适应。本轮面试淘汰 15 人。

(5) 第三轮面试:对话资深企业家、人力资源专家、导演。由于本轮面试的选手人数较少,可以采用逐个面试的方式,深入了解选手各方面情况。

在整个海选过程中,可以参考如下的"海选量化测评表"。

海选量化测评表

测评项目		得分					备注
		5	4	3	2	1	
形象	相貌						
	气质						
	上镜效果						
	自我表现力(如幽默感)						
个性及心理	个性鲜明						
	承受压力和挫折						
	与他人和谐共处						
能力	理解领会能力						
	表达能力						
	应变能力						
	领导力						
	说服力						
	团队意识						
商业素养及创业计划	专业背景						
	创业经历						
	基本商业知识						

续表

测评项目		得分					备注
		5	4	3	2	1	
商业素养及创业计划	计划的创新性						
	计划的可操作性						
	行业前景						
	社会效益						
总得分							

（四）创业大 PK

1. PK 规则

假设经过海选，有 15 名选手进入第二阶段的创业 PK，以后每周淘汰一名选手，经过 12 周后，剩下 3 名选手参与最后的终极较量，即颁奖晚会当晚的现场 PK。在这 12 周中，每周将为选手设计一种情景或提出一项任务，需要选手运用有限的资源解决问题或达到某个目标，以此考察创业者是否具备创业所需的基本素质：心理素质（自信乐观、坚强果断、敢冒风险、能持之以恒、能承受挫折），身体素质（身体健康、体力充沛、精力旺盛、思维敏捷、能承受高强度的脑力和体力劳动），能力素质（学习能力、检索信息的能力、创新能力、分析决策能力、预见能力、应变能力、用人能力、组织协调能力、社交能力、激励能力）。每次（除第 12 周）执行任务，选手将被分成两队，每队推选 1 名选手担任临时队长。任务结束之后，根据评委意见和观众手机短信投票的结果，分出两队的胜负。在本周任务执行中落败的队伍，将有一名队员被淘汰出局。

2. 每周的情景或任务

每周情景或任务表

时间	任务名称	任务描述及游戏规则	任务着眼点	备注
第 1 周	72 小时大考验	两队选手分别接管经营一家 24 小时便利店 3 天，任务结束后盈利多的队伍获胜	1. 作为第一个活动，任务较简单，便于选手磨合； 2. 主要考察选手们是否具备创业所需的身体素质	1. 公平起见，两家便利店的选址要相似； 2. 允许选手运用营业收入举办促销活动，但费用从收入中扣除
第 2 周	"点子"经济	两队各获得 5 000 元的启动资金，在某商业街租借经营临时商铺，经营内容自定但要求有新意，一周后获利多者获胜	1. 限制较少，有利于发挥选手创造力，增加节目可视性； 2. 考察选手的创新能力	

续表

时间	任务名称	任务描述及游戏规则	任务着眼点	备注
第3周	一本黄页引发的故事	组委会提供一笔资金，两队在某一城市（如广州）针对同一个行业，在规定时间内收集该行业信息，编制行业黄页，由专家评定，黄页质量高者获胜	信息资源对于创业的重要性不言而喻。本任务主要考察选手收集信息、整理信息的能力	黄页的质量标准包括：信息的准确性、全面性、内容形式的创新性
第4周	"砍价"本领（与"看家"本领谐音）	选择若干种市场价格差异较小的产品，两队分别在规定时间内采购，购物总花费较少的队伍获胜	由于市场价格差异较小，选手必须讲价方能以较少花费购买，因此主要考察选手沟通和说服能力	
第5周	"T"形台上的较量	两队各选择一个服装品牌，为其举办一场户外时装秀并现场售卖该品牌服饰，当天利润高者获胜	1. 需要聘请专业模特表演时装秀，考察选手的策划能力和整合能力； 2. 娱乐性较强，便于拍摄	利润＝服装店当天收入－时装秀花费
第6周	会"跑"的广告	组委会提供一笔资金，两队联系不同的公司，利用交通工具（如公交车）为广东电视台或创业起航栏目或赞助商做广告，综合考虑成本和广告效果，由评委裁判胜负	既是任务之一，也是本次真人秀的重要宣传方式，可以获得双重的效果	
第7周	运筹帷幄之中,决胜千里之外	两队均获得15 000元人民币作为启动资金，从马来西亚进口某种水果（水果品种由参赛者选择）到国内销售，获利较多者为胜	参赛者要负责整个联系、审批、运输、销售的过程，并且涉及对国际商务知识的考察	进口水果需要得到国家质检总局的批准，工作日较长，需由组委会提前联系好审批证
第8周	"E时代"营销大比拼	组委会指定一所高校，两队分别在此高校为某电子商务网站推广一种商品，在规定时间内，两种商品中点击率高者获胜	1. 考察选手的市场营销能力； 2. 引入电子商务的概念，培养选手适应新的营销方式的能力	高校网络有固定的IP地址范围，便于统计点击率
第9周	人才人才,有人斯有财	为某知名企业设计员工培训课程和联谊会，由受训员工和人力资源专家共同评定优胜	1. 培养选手开发人力资源的能力； 2. 若由选手给员工上课，可以很好地体现选手实力和个人魅力	根据培训内容是否有用、形式是否新颖有趣、员工是否容易接受来评判
第10周	招兵买马	两队分别为不同的公司发展会员（如大型连锁书店、美容院、寿司店），要求发展的会员数为300人，先到达这个数目者获胜	研究表明，顾客回头率提高5%，利润就增加25%～85%，因而会员制是一种重要的纳客方式。本任务主要培养选手的客源意识	

续表

时间	任务名称	任务描述及游戏规则	任务着眼点	备注
第11周	麦当劳与肯德基	两队分别依托麦当劳和肯德基，设计出一款新的套餐（或仅仅是新的汉堡包品种）并举办促销推广活动，在规定时间内，销售收入多者获胜	选择麦当劳和肯德基作为活动的背景，切合生活实际且娱乐性较强	
第12周	高级打工仔	剩下的四名选手分成四队，每位选手从原先本队的智囊团中选取两名智囊作为其员工，即每队三人。要求各队在广州市内寻找工作机会，但必须是三个人一起的工作。在一周内，工作份数多、收入多者为胜	1．观众智囊团从背后走向前台，增强互动性；2．栏目至此阶段，选手的形象已经广为人知，考察选手是否善于运用公众人物的号召力；考察选手是否具备领导员工开展工作的能力	各队得分＝一周内工作份数×一周内工作总收入
备选方案	妙手回春	两队各选择一家大型超市，调查各种洗衣粉的销售份额，为份额最低的洗衣粉品牌策划促销方案，在一周内市场份额（百分比）提高较大者获胜	创业者市场竞争中处于劣势有时难以避免，本任务主要考察选手的危机公关意识和能力	

3．说明

（1）具体任务主要围绕考察创业所需的各项基本素质来设计，强调可行性、娱乐性、创新性。

（2）在实际拍摄过程中，并不一定严格按照上述时间表执行，应根据实际情况调整。

（五）观众互动

1．观众智囊团

本次创业真人秀节目将引入"观众智囊团"这一概念，并且贯穿活动的始终，达到渗透性互动的效果。观众参与互动的方式为前述的专题网页和手机短信平台。在创业大PK阶段中，观众可以通过网络留言或者短信留言的方式为自己支持的选手加油打气、针对该选手所面临的问题提出具体的建设性意见。选手在实际操作中可以采纳观众的建议。

2．增强互动效果

本次节目的智囊团与其他节目最大的不同是，顺利走过所有的PK考验并且在终极较量中获胜的选手，将获得丰厚的创业资金。同时其智囊团并不解散，而是继续发挥参谋作用。换言之，最终胜出的选手将通过给予工作机会的方式来回报支持和帮助他的智囊们。此类观众智囊团是一种全新的尝试，它的引入将更好地锻炼创业者虚心接受他人意见、注重团队合作的精神；智囊的命运掌握在创业者的手里，使创业者深感责任重大，从而鞭策自己，为其日后成为企业管理者树立强烈的责任意识。

（六）终极较量暨颁奖晚会

经过 12 周的创业大 PK，最后"幸存"的三名选手将站在终极较量舞台上一决雌雄。作为本次创业真人秀的高潮部分，终极较量必将受到各方的关注，因而更要强调其可看性，拟进行以下环节。

1．创业计划陈述

限时 2 分钟，由选手陈述其创业计划的精华。

2．创业大辩论

限时 8 分钟，由三位选手自由辩论，质疑对方的创业计划、为自己的计划辩解，每位选手每次发言时间不能超过 30 秒。

3．失误逐个数

在屏幕播出选手第二阶段中的某个严重错误（如果没有相关影片，则由主持人提出），要选手在 1 分钟内给出合理解释，为自己辩解。

4．高参护驾

第一部分：由主持人或观众（通过网络、短信平台）提出一项适宜现场操作的任务（如扮演推销、谈判），要求选手协同智囊团在短时间内完成该任务，准备时间不超过 1 分钟。

第二部分：由赞助商代表提出一个实际案例，要求选手在和智囊团讨论的基础上，提出解决方案，准备时间不超过 1.5 分钟。

5．残酷游戏

要求每位选手从其余两人中选择一个他认为更应该被淘汰的，并陈述理由，限时 1 分钟。

6．终极感言

限时 2 分钟，由选手发表终极感言，内容不限，可以是致谢、经验分享、辩解、拉票等。

7．颁奖典礼

观众和评委共同投票决出胜负，举行颁奖典礼，全体选手集体登台亮相。

（七）后期回响

1．真正创业刚开始

创业真人秀随着颁奖晚会的结束而结束，但真正的创业才刚刚开始。获得一百万元奖金的幸运儿将会如何运用这笔资金？他将给他的智囊们提供什么样的机会？他们能否像在比赛中那样合作无间……这一切，都是人们关注的焦点，也是本次创业真人秀区别于其他同类节目的吸引人之处。

2．选手生活变化

创业真人秀对于观众来说是视觉上和精神上的冲击，但对选手们来说，却是实实在在的生活上的大改变。节目给他们的生活带来了怎么样的变化？他们是否因此而寻找到更理想的工作？会不会因成为公众人物而备感压力？同样是一大串的问题等待着我们去跟踪解答。

3．积累创业经验

选手们在参赛的过程中积累了大量的创业经验，这对千千万万的创业者来说，是非常宝贵的。若能由选手执笔，以组委会名义出版创业真人秀的专题书籍，既能再次以跨媒体的方式宣传创业真人秀，还可以为社会带来一笔珍贵的经验财富，取得巨大的社会效益，同时选手们在比赛中所积淀的群众基础也会给专题书籍提供畅销的保障。

第四章

公关调查策划

公关调查是指应用科学方法,对特定的社会与市场现象进行实地考察,了解其发生的各种原因和相关联系,从而提出解决具体问题的策划活动。据其调查内容和功能的不同,可分为研究性的调查(为解决理论性或政策性的问题而进行)和工作性的调查(为解决当前实际工作中的问题而进行)。本章运用公关调查理论和系统论,在认真总结公关调查经验的基础上,从公关调查的内涵与原则、公关调查的内容、公关调查的程序与方法三方面进行了深入细致的阐述。

第一节 公关调查的内涵与原则

公共关系工作复杂而又繁琐,在这些具体工作中要想取得事半功倍的效果,就必须掌握一些公关内涵与基本原则,其可以说是进行公关活动的指南,可以使我们避免一些常见的公关误区。同时,我们的社会生活中还存在着相当多的假公关和庸俗的公关活动,这些内涵与原则也是我们区分真假公关活动的锐利武器。

一、公关调查的概念

公关调查是公共关系工作的一项重要内容,是开展公共关系工作的基础和起点。通过调查,能了解和掌握社会公众对组织决策与行为的意见。据此,可以基本确定组织的形象和地位,可以为组织监测环境提供判断条件,为组织制定合理决策提供科学依据。

(一)公关调查的内涵

1. 公关调查的含义

公关调查指通过运用定性和定量的研究方法,准确地了解公众对组织的意见、态度和反映，发现影响公众舆论的因素，并从中分析和确定社会环境状况、组织的公共关系状态及其存在的问题，为组织制定切实可行的公共关系筹划方案提供客观的依据。

公关调查是就公众对组织形象的评价进行统计分析，用数据或文字的形式显示公众的整体意见，或者就某一具体公共关系活动条件进行实际考察。

公关调查是全部公共关系工作的起始点，它为公共关系目标的确立和公共关系计划的制订提供了基本依据，也为公共关系方案的实施提供了根本保证。它是社会调查的一种表现形式，是指社会组织通过运用科学方法，搜集公众对组织主体的评价资料，进而对主体公共关系状态进行客观分析的一种公共关系实务活动。

2．公关调查研究

公关调查研究是指公共关系工作人员对自己或所服务组织（指公共关系专业公司受特定组织的委托为其进行公共关系调查）的公共关系状态进行的情报搜集与研究工作。

1952年，被人誉为美国"公关圣经"的《有效公共关系》一书出版发行。在这本著作里，斯科特·卡特利普和森特提出两大理论要点，一是"双向对称"的公共关系模式，二是公共关系的"四步工作法"。"四步工作法"说明公共关系运作的程序，包括四个基本步骤，即公共关系调查研究、公共关系策划、公共关系实施、公共关系效果评估。

公关调查研究是"公关四步工作法"的第一步，是组织卓有成效的公关活动的前提和基础。而正确地进行公关调查并取得最佳效果，则需要较高的公关调查技巧，并按照科学的原则、程序和方法进行。

（二）公关调查的意义

公关调查注重的是整体情况的把握，以便组织对此讨论、制定、调整相应的措施和办法。

公关调查的意义在于通过思维和业务技能的基本训练，以培养运用公共关系学理论和知识，加强发现问题、分析问题和解决问题的基本能力与创新意识，培养和训练认识及观察社会的能力。

1．组织在公众中的形象定位

公关调查可以使组织准确地了解其在公众中的形象定位。组织形象的定位实质，是对组织形象建设的方向和目标进行定位，是组织形象战略的核心，是根据组织的地理位置、资源状况、人文环境、文化渊源和经济实力等诸多因素，以自以为傲的优势资源，做出的关于该组织在空间范围和时间历程上的地位与作用的战略性判断，是组织形象建设的首要环节。

组织形象的定位要从组织的性质和组织建设的现状，特别是从组织的历史文化、特色、文物古迹等形象资源出发，充分考虑组织形象的视觉识别、行为识别和理念识别三个方面，遵循组织建设与发展的一般规律，注重组织的整体风貌及前瞻性。

2. 为组织决策提供科学依据

公关调查为组织决策提供科学依据。有组织的人类活动主要有两种类型：一类是连续不断、周而复始的活动，人们称为运作。对于经济组织，则可称为运营、运行。运行只需要按照既定的程序、操作规程，不断重复进行；而另一类是可以改变日常运行状态的、具有一定目标的、临时性、一次性的活动，人们称为项目。项目是具有目标、期限（起点与终点）、预算、资源约束与资源消耗以及专门组织的一次性独特任务。

公关调查活动的可行性研究是研究策划项目是否合理可行，而在实施前对该策划项目进行调查研究及全面的分析论证，为活动策划提供科学的依据，即经济上的合理性、盈利性，技术上的先进性、适用性，实施上的可能性、风险性。在公关调查中，加强策划项目的前期工作，做好策划项目的可行性研究和评价工作，以期策划项目获得最好的经济效益和社会效益。

3. 及时把握公众舆论

美国著名公关学者雷克斯·哈罗博士（RexL Harlow）提出的定义："公共关系是一种独特的管理职能。它帮助一个组织建立并维持与公众之间双向的交流、理解、认可与合作；它参与处理各种问题与事件；它帮助管理者及时了解公众舆论，并对之做出反应；它明确并强调管理部门为公众利益服务的责任；它作为社会变化趋势的监视系统，帮助管理者及时掌握并有效地利用社会变化，保持与社会变动同步；它运用健全的、正当的传播技能和研究方法作为主要的工具。"[1]

能否迅速、及时地对公关调查活动策划予以报道和评论，即能否把握时效性，是衡量一个组织管理水平与素质的重要标准之一。同时，方便快捷的网上调查，将使组织以更经济的方式快速得到所需要的资料和信息。调查，是就公众对该组织形象的评价进行统计分析，用数据或文字的形式显示公众的整体意见，或者就某一具体公关调查活动条件进行实际考察。通过调查，可以使一个组织准确地了解其在社会公众中的形象地位，从而策划有效的公关活动方案，及时有效地把握公众舆论，而网络使调查变得经济且更具时效性，能够使组织及时把握公众舆论。

4. 提高组织公关活动的成功率

从方法上看，公关调查要应用人际沟通的技巧和手段，来充实和丰富公共关系活动，提高公关活动的成功率。虽然人际沟通的面相对窄一些，但由于它针对性强、感情色彩浓、信息真实、反馈快，特别是公关人员良好的交际素质与涵养，对增进双方理解、加深友谊、消除误解，具有得天独厚的优越性。

形象调查可提高公关活动的成功率，组织的公共关系活动能否取得成功，要受到很多因素的制约，其中是否进行形象调查以及形象调查做得是否扎实可靠是十分关键的因

---

[1] 廖为建. 公共关系学. 北京：高等教育出版社, 2000, 2

素。因为组织的一切公关活动都必须按照预先策划的方案进行，而方案的制定也必须以调查为基础。

二、公关调查的原则

公关调查的原则是一个科学规范问题。公关调查是公关策划工作的基础，其要为组织提供决策依据。公关调查能否科学规范地进行，不仅影响公关调查本身的成效，而且事关公关策划工作的成败。因此，在公关调查中，为了确保公关调查工作的顺利进行和公关调查成果的有效取得，必须强调科学规范问题。

（一）全面原则

全面原则是公关调查的第一原则。因为调查中产生的矛盾是由调查者的思维片面性所造成的。只有坚持全面原则，才能理解并正确进行公关调查。

1. 公关调查是一个整体

全面就是在公关调查中，积极传递组织的信息，反映组织的整体形象，坚持客观、全面、发展地认识问题和处理问题。所以，全面原则要求公关人员综合思维、有全局意识，理清调查分析的要点，形成全面的思维模式。全面原则即包含自然的、生态的、人为的、经济的、技术的、社会的、立法的、文化的以及美感的综合整体。公关调查是促使公关人员意识到并关切整体环境及其伴随而来的问题的一个过程。

2. 多维的调查目标系统

公关调查目标是一个多维和多层次的目标系统，调查目标系统由纵向和横向的多个彼此相关的目标群构成。全面和综合地考虑公关调查目标，确立其目标系统，是公关调查落实到位的第一步。全员 PR 管理就是对公关调查工作无论对内对外，都要立足于全员动手，紧密合作。

3. 调查对象具有代表性

在公关调查中，为使公众参与能客观反映公众对项目建设的意见，使公众参与人员有充分的侧重点，调查对象就要具有代表性、普遍性，调查资料应做到翔实可靠。

（1）调查对象必须能够代表公众；公众参与是多方面的，代表性是指调查对象具有代表性，公众参与来自社会各界人士，调查对象的选择就要机会均等、公正无偏。

（2）调查所得的资料必须全面，既有正面意见，也有反面意见。

（二）客观原则

调查应从实际出发，避免主观臆想。客观，就是在调查研究的基础上，客观地反映现实，不以主观想象代替客观事实。公共关系人员要注意信息的来源渠道，收集的资料应是"第一手信息",同时要把握调查对象的客观态度。

1. 从实际出发

区分公众的客观态度和主管臆想。公关活动应当从事实出发。公关人员必须树立先有事实,后有公关活动的思想。在每一次公关活动以前,公关人员要进行实事求是的调查研究,掌握组织与公众各方面的状况,才能设计出优秀的公关方案,并且在实际运行中取得预期效果。所以任何形式的公关活动,都必须以调查研究为出发点。

2. 切忌主观性

调查人员在调查过程中,切忌主观性。在对公共关系的特征进行描述的时候,要用行动来证明。有人说"公共关系就是少说多做",还有人说"公共关系是90%靠自己做得对,10%靠宣传"。这些说法都是在说明一个道理,即公共关系的好坏主要通过事实而不是单纯依赖宣传来证明。

(三)时效原则

1. 提供有价值的线索

公共关系人员要把握信息的时效性,注意信息的价值,做到及时调查收集,及时加工处理,迅速提供有价值的线索。对一个组织来说,调查所得信息的价值取决于提供信息和处理的时间,迟滞的信息会导致组织失去取胜的良机。

2. 满足公众的求新心理

公关调查必须研究公众心理,满足公众求新、求异、求变的心理特征,这样才能取得预期的宣传效果。一味重复教科书上的经典战略,或者长期运用一种公关方法,必然会引起公众的感觉疲劳,事倍功半,甚至会引起公众的反感,产生负面效果。

公关人员要使自己的策划永远保持新意,不断推出新的形式、新的方法、新的手段。为了使策划富有新意,时效原则还应有以下思路:(1)大胆设计,敢于开创前人没有发现的新形式;(2)移植与再造相结合;(3)角度转换,逆向思维,寻求突破;(4)排列组合,以旧翻新。

(四)计划性原则

调查研究是公共关系工作程序中一项重要的基础工作。此阶段的工作主要是为了了解并掌握与组织各项行为和政策的认识、观点、态度和行为,了解事实真相,掌握第一手资料,为有的放矢地开展公关工作奠定基础。公共关系调查中的计划性原则,应当制度化、规范化。

1. 科学地安排调查计划

计划性是指按公关调查的需求、时间、地点等条件有计划地进行管理。任何工作缺乏计划就不会取得主动,计划性原则要求公关人员在特定的工作环境和时空条件下,恰当发挥主观能动作用,这是公关调查方法与技巧运用得当的依据之一。

公关调查的时间是有限的,而在某一个调查点的时间则更短暂。如何使公关人员在有限的调查时间里达到预期的目的,完全依靠公关人员周密、科学地安排调查计划。日程安排及每个调查点的具体调查方案,就是计划性的具体体现。

2. 计划是成功的一半

从公共关系调查的角度来说,确实成功的计划是调查成功的一半。如果行动前没有详细的计划,凭习惯办事,想到哪里就干到哪里,甚至消极地应付工作,那么必然是事倍功半,浪费时间。所以,工作要有计划性,这是时间管理的一项重要原则。

3. 计划的回报是节约时间

调查表明,计划时间较长的那些工作所用的计划时间与执行时间的总和,要少于计划时间较短的那些工作两项时间的总和,且前者工作完成的质量要高于后者。这说明,计划时间是一种"投资",它的回报是节约时间。总而言之,"如果你没有认真做计划,实际上你正计划着失败"。

计划性实质上就是要讲究科学性和目的性。调查方法与技巧必须在遵循计划性原则的基础上才能得到有效的运用和发挥。所以,公关调查工作应列入组织的整体运作计划中,使之制度化、规范化。对一项具体的调查工作来说,事前必须制定一个完整、严密的调查计划。

第二节 公关调查的内容

组织开展公共关系活动条件的调查就是组织在开展公共关系活动之前,对开展活动的主客观条件进行调查研究。该调查的主要内容是公共关系活动主体人力、财力的情况,以及公共关系活动的客观环境。调查工作做得越全面、越细致、越彻底,公共关系活动的成功就越有保障。公共关系调查的内容主要包括基本情况调研和组织的形象调查。

一、基本情况调研

(一)组织的基本情况调研

组织的基本情况调研指对组织内部的各种因素的分析,主要是分析组织的政策、活动程序及行为是怎样促成问题的产生和环境的变化的,还包括对组织关键人物的观点和行为的分析,对与问题相关的组织内各部门和单位的活动过程的分析及组织历史等问题的分析。

1. 组织形象的含义

组织形象是社会公众对组织的总印象和总评价,是主、客观的统一。其含义包括:

(1) 组织形象是一种总体评价,是各种具体评价的总和。具体评价构成局部形象,总体评价组合总体形象。

(2) 组织形象的确定者是公众,社会公众是组织形象的评定者。

(3) 组织形象的好坏源于组织的表现。社会公众对组织的印象和评价不是凭空产生的,也不是公众强加给组织的,而是组织的特征和表现在社会公众心目中的印象。

2. 组织经营状况

组织经营状况包括组织创立的时间、组织发展历史上的重大事件及其影响;组织的经营目标和经营宗旨;组织对社会的贡献;组织的目标市场分布状况,市场占有率及市场竞争情况;组织产品、商标、包装、服务、价格的特点;组织的名称、标志、外观环境的特点等。

3. 员工队伍情况

员工队伍情况包括员工的人事资料,如年龄、文化程度、家庭状况、专业特长、兴趣爱好,以及员工的业务素质等;特殊人物,如技术标兵、革新能手、劳动模范的主要成就和经历;组织领导层的有关情况,如功绩、知名度、威望、领导水平等。员工队伍情况言简意赅地说就是人事资料、明星人物、高层领导的有关情况等。

(二) 组织的环境调研

1. 组织环境的含义

组织环境是领导组织行为方面的公共关系,是单位本身所处的社会环境与内部协调机制的总称,一般包括以下几个方面。

(1) 社会环境,即国家的政治、经济、文化等对组织的影响。社会环境包括政治环境、经济环境和文化环境。政治环境包括社会制度、法律、治安安全程度等。经济环境包括经济形势市场供应、物价情况等。文化环境包括社会规范、文化观念等。

(2) 专门的需要环境,包括市场分配、技术、团体压力等。

(3) 单位内部的协调机制,包括内部的组织结构、工作、人力、权力、联系等。

2. 组织环境调查的种类

复杂多变的环境对本组织运行会产生很大影响,所以应根据环境的变化不断协调内部机制,以适应于公共环境,这就要求进行组织的环境调查。

(1) 组织内部社会关系调查。组织内部社会关系是组织内公共关系的主要内容,它对组织的内部协调机制、组织的向心力和凝聚力的形成,起着重要的作用。组织内部社会关系一般可分为以下几种。

① 个人和个人之间的关系,包括普通员工之间的关系、普通员工与干部之间的关系、

下属与上级之间的关系、干部与干部之间的关系、领导集团内部之间的关系等。

② 个人与群体之间的关系，组织内部群众是组织内在的生产力量。个人与组织内部群体之间关系的好坏，可以反馈出这个人的性格、能力、特点和地位。

③ 个人同组织之间的关系，包括组织中每一个人同组织所发生的人事关系、薪水关系、劳务关系等。

④ 组织内部群体单元与群体单元之间的关系，包括上下级隶属关系、平行关系、交叉业务供给关系等。

(2) 组织外部公关调查。与组织的目标和发展有实际和潜在利益关系或影响力的外部公共关系，主要包括顾客关系、媒介关系、政府关系、金融关系、竞争者关系、供应者关系、经销商关系、特殊团体关系、社区关系、国际社区关系等。

二、组织的形象调查

组织形象是组织内外公众对组织的整体印象和评价，也是组织的表现和特征在公众心目中的反映。因此，公共关系调查的目的就是以了解组织的知名度和美誉度两项指标为依据。

(一) 指标为依据

1. 知名度与美誉度

(1) 知名度 $= \dfrac{知晓人数}{调查人数} \times 100\%$

(2) 美誉度 $= \dfrac{赞美人数}{知晓人数} \times 100\%$

要塑造好组织形象就需要提高组织知名度，但是组织知名度不代表组织美誉度。所以在塑造组织形象过程中，首先要知道怎么把知名度做大，然后在有知名度的情况下考虑如何把组织的美誉度做大，这与公共关系传播是有关联的，要把这两点结合起来做。

2. 公共关系中知名度与美誉度的关系

在进行公关策划时，策划人员应分析以下四种情况并提出相应的公关对策：(1) 知名度>美誉度>0；(2) 知名度>美誉度，美誉度=0；(3) 知名度>0，美誉度<0；(4) 知名度=美誉度>0。

(二) 组织形象调查

组织形象之所以引起人们的重视，关键在于它巨大的价值和巨大的作用。研究组织形象的价值和作用有助于确立它在公共关系中的战略地位。

1. 组织的自我形象

组织的自我形象就是组织的自我期望形象，它是塑造组织形象不可或缺的参照因素。它是一个组织所希望自己要具有的社会形象，带有主观性，因而是构成组织发展的内在动力之一。一般来说，组织的自我期望形象越高，自觉为之努力的程度越大。由于各个组织所处的社会环境和内部条件（如领导素质、员工素质、组织机构及效能）的不同，自我期望形象也各有特色。管理者务必对其进行分析，以求明确地揭示组织的自我期望形象。分析的步骤大致如下：(1)组织领导层的公共关系目标和要求；(2)组织员工的要求和评价；(3)组织的实际状态和基本条件。

2. 组织的实际形象

组织的实际社会形象是指社会公众对一个组织的真实看法和评价，是组织形象的客观存在。了解组织的实际形象是制定公共关系目标的基本依据。了解组织的实际形象，就是运用各种调查方法，了解本组织在公众中享有的认知度、美誉度和和谐度。具体的实施方法如下。

（1）公众网络分析，包括分析公众范围、公众分类、主要目标公众等。同时，组织部门还可以充分利用网络化的信息新技术，提高各方面的管理经营效率，为公众提供更好、更快的服务，充分进行宣传策划以及促进信息公开、提高组织形象。

（2）形象地位测量。主要用问卷、抽样、实验等具体的调查方法对组织进行调研，获得有关组织知名度、美誉度两项指标的资料后，用"组织形象的基本结构"中的公式测算知名度和美誉度，然后用组织形象地位四象限图对组织的形象进行定位。组织形象地位四象限图既可以直观地显示组织已有的形象地位，帮助组织明确自己的真实形象；又可以用来对此组织与彼组织的形象进行比较，为其竞争提供参考。

（3）形象要素的分析。可以根据语义差别分析法制作组织形象的重要项目，例如，经营方针、办事效率、服务态度、业务水平等分别用正反相对的形容词表示好与坏两个极端，在这两个极端中间设置若干程度有所差别的中间档次，以便公众对每一个调查项目均可以分档次进行评价。

3. 形象差距比较分析

将组织的实际公众形象与组织的自我期望形象比较，找出两者之间的差距，弥补或缩小这种差距便是下一步设计形象和建构形象要做的工作。

（三）组织的公众舆论调查

组织的公众舆论调查是对公众的态度倾向进行统计、测算、用数据显示公众的整体意见。

1. 舆论标志

舆论标志表明各种公众意见在一定时间和空间所达到的规模和发展趋势，它揭示各类舆论的总和对比关系，是对舆论总体趋向的一种描述。舆论标志分为主导舆论、分支舆论、次舆论和微舆论。

2．舆论指标

舆论指标主要有以下分类。

（1）量度指标，包括舆论的公众数量和公众的分布。公众人数和分类种类的乘积数，就是舆论量度指标。量度指标越大，表明公众舆论的影响越广，也越具有权威性。

（2）强度指标，即公众所表示的意见、态度、观点的强烈程度。调查对象在表达对组织的意见时，不同的调查对象具有不同的强烈程度，用指数体系表示出来，叫做舆论的强度指标，表达的是公众态度的坚定程度。

3．公共动机的调查

公共动机是公共关系学研究的一个新兴主题，是对公共选择理论将"经济人"假设运用于公关活动的反思。公共动机受到文化、制度和社会价值的影响，是一种内在动机。当前，公共动机的测量共有三种途径，分别为报酬偏好比较、公共服务动机问卷和公共服务行为研究，表现为世界观（信念、理想）、兴趣、意图等形式。

（1）活动效果调查。突出实践特色，解决突出问题，是公关调查活动区别于以往组织活动的显著特点。准确抓住问题、深刻分析问题、妥善解决问题，就是最大的实践，而调查研究又是抓住问题的根本方法。各部门一定要在深入调研、查找问题上下工夫，力求使实践活动见实效。由此可见调查研究的极端重要性。

（2）传播效果调查。阅读（视听）率、认知率、实效率。传播效果评估在实施过程中有着承上启下的作用，体现于顾后瞻前，总结提高。一次次传播活动得以有效的实施，追本溯源，是发端于传播活动的投入，同时也由传播效果评估带来的不断改进所推动。

（四）组织的社会环境调查

组织与社会环境分析是对所处的环境的分析以确定自己是否适应组织环境或者社会环境的变化，以及怎样来调整自己以适应组织和社会的需要。短期的规划比较注重组织环境的分析，长期的规划要更多地注重社会环境的分析。

1．政治法律环境

（1）政治法律环境是指一个国家或地区的政治制度、体制、方针政策、法律法规等方面。这些因素常常制约、影响组织的经营管理行为，尤其是影响组织较长期的投资行为。例如，《经济合同法》、《环境保护法》、《劳动法》、《广告法》、《商标法》及有关内容。

（2）政治环境对组织的影响。① 直接性，即国家政治环境直接影响着组织的经营管理状况。② 难以预测性。对于组织来说，很难预测国家政治环境的变化趋势。③ 不可逆转性。政治环境因素一旦影响到组织，就会使组织发生十分迅速和明显的变化，而这一变化组织是驾驭不了的。

2. 经济环境

经济环境是一个国家或地区的经济制度、经济结构、物质资源、经济发展水平、消费结构和消费水平，以及未来的发展趋势等状况。组织应对经济环境变化的措施有以下几种：（1）"规范"是指加大企业改革的力度，规范公司的治理结构。（2）"创新"的含义是说加大产品结构调整和技术创新的力度。（3）"调整"是根据比较利益的原则，坚持有所为有所不为，加快企业内部资源的优化配置和调整。（4）"学习"的内容包括国际先进的经营理念。（5）"国际化"是要加大开拓市场的力度，加快企业国际化的步伐。

3. 人文环境

组织的人文环境是围绕着组织群体的活动空间和影响企业群体工作、生活、发展的社会和物质条件的综合体。按照马斯洛的需要层次理论，生理、安全等较低层次的需要满足以后，就转向社交、尊重和自我实现等中、高层次的需要。员工的需要变了，组织所提供的大一统激励方式也必须跟着改变。

（1）人文环境是指一个国家和地区的人口结构、家庭状况、文化教育水平、生活习俗、社会规范和文化观念等。

（2）把握人与环境的互动规律，实现人与环境的和谐。一方水土养一方人。人在环境中诞生，在环境中发展，二者互相影响。人文环境是人的物化、外化，对人的反作用力则更大。因此，在注重"硬环境"改善的同时，也要注重"软环境"的创新。通过观念创新，与员工、顾客和社会建立新型的合作伙伴关系。同时，通过制度创新，促使组织人文环境实现新的生态和谐。

第三节 公关调查的程序与方法

为了能够更好地顺应公众、协调环境，就必须全面、深刻地了解组织、公众、环境的各种状况，这就需要进行调查研究。公共关系调查研究是组织与公众沟通的重要手段。本节我们将主要讨论公关调查研究的程序和方法。

一、公关调查的程序

公关调查是一项涉及面广、复杂的认识活动。要顺利进行公关调查，确保调查质量达到预期目的，必须科学安排公关调查过程中的各项工作。公关调查一般程序如下所示。

（一）确定调查任务

选择调查课题、进行初步探索。目的是为正确解决调查课题探寻可供选择的思路，为设计调查方案提供可靠的客观依据。

1. 公关调查的起点

提出组织经营管理中要解决的问题，并由此明确调查目的。明确调查任务，主要明确为什么要进行此项调查；通过调查要获取哪些市场信息、资料，调查结果有何用途。提出问题是明确公关调查任务的前提。一般情况下组织的问题主要牵涉以下两个方面。

（1）组织未来的发展方向。组织的进一步发展需要更深层次地了解策划规模和结构，如有关新产品的开发问题，这种产品的需求量、市场潜力和发展前景等情况。

（2）生产与管理中出现的困难。在生产与管理过程中，会出现这样或那样的困难，如销售出现困难导致产品的积压、资金呆滞、市场占有率下降等，需要找出产生问题的原因和解决问题的方法。

2. 调查范围或意图

如果提出的问题比较笼统，就必须对问题进行初步探索，找出具体的主要问题。如某组织在经营管理过程中出现商品销售额持续下降的现象，需要分析发现问题的原因是商品售价偏高，还是经营商品结构不合理？是服务质量下降，还是消费者购买力发生转移？是组织资金不足，周转缓慢，还是组织促销不利？这些要考虑的问题，涉及面较宽，问题也比较笼统，需要一个初步探索的过程，找出问题的主要原因，进而选择公关调查要解决的主要问题。明确了公关调查要解决的主要问题，也就明确了公关调查的任务。

（二）制定调查方案

公关调查的任务明确后，接下来是围绕公关调查的任务制定公关调查的具体方案。它是公关调查过程中最复杂的工作。公关调查方案的制定是对调查工作各个方面和全部过程的通盘考虑，包括整个调查工作过程的全部内容。公关调查方案主要包括下列内容。

1. 确定调查目的和调查项目

确定调查目的是制定公关调查方案的首要问题。确定公关调查目的，就是明确在调查中要解决哪些问题，通过调查要取得什么资料。可见，确定调查目的与明确调查任务是紧密相关的。调查项目是指对调查单位所要调查的主要内容，确定调查项目就是要明确向被调查者了解什么问题，调查项目是公关信息资料的来源。例如，在公众需求调查中，公众的性别、民族、文化程度、年龄、收入，公众喜爱的活动项目、品牌、规格与款式，公众对活动的满意程度等，都属于调查项目。选择调查项目取决于调查目的，即根据调查目的，对各项问题进行分类，规定每项问题应调查收集的资料。

2. 确定调查对象

这主要是为了解决向谁调查和由谁来具体提供资料的问题。调查对象就是根据调查目的、任务确定调查的范围以及所要调查的总体，它是由某些性质上相同的许多调查单位所组成的。

确定调查对象，主要是确定调查对象应具备的条件，如有关性别、文化水平、收入水平、职业等方面的选择要求。确定调查对象时应注意，严格规定调查对象的含义，以免造成调查登记时由于界限不清而发生的差错。例如，以城市职工为调查对象，就应明确职工的含义，划清城市职工与非城市职工、职工与居民等概念的界限。

3. 确定调查的时间和地点

确定调查时间是规定调查工作的开始时间和结束时间，包括从调查方案设计到提交调查报告的整个工作时间，也包括各个阶段的起始时间，其目的是使调查工作及时开展、按时完成。在调查方案中还要明确规定调查地点，即市场调查在什么地方进行，在多大范围内进行。确定调查地点要从市场调查的范围出发，如果是调查一个城市的市场情况，还要考虑是在一个区域调查还是在几个区域调查；其次是考虑调查对象的居住地点，是平均分布在不同地区，还是可以集中于某些地区。

4. 确定调查方式和方法

在调查方案中，还要规定采用什么调查方式和方法取得调查资料。搜集调查资料的方式有普查、抽样调查等。具体调查方法有文案法、访问法、观察法和实验法等。在调查时，采用何种方式、方法不是固定和统一的，这取决于调查对象和调查任务。在市场经济条件下，为准确、及时、全面地取得公关信息，应尤其注意多种调查方式的结合运用。

5. 确定调查人员

确定调查人员，主要是确定参加市场调查人员的条件和人数，包括对调查人员的必要培训。由于调查对象是社会各阶层的生产者和消费者，思想认识、文化水平差异较大。因此，要求公关调查人员必须具备一定的思想水平、工作能力和业务技术水平。具体地讲：（1）要求公关调查人员应具备一定的文化基础知识，能正确理解调查提纲、表格、问卷的内容，能比较准确地记录调查对象反映出来的实际情况和内容。（2）要求公关调查人员应具备一定的市场学、管理学、经济学、统计学等方面的知识。

6. 确定调查费用

每次公关调查活动都需要支出一定的费用。因此，在制定调查方案时，应编制调查费用预算，合理估计调查的各项开支。编制费用预算的基本原则是：在坚持调查费用有限的条件下，力求取得调查效果；或者是在保证实现调查目标的前提下，力求使调查费用支出最少。

公关调查方案是整个公关调查工作的行动纲领，它起到保证公关调查工作顺利完成的重要作用。公关调查的主持者应花大力气精心制定好公关调查方案。若公关调查方案中规定要有调查提纲和调查表格，则应安排有关人员设计调查提纲和调查表格。

（三）实施调查方案

具体实施公关调查的方案，就是按照调查方案的要求收集公关信息资料，也就是进入实地调查过程。在整个公关调查工作中，收集公关信息的阶段是唯一的现场实施阶段，是取得市场第一手资料的关键阶段。在此阶段，公关调查的组织者必须集中精力做好外部协调工作和内部指导工作，力求以最少的人力、最短的时间、最好的质量完成收集公关信息资料的任务。

在实施调查方案时，也是运用收集调研资料的过程，实际上就是调查方案的实施过程。在收集过程中，要注意做到全面、灵活、讲求艺术，尽可能地保证调查资料的质量。

（四）撰写调查报告

处理调研结果就是整理调研资料、形成调研报告、调研总结评估。公关调查的最后一个步骤是撰写调查报告，并且决定必要的行动方案。撰写调查报告并不需要具备专业的文学素养，完整的供应市场调查报告必须是一份具有吸引力并且易懂的报告。

1. 整理资料

整理资料，就是运用科学方法，对调查资料进行审核分类和分析，使之系统化、条理化，并以简明的方式准确反映调查问题的真实情况。审核就是对收集到的资料进行检验、检查，验证各种资料是否真实可靠，合乎要求，剔除调查中取得的不符合实际的资料。具体做法是：首先，检查调查资料的真实性和准确程度。真实性检验，既可以根据以往的实践经验对调查资料进行判断，还可以通过各种数字运算进行检查，如检验各分组数字之和是否等于总数。其次，要检查收集到的资料是否齐全，有无重复或遗漏。

例如，在庆祝改革开放30周年的日子里，我们组织学生调查了某地区居民彩电的拥有率。从表4-1中我们可以得知该地区彩色电视机的平均拥有率是92.5%，还可以看出：人均月收入水平越高的家庭，彩色电视机拥有率越高，而且还可以使调查者了解到不同收入层次的家庭彩色电视机的拥有率情况。

表4-1 某地区消费者家庭彩色电视机拥有率分类统计表

家庭人均月收入/元	拥有率/%	无电视机的比率/%
500以下	85	15
1 000~2 000	90	10
3 000~4 000	95	5
4 000以上	100	0
平均	92.5	7.5

2. 撰写调查报告

公关调查报告是公关调查研究成果的集中体现。公关调查报告要根据调查任务、目的和所收集到的市场信息资料，经过分析研究，做出判断性结论，提出建设性的措施、意见，使调查报告在组织管理、生产和经营工作中起到指导性的作用。

公关调查报告应坚持用事实说话，切忌主观臆断。条理要清楚，文字要简明通俗。公关调查报告应在规定时间内写出，否则，会使调查报告失去时效性。一份吸引人的调查报告的要求有：（1）叙述简明扼要（concise），并且专注在必要事项的报道与陈述上；（2）内容具体客观（objective），并且有事实根据（facts）；（3）陈述精确（precise），不会产生模棱两可的解读；（4）提供具体可执行（operational）的建议与结论。

二、公关调查的方法

公关调查研究要回答的是一般应采用什么样的形式去调查的问题。根据公关调查研究的目的、意义、规模、对象和范围的不同，可以分别选用下列各种基本方式。

（一）访谈调查法

为了收集一手资料通常采用访谈调查法。访谈调查法是直接与公众接触，即面对面的访问。这种调查方法运用得比较广泛。

1. 访谈调查法的含义

访谈调查法也叫访谈法。访谈法是社会调查中最古老、最常用的方法之一。它是调查员通过与调查对象进行交谈，收集口头资料的一种调查方法。访谈通常是在面对面的场合下进行的，由调查员接触调查对象，就所要调查的问题，向调查对象提问，要求调查对象对提出的问题做出回答，并由访谈员将回答内容及交谈时观察到的动作行为及印象详细记录下来。

2. 访谈调查法的优缺点

（1）访谈调查法的优点。回答率极高、反馈迅速、灵活性强，可以使用较复杂的问卷，调查结果较为准确。

（2）访谈调查法的缺点。与公众虽可预约，但碰面机会较难，且调查范围也受一定限制；调查成本高，周期长；对调查人员难以控制；受访者有一定的心理压力。

这种方法比较适用于公众相对集中、数量不太多时采用。直接接触调查可分为与公众代表座谈和单个面访调查两种形式。

3. 访谈要领

（1）入户：有熟人或朋友介绍；持介绍信或取得当地政府的支持；自我介绍。

（2）提出问题：追问；澄清；引导性提出问题；可跳过的问题。

(3) 记录答案：记录封闭性问题的答案；记录开放性问题答案。
(4) 结束访问：让受访者有良好的感觉；尽快离开现场；离开现场后仔细核查问卷。
(5) 处理现场问卷：未填写完整、中途被打断的问卷最好安排再次回访。
(6) 处理对待拒访者：仍要礼貌待人。
(7) 访问的注意事项：始终保持中立；决不要向受访者提示答案；不要改变问题的措辞或顺序；机敏地应付犹豫不决的受访者；对受访者不要有任何期望；不要匆忙提问。

4. 访谈技巧

(1) 接触住户的技巧：初次见面（敲门轻，自我介绍得体）；入户交谈；确定受访者（特定成员，特定类型的成员，成年成员）；说明调查的有关情况；回答受访者的问题。
(2) 营造和睦气氛的技巧：了解受访者，注意满足受访者的心理需要；与受访者建立认同感；利用人们对才华的敬仰心理；营造快乐、轻松的气氛；以受访者关心的事作为话题；真诚关心受访者；发现受访者的优点。
(3) 安排和组织访问的技巧：订约会和组织访问。
(4) 提高应答率的技巧：提高应答率的措施（持续回访；整个访问期间不能间断工作；小心观察受访者；采用愉快、自信和随和的工作态度；努力说服受访者参加访问）；详细记录无问答问卷的原因。
(5) 发问的技巧：一般技巧（调节节奏，把握主题，措辞谨而缓，中立方式提问）；对封闭式问题的发问技巧（尽可能获取一个预先编制的答案）；对开放式问题的发问技巧（鼓励受访者坦率表达自己的态度）；追问的技巧（鼓励受访者表达自己对一种问题的观点）；否定性地探索和追问（避免提示受访者）。
(6) 结束访问的技巧：赠送礼物；给予对方提问的技巧；感谢对方；有礼貌地离开。

（二）文献资料研究法

文献资料研究法，也称"历史研究法"或"案头资料研究法"，是指利用手头可以找到的历年统计资料、档案资料、样本资料乃至报纸杂志刊登的工商广告之类的第二手资料进行研究分析。这种方法往往不被人们所重视，但事实上这是一种十分有用的调查研究的方法。同时，是利用各种渠道对文献和资料进行合理地搜集与应用以获得间接理论知识的一种方法。它是各种类型的研究课题都需要采用的方法，并且是每个课题本身处于选题阶段、研究设计阶段、研究实施阶段与研究总结阶段时都必须应用的方法。根据文献资料的构成形式，通常可分为文字资料研究法、文物资料研究法和声像资料研究法三大类。

文献资料研究法离不开文献检索。文献检索的目的是使文献检索者及时而准确地获得所需要的文献，要达到此目的，就必须采用科学的步骤和方法。

1. 文献检索的程序

（1）分析研究课题，明确查找要求，即明确研究课题所需的文献内容、性质、水平等情况；然后形成主题概念，再确定检索的学科范围。主题概念越准确、学科范围越具体就越有利于检索。

（2）选择检索工具。检索工具有印刷版的《全国报刊索引》、《报刊分类索引》等；电子版的数据库有《中文科技期刊数据库》、《中国期刊全文数据库》、《中国期刊题录数据库》和《中国专利数据库》等。

（3）确定检索策略、途径和方法，即根据检索分析的结果，制定出一个合理的检索方法，使实行的检索行动有目的、有计划和有步骤地进行。如在哪个图书馆查、用印刷版索引还是用数据库以及核心刊物和时间段的选择等。

（4）索取原始文献。这是整个检索过程中的最后一步，即根据查到的文献线索，查找原始文献的收藏地，借阅复印或下载打印等。

2. 文献检索的途径

查找文献资料可根据文献的不同特征，从各个角度查找。这些角度包括文献的外表特征（题名、责任者、出版社等）或内容特征（分类、主题、关键词等）。数据库的检索方法是在字段处限定检索途径，如篇名、作者、关键词、机构、中文文摘、引文、中文刊名等，然后按限定的途径录入检索词。

3. 文献检索的方法

确定检索途径后，为了迅速、准确地找到所需的文献资料，必须掌握一定的检索方法。

（1）常用法，即利用文摘或题录等各种文献检索工具查找文献的方法。按时间顺序查找，可分为顺查法、倒查法和抽查法。

① 顺查法。这是一种以课题起始年代为起点从远到近按时间顺序查找的方法。查找前要摸清该课题提出的背景和大致时间，从问题发生的年代查起，这样一卷卷或一年年地查找，直到认为文献够用为止。这种逐年顺查的方法有利于查全，不遗漏；缺点是比较费时间，检索效率低。

② 倒查法。与顺查法相反，就是由近而远地按时间逆序查找。这种方法适用于一些新的课题或有新内容的老课题。查找时效率高，省时省力，但容易遗漏有用的文献。

③ 抽查法。这是一种针对学科发展特点，抓住该学科发展迅速、文献发表较多的年代，抽出一段时间，逐年检索。

（2）引文法，也叫追溯法或扩展法，是一种传统的获取文献的方法，即利用已知的有关文献后所附的"引用参考文献"进行追溯查找。这是检索者最常用的一种方法，它可以扩大文献的检索范围，节省查找书目、索引等检索工具的时间，由远及近将一批有关文献查出来。使用这种方法要注意：最好选择述评和专著这类高质量的文献，它们所附的参考文献多而全、准而精，相当于一个专题索引，从这里选择切题的资料进行追溯，会提高检索效果。

（3）综合法，也称"循环法"或"分段法"，就是将上述两种方法结合使用，即先通过选定的检索工具查找出一批文献，然后再利用文献所附的参考文献来追溯查找，如此交替地往前推移。这种方法兼有常用法和引文法的优点，可以查得全而准，检索效率高。

（三）问卷调查法

问卷法也称民意测验法。它的发源地是美国，其起源可以追溯到一个半世纪以前，现在仍被许多组织所采用，如哈里斯组织、美国民意研究所、杨科洛维奇组织和罗帕组织等。

1. 问卷调查法的含义

问卷调查法亦称"书面调查法"，或称"填表法"，是用书面形式间接搜集研究材料的一种调查手段。通过向调查者发出简明扼要的征询单（表），请示填写对有关问题的意见和建议来间接获得材料和信息的一种方法。该方法由于是书面提问，能够直接了解公众的需要，了解他们对组织或产品，或某一个问题的认识和看法。实际上这也是一种舆论研究。这里的民意，简言之，就是社会公众意见。民意可以推动公共关系工作目标的实现，进而帮助组织树立良好的形象。

问卷法是目前国内外社会调查中较为广泛使用的一种方法，是研究者用这种控制式的测量对所研究的问题进行度量，从而搜集到可靠的资料的一种方法，它的优点是标准化和成本低。

匿名性是问卷法的一大特点，问卷一般不要求署名，利于得到真实情况。问卷调查多采用科学的抽样方法，通过选取少量的调查单位（样本），了解代表的总体情况。故能以较少的经费进行大范围的调查，相比之下，它较为经济，更节省人力、经费和时间。

2. 问卷调查法的使用条件

调查的范围较广，不易当面访谈或者调查对象的文化水平不高、看不懂问卷的，都不适合用问卷法。如果所要取得的材料是尝试性的事实、行为或态度，可以采用问卷调查法。问卷的回答率较低，如果要求较高的回答率，最好采用与访谈法相结合的方法进行调查。

问卷调查的应用性广，能在大范围进行，对全国或一个省、一个地区都可进行问卷调查。

3. 问卷的类型

问卷的类型主要有两种：开放型问卷和封闭型问卷。问卷的构成包括题目、说明信或指导语、问卷的具体内容、编号。一般来说，较为完整的问卷包括两类问题，一是事实问题，二是态度问题。

4．问卷法的实施过程

问卷调查是根据调查目的，设计好一系列提问，组成问题表（因这种调查表成页或多页，故称调查问卷），由被调查者回答，最后对回收的调查问卷进行统计分析而得出结论，所以，问卷法实施过程是：（1）确定问题的内容和类型；（2）确定问题的回答方式；（3）具体问题的设计；（4）制成问卷表；（5）修改；（6）试查；（7）问卷发放；（8）问卷的回收；（9）问卷的整理和分析。

5．问卷的编制程序

问卷的设计过程，是研究者根据调查研究的目的和需要，编写问题和形成问卷的过程。编制程序包括下列步骤。

（1）明确研究目的，根据研究目的和假设范围收集所需资料，并确定调查对象。

（2）列出问卷调查所需研究问题的纲要，确定所要搜集的信息和问卷类型。

（3）围绕主题草拟问题，列出标题和各部分具体项目。

（4）征求有关人员、专家的意见，修订项目。

（5）试测，从总体样本中抽取 30～50 人为试测样本，以检查问卷表述的方式、项目、内容能否被受试人所理解，并求出信度、效度。

（6）再修订。根据试测结果，对项目内容、排列方式加以改进，然后打印。

至此，问卷的编制工作完成，可以按计划发放问卷，进行正式调查了。

6．问卷形式

（1）报刊问卷。在报纸或刊物上公布调查表、号召读者做出书面问答，并指定地址寄回答案。

（2）邮寄问卷。把已印好的调查表寄给一定类型的对象，并请他们填写答案后指示寄回调查表。

（3）发送问卷，由研究人员把调查表发给集中在一处的一群调查对象，要求他们当场填写后直接收回。

（四）引证分析法

20 世纪以来，随着科学的发展，许多学科之间互相交叉、渗透，产生出大批边缘学科，这些新兴学科又有力地促进了科学的发展。文献计量学，正是这许多新兴学科中的一员。文献计量学的研究方法之一是引证分析法。

1．引证分析法的含义

引证分析法是指调查人员对各种媒介所传播的有关组织形象的信息进行调查分析的一种方法，它也属于定量研究，是对媒介所传播信息的数量、质量、时间、频率等进行的数据统计。

引证分析法利用统计学、图论、模糊数学等数学方法和比较、归纳、抽象、概括等逻辑方法，对各种分析对象的引证或被引证现象和规律进行分析，以揭示出它们所蕴含的研究对象所具有的特征或对象之间的关系的一种研究方法。

引证分析法通过对大量引证与被引证现象进行统计分析，量化地突出了文献的共性特征，能够比较正确地反映基本事实和规律，具有科学的方法论基础。

2. 获取信息材料

通常来讲，一个组织的信息被媒介引用的次数越多，这个组织的影响就越大，知名度就越高。引证分析法的关键就是设法获取信息材料，这些资料包括以下内容。

（1）文字资料。用文字的形式记录并传播有关组织形象信息的一种永久性资料。它包括报纸、杂志、书籍、各种文件和统计资料，以及各界名流的题字、赠言、公众来信等。

（2）声像资料，指脱离文字形式，记录并传播有关组织形象信息的声音和图像的即时性资料。它主要包括广播、电视、录音、图片、电影等。

3. 进行引证分析

在取得这些材料后，要进行引证分析，包括：

（1）内容分析，即对信息本身做系统化、数量化的统计分析，如所传播的信息是关于组织哪一方面的，是局部的还是整体的，何种用词等。从性质上讲，内容分析是对组织的评价是好还是坏，是高还是低，信息传播的影响是大还是小的形式认定。

（2）形式分析，就是对信息的传播形式做统计分析，如信息传播的时间、版面频率、媒介级别等，随后，将检验结果迅速提供给组织的有关人员。

（五）抽样法

公关调查评估的对象和范围（总体）是相当广泛的，要对所有评估对象及其属性进行测量是很困难的，也没有必要。为了使测量及其信息的统计推断正确可靠，就必须遵循抽样的原理和程序，抽取反映评估对象基本属性和特征的具有代表性的样本。而样本的代表性不仅涉及抽样的程序、方式，而且还涉及样本的容量。

1. 抽样法的含义

社会经济调查通常有两种方法：一种是全面调查，又叫普查；另一种是抽样调查。全面调查就是对需要调查的对象进行逐个调查。这种方法所得资料较为全面可靠，但调查花费的人力、物力、财力较多，且调查时间较长，不符合一般企业的要求。全面调查只在产品销售范围很窄或用户很少的情况下可以采用。对品种多、产量大、销售范围广的产品，就不适合使用全面调查，采用抽样调查即可取得很好的效果。

抽样法指的是通过对从被评估对象的总体情况中抽出的能够代表总体情况的部分样

本的观察分析，推断出被评估对象的总体情况的方法。它是一种科学地从调查总体中选取调查样本的方法。抽样调查可以把调查对象集中在少数样本上，并获得与全面调查相近的结果。这是一种较经济的调查方法，因而被广泛采用。

采用抽样法进行的调查具有调查期短、调查资料准确和可靠、节省调查经费等优点。抽样必须遵守随机性原则，也就是在抽选调查对象时，必须保证总体中的每一个被抽选的对象抽中的机会均等。抽样法也是进行统计推论的前提条件。

2．抽样的一般程序

抽样的一般程序：确定抽样总体→确定样本数→确定取样范围→抽取样本→评估样本的代表性。

（1）根据本次评估的目的和任务，明确所要测量属性的范围，确定取样的对象，即抽样总体。

（2）在抽样总体内收集界定其全部个案，并予以编号，形成抽样框架，明确总体内抽样的范围。

（3）根据抽样框架内个案的差异程度及评估所要求的测量精确水平，确定合理的最佳样本数。

（4）采用科学的抽样方法及其组合，从总体中抽取样本，确定测量的对象。

（5）运用计算法、比较法等方式对抽取样本的代表性进行评估，尽量减少抽样误差。

3．抽样的基本方式

（1）随机抽样。若总体中每个个体被抽取的机会是均等的，则称为随机抽样。随机抽样必须遵循两个原则：一是总体中的每个单位都有同等的被抽中的机会，抽取应当是完全客观的，不能依据某个人的主观意志加以选择；二是所选择的人或单位彼此之间没有牵连，每个人或单位的选择都是独立的。随机抽样的抽样分布的上述特点，决定了它是抽样测量中科学的，也是常用的抽样方式。

（2）非随机抽样。它是根据主客观条件而主观选择样本的方式，又称判断抽样。这种方式虽然有省人、省时、省物、易实施的优点，但科学性较差，不能保证样本的代表性，故在教学评估中很少应用。

第四节　原创策划"广州市上下九步行街调查策划报告"

广州市上下九步行街，是中国最繁华的商业步行街之一，是广州市标志性形象工程，被誉为"羊城十大旅游美景——西关商廊"。整条街由风格独特、古色古香的骑楼或茶楼建筑组成，是南欧建筑与广州特色相结合的产物。

一、前言

（一）调查对象

广州市上下九步行街。

（二）背景介绍

广州市上下九步行街建于20世纪初，是经国家商业部批准的广州市第一条商业步行街。全长近千米，占地约一万平方米，有骑楼式建筑238间，共有商铺300多家，其中有闻名中外的老字号陶陶居酒楼、莲香楼、趣香饼家、清平饭店、皇上皇腊味店、市妇儿商店、永安公司等。

上下九步行街是"全国文明商业一条街"，"不经销（生产）假冒伪劣商品一条街"。在1998年评选"广州十大旅游美景"的活动中，步行街以"西关商廊"的良好形象，荣获"广州十大旅游美景"的称号。

1999年，荔湾区委、区政府更进一步加强对步行街的管理，按照西关传统文化的特色以及原有的骑楼建筑特色，以修旧如旧为原则，投入巨资对其进行了改造，使这条著名的步行街重现历史的光辉，充分展现出岭南文化的独特风貌。

（三）调查目的和调查方法

2000年10月15日—18日，在北京西单广州大厦举行的建国以来第一个商业街区、步行街区建设与管理研讨会上，与会街区一致认为：全国各大、中城市中心商业街区、步行街区面临着规划建设、加强管理、搞好服务、提升品牌和繁荣市场的艰巨任务与挑战。未来的步行街市场竞争会更加残酷，这里面不仅是营销的竞争，更是品牌、形象和理念的竞争。要使步行街在未来激烈的竞争中立于不败之地，如何健康有序、有效地发展步行街就成了非常有必要探讨的问题。

上下九步行街作为全国知名的步行街，深受广大顾客的喜爱。有鉴于此，我们希望通过对广州上下九步行街进行调查，以便真实地得到对步行街更为深刻的了解和认识。在此基础上，结合我们所查阅的资料和书籍，进行比较深入的研究，希望对上下九步行街以及其他步行街未来的发展有所裨益。

调查方法为查阅文献、实地考查、访谈、问卷调查。

（四）调查准备城市有机体的理论及生态化管理

调查准备的切入点是：城市有机体的理论及生态化管理。为了不至于因为商业街太丰富的东西使得我们的调查过于散漫而凌乱，我们先进行了查阅工作。结合我们"和谐上下九，人文商业街"的主题，我们决定采用芝加哥学派著名学者罗伯特·帕克（Robert E. Park）的城市有机体的理论作为指导，并且借用媒介管理中学过的生态化管理方式理论来进行调查研究。

城市有机体理论假说，就是将城市类比为生物有机体，假借生物学方法来研究城市发展，认为城市规模增长、空间扩展和功能变迁等动态变化都受类似生物体的生理机制所支配。

生态化管理是一种新型的管理模式，强调事物之间的相互关系和相互影响。生态是生物学中的一个概念，是分析自然界相互依存又相互冲突的一种规律现象，表明同类事物内部或社会经济整体内部的矛盾性和依存性。

基于这两种理论，我们把步行街看成是一个商业、人文、物质客观环境、受众精神文化需求等多方面的有机整体。在调查研究中，分别对上下九步行街的商业、休闲、旅游、人文精神等进行了分析，在此基础上又进行了综合分析。

二、调查内容

（一）对步行街管委会的访谈

我们从步行街的管理方面入手，对上下九步行街管理委员会进行了采访，咨询了步行街管委会有关人员。从采访中，我们初步了解到步行街的一些情况，如步行街大致的日人流量，步行街的宣传策划方针和一些宣传活动，管委会对进入上下九步行街的商店的管理，以及步行街日常事务的管理等。在采访后，我们还对这次访谈记录做了简要的总结。

（二）对消费者的调查

1. 调查形式与数据分析

（1）本次调查采用问卷形式，针对的是消费者。我们共派发问卷100份，收回有效的问卷80份，其中男48份，女32份，基本上符合调查比例的安排，现将调查的总结陈述如下：从调查的情况来看，80%左右是外地人，只有20%是本地人，作为一个外来人口较多的城市，可见上下九步行街在外来游客中的知名度还是很高的。

（2）通过数据分析，很多游客是通过在广州的朋友而知道上下九步行街的，这个比例达到75%，通过媒体知晓的比例是10%，其他的方式为15%，可见一方面上下九步行街在本身的媒体广告推介上做得不太令人满意，据悉上下九步行街到目前为止还没有建立自己的网站；另一方面，上下九步行街通过报纸、电视等媒体为自己做的宣传又很少见，所以在发挥媒体推介步行街的作用方面还略显薄弱。

分析可知，大概有50%的游客会一个月来上下九步行街5次以上，另外，有10%的游客是天天来上下九步行街的，这些数据就足以保持步行街的人流量，也可以基本满足各个商家的门槛人口，看来上下九步行街的确有其自身的魅力来吸引这么多的游客。

大约有80%的游客来上下九步行街的主要目的是购物，而选择休闲娱乐的占少数，可见步行街的商品是比较优惠的，吸引了很多的顾客和回头客，由于步行街本身商业功能浓重而忽视了其休闲娱乐的功能，所以一般游客不会选择到上下九步行街娱乐。

从游客的评价来看，绝大部分的游客对上下九步行街的购物环境感到满意，大部分游客还提出要加强娱乐设施的建设，另外有一半的游客对步行街的卫生条件提出意见，建议管委会增加保洁人员，有超过六成的游客对步行街的治安状况感到满意，这与管委会这几年加强安全治理是分不开的。

有超过五成的游客对上下九步行街的总体评价是满意的，也有35%的游客认为步行街还应加强管理，更好地完善各项制度和设施，营造一条人文和谐的步行街。

2. 对步行街的意见和建议

（1）上下九步行街的商业业种的分布过于单一，基本以衣帽鞋包类为主，辅以一些饰品和小吃店，从调查情况来看，行人中大部分来上下九步行街是以购物为主（其中以优惠价格为吸引），而来玩和娱乐休闲的只占少数，这其实也体现出上下九步行街的商业功能单一，文化休闲的功能不强。

（2）上下九步行街原有的骑楼文化和西关文化与现代风格的建筑融合不足，一些骑楼和西关古建筑夹杂在现代的建筑中显得有些凌乱，也有些尴尬。虽然西关文化风情一直是上下九步行街力推的主题和特色，但是就目前来看上下九步行街在如何保持和体现骑楼文化、西关文化以及历史与风俗，将现代与古典相结合，形成以风俗文化为铺垫，有自身独特风格的步行街方面显然是不足的，而且从其特色上来看，至少商铺所销售的物品本身趋于雷同，没有叫好和打得响的店铺和品牌。

（3）步行街人本理念和人文关怀不足。首先，从步行街的长度设计来看，国际上公认的一个黄金分割点是840米，而上下九步行街显然超过这个距离，与此同时，上下九步行街给行人的休憩场所又偏少，所以行人可能在购物的同时会产生一种疲劳感。其次，目前来看步行街在一些人造场所上的人性化不足，如缺乏足够的公共厕所、路边的饮水机、晴天的遮阳伞、雨天的避雨场所等。总之，目前的上下九步行街的人性化设计和人文关怀还是有所欠缺的，没有做到满足消费者的基本需求。

三、综合分析

在做完了各种调查之后，我们对资料进行了整理，并结合我们所采用的理论以及"和谐上下九，人文步行街"的主题，进行了综合分析。

（一）理念

美国芝加哥大学社会学系是美国大学中第一个社会学系，芝加哥学派则是20世纪美国社会科学领域最有影响的学派。根据此学派著名学者罗伯特·帕克（Robert E. Park）关于城市有机体的理论，城市应该是一个社会、有机的城市、社区、宗教，而不是一个简单的地理现象。同样地，我们可以将这个理念的模式应用到步行街的管理经营上，我们应该把步行街看成是一个有机体，它是商业、人文、物质客观环境、受众精神文化需求等多方面的有机整体。

通过对上下九步行街的居委会进行访谈，我们再有机地结合步行街的具体情况，初步分析到上下九步行街的经营理念，大致有以下理念基线。

1. 对受众目标定位的理念

一直以来，上下九步行街都把自己定位为大众平民消费的场所。它不追求过于高档的经营方式，不把目光仅仅锁定在上层人士，而是视普通大众为自己最大的消费人群，把平民化、大众化作为自己的经营理念。这是上下九步行街之所以能够吸引广大受众的地方。它的定位迎合了大多数受众的口味，潜在的顾客量也会因此而不断增加。

这种理念使得上下九步行街在受众群体的取舍上获得了巨大的成功，与另一条广州步行街北京路相比，上下九步行街的受众群体比北京路的广，受众群体基数大，目标群体相应地也更广一些。

2. 对经营管理的理念

（1）上下九步行街的建设应该是多功能的整合。一个步行街的建设涉及了许多方面。步行街不仅具有商品贸易功能，还应该有旅游功能、休闲功能和文化功能，对步行街的管理就需要平衡整合这些功能。经营管理得好，就可以使步行街具有整体优势，可以拥有强大的内聚力、辐射力，以后存在的条件和发展的空间会越来越多；反之，步行街就会逐渐失去本身的影响力和感染力，再也不能吸引大量的游客，最终变成"不行街"。

（2）商品贸易功能是一个商业步行街的基本功能。如果商品贸易的功能好，步行街就人气旺，商品交换次数多、数量大，交易也就容易成功。

（3）商业步行街在一定程度上是一个城市的名片，一个旅客来到一座城市旅游，很有可能到商业步行街去看看，所以上下九步行街就具有旅游的功能，旅客来到这里消费、观光，在一定程度上对步行街的经济收入和商业贸易起很大的作用。商业步行街的休闲功能和文化功能同样对步行街的发展起到很大的作用。

（4）各功能的合理配置。对步行街的管理应以市场作为导向，管理者要定期和店铺经营者商讨，并进行详细的分析，然后做出决策。

3. 对品牌宣传的理念

（1）重视品牌宣传。品牌是步行街生存的最基本因素，但不能忽视与品牌建立同样重要的品牌宣传。"酒香不怕巷子深"，一个品牌的建立必须配以有效、及时的宣传。

（2）依靠广大消费者"口头宣传"。上下九步行街所有的便民措施都被市民看在眼里、记在心上，名声在外很大部分是靠消费者群体之间的传播以及他们的亲身体验。

（二）管理

上下九步行街的综合管理是以文化做主导，为文化护航。在这样的方针指导下，我们认为管理最重要是达到三方面的平衡：人与环境的平衡、商业布局发展的平衡和特色经营与商业发展的平衡。具体表现在以下三方面。

1. 安全管理

治安问题影响着消费者对步行街质量的评价，这是一个很重要的环境问题。上下九步行街的安全管理部门在步行街的主要干道安排了保安巡逻，每个小组以单位的形式还配备一些小电动警车。另外，每隔一段距离还安装了闭路电视，保证在任何情况下安全管理部门能够在第一时间得知步行街发生的情况。

2. 商店管理

（1）在选择商店进入步行街时要它们认同广州古老的文化——西关文化。管理的最终目的是将商店与西关文化有机地结合起来，两者相辅相成、互补互利。

（2）明确上下九商业步行街的商业文化定位，制定严密的招标方案。如果步行街的业态分布合理，就不会与上下九步行街的主流文化相冲突，能够使步行街和谐发展。

（3）保留老字号商家。老字号在很大程度上代表了古老的文化，应该给予它们特殊经营的权利，这些固有的元素是商业街品牌的支持，给予它们优越的发展条件是一个双赢的选择。现在上下九步行街就已经保留了许多的老字号商店，例如陶陶居、皇上皇烧腊店等。

3. 文化管理

成功的文化管理，使上下九步行街得以具备自己的特色文化——西关文化。作为西关文化象征的古老骑楼建筑被很好地保存了下来。在步行街里，每隔一段路程，都会有一个牌坊。牌坊里面就是一些小的居民区，这样有着传统意义的建筑风格也被完好地保留了下来，成为上下九步行街的另一处风景。还有许多以前保留下来的作为文化沉积的实物，与骑楼、牌坊一起向人们展示着上下九步行街浓厚的人文气息，让游客在浮躁的现代生活环境中找到一种归属感和宁静感。

（三）形象

1. 保留古老的建筑风格不变

上下九步行街古老的建筑大都保留不变，例如骑楼的风格、清朝留下来的文物，以及旧的牌坊。这些东西是上下九步行街文化的象征，代表着上下九步行街一贯的形象。

2．在原有基础上增添新的文化氛围

在步行街道上，我们可以发现很多棕色的塑像，这些塑像代表着以前古老街道的一种人文文化，塑像有小孩，也有年轻妇女，还有拉面包车的骆驼祥子，每个塑像都有自己的文化背景，整个街道均匀地分布着的这些塑像好像在向人们倾诉着源远流长的中国文化，让人们有种好像在古代的街道上慢行的错觉。这一切都体现着广州特有的人文与风情。

3．商店排列风格一致

在两旁的巷道上，我们可以发现商店的排列都是很整齐的，风格一致。一间店铺挨着另一间。整条街道显得整齐划一，但是游客又不会因此而产生厌倦感。在那一根根硕大的街柱上挂着一个个小宣传电视，上面播放着上下九商业步行街的宣传广告。上下九步行街的地理位置、商店的种类、经营的商品等都介绍得十分详细。上下九步行街的形象在这里就可以展现出来。

4．和谐上下九，人文步行街

上下九步行街的形象和它的目标定位以及和它特有的文化紧密联合在一起的、大众化的形象早就深入人心，浓厚的文化气息已经感染了每一个来上下九步行街的游客，人性化的街道布置、和谐的人文气息、深厚的西关底蕴，将上下九步行街的形象展现得淋漓尽致。

（四）服务

好的服务是品牌的保证，是信心的保证。步行街是一个涉及诸多要素的有机整体，其服务的提供必须考虑各个参与者的需求，平衡各方利益。

1．对游客的服务

建立游客意见箱。为了更有效地得到游客对上下九步行街的意见和建议，上下九步行街在多个地方设置了游客意见箱，以方便游客将自己的想法和意见反映给上下九步行街有关部门，而这些信息对步行街的建设和改善起着很大的作用。

2．对租赁商店的服务

上下九步行街的有关部门会不定期地召集上下九步行街内的商店店主开会。店主可以提出自己遇到的问题以及需要帮助或改进的地方，上下九步行街有关部门可以对此进行商讨和磋商，然后对店主提出的问题采取有效的解决措施。另外，管理部门也和各经营者共同商讨，找到一些切实可行的措施，帮助步行街内的商店更好地进行经营。

3．对网上市民的服务

上下九步行街在龙行天下网、中国步行街网都有自己的网页，网民能够通过上下九步行街的网页了解此步行街。许多关于上下九步行街的最新信息都能够在那里得到。网民能够在最短时间内知道上下九步行街内所发生的事情以及即将举行的活动和最近的各种变动。

4. 政府和步行街合作服务

政府的有关部门对步行街的建设给予了足够的重视，并且也参与了步行街的一些服务项目。和政府牢固的合作关系能够使步行街的服务效果越来越显著。有完善的消费服务，足够的信息沟通，顾客来得开心，买得放心，回得顺心。

四、总结

精彩广州，激情都市。在对上下九步行街进行了较为整体的调查和研究之后，我们认为上下九步行街的运营主线应该在围绕着西关文化的前提下，向外多元化地扩散。上下九步行街整体十分系统化，主要表现在以下三个方面。

1. 物质文化

上下九步行街的物质文化是它本身文化的外显部分，包括街道、步行街的设施、商店、产品、服务、形象等。上下九步行街整体的设施布置合理，商店的选择依靠市场的需求以及消费者的喜好，产品的提供根据市场的需要，服务的提供依赖店主和步行街有关部门以及政府部门的通力合作，打造良好的服务环境。这一切都为上下九步行街经营的成功提供了物质的基础。

2. 制度文化

上下九步行街有自己的规章制度，从保安到居委会的有关人员都有自己的工作制度，在安全管理、商店管理和文化管理方面都按照一定的规章制度办事。如何管理步行街的商店，怎么处理消费者的建议和意见，在发生意外时采取什么紧急措施，都有完整的制度。另外，政府的政策也会对步行街的整体运营和规划起到举足轻重的作用。

3. 精神文化

上下九步行街的定位理念是打造一条大众化的步行街。一般的普通大众都能在上下九步行街消费消遣，都能在这里选到自己满意的商品。平民化的形象极具亲和力。一个准确的目标选择理念能够帮助上下九步行街取得足够数量的受众。

上下九步行街对经营管理的理念是市场导向为主，主观管理因素为辅。通过市场的需求和受众的需要对商品进行筛选，本身不强制按自己的意愿控制商品的进出，上下九步行街的商店自负盈亏。只有在必要时才有主观因素的插入，可能还要借助于政府的宏观调控。在这种自由的经营环境下，步行街的商店自力更生，更加健康地发展。

最后，也是最重要的一点，就是上下九步行街的精神主线——文化先行，创建和谐上下九，人文步行街。上下九步行街的发展处处都突显广州古老的文化——西关文化。深厚的文化积淀，是上下九步行街一笔宝贵的无形财产。沉淀已久的文化可以给人们一种亲切感和认同感，是一种精神上的财富。

附：上下九步行街地理位置图。

广州市上下九步行街街景

第五章

公关广告策划

今日的世界是一个"充满广告的世界",公关广告是市场经济高度发展的产物。随着现代科技的进步,传播手段的革新,公关广告的空间正由二维向着三维扩展。现代设计活动的发展促进了公关广告策划的进步。由于受到现代社会、现代工业、现代生活的影响,公关广告策划出现了有别于传统广告设计思维的新特征。公关广告策划就是对整个广告活动运行的一个把握,需要有计划地一步步实现自己想要达到的目标。本章将介绍公关广告策划的概念、流程、传播、制作技巧等内容。

第一节 公关广告策划的概念

一、公关广告的内涵

制造新闻是扩大组织知名度,提高组织美誉度,塑造组织良好形象的有效方法。然而对一个组织来说,这样的机会并不是很多,新闻媒体也不会把关注的目光长期锁定在一个或少数几个组织上。但组织形象的宣传却必须持续不断地进行,因此,付费的公关广告就成了组织的必然选择。

(一)公关广告概述

1. 由"强攻"转向"智取"

美国现代销售学家韦勒有句名言:"不要卖牛排,要卖烧牛排的嗞嗞声。"而这"嗞嗞声"正是一种形象的"乐趣"写照,它表明:人们买到的不仅仅是商品本身,而且是伴随其中的诱人乐趣。公关广告的独特魅力也就在于此:"人情味"的注入,强调情感诉求。

公关广告产生于"买方市场"的出现，市场营销观念已取代了推销观念的时代。它以传统的"强攻"转向"智取"，采取"攻心为上"的策略，将广告活动从"推销式"转为"说服式"。广告本质上是一种说服艺术，它要借助于一定的媒体。早期广告以叫卖、实物为主要模式，利用听觉和视觉扩大商品宣传，招徕顾客；近代广告以印刷、报刊为主要载体；而现代广告则是以电子、信息为主要标志。

2. 进入电子信息时代

随着广播、电视、电影、计算机等高科技媒介的发展，世界广告已经进入了现代化的电子信息时代，而广告的信息流量也迅速增加，随之而来的是层出不穷的新兴广告媒体。除传统的四大广告媒体（报纸、杂志、广播、电视）仍在传播中起主导作用外，电子广告、激光广告、飞船广告、卫星广告等已在当代社会"亮相"。

如美国乔奇欧公司为拯救处于低谷的香水销售，别出心裁地推出"气味广告"——在畅销杂志上，"埋伏"下由照片制成的"香水弹"，使读者在翻阅杂志的同时领略到宜人的香水味而加深对品牌的印象。

而加拿大"太空旅游公司"则用火箭把广告发向太空，使广告与卫星"并肩"围绕地球运转，目的是"让更多人看到广告"，实属高尖端技术与现代广告的经典结合。

又据《中外商人报》报道，美国人利用飞机喷出的彩色烟雾做"空中广告"，"远远望去彩云上映出醒目的广告语，令人不由自主地瞩目而观……20千米半径的范围内都看得清清楚楚。"

从广告的发展史中我们不难发现，广告媒体正是随着广告信息流量的不断增加而发展、扩大的。之前作为"提供信息、诱发需求、刺激购买"的广告现已成为企业塑造品牌形象的利器。媒体虽不断变化发展，但运用媒体的实质却是亘古不变的——塑造组织形象，升华品牌声誉。

3. 公关广告的定义

公关广告是一种特殊形式的广告，它不是直接宣传企业生产的某种商品，而是在推销组织的形象。公关广告就是一种设法增进公众对组织的全面了解，提高组织的知名度和美誉度，从而赢得公众信任和合作的广告。运用公关广告，可以起到塑造组织形象、强化品牌形象、宣传组织宗旨、引导公众观念等作用。

（二）公关广告的类型

公关广告是一种比较新颖的公关活动方式，而且还在不断发展，其形式是多种多样的，大致有以下几种形式。

1. 形象广告

形象广告是以正面宣传组织自身的各种情况为主，具体内容包括：（1）组织经营管理的各种情况，如历史、规模、产品、商标、服务、市场占有情况、财务状况等；（2）组织的管理理念，如组织的宗旨、方针、政策、价值观念、社会目标等；（3）组织的社会贡献，如完成国家税收，提供社会服务，对社会公益事业的承诺，以及社会知名度、美誉度等；（4）组织的内部状况，如领导人状况、员工素质、经济收入、组织福利、文体活动等；（5）组织的特殊事件，如周年纪念、重大事件、特殊荣誉等。

形象广告是社会组织通过公众对其优质产品、优质服务的良好信誉以及在国内外评优获奖情况进行宣传的广告。此类权威机构的认定、消费者的认可和客观评价，对公众来说有着较高的可信度，也可以是社会组织直接向消费者征求意见的方式，表现其服务至上、信誉第一的宗旨。

2．公益广告

公益广告是组织以自身的名义发布广告，在社会上率先发起某种活动或提倡某种有进步意义的新思想、新观念，具体来说，就是对社会上的某些事件，以社会组织名义率先发起一项对社会有重要意义和影响的活动，或倡议一种新观念，显示其社会责任感、伦理道德观、创新精神等，显示其良好的社会风范，显示其率先开拓、领导潮流、敢为天下先的胆识，引起社会公众的共鸣，为公众所瞩目和称道。

3．观念广告

观念广告是通过提倡或灌输某种观念和意见，试图引导或转变公众的看法，影响公众的态度和行为的一种广告。观念广告可以是宣传组织的宗旨、信念、文化或者是某项政策，也可以是传播社会潮流的某个倾向或热点。如美国西屋电气公司曾在《时代周刊》上刊登岁末广告，把本年度有关公司的各种新闻和报道汇集在一起，并冠以总标题"一年来本公司的一切好消息"。

4．谢意广告

谢意广告是在节日、纪念日之际，或社会组织举办某种活动圆满结束时，组织向消费者公众或社会各界公众表示衷心的感谢而发布的广告。社会组织的表达谢意之举，更加增进其与公众的情感交流，维系了与公众的关系，烘托了友谊的氛围。日本亚细亚航空公司15年庆典之际，做了一个公关广告。标题是："每一次相遇，我们都心存感激，未来，就从此刻延续。"正文是："由于您的关爱，使我们拥有今日成果，对于您的知遇，我们由衷感激。而今15年的相处，我们更加了解您的需求，当您走入亚航的新天地，您将感受到由内而外的焕然一新，更典雅的风貌，更体贴的关怀，让您拥有最舒适的航程。新的亚航天地，更加精致温馨，诚恳期待您。"

5．祝贺广告

祝贺广告是在节日、纪念日之际，社会组织向公众贺喜，或在兄弟单位开业庆典时，组织以同行的身份表示祝贺所刊登的广告，以此表示合作的诚意和公平竞争的信心，可以增加一份亲情；向公众表示与公众携手合作、献上爱心的心意。

祝贺性广告的通常做法是向某新开业的单位或恰逢节庆日的组织赞助一笔广告费，然后在该组织的企业广告或形象上署名祝贺，该单位也会以某种方式表示谢意。这种做法于双方都有益：受赞助方是直接受益，赞助方则被视作向对方提供善意帮助。

6. 解释广告

解释广告是在社会组织形象被歪曲、造成公众误解时，及时向公众解释事实真相、阐明态度，宣传其政策、方针，澄清混淆视听的传言，以矫正被损害的形象，维护声誉所做的广告。社会组织就自身工作不足之处或自身过错向公众致歉，表示诚意，或以致歉的方式表达已获得的进展和进一步发展，以退为进，出奇制胜。

（三）公关广告的特点

公关广告除具有一般商品广告的有偿性、自主性、真实性和艺术性等特征外，还具有区别于一般商品广告的特点："商品广告是要人们买我，公关广告是要人们爱我"；"一般广告是推销商品，公关广告是推销形象"。具体而言，公关广告有以下特点。

1. 广泛性

当代公共关系是一门实践性很强的学科，在人类政治经济活动已进入全球化传播时代的今天，公关广告的内容十分广泛，各种组织都可以运用公关广告做宣传，以引起社会公众对组织的注意，激发起社会公众的兴趣，达到"推销"组织机构的形象、显示出企业自身的能力和实力、扩大组织知名度和美誉度的目的。

2. 长期性

一个组织，无论生产何种产品或提供何种服务，其自身都需要长期稳定地发展下去，这就决定了公关广告的目标要着重于长期的、长远的利益。

例如，在组织的公益性赞助活动中，长期性的捐助活动比短期性的行为更有利于组织的公关广告传播，这是因为长期性的捐助活动更能体现组织的社会责任，也更利于组织根据特定时期和社会热点对自己形象进行传播的公关广告策略。

3. 间接性

公关广告并非直接劝告人们去购买商品或享受服务，而是通过间接的手段让公众了解组织并产生好感。从对信息的控制方面看，公关广告是间接性的。公共关系主体是社会组织，它通过运作公关广告实现目标。然而广告本身的影响范围（地理范围）是有限的，所以公关传播更多地依赖于新闻媒介的关注，希望通过新闻媒介采编的新闻来传播信息。可见，公关传播的信息是新闻媒介进行编码的结果，公关对信息的控制是间接的，信息的可控性弱。

二、策划的内涵

在第一章我们已经强调过：策划是根据现有资源信息，判断事物变化的趋势，确定可能实现的目标和预算结果，再由此来设计、选择能产生最佳效果的资源配置与行动方式，进而形成决策计划的复杂思维过程。

（一）策划是决策思维方式

创造性思维是人类进步的源泉，创造性是策划的必然特性。失去了创造性的策划活动不能称为策划，而只是固有行为模式的照搬，是一种简单的模仿。策划是创造性的思维活动。创造性思维是一种复杂的辩证思维过程，它具有不同于其他思维的特征，这主要体现在以下几个方面。

1. 策划是创造性思维

（1）积极的求异性。创造性思维往往表现为对常见的现象和权威理论持怀疑、分析的态度，而不是盲从和轻信。差异性思维在经济策划中具有很高的价值，各地兴起的特色经济就是"创异思维"的产物。

（2）敏锐的洞察力。在观察过程中，分析事物的相似与相异，发掘事物之间的必然联系，从而有新的发现和发明。

（3）创造性的想象。想象就是破除旧有的思维定势，放开自己的思维翅膀，重新组合不同的元素，而形成新的意象的过程。这是创造性思维的重要环节，它不断创造着新表象，赋予抽象思维以独特的形式。

（4）独特的知识结构。这是创造性思维的基础。同时，活跃的灵感是创造性脑力劳动的结晶。对问题和资料进行长期的思考和探索，直至达到思想的饱和状态，是产生和捕捉灵感的最佳前提。灵感的出现是与敏锐的观察能力、丰富而活跃的想象能力和联想能力密不可分的。

2. 系统性策划

我国古代的策划活动就非常重视系统性的运用，"田忌赛马"的故事就很好地体现了系统性的重要。策划的系统性特征在现代变得越来越重要。随着社会化大生产的发展，社会活动日益复杂，生活节奏不断加快，科学技术日新月异。在这样复杂的动态大系统中，各种社会活动更趋复杂、多变，因此，必须有一个合理的系统性策划，把各方面活动有机地组合起来。经验和教训都说明，策划者必须时刻遵循系统性，离开系统性去搞策划，必然会导致短期、狭隘行为，使长远、全局利益受损。系统性策划要注意的是：（1）对现有资源信息的利用；（2）对事物发展变化趋势的判断；（3）对可能实现的目标和预算结果的确定；（4）对产生最佳效果的资源配置与行为方式的设计、选择；（5）形成决策计划。

（二）策划的过程

策划的过程其实就是创造性思维发挥的过程，或者说是创造性思维与策划活动的结合过程。创造性思维是策划生命力的源泉，它贯穿策划活动的方方面面和策划过程的始终。在这五个方面中，前三者是基础、条件，后两者是在前三者的基础上建立起来的。具体地说，我们可以从以下四个方面进一步理解策划的要素。

1. 从策划的步骤看

一个完整的策划，基本上包含了预测和决策两大步骤。作为预测，它要对未来发展的前景和趋势进行科学分析和准确评估。这也就是策划的前瞻性。作为决策，它要在预测的基础上，对应对方针和行动措施进行大胆的抉择。观测要尽可能科学、准确；决策要大胆、有魄力，从这个意义上说，任何一种策略都是"小心求证，大胆设想"的过程。

2. 从策划的内容看

一个完整的策划，基本都包括了战略策划和战术策划两大内容。战略策划，是统筹天、地、人等综合资源环境，以确定长远的目标和方针，使自己在总体上永远立于不败之地，并且还能控制、操纵发展的态势，保持一种良性循环。

战术策划，是为了实现战略所必须采取的一系列行之有效的行动方案。例如，《三国演义》中的"火烧赤壁"、"草船借箭"、"七擒孟获"等战术的设计，就属于战术策划。战术策划具有很强的操作性，它往往要设计出"做什么，如何做，何时何地做"等每一个环节的运作步骤，以保证在每一个环节上达到最佳组合，在每一个阶段都取得最大成果。

因此，从策划的内容来看，一个完整的策划就是"审时度势的战略策划"与"行权达变的战术策划"的有效组合。

3. 从策划的性质看

策划是一项极为复杂的综合性思维工程，是一项系统性的智力活动，这也就是所谓的"策划的系统性"。

（1）策划本身就是一种极为复杂的思维活动过程，是策划者运用知识、信息、智慧进行复杂的智力劳动的过程，属于出售智慧的智力咨询业。

（2）策划是一项系统性思维工程。在策划过程中，要运用严谨周密的理性思维进行想象、创造和重新组合，即所谓"大胆设想"。可以说，对各种思维方式的综合运用是策划成功的关键所在。

4. 从策划的范围看

策划普遍存在于人类各种行为之中。无论是政治统治、企业经营还是个人发展，都需要精心的设计策划。

现代人已经充分认识到了策划的重要意义，开始把它广泛运用于形象包装、节目制作、新闻发布、公关活动、产品促销、广告运作等社会生活的各个领域。

三、公关广告策划的内涵

公关广告策划，是策划学的一个分支和延伸，公关广告策划思想并不是与广告活动同时产生的，它是市场经济高速发展的必然产物，是现代广告活动规范化、科学化的主要标志。

（一）公关广告策划的类别

公关广告是一个社会组织为引起公众对自身的注意和兴趣，进而产生好感和信任，最终获得公众的支持和合作的传播活动，它带有某些广告特征（如它通过购买大众媒介作为传播手段向公众"广而告之"），但不限于商业活动，是不以盈利为目的的传播行为。关于公关广告策划的概念，有宏观与微观之分。

1. 宏观公关广告策划

宏观公关广告策划又叫整体公关广告策划，它是对在同一公关广告目标统摄下的一系列公关广告活动的系统性预测和决策，即对包括市场调查、公关广告目标确定、公关广告定位、战略战术确定、经费预算、效果评估在内的所有运作环节所进行的总体决策。

2. 微观公关广告策划

微观公关广告策划又叫单项（单体）公关广告策划，即单独地对一个或几个公关广告运作环节所进行的策划。随着市场经济的发展，公关广告竞争越来越激烈，单项公关广告策划的广告效应或传播效果相对差些，因而整体公关广告策划将日益受到广告主们的重视。

（二）公关广告策划的要素

一个完整的公关广告策划，基本上都包括策划者、策划依据、策划对象、策划方案、策划效果评估五大要素。

1. 策划者

策划者即广告作者，是公关广告策划活动的中枢和神经，在公关广告策划过程中起着"智囊"的作用，公关广告策划者必须知识广博、思维敏捷、想象力丰富，并且深晓市场、谙熟营销，具有创新精神。可以说，策划者的素质直接影响着公关广告策划成果的质量水平。

2. 策划依据

策划依据是指策划者必须拥有的信息和知识，一般包括两大部分：其一，策划者的知识结构和信息储存量,这是进行科学策划的基本依据;其二,策划专业信息,例如,政府、企业和社会组织状况、产品特性、市场现状、广告投入等,这些信息是进行策划活动的重要依据。

3. 策划对象

策划对象是指广告主所要宣传的商品或服务。策划对象决定着公关广告策划的类型:以公关广告为对象的广告策划属于政府、企业和社会组织形象广告策划;以某一商品或服务为对象的公关广告策划属于商品销售或服务广告策划。

4. 策划方案

策划方案是指策划者为实现策划目标,针对策划对象而设计创意的一套策略、方法和步骤,其必须具有指导性、创造性、可行性、可操作性和针对性。

5. 策划效果评估

策划效果评估是对实施策划方案可能产生的效果所进行的预先的判断和评估,据此可以评判公关广告策划活动的成功与失败。

公关广告策划的五大要素相互影响、相互制约,构成一个完整的、系统的有机体系。

第二节　公关广告策划的流程

公关广告策划不是无计划的、盲目的行为,作为社会组织整体管理活动的重要组成部分,公关广告是按照一定的程序有计划、有步骤地进行的,一个成功的公关广告策划一般是按下列程序进行的。

一、环境、产品与目标

(一)环境分析

对公关广告环境进行深入细致的分析和研究,明确组织整体管理对公关广告提出的要求,掌握社会组织外部方方面面的广告影响因素,以摆正产品与服务在市场上的位置,从而确定公关广告在市场上的定位。

(二)产品分析

对公关广告的产品和服务进行深入的了解和研究,掌握好产品的个性,以决定该产品做公关广告的必要程度以及怎样做公关广告。

（三）广告目标

在汇总公关广告环境和公关广告产品有关情况的基础上，由广告主的社会组织，特别是组织的最高决策层，以及有关管理部门负责人一起确立公关广告的目标。

二、广告策略与目标

通过公关广告活动必须达到公关广告目标所提出的要求，因此，必须将公关广告的产品或服务与公关广告目标结合起来通盘考虑，通过一定的方法，适应公关广告对象的要求，从而提炼出公关广告主题、构思出广告创意，解决怎样说的问题。

（一）广告策略手段

1. 广告策略

广告策略是通过对各种广告媒体、表现方式、地区时机等的选择，以此作为实现目标的手段。确定广告预算是广告策略的一个组成部分，通常是广告部门连同企业的营销部门和财务部门一起确定广告预算总投资，广告部门再联系广告公司对公关广告费用进行具体的预算分配。

在公关广告策略的把握上要注意：策略是达成某种目的所采用的方法和手段，公关广告策略是为达成组织管理目的而采用的广告方法和手段。公关广告策略绝不可以凭空杜撰，一定要先消化广告主的营销与服务目的、营销策略，因为公关广告是管理的手段之一，公关广告策略是管理策略的延伸。公关广告策略的把握主要是对广告目标策略、广告定位策略、广告表现策略、广告预算策略、广告媒体策略和广告创意的方法与技巧的把握。

2. 决策效果

（1）广告决策。在各个环节分析确定后，从总体上进行公关广告决策，选择最优组合方案，从而制定出公关广告计划书，确定公关广告活动实施的步骤方法。

（2）广告效果。制定有关的控制、评价标准，随时了解、协调公关广告活动的进行，检验公关广告活动的好坏，并及时进行反馈，以调整公关广告整体的策划。

（二）广告目标定位

广告目标是广告活动要达到的最终目的，也是社会组织对公关广告活动的要求和控制公关广告活动的标准，还是衡量公关广告效果的依据。因此，对公关广告目标的确定就应有一套严格的要求，以保证所制定的公关广告目标切实可行。

1. 目标要求

（1）公关广告目标要符合社会组织整体营销的战略目标；（2）公关广告目标要明确具体，具有可行性和可控性；（3）公关广告目标要被其他营销部门接受；（4）公关广告目标具体为一系列广告活动的分目标。

在确定公关广告目标前还要考虑以下因素，即组织因素（组织资金、组织形象、组织规模）、产品因素（产品的不同生命周期）、市场因素（市场的种类、市场的竞争状况）。

2. 目标类型

公关广告目标是指经过一个或者一系列的广告活动后，所要达到的境地或标准。它是广告活动要达到的预期目的。公关广告目标是广告传播活动整体计划的指引。公关广告目标的类型大致有如下几种：（1）诱导试验的目标；（2）扩大认识的目标；（3）增强习惯的目标；（4）维持偏爱的目标；（5）巩固品牌形象的目标；（6）改善企业和品牌形象的目标；（7）直接促进销量的目标。

三、广告主题与预算

公关广告主题是公关广告的中心思想，也是公关广告的灵魂，是表现公关广告为达到某项目标而要说明的某种观念。

（一）主题确立与检验

1. 确立广告主题

一则公关广告必须鲜明突出地表现公关广告主题，使人们在接触公关广告之后，很容易理解公关广告在告知他们什么，要求他们什么。公关广告主题由广告目标、信息个性和消费心理三个要素构成，用公式来表示，即

$$公关广告主题=广告目标+信息个性+消费心理$$

2. 检验广告主题

公关广告主题的确定不可能一蹴而就，一般要先提出多种方案，然后经过试用，方可最后确定；同时，公关广告主题的选择是否恰当，往往要经过社会与市场的检验，当社会与市场检验不够理想时，必须及时重新进行研究，改进公关广告主题。在决定公关广告主题时，这种商品与服务用这个主题，那种商品与服务用那个主题的方法，并没有一定的规则，但就公关广告主题的选定而言，一般要做到：显眼、易懂、刺激、统一、独特，要避免同一化、扩散化和共有化倾向。

（二）公关广告预算的制定

公关广告的作用在于将产品的需求曲线向上移动。社会组织希望花费实现销售目标

所需要的最低的金额,也就是追求预算效率的最大化。但是组织怎样才能知道支出的金额是否适当呢?如果组织的广告开支过低,则可能收效甚微;如果组织在广告方面开支过高,那么有可能投入远远大于产出。所以,制定公关广告预算时就应考虑以下这些因素。

1. 制定公关广告预算需考虑的因素

(1) 产品不同生命周期的不同策略。产品生命周期指的是产品从引入市场到退出市场的过程。产品处于不同的生命周期具有不同的特点,应采取不同的营销策略,以达到最佳的营销效果。

(2) 市场份额大小和消费者基础的不同。组织目前可能会面临这样的问题:盈利能力不断下降,未来利润不知来自何处;同质化竞争加剧,导致广告促销战术的失灵;经营成本不断提高,利润却不断下降;竞争压力越来越大,难以走出价格竞争的漩涡;渠道扩张已无路可走,且效益难以彰显;市场份额不断扩大,消费者忠诚度却不断下降;产品已进入国际市场,但国际化征程遇到困境。

(3) 竞争的力度和市场喧嚣的强度不同。近些年来,随着中国经济的迅速成长和市场竞争的日益加剧,管理水平将成为影响中国组织生存最为重要的因素,组织将普遍开始重视提高自身的管理职能。喧嚣多时的组织最终可能还是会由问题丛生的组织来主导,而将规模和资质强得多但行政资源处于相对弱势的组织撇在一边。

(4) 产品替代性的不同情况。目前,我国企业组织在产品替代性上有两种情况:自我产品替代和竞争对手产品替代。自我产品替代指同一企业不同业务组合之间的相互替代。竞争对手产品替代主要是指不同企业类似业务组合之间的相互替代。

2. 制定公关广告预算的常用方法

(1) 量入为出法,即组织在估量了自身所能承担的开支后所安排的广告预算。例如,组织财政本年度仅能安排 100 万元广告费用,则组织便以 100 万元为基准计划广告投入。

(2) 销售百分比法,即组织以一个特定的销量或销售价的百分比来安排其广告费用。例如,某组织 1990 年销售总额为 1 000 万元,组织以上年度销售总额的 5% 安排广告投入,则 1991 年全年广告预算为 50 万元。

(3) 竞争对等法。根据市场上竞争者广告费用投入的多少来确定本企业广告费用的预算,以保持竞争优势,即企业按竞争对手的大致费用来决定自己的广告预算。

(4) 目标和任务法。目标和任务法要求经营人员靠自己特定的目标,确定达到这一目标必须完成的任务以及估算完成这些任务所需要的费用来决定广告预算,这是一种相对科学的预算方法。

(三) 公关广告效果的测试

做公关广告的根本目的还是为了增加组织的经济效益,因此,公关广告的效果能从组织销售额的变化中表现出来。由于公关广告不是用于直接的商品推销，而是追求组织的长远利益，所以其效益也就很难简单地通过销售额、利润率的变化表现出来，但可以通过传播学的一些指标来测算公关广告的效益，如通过注意度、记忆度、收视率来测试。

第三节　公关广告策划传播

在公共关系实务中，我们首先要重视组织形象的传播；而公关广告的最终目标是要改变受众的行为。公关广告传播策划是组织传播系统中的核心部分。公关广告传播的目标就是要建立组织与公众之间的紧密联系，从而全面提升组织形象与品牌价值。

一、公关广告传播的要求

公关广告是管理组织形象，为组织创造最有利的运作环境的一门学问，除了评估相关人士的态度之外，它还必须通过良好的政策和有效的沟通，赢得大众的了解和支持。公关广告除了要强调组织的正面形象和公众的实际支持行动之外，还要使组织赢得公众的信心。所以，公关广告策划的要求就体现在以下几点。

（一）政策性

1. 公关广告政策制定

制定公关广告政策时，要注意以下几点：（1）对公关广告现状认识及未来发展趋势的把握；（2）公关广告行业存在的主要问题和政策调整的方向；（3）公关广告现行监管模式与监管的改革与创新；（4）公关广告人才教育与从业人员业务水平评估制度的设立；（5）公关广告发展途径与竞争态势。

2. 遵循政策性原则

公关广告宣传要遵循政策性原则要求，表现在两方面：（1）广告承办单位要遵循国家颁布的广告法规来组织广告业务活动，抵制和拒绝刊登违法广告；（2）组织做广告宣传时，必须严格遵守国家法令要求，不能搞违法经营和违法宣传。

（二）真实性

真实是广告的生命，广告应该真实，这符合社会主义精神文明建设的要求。公关广告要真实，必须要保证构成公关广告的各要素真实，即公关广告所传达的劳务、服务、观念信息必须真实。公关广告只有做到真实才能够获得公众的信任。真实性是公关广告所要遵守的道德原则，它必须符合以下要求。

1. 公关广告内容要真实

内容真实即信息真实。公关广告是一种信息传播的活动，传递给公众的信息要真实，不能有模糊不清的地方，以避免公众因为误解而发生购买行为，损害公众的利益，对公众人身造成伤害。

2. 艺术形式选择要真实

公关广告既然是一种艺术，就不可避免地使用艺术的手法来表现创意，增加感染力，增强宣传效果，吸引公众的注意力，这是无可厚非的。但是公关广告在用艺术手法来表现创意的时候要合理地夸张，不能与现实脱离过大。这种艺术夸张与公关广告的真实性要求并不矛盾。公关广告在表现上，不能给公众造成错觉或者误解，要达到艺术和真实性的统一。公关广告将各种信息高度精练后用艺术手法表现出来，艺术形式的选择不能违背广告的真实性原则。

公关广告的真实性要求是其生命所在，必须以事实为依据，要展现组织的真实面目，不能浮夸，更不能造假。

（三）针对性

针对性即明确向谁做广告。在某种意义上讲，公关广告的针对性要求比商品广告的要求更为迫切，主要表现为以下两点。

1. 在有限的空间提升价值

现在很多人没有意识到公关广告的价值，有针对性的公关广告能够提升市场行为的回报，我们要认识到利用针对性广告是很有价值的。

虽然公关广告空间是有限的，但是，应用针对性广告可以在有限的空间提升其价值的10倍，甚至50倍。所以，我们可以用更多机会来发挥其针对性的潜力。

2. 增加智能化和个性化

公关广告要在针对性的特性上增加智能化和个性化，发挥潜在空间。从目前公关广告的制作上来看，还远远没有发挥其潜力，我们当前要做的是：如何更好地做好有针对性的公关广告。

确定最好的媒体组合形式，是针对目标公众进行公关广告传播的关键点。目标市场本身就决定了何种媒体是最佳的。

（四）整体性

公关广告策划要强调系统原则，就是强调策划活动的整体性。系统原则要求对系统中各个部分的策略做统筹安排，确定最优目标。

1. 整体大于部分

系统是个有机整体，整体大于部分之和，具有其中各要素简单相加起不到的作用，策划是要在公关调研和公关管理等各环节都要策划到位的,因为今天的市场,无论是生产、销售,还是传播,都是系统的工程,为使系统最优化,必须对系统中各组成要素全盘考虑,并且要与外部环境协调起来,如资源整合等,另外,协调公关广告活动各要素与环境的关系,讲究整体最佳组合效应也要遵循系统原则。

2. 团结协作作用

社会上任何一类组织的生存和发展都是团结协作作用的体现、整体努力的结果。在公关广告中,对组织所获得的成功要作为整个社会、内外公众,特别是广大员工齐心协力、共同奋斗的结果来加以体现。

(五)独特性

公关广告策划的特质打造,其实就是独特品质的打造,也是综合实力与综合影响力的打造,是组织的自我传播。特质必须从创意与资源的层面整体打造,必须体现不可替代性,才能实现公关广告价值的独特性。

1. 独特性在于吸引力

独特性是指组织的公关广告策划和竞争对手同类广告有不同的地方。这样的公关广告对目标公众才具有吸引力。要是组织提供的公关广告竞争对手也能提供,那么对公众来说,就无所谓广告策划的创意了。我们还要清楚地认识到:具有独特性的广告策划不是异想天开,离开了相关性与实用性的独特是没有任何意义的。

2. 独特性在于影响力

一个组织在制作公关广告时,应明确其信念、行动宗旨、经营方式、服务措施及组织标志等,并运用文字推敲、象征比喻、情感调动等表现方式来达到形成组织独特风格的目的,以引起社会公众对组织的注意,加深公众对组织的印象。

二、公关广告与商品广告策划

公关广告和商品广告虽然都属于付费的宣传活动,但两者又有许多原则的差异。

(一)公关广告与商品广告的区别

我们日常生活中见得最多的是商品广告,这是一种宣传某种具体商品或服务以促进销售的广告。虽然公关广告和商品广告都是广告,但它们实际上是有区别的。

1. 广告目的不同

两者的直接目的不同。商品广告的直接目的是为了促销,而公关广告的目的是为组织树立良好形象。有人概括说:商品广告是为了让人买我,公关广告是为了让人爱我;商品广告是推销商品,公关广告是为了推销组织或公司。

商品广告是直接宣传产品名称或性能，其目的就是诱发消费者的购买动机，促进产品或服务的销售，如"华力牌电蚊香，默默无闻的奉献"，"威力洗衣机，献给母亲的爱"。公关广告则不直接宣传产品，而是传播产品之外的各种与组织形象相关的信息，如"中国杭州——平静似湖，柔滑似丝"——杭州旅游公关广告，"不要让别人说你没有来的时候，这里的一切都是美好的。那么，对你来说是一种耻辱。"——坦桑尼亚国家公园广告。

2. 宣传模式不同

同样是通过传递信息去影响公众，两者还是有不同之处，这是由广告的直接目的所决定的，商品广告主要以介绍商品的性能、质量、价格、服务为主；而公关广告则重在宣传组织的历史、宗旨、经营方针、技术力量、发展前景、社会贡献，以便引起公众的好感，使潜在的顾客转化为现实的顾客。也就是说，商品广告是让公众先认识产品然后再认识企业组织，而公关广告则是让公众先认识组织再认识产品，这两者的模式如下。

公关广告：公众→组织→产品

商品广告：公众→产品→组织

如日本松下电器公司的电池广告"生命的电池"是一个商品广告；台湾哥林电器的公益广告"不要把问题留给下一代！现在做，来得及"是一则公关广告。

3. 感情色彩不同

商品广告注重引导人们的购买行为，商业色彩较浓；公关广告则重视与公众进行情感交流，引发公众好感，所以商业色彩较淡，相反融入了更多的对人性、对社会的关怀。

4. 广告主体不同

商品广告的主体是工商企业，而公关广告的主体则可以是政府部门、非营利组织等各种类型的组织。如美国政府的征兵广告："美国需要你"；国外某交通安全广告："阁下驾驶汽车，时速不超过30公里，可以欣赏本市的美丽景色；超过60公里，请到法院做客；超过80公里，请光顾本市设备最新的医院；上了100公里，祝您安息吧！"

5. 媒体报道方式不同

商品广告有比较强的专业性，主要为经济部门及消费者所采用，它有特定的播出时间、刊登栏目和编辑格式；而公关广告则可以做比较灵活的处理，在版面设计、刊登的时间、位置等方面具有一定的灵活性，因公关广告的商业色彩比较淡，容易被广大的公众所接受，易引起社会各界公众的广泛关注。

（二）公关广告与商业广告的策划

1. 现代组织的传播方式

对现代组织来说，如何进行有效传播是一个很重要的问题，社会组织一般会选择两种方式：一种方式是商业广告，即通过电视或精美的画面、有趣生动的表现形式，花钱购买媒体时段和版面,将组织的信息和产品的信息传递给公众;另一种是公关广告的方式,即在组织的市场营销过程中,通过新闻报道、人物专访、新闻发布会、座谈会、论坛以及事件活动等多种多样的方式,花很少的钱或者不花钱,吸引媒体进行报道,从而建立组织与公众的关系。

2. 公关广告与商业广告传播

公关广告和商业广告作为两种不同的传播方式,在组织的市场营销中都有着对方不可替代的优势,但也有着各自的缺点(见表5-1)。

表5-1 商业广告与公关广告传播的比较

项目	商业广告	公关广告
表达内容	通过创意向公众集中传播经过事先精心提炼的品牌或产品的诉求	通过利用、制造事件、新闻等方式传递组织、品牌理念等方面的信息
表达方式	注重创意,通过独特、新颖的创意来吸引目标公众的眼球	注重新闻性和及时性
传播功能	非常明显、直接,侧重对知名度的提升和公众的拉动	比较隐性、间接,侧重建立组织和品牌的影响力
适用范围	针对目标公众的传播则应该考虑以广告为主	对品牌的传播适合以公关为主
传播效果	比较快、明显地表现出来	注重长期效应
传播价值的考核方式	以咨询电话多少和公众参与率来评价	以组织的影响力、品牌形象及特殊事件的处理等环节来评价
成本效应	优势:短期内扩大组织的知名度,或者短期内拉动市场、实现公众参与的快速提升。劣势:可信度日趋下降	树立可信度、降低成本;建立良好的组织形象,有利于组织的长期发展
本质	在于通过简单明了的方式宣扬组织及产品的信息	在于控制社会舆论,使社会舆论朝着有利于组织形象的方向制造宣传效应

从表5-1的比较中可以看出,商业广告的作用在于可以快速有效地提升品牌知名度,但由于商业广告形式和广告费用的限制,只能让公众对品牌名称等浅层次的概念有印象,不能够传递更多、更深的内容,在品牌内涵的传播上效果较弱。而公关广告能够弥补商业广告的不足,如可以传播有故事性、观念性的内容,能够丰富品牌内容,使公众对品牌有更多的了解。

(三)公关广告与商业广告的作用

组织处于不同的发展阶段,需要不同的传播手段。在某些组织的创建阶段,商业广告可能会更好地发挥作用;但在组织的发展阶段,公关广告的作用可能会表现得更为明显。因此，随着目前传播媒介的多元化，如何正确、有效地认识和处理好公关广告和商业广告之间的相互关系，对组织的发展来说显得尤为重要，因为如果能够协调、整合好公关广告和商业广告的关系，将会对公众参与率的提高和组织品牌知名度的提升产生1+1>2的效果。其中，公关广告对于商业广告具有更强的支撑作用。

1．公关广告为商业广告可信度加分

一般来说，商业广告是一种硬性推销，有"王婆卖瓜，自卖自夸"的感觉，即便是巧妙的情感诉求和创意也难以吸引越来越挑剔的消费者和赢得越来越复杂的竞争博弈，原因在于商业广告缺乏建立品牌的最关键要素——可信度。

而公关广告的本质在于控制社会舆论，使社会舆论朝着有利于组织形象的方向制造宣传效应，抑或帮助组织化解突如其来的市场、信誉等危机，稳定市场。公关广告在传播中的功能体现在以下两个方面：（1）提供反馈信息，预测公众舆论；（2）制订计划来影响和引导社会舆论。

公关想要控制舆论，首先就必须制造舆论，而公关广告是以社会公共活动为载体，通过新闻和事件来传递组织、品牌理念等方面的信息。由于公关广告以事实为准绳，所以与商业广告相比，更具有可信性。

当今传播渠道多元化会造成某一单个渠道的受众"点击率"的分流和下降，目前，就中国这个相对特殊的组织市场而言，民营组织确实必须依赖商业广告，但商业广告绝不是塑造品牌的全部。而对于大部分公众来说，商业广告做得多的组织，其信任度未必高，尤其是一些首要公众，他们对目前狂轰滥炸般的商业广告就十分反感和不信任；相反，某些致力于公益和环保活动的组织反而能够赢得公众的信任。因此，良好的公关广告策划可以为组织增加信任度。

2．公关广告为商业广告效果最大化建功

近年来，大众传播媒介的价格日趋高涨，而商业广告效果却日渐低落，使许多组织头疼不已。商业广告效果的降低，源自传播渠道的多元化，渠道之间或交叉或竞争形成了分流。与此同时，因为公关广告的成本大大低于一部分商业广告的投入成本，加上公关广告与商业广告通过互相之间密切的配合，发挥各自优势与长处，利用多种手段、宣传方式、立体地对目标客户进行贴身追踪，使他们逃脱不了信息有形或无形的包围与影响，从而实现宣传效果的最大化。所以把商业广告和公关广告这两种传播手段结合起来，会使单一的商业广告宣传取得更好的传播效果。

3．公关广告协助商业广告创建品牌

品牌远不是组织的一个名称。成功的品牌事实上包括整个业务流程，从专家的技术水平到专业设备的先进性，从价格的高低到最终的成交效果，构成一个品牌完整的传播过程，公众购买的也正是这一完整过程，而不仅仅是单项产品。目前的营销实际是：创建和维持一个品牌的成本不断提高，公众对品牌的忠诚及追随度却在不断下降。之所以这样，是因为创建品牌的传统技巧，例如单凭商业广告，已不能完全支撑起一个强势品牌。因此，商业广告不再成为品牌建立的唯一倚重的条件，而是需要整合多种渠道发出同一种"声音"。

商业广告可以使组织品牌知名度在短期内打响，而品牌的联想却是品牌建设的一个长期工程，它是在品牌长期运动中建立的资产；作为保持品牌稳定销售的主要指标——品牌忠诚度更不是短期商业广告所能达到的，而公关广告较商业广告在宣传效果上更胜一筹。

4. 公关广告协助商业广告维护品牌

如果把品牌看成一个完整的传播过程，品牌管理就变得相当重要，只委托一个部门显然无法达成品牌管理的目标。支持一个成功的品牌，组织必须增加商业广告预算，但仍远远不够，组织还必须去发展其他有效的传播方式。

对于品牌而言，公关广告作为一种传播方式，得到重视并且不断发展，与品牌管理中很多棘手问题的处理与解决不无联系。特别是危机公关，当品牌在市场上遇到突如其来的信誉等危机时，公关广告与公关活动在化解市场危机，恢复品牌形象，稳定品牌市场等方面能表现出商业广告、促销等其他传播形式不可比拟的能力，在市场实践中已经得到了验证。如康泰克的 PPA 事件，就是一例明证。相反，如果不能正确、有效地发挥公关广告的功能，对组织的品牌也会形成致命性的打击。

（四）公关广告与商业广告协同作战

正如任何一种营销理论的适用都有其特定的市场背景，以商业广告作为单一的市场营销方式也对应着特定的营销年代：在 20 世纪 90 年代，一个竞争不充分、以卖方市场为主的社会中，组织只需要通过商业广告向外界宣传一些有关组织的信息，就可以吸引到足够多的公众。但是，随着信息的大爆炸，如果一个组织出现负面报道，组织的市场竞争形势就会恶变，商业广告的可信度与到达率就会日趋减弱，而公关广告的出现与盛行，可以说弥补了商业广告的不足。通过两者的有效配合，能够使组织从容面对复杂的消费环境，发挥应有作用。一方面，公关广告通过新闻报道、座谈会、论坛、公益活动等多种多样的方式，拉近公众与组织的距离；另一方面，商业广告则通过精美画面、精辟的广告语、简单明了的信息发布等方式，将组织的信息传播给公众。两者的完美配合，使组织营销在产品推广市场竞争中发挥出最大的作用。

1. 产品推广

公关广告+商业广告=快速渗透。对于那些公众可理解性不强、信任感差的产品，单纯的商业广告营销很难打开市场的缺口，要直接让目标公众接受相关信息也是困难重重。因此，在这种情况下，商业广告往往需要公关广告的协助才能进行有效的营销推进。

2. 市场竞争

公关广告是拉力，商业广告是推力。市场营销本质不是产品的竞争，而是认知的竞争：某种产品在消费者心目中"是什么"远远重要过其实际上"是什么"，这就决定了组织之间最高层面的竞争不是商品功能的竞争，而是组织品牌力的竞争。而公关广告的"拉"与商业广告的"推"，能够帮助公众克服各种认知障碍并加强他们对组织的信任感，从而塑造出组织坚固的品牌影响力。

品牌的影响力对于组织的营销有着巨大的作用。如果说品牌本质上是一种公众的体验，那么公关广告就是创造公众体验品牌的容器，而商业广告则是告诉公众如何体验的说明，两者的互辅相成推动着组织的品牌塑造运动，打造组织的市场竞争力。

（五）商业广告与公关广告协同传播

结合当前国内品牌传播的新举措，在商业广告传播与公关广告传播的协同传播领域，大致存在三种操作方式：商业广告开道，公关广告紧随；公关广告引爆，商业广告扩散；商业广告和公关广告同步传播。

1. 商业广告开道，公关广告紧随

现在，这种协同传播策略已经在许多组织内使用，也是公关人员最擅长使用的一种协同传播操作手段。商业广告从空中进行轰炸，传递品牌的信息；公关广告则地面推进，扩大广告传播效应，强化公众的广告印象，创造、提供更多的机会促进公众参与到品牌所传播的信息中来。

商业广告传播引起目标公众的注意，而公关广告则进行商业广告传播的延续和扩散，创造机会促成目标公众对广告信息有更深层次的了解，促成目标公众直接参与到具体的品牌中来。如此一来，公众一方面对品牌的了解渠道迅速增加，从原先单一的广告传播到多角度、全方位的信息传播；另一方面，公众本身也受到双重传播的刺激和影响，对品牌的认识和印象较原先更为深刻；同时，目标公众如果对商业广告所陈述的内容产生兴趣，也能通过公关广告找到更多的机会和条件参与其中，与品牌进行面对面。

2. 公关广告引爆，商业广告扩散

近年来，公关广告引爆、商业广告扩散的协同传播策略，也频频为各大品牌所使用，成为商业广告与公关广告协同传播的一种新模式，具体为：

（1）利用公关广告施放一个爆炸性的信息，引起媒体与目标对象的注意和兴趣。

（2）经过各方媒体的爆炒，目标对象的好奇心被提到一个足够的高度，这个时段，商业广告登场，给目标对象传播各种具体的信息。目标对象对商业广告传播的关注由被动变为主动，由淡漠变为积极，广告的传播效果得到大大的提高。

3. 商业广告和公关广告同步传播

随着整个传播主业的升级（特别是网络传播的兴起），商业广告与公关广告同步传播

的模式越来越多地为各品牌进行传播时所采用。商业广告与公关广告同步传播的具体模式有以下两种。

（1）基于商业广告基础上的公关广告。公关广告的策略主要是为广告所传播的信息和目的所服务的，这种模式较为普遍。

（2）基于公关广告基础上的商业广告。商业广告的投放是为了更好地协助公关广告工作，完成公关目标。

明白了公关广告与商业广告的关系后，我们就会认识到：公关广告与商业广告对于组织发展具有十分重要的作用。

第四节　公关广告策划与制作技巧

公关广告策划与实施是公共关系工作中常用的技术手段。成功的公关广告活动能持续提高品牌的知名度、认知度、美誉度、忠诚度、顾客满意度，提升组织品牌形象，改变公众对组织的看法，累积无形资产，并能从不同程度上促进销售。公关广告策划有常规的方法可循，但也有不少技巧，正是："三分策划，七分实施"。

一、公关广告策划技巧

公关广告不仅要靠沟通，更重要的是它表现在外的行为。公关广告策划有三要素：情报、策略、创意，要创造对组织最有利的运作环境，首先应该做到以下四点。

（一）了解和熟悉组织所处环境

重点要了解市场的情况和需求，对市场信息的充分掌握有助于组织进行情境分析，进而作为策略拟定的参考。换言之，正确的"策略"依赖于充分的"情报"。策略确定后，经过创意包装，才能产生沟通的效果。公关人员可以从许多不同的渠道收集情报。一般将收集情报的方法分为正式和非正式两种。

1. 正式方法

以随机抽样来获得所需资料的方法，如常见的社会科学调查方法（电话访问、面访、信件调查）。

2. 非正式方法

这种方法是在可以接受调查对象不具有统计代表性的缺点的情况下，以较低成本进一步收集情报的方法，如组织内部资料分析、报纸杂志内容分析、互联网信息分析、焦点团体座谈。用焦点团体座谈讨论方式取得所需资料，近年来逐渐成为收集相关情报的常用方法之一。

（二）没有执行就没有发言权

现在社会与市场发生了翻天覆地的变化，在产品同质化、竞争白热化、市场国际化的今天，大力倡导"执行"成为目前市场营销的主旋律。在这个"细节决定成败"的时代，没有执行就没有发言权！

1. 知己知彼，百战不殆

只有摸清自己的优劣势，洞悉公众心理与需求，掌握竞争对手的市场动态，进行综合分析与预测，才能扬长避短，调整自身公关策略，赢得公关广告策划的成功。公关实践表明，策划公关广告时应将可行性、经费预算、公众分布、场地交通情况、相关政策法规等都进行详细调查，然后进行比较，形成分析报告，最后做出客观决策。

2. 避免将资源浪费

对情报的充分掌握和了解，除了可以瞄准目标对象，避免将资源浪费在无用的宣传渠道和对象上，还可以了解目标对象对于组织相关问题的基本认识，并以科学性的调查结果取信于组织的管理层，以利于公关广告策划活动案的通过与执行。

3. 公关广告信息一致化

（1）从事公关策划，首先要重视调查研究。

（2）策略诉求单一化，公关广告信息一致化。

（3）趣味创意要和诉求主题相连。趣味性的运用，只是为了使诉求的信息能够以更明白易懂的方式转达给受众。因此，公关广告不能够喧宾夺主，导致受众只记得趣味性而忽略了诉求的主题。

（三）集中传播一个卖点

公关广告策划是展示组织品牌形象的平台，不是一般的促销活动，要确定广告卖点（主题），并以卖点作为策划的依据和主线。

1. 创造公关广告"眼"

只有提炼一个鲜明的卖点，创造公关广告的"眼"并传播，才能把有关资源整合起来，从而完成活动目标。这里的卖点是公关广告环节设计中最精彩、最传神的地方，是活动过后多年，情节大多被人淡忘，但仍能让人记起的核心内容。公关广告策划需要创造这样一个非常精彩的高潮，要把这个高潮环节设计得更有唯一性、相关性和易于传播性。当然，集中传播一个卖点，并不是只传播一条信息，而是把广告目标和目标公众两项因素结合起来，重点突出一个卖点，提高公关广告的有效性。

2. 全方位评估

在对公关广告进行评估时，往往是只评估实施效果，评估不够全面，如能在评估时，除实施效果外再评估活动目标是否正确、卖点是否鲜明、经费投入是否合理、投入与产出是否成正比、公众资料搜集是否全面、媒体组合是否科学、公众与媒体关系是否更加巩固、社会资源是否增加、各方满意度是否量化等，则公关广告的整体效果才能体现出来。这种全方位评估有利于广告绩效考核、责任到人，更能增加经验，为下一次公关广告的策划与实施打好基础。

（四）用公关手段解决公关问题

社会上对公关广告的认识不同时期存在不同误区，加之部分媒体的错误引导，更加深了这种错误认知的蔓延。近年来，对公关的认识又有了新的误区，把公关广告等同于促销活动。实际上两者的目的、重心、手段不同。因此，我们就要对公关广告的目标有一个新的认识。

1. 提高美誉度，提升亲和力

公关广告的目标是提高美誉度，提升亲和力；促销活动的目标是提高销售额、市场占有率。公关广告的重心是公众、媒体、政府，促销活动的重心是消费者。组织同时需要营销、公关两种职能，两种职能不能通用。公关是社会行为，营销是经济行为；公关广告关注公众，促销活动关注消费者。公关与市场区别较大，营销的手段不适用于解决公关问题。公关广告的公众非常多，消费者只是公众的一种。不同的公众，使用的公关手段也不一样。所以，要走出"公关广告就是促销"的误区，用公关手段解决公关问题。

2. 促进了解，培养共识

公关的目标还在于促进了解，培养共识，与不同的公众建立良好的关系。在沟通和培养共识的过程中，还要克服限制组织发展的内在与外在因素，减轻组织在发展过程的各种障碍因素和危机的发生频次。要达到以上目的，组织应该拥有充分的市场情报，进而拟定正确的策略，再经过创意的包装，才能达到有效的沟通。将实施的结果加以评估，成为新的"情报"再纳入新的策划循环，才能确保公关广告的成效，并避免重蹈覆辙或浪费资源在无效的对象和媒体之上。

公关广告策划与实施需要经验的积累，公关广告要重策划，更要重实施。公关广告策划与实施，还有很多技巧可以利用，只要不断总结经验并应用于实践，一定能策划与实施出更多、更有影响力、更成功的公关广告。

二、公关广告制作技巧

美国奥美广告公司的创办人大卫·奥格威对广告有独到的见解："广告的内容比表现内容的方法更重要；若是你的广告的基础不是上乘的创意，它必遭失败；消费者不是低能儿，他们需要你给他们提供全部信息；使你的广告宣传具有现代意识；每一则广告都应被看成是对品牌形象这种复杂现象在做贡献。"广告的艺术创作技巧在公关广告活动中占有重要位置。公关广告和商业广告一样，都需要极高的创作技巧。

（一）公关广告创意

立足公关广告"塑造组织形象，升华品牌声誉"的创意战略目标，我们从公关广告概述、创意、创意战略三个方面阐述公关广告"以人为本"的策划活动，突出"商品广告让人买我，公关广告让人爱我"的战略分析。

1. 创意要点

创意是一个词，是当代中文向我们所奉献的美妙绝伦、生龙活虎、神采飞扬的一个词。创意是中国近十年来最热门、最火爆、最走红的一个词，它的名望已经超过了"点子"，其流行程度与策划、企划、策略等词不相上下，在意义、价值和功能上则有过之而无不及，不然托夫勒为什么要说"21世纪是创意时代"而不说"21世纪是策划时代"呢？[①]创意时要考虑以下几个问题。

（1）本次广告希望达到的目的和效果？

（2）目标对象是哪些人？他们的人文特征及心理特征是什么？

（3）我们希望目标对象看了广告激起何种想法？会采取什么样的行动？

（4）产品的定位、独特点以及发展历史等。

（5）定位的支持点以及任何有助于发展创意的信息是什么？

（6）广告要给消费者什么样的承诺？承诺是广告的灵魂点！

（7）广告要表现什么样的格调？

（8）预算限制、媒体发布的特点及频度。

2．广告创意文案

生活中离不开创意，企业中离不开管理，那么，如何让管理与创意成为天生一对的组合体，许多人也许百思不得其解。企业的发展与社会的进步是离不开创意的。

（1）赠1 000个路边座椅。重庆城，山高路不平，行人常感行路难，由难而生倦、生乏，行人们多想路边随时有三两座椅出现，可现实却是令人失望的。所以，新创意的萌芽亦由此而生：先建1 000个路边座椅！

每一个座椅，都是对××商品进行了艺术变形（如放大、缩小、突出、夸张、异变等）后的座椅，它们全摆在行人密布、绿树成荫的人行道边，给倦乏的行人以舒适而温馨的享受，人们由此自然对出资的厂家心存一份感激之情。这种由厂家出资，广告公司设计制作，使广大市民受益，市容市貌得到艺术性美化的大好事，政府也是非常欢迎的。

这一新颖的公益型广告，也是重庆建设现代化大都市文明工程的一个组成部分，政

---

① 舒明武．创意漫谈．北京：中国财政经济出版社，2002，231

府（及新闻机构）理当是十分重视的。如此各方满意之事，何不乐而为之呢？需要更多路边座椅的恐怕也不止重庆城吧。

（2）"反暴力"公益广告。这二十多年来，来自国外和香港的影视片（包括电子游戏，下同）中出现了大量的暴力镜头，后来，国内的影视导演们也加入其中，在影视片中加入了诸多血淋淋的残暴画面，虽然从视觉上给观众带来了相当的震撼，也对黑社会有一定程度上的揭露和批判作用。但对整个社会来说，负面作用却是非常大的，尤其是对青少年潜移默化的影响，更是大得令人愤怒和叹息。

和谐社会不需要宣传暴力，特别不需要影视文化媒体过多地，甚至带有欣赏的眼光去表现非正义的暴力，这就需要全社会有识之士的努力，公益广告应该扮演一个重要角色。

这类广告可以是系列性广告，通过优美的人与人之间关系的表达，人与人之间问题的正确处理，表现非暴力的和谐社会的迷人风情，让观众，特别是广大的青少年观众的心灵受到美好的启迪和影响，从而为礼仪文明的传播打下良好的基础。

在这类广告片的制作中，企业家也可以表现出自己的社会良知，给予资金与物质上的大力赞助和支持，因为在某种程度上，他们也已经成为横行的"非理性暴力"的较大受害者了。

（3）公益广告新思路。近些年，我国的公益广告越做越好了，这无疑是一件大好事。公益广告是很受欢迎的，它是企业（及政府）形象广告的一种，表面上看来没宣传产品，实质上为产品做了一次"不宣传的宣传"，它能获得"此时无声胜有声"的效果。在这个形象力竞争比重越来越激烈的时代，公益广告的热心者越来越多，是完全正常的。

下面提一些新的创意思路以供参考。

① 拓展疆界：目前公益广告的面显得窄了一些，如针对"精神贫困"、"道德失血"、"真情匮乏"、"理想孱弱"、"信仰失落"等社会问题的公益广告就不够丰富。

② 跟着热点走：借助当前最新社会生活热点及时推出公益广告，会得到事半功倍的效果。

③ 扩大想象空间：如宣传生态环境保护就可多用科幻的手法来进行宣传，或者宣传水污染、大气污染终于毁灭了人类，或者宣传地球上珍稀动物被捕杀光了以后所带来的连锁生物灾难。

④ 拒绝平庸：公益广告绝非一般性报纸宣传的翻版，也不是人们记得滚瓜烂熟的流行言论的浓缩，它同样是新颖创意的产物，以一登场便能惊翻四座为妙。

⑤ 寻找新媒体：不只是报纸、电台、电视台，也不只户外广告牌，还有许多新的潜在媒体可以开发。

创意性的公益广告是一支广告生力军，它生机勃勃、前程远大，说不定今后成立一家公益广告公司，也是水到渠成的事。

（二）设计理论

设计理论以平面广告设计为例并不能帮助你找到杰出的创意，但可以让你掌握一定的专业技术，尽量不要糟蹋好创意。技术不是万能的，没有技术是万万不能的。设计理论会告诉你，图片与标题同样重要并且密不可分；标题与图片必须互相配合、相辅相成，组合在一起的标题与图片才能够使公众看出你所要传播的主题是什么。

1. 图片

（1）要大而醒目。通常一张篇幅大而醒目的图片，比起一堆零星散布的小图片，能吸引更多的读者，但是图片除了大以外，也必须引人入胜。

（2）包含引人入胜的故事。使用富有故事性的照片会使公关广告屡屡获胜。你在照片上注入越多的故事性诉求，就有越多的人注意你的广告。

（3）具有新闻性。具有新闻性的广告不仅可以增加读者的阅读兴趣，而且通常会部分消除人们对广告的抵触情绪。新闻性图片与故事性图片的差别在于前者必须是真实的。

（4）要有出人意料的视觉效果。要考虑如何让图片变得与众不同，奇怪的角度、从未见过的组合、特殊的比例等都可以让一些平时容易让人视而不见的东西变得引人注目。

2. 标题

广告标题是大多数平面广告最重要的部分，它是决定读者是不是准备继续读正文的关键所在；读标题的平均人数为读正文人数的5倍。标题代表着一则广告所花费用的80%。

（1）最重要的文案要素。平均而言，四个看广告的人中，有三个人会看标题，却只有一个阅读正文。当你决定了图片和标题时，你已经花掉了客户80%的预算。

（2）承诺利益点。许多有力的标题都传达了利益点，再透过许多文字来描述。

（3）包含具有新闻价值的消息。公众总是在寻找一些新闻的传播亮点。标题要提出对象感兴趣的事情，而最有力的事情就是能够承诺公众的利益点。

（4）引用名人所说的精彩词句。运用这个简单的技巧，能带来意想不到的效果。

写标题还要遵循以下原则：标题好比商品价码标签，用它来向你的潜在公众打招呼；每个标题都应带出广告给潜在公众自身利益的承诺；始终注意在标题中加入新的信息，因为公众总是在寻找新亮点；标题中加进一些充满感情的字就可以起到增加效果的作用；标题应引起公众的好奇心；调查表明，在标题中不能写否定词。

3. 编排设计

（1）要容易阅读。若想实现公关广告的策略，必须使公众接受广告的信息传播，因此，编排设计必须能够便于视觉流通，遵循自然的阅读顺序。

（2）标题的位置位于插图下方的广告，比起标题位于插图上方的广告要多出10%的读者。

（3）报刊编排的共同特点。有资讯性、易于阅读、标题不过分夸张。

4．字体艺术

（1）文字的排列。横排的长度最好不要超过 25 字；横排总是比直排容易阅读；行距既不宜窄于文字的四分之一，也不宜宽于文字的三倍。

（2）与产品个性、广告目的有关。黑体较适合男性产品、重大新闻；圆头体较适合女性产品、生活话题；宋体比较适合严肃场合。

（3）字体奇形怪状会降低阅读率。最简单易读的字体是最为人们所熟悉的字体。

（4）大小与距离有关。在眼睛离读物约半臂长度的情形下，24 级（相当于中文 28 级）的标题比起 72 级（相当于中文 80 级）的标题要更容易阅读。审核一张广告前，应该拿在手上或者是贴在出版物版面上看。

5．文案内容

（1）文案内容很重要。虽然十个人当中只有一个人会阅读广告的内文，但这十分之一很可能就是一百万人，一百万个目标对象。

（2）让自己激动。告诉自己你有最轰动的公关广告创意，你将写出最具有传播力的广告文案。在这种情绪下所写的广告文案很容易以微妙方式影响公众的情感。

（3）让人们开始行动。情感是感性式文案的特征，它能触及人类内心的爱恨、喜好、恐惧等。理性式文案所诉求的是公众的智力，激起公众的认同。所以，要将两种文案巧妙地结合，才能打动公众心灵。

（4）广告正文。不要旁敲侧击——要直截了当；不要用最高级形容词，也不要用一般化字眼和陈词滥调；多用公众的经验来表达内容；多向公众提供有用的咨询或服务；避免唱高调；使用公众在日常生活交谈中用的通俗语言写文案。

第五节　原创策划"广州市大学城岭南印象园"

练溪村，一度叫做广州大学城博物馆，今后它的名字是"岭南印象园"。经过长达两年半的论证研究，这座在大学城建设中清空并修缮改建的"全新古村庄"的前途尘埃落定，一座以练溪村风貌为基础，集观光、休闲、娱乐、购物于一体的民俗文化的旅游景区"岭南印象园"已经于 2008 年"十一"黄金周开业。

2005 年，练溪村为了配合所在小谷围岛的大学城建设整体拆迁。拆迁中，练溪村的历史价值却被再度发现。现在，原练溪村里的 11 栋建筑被保存、修复，包括宗祠、蚝壳墙，又从村外移来 5 栋民居建筑，同时新建了 38 栋风情建筑物。

练溪村修缮和改建工作已于2006年完成，但其开发用途在接下来的两年里却一直有争论，最后由曾开发增城白水寨的广州市三驿旅游发展有限公司获得练溪村12年的经营权，将其开发成一座展现岭南传统文化精华的主题乐园。

早在2007年，中山大学2005公关专业辅修学生王西滢组织的Mo-mo Team团队，在参加省团委组织的全国性"挑战杯"中，就以"大学城博物馆景点开发"作为创意策划类题目进行了公关策划，他们最主要的想法是怎样将大学城的博物馆开发成一个旅游景点，现在附上该策划方案与大家分享。

广州市大学城博物馆景点开发创意策划方案

广州大学城博物馆区位于大学城（小谷围岛）南部，原属于练溪古村落，总占地面积16.5公顷，是大学城规划建设中历史文物与古建筑保护的重点项目。本项目是以规划大学城博物馆为中心，发展相关的旅游项目和路线，致力于开发一个人文历史的旅游景点。

大学城博物馆区的规划建设，不仅饱含历史文化内涵，而且与现代时尚和时代发展的需要相结合。博物馆区的建设，更为民俗文化商旅体验、休闲娱乐餐饮消费和品味历史文化搭建了一个良好的平台，也为众多的投资经营者提供了潜力无穷的发展机会。

一、大学城博物馆的资源分析

博物馆区坐落于小谷围岛最南端的练溪古村落中，掩映于广州大学城南隅。练溪古村落中具有极富岭南民居特色的宗祠、书厅、民居、店铺和公用古井等，有较高的历史文化价值。博物馆区承接了大学城将自然环境与人文景观相结合的建设思路，依附所在区域独特的自然景观及丰富的历史文化底蕴，将岭南地域特点体现在建筑设计中，将传统历史文化要素融入娱乐休闲中。

大学城博物馆共有54栋单体建筑，其中11栋是练溪村的原有建筑，38栋是新建的岭南古风建筑，另外还从村外迁移了5栋祠堂，从而形成一个非常典型的岭南村落。现今，大学城博物馆区占地总面积16.5公顷，规划建设80多栋建筑，其中保留村内现存的霍氏大宗祠等历史建筑，以及迁移岛区拆迁的文物建筑共16处，招商建筑共35栋。

博物馆区北连小谷围岛广州大学城外环路，南临珠江沥滘水道，南通快速路东侧的地段，可以充分利用快速道路、珠江水路交通优势。它处于交通便利、环境幽静、风水良好的区位上，几乎位于珠江三角洲主要城市（广州、东莞、深圳、中山）的中心地带，区位十分优越。

因此，集合人文历史、交通经济、岭南特色和自然景观的大学城博物馆，是一个很有潜力的景点开发项目。

二、开发大学城博物馆的意义和价值

广州市在规划建设广州大学城时，有意识地对大学城所在的小谷围岛原有历史文化建筑予以充分保护，其中练溪村以自然环境得天独厚、历史文化建筑保留完好而得到重点整体保护。大学城博物馆正是位于练溪村境内。

博物馆的设计是国家的重点工程。现在市政府已经把大学城博物馆打造成中国第一个开放式博物馆，但是，做好大学城博物馆的开发和邻近区域发展的策划仍存在各种各样的问题，需要一个整体完善的开发方案。

三、机会分析

（一）市政府重点建设项目

广州市大学城博物馆是大学城规划建设中历史文物与古建筑保护的重点项目。对大学城博物馆的建设，市政府投入大量资金，重点建设，以打造岭南历史文明。因此，开发博物馆的旅游景点，就成为必不可少的内容。

（二）人文历史资源丰富，自然资源得天独厚

广州市大学城博物馆，位于拥有悠久历史的练溪古村。其中，村落中富有岭南民居特色的宗祠、书厅、民居、店铺和公用的古井等，具有较高的历史文化价值。在建设博物馆区时将它们完整地保留下来，在原有民居的基础上恢复重现岭南水乡景观和民俗文化，同时，目前分散在岛上有特色和价值的古建筑，也迁移到练溪村，形成一个保留着浓郁岭南文化特征的街区。博物馆绕水而立，自然景观优美独特。

（三）交通方便

博物馆区所在的小谷围岛内，已建成环形加放射的道路网络，目前岛内设有5条环岛公交线路。岛内与广州市区的交通通过华南快速干线、南部快线联系，目前开通了16条与市区联通的公交线路。轨道交通规划中有地铁四号线和七号线穿过。岛内向外连接的主干路网，自东向西依次是：京珠高速公路、小谷围岛中部南北向交通干道、城市中部快线；自北向南依次是：岛南滨江快速路、兴业大道、金山大道。博物馆区藉此与周边保持着便捷的交通联系。同时，它处于珠江三角洲主要城市（广州、东莞、深圳、中

山）的中心地带，区位十分优越。

（四）发展岭南文化的需要

作为岭南文化继往开来的闪光点，大学城博物馆担任着重要的任务，这就要求把大学城博物馆打造成一个集创意活动、商旅服务、休闲娱乐于一体的，体现岭南水乡风情、特色商业形态的开放性博物馆，以满足文化发展的需要。

四、构思设想

大学城博物馆的开发应该以人文为主，突出岭南文化和历史，初步设想是把开放式博物馆分成三个方面去开发：书画艺术展区、旅游中心区和电影拍摄场地。

（一）书画艺术展区

大学城博物馆坐落在拥有悠久历史的古村落——练溪村落。练溪古村落中富有岭南民居特色的宗祠、书厅、民居、店铺和公用的古井等，具有较高的历史文化价值。目前的建设计划是将分散在岛上有特色和价值的古建筑也迁移到练溪村，形成一个保留着浓郁岭南文化特征的街区。以书画为中心的艺术展区，代表着岭南文化，同时展现岭南的艺术气息。书画展，可以吸引大量的游客和书法艺术家来参观，提高博物馆的地位。融合了独特西关文化和岭南历史的书画展，是开放式博物馆必不可少的元素。

（二）旅游中心区

旅游中心区的初步设想是，它不仅饱含历史文化内涵，而且与现代时尚和时代发展的需要相结合，策划方案中规划了星级宾馆、滨水广场，建设了现代的休闲园林景观。中心区的特色是融合中西文化，以旅游和休闲消费为补充的中高端文化时尚消费场所，它最终将成为广州市民及国内外游客体验岭南文化的"新天地"。

旅游中心区的设施包括博物馆的中心招待处，岭南特色的商铺，岭南风味餐馆，外宾接待中心，旅游休闲中心，医疗中心等一系列旅游设施和相关的配套设施。

（三）电影拍摄场地

大学城博物馆拥有独特的岭南建筑风格和浓厚的人文历史，除了作为旅游目的地的用途，还可以开发成为电影拍摄场地。电影制片公司可以租借博物馆进行电影拍摄，博物馆管理方收取一定租金。如此风景优美和具有岭南特色的大学城博物馆，是广东省甚至全国电影拍摄的理想地点。同时，通过电影媒介，可以更好地宣传博物馆，把岭南特色从广州传向全国各地，甚至是世界各国。

五、风险估计

（一）与政府合作风险

由于大学城博物馆属于广州市政府重点建设的项目，只是现在只有雏形没有实质内容。策划组通过实地考察，发现博物馆内只有空置的建筑群，没有任何商铺或者成规模的展厅。因此，本策划组一致认为规划和开发大学城博物馆是势在必行的，但必须与政府有关部门协调好。

（二）人流量小

由于大学城博物馆位于番禺小谷围岛上，与外界的联系有明显的限制。博物馆的开发和规划面临人流量过小的风险。

六、发展现状

到目前为止，小谷围岛的这个古村庄在争议中不断调整生存之道，开业后运营获得了成功，现在已经是集观光、休闲、娱乐、住宿、餐饮、购物，体验岭南乡土风情和岭南民俗文化的旅游景区。

1. 岭南印象园特色

岭南印象园中富有特色的街巷、宗祠、民居和店铺等，充分展现了岭南传统文化的精华。景区突出原生的岭南文化和乡土景观，复原岭南民间繁荣的生活场景，顺应蓬勃发展的大城市周边旅游日益生活化的趋势，满足现代都市居民不断增长的文化溯源、访古寻幽、复归田园的旅游需求，将成为以岭南建筑完整、民间文化深厚、田园乡村风情浓郁，融文化溯源、旅游观光、乡村度假、休闲娱乐等功能为一体的文化旅游大观园。成为现代人了解岭南古文化的窗口，岭南人回味溯源本土文化的沃土，外地人短时间了解岭南文化的课堂，满足了广大游客一天内了解岭南民间千年古文化的心愿。

2. 文化旅游为导向

岭南印象园以文化旅游为旅游业发展新趋势的认识为导向，以现代旅游强调差异化与参与性的认识为基础，将休闲度假元素与文化旅游内核完美结合，启动整个广州大学城旅游板块，打造广州旅游的又一张王牌。对其资源特色的科学保护和合理开发利用，既实现了岭南文化研究和欣赏价值，又能满足现代城市居民寻求回归自然和众多广府人家心灵回归的需求。同时，也是一座将岭南非物质文化遗产和普通大众的日常生活联系起来的桥梁，有助于岭南非物质文化的保护和传承，其开发前景十分广阔。

3. 具有怀旧情缘的吃住娱乐

（1）景区民间祭拜文化区。继承和保留练溪村原住民的祭祀风俗和场所，保留和扩修了包丞相祠、天后宫、华光古庙、敬佛堂、佛香店，保留原住村民的祭拜习俗，同时也对游客开放，游客既可以拜神祈福祛灾，也可以了解岭南的民间祭拜文化，同时也是对本土文化的传承和发扬。

（2）营造老酒坊的感觉。青灰的砖墙、青灰的屋檐下大红灯笼高悬，大红的对联喜气祥和，大红的旗帜随风飘扬，老酒坛子堆摆得整整齐齐，游客可以打上一壶双蒸酒，也可以坐下来喝上一碗玉冰烧，跟朋友谈天说地，享受大碗喝酒的快意。

（3）老理发店。铸铁底座的老式理发椅，不锈钢皮的洗头水桶，卷发的塑料卷筒，长柄剃头刀……这些旧式理发店的用品立刻将游客带入儿时剃头的回忆中，备感温暖和亲切。

（4）舞狮会馆。广东舞狮习俗深受民众喜爱。萧氏宗祠经过布置装修成为舞狮会馆，游客可在这里观赏广州传统的醒狮活动，观看精彩的狮子表演，还有驱邪消灾的好意头。

（5）木雕宫灯。古典工整的造型，精雕细琢的雕花，让游客感受钢筋水泥城市之外的优雅静谧。

（6）佛山木版年画。广东佛山与天津杨柳青、山东潍坊、苏州桃花坞是我国著名木版年画四大产区，游客在这里可以观赏拙朴喜庆的木版年画，感受老百姓对真善美的朴素理解和对幸福生活的美好祈愿。

（7）石湾陶瓷。游客在此可以欣赏购买造型多样、栩栩如生的石湾公仔，这些商品活泼生动又不失文化内涵，可以装点家居也可以馈赠亲朋。

（8）新会葵艺馆。新会葵艺是广东四大传统工艺之一，新会葵艺艺术品馆是葵艺艺术品装点的世界，游客在这里有机会现场观摩新会葵艺高超的造型艺术和葵艺师傅精湛的编制技巧，说不定也能偷学得一招半式的手艺呢。

（9）岭南服装。展示、租售岭南特色服饰，游客既可以欣赏多姿多彩的岭南特色服饰，也可以穿在身上拍照留念，体验岭南特色的服饰文化。

（10）广绣馆。展示和出售广绣作品，游客还有机会观摩技师现场刺绣，也可以跟技师学习自己动手绣一颗荔枝或是一朵小花，体会一针一线所带来的精致艺术的享受。

"岭南印象园"的出现搭建了一座桥梁，是一次成功的公关广告策划，它能把正在渐行渐远的非物质文化遗产和普通大众的日常生活联系在一起，有助于岭南非物质文化的保护和传承。

第六章

公关新闻策划

科学的公关新闻策划步骤和广告策划程序一样，有一个同样的基本阶段，而策划者熟悉地知晓并运用这一程序之后，其思考将更为严谨，从而新闻策划的质量将提高；公关新闻策划在近年来的兴起是有目共睹的，其作用也越来越明显。本章着重从四个方面阐述：公关新闻策划概述、公关新闻稿写作、公关新闻策划的原则和公关新闻策划的一般程序。

第一节 公关新闻策划概述

新闻策划柔如春风化雨，"随风潜入夜，润物细无声"，悄悄地改变外界对组织、对产品、对消费的态度；刚则如暴风骤雨，来势凶猛，威不可挡，几乎所有的报纸、所有广播、所有的电视几乎在同一时间，聚焦于同一组织，议论着同一话题。

一、公关新闻策划的起源背景

2007 年的 6 月中下旬，广东省"沙船撞断九江大桥"的新闻报道以压倒性的阵势占据每天广州各大媒体的要闻版。6 月 23 日，北京奥运会火炬手选拔计划在京发布。6 月 26 日，北京奥运各选拔主体正式开始开展火炬手选拔活动。作为北京奥运会火炬接力合作伙伴的联想集团（选拔主体），正式宣布：谢凤运已经被确定为河南的 10 名公众推荐火炬手之一，他将由联想集团直接向北京奥组委进行推荐。

次日，新闻事件关联主体之一广东省《广州日报》以"河南老汉九江大桥舍命拦车获推荐为奥运火炬手"为标题发布了联想集团的新闻稿。接着，新闻事件关联主体之一河南省《河南日报》也以"两位老英雄被荐为奥运火炬手"为标题进行了报道。

截至 6 月 28 日，该新闻获得包括央视国际、搜狐、新浪等至少 75 家互联网媒体的转载。[①]

公关新闻是我国公共关系界在 1990 年初提出的概念。作为一个新生事物，它是公共关系与新闻报道密切结合而形成的。随着公关事业的蓬勃发展，公关新闻在整个新闻报道中的地位日益突出。因此，科学地认识公关新闻，是现今一个重要的课题。

上述事例证明，在所有宣传手段中，新闻宣传其实是投入产出率最高的一种。广告策划从市场调研到具体策划，从独特创意到精心设计，从拍摄制作到公开发布，每一步都需要花费巨额的费用。在同类产品竞争日益激烈的当今社会，若这些广告达不到一定的播放频率，则其作用其实是微乎其微的。相反，公关新闻策划则是一门"借力使力"的艺术。通过挖掘具有价值的素材而编写成的新闻不仅能让消费者认可其可信度，而且还具有权威性。

可见，公关新闻策划的低投入、高回报的方式是让很多组织趋之若鹜的重要原因。追溯公关新闻策划越来越备受注重和推崇的原因主要有以下两个。

（一）组织营销目标多样化

随着买方市场逐渐到来，诸多新问题已经摆在了组织的面前：市场营销目标已不仅仅是满足消费者需求，而是为了满足消费需求或开发新的需求、改变消费习惯、争取进入市场；涉及的有关方面除了消费者、经销商、供应商、市场营销公司之外，还包括立法机关、政府机构、工会组织、行业团体、一般公众等。可见，面对如此广阔的营销目标，仅仅依靠广告促销已经无法满足其需求。因此，组织也在积极探讨其他手段来触及其营销目标。于是，公关新闻策划业逐渐成为组织使用的手段。

（二）注意力经济的引导

著名诺贝尔经济学奖获得者赫伯特·西蒙在对当今经济发展趋势进行预测时指出："随着信息的发展，有价值的不是信息，而是注意力。"这种观点被 IT 业和管理界形象地描述为"注意力经济"，即最大限度地吸引用户或消费者的注意力，通过培养潜在的消费群体，以期获得最大的未来商业利益的经济模式。在把注意力转化为经济价值的过程中，媒体既是注意力的主要拥有者，同时又是注意力价值的交换者，因此如何通过媒体攫取人们稀缺的"注意力"已成为现今社会讨论的重点课题。

二、公关新闻策划的概念

公关界有一种流行的说法，公关新闻是"不花钱的广告"。其实，这一说法并没有完

[①] 新闻公关破"奥运营销"困局. 品牌谷. 国际公关网. http://public.iader.com/mastermind/2007/10/08/1191796498d135695_2.html

全解释出公关新闻的含义,也未将之与新闻的概念相区别。具体而言,公关新闻的概念有狭义和广义之分。

(一)狭义的公关新闻

狭义的公关新闻是指关于组织新近开展的公关活动的报道。正如威尔伯·施拉姆所言:"公关新闻主要是制造来供媒介作报道的事件。"[①] 一般而言,组织之所以要开展公关活动,如组织开展捐资助学、赈灾济民、文艺演出、体育比赛等,在很大程度上就是为了制造出适合媒介报道的新闻事件(又称媒介事件),以便吸引记者的关注和报道,借以达到传播视听、扩大影响、树立信誉的目的。如果这种公关活动具有新闻价值,就会被记者采写成新闻而传播开来。[②] 因此,这种狭义的公关新闻策划,就是公关组织有计划、有目的地策划具有新闻价值的活动、事件,以吸引新闻界的注意和兴趣,从而加以报道,产生轰动效应的公关手段。

(二)广义的公关新闻

广义的公关新闻则是指对组织具有公关意义的报道。除狭义的公关新闻外,它包括以下三种情形。

(1)在组织并未策划新闻事件的情况下,记者主动采访组织的良好运作绩效,如公司的技术创新、产品开发、市场拓展、利税增长等,加以正面报道。这种报道客观上起到为组织塑造良好形象、培育良好关系的作用,具有公关意义,成为广义公关新闻的一部分。

(2)在组织由于经营管理上出现问题或受到不实传闻侵害而引起信誉危机的情况下,公关人员积极采取补救措施,如举行新闻发布会,说明改进举措以获谅解,或澄清事实真相以正视听。这种挽救信誉危机的新闻,对于改善舆论环境,争取公众支持具有重要的公关意义,也是广义公关新闻不可或缺的。[③]

(3)广义的公关新闻也可指组织的传播者即公关人员用特有的新闻敏感将原本普通或一般的事件挖掘出来,赋予浓重的新闻色彩,使其具有新闻价值。

从理论上来说,狭义的公关新闻才是严格意义上的公关新闻。因为公关新闻是公关工作的产物,它是基于创造性的公关活动而展开的,是公关活动策划的产物。但是,若从实际而言,如果组织的公关工作仅仅着眼于狭义公关新闻,无异于作茧自缚,不利于组织的长远发展。显然,在实际运用中,上述两种公关新闻策划同样发挥着塑造组织良

[①] 威尔伯·施拉姆. 媒介与冲击. 大连:东北财经大学出版社,2000
[②] 董天策. 公关视野中的公关新闻. 新闻记者,1991(1):21
[③] 董天策. 公关视野中的公关新闻. 新闻记者,1991(1):21

好形象、培养组织与公众良好关系的作用。因此,公关界一般都采用广义的公关新闻策划概念,让广义公关新闻与狭义公关新闻相辅相成,共同推进组织形象建设和公众关系的协调。

三、新闻策划的发展方向

随着公关新闻策划越来越获得组织的喜爱,一个问题也日益提上了讨论的议程:新闻策划就是"新闻炒作"、"制造新闻",是欺骗公众,它会助长"有偿新闻"。

实际上,公关新闻策划发展到今天,已经不是一般意义上的"新闻炒作",也不是"找个事"、"找个话题"的"事件行销",更不是塞钱给记者让他发稿的手段。它的科学多于技巧、艺术多于教条,实质上公关新闻策划已经发展成一门系统的学问。为此,指出公关新闻策划的发展方向,有利于读者端正公关新闻策划的态度,以使其向更好的方向发展。

公关新闻策划是指公关人员在真实的、不损害公众利益的前提下,有计划地策划、组织、举办具有新闻价值的活动、事件,制造新闻热点,吸引新闻界和公众的注意和兴趣,争取被报道的机会,并使本组织成为新闻报道中的主角,以达到提高知名度,扩大社会影响的目的。[1] 以下是公关新闻策划目前的趋势与未来的发展方向。

(一)新闻策划实施主体职业化

随着社会分工的专业化,公关新闻策划、新闻代言人、新闻顾问、新闻代理等正在也将更多地出现在职业招聘栏和客户合作伙伴征求的广告中。职业化要求从业人员有专业的知识、职业的操守,也要求有现代人的智慧与谋略,并能够创造性地开展工作。公关新闻策划从业人员不仅需要具有实际操作手段和掌握现代化技术,能够了解媒体运营的规律以及具有策划的组织创新能力和管理能力,而且其思想观念更要随着潮流的发展而进步,才能策划出具有创造性的新闻。

(二)新闻策划实务整合化

局部的、零碎的、散乱的公关新闻策划活动,或者写一篇文章都是新闻策划的一小部分,这些从战术角度认识和运用的新闻策划将很难完全满足组织的需求。同样,单个的新闻策划也无法真正达成组织目标,因为新闻策划理论是一个系统的科学。它需要从业者清楚地了解新闻,更需要策划者站在组织的品牌和营销的高度来进一步认识新闻,才能指导出一条长远的发展之路。

---

[1] 王宇放. 公关战术——策划新闻事件. 吉林商业高等专科学校学报,1997(1):19

第二节　公关新闻稿写作

公关新闻策划人员在公关新闻这一块，面对最多的便是公关新闻的写作。因为公关新闻是将组织的形象以及产品服务进行传播的载体。因此，熟悉公关新闻稿的特点以进行娴熟的撰写，便是公关新闻策划人员的必修课。七分采访，三分写作，一篇新闻稿如何布局全篇、选择、取舍和立意，关键看撰写者的新闻敏感，挖掘新闻事件本身的新闻点，这需要长期的阅历和文字功底。

一、公关新闻与一般新闻的区别与联系

公关新闻在形式上和一般新闻有很多相似之处，例如，公关新闻和一般新闻的结构都要有标题、导语和正文。但是由于两者本质追求的不一样，这两种文稿还是存在着根本性的不同的，主要体现在以下几个方面。

（一）公关新闻的人为性和主动性

新闻是对新近发生和正在发生或已经发生确是新近发现的有价值的事实的即时报道，具有不以人们意志为转移的客观性。一般的新闻报道又带有很大的随机性，被报道者一般处于被动的地位。总的来说，一般新闻具有真实性、客观性、时效性和重要性等特征。

而公关新闻是经过公关人员挖掘和推动出来的，是通过抓住一切可利用的契机而将事件转化成"新闻"；有的甚至是尚未发生的事件，是组织专门精心策划的某种活动，以促使新闻媒介把该组织的这种活动作为新闻加以宣传报道。这种"新闻"不是无意中引起新闻媒体关注的，它以追求宣传、吸引媒体报道为目的。因此，公关新闻在形式上会模仿新闻稿件的特点，但其实质是为了实现主观的利益而设计的，因而其内容更多体现的是主观的观点、态度。

（二）公关新闻比一般新闻更富戏剧性

想成功地策划、制造"公关新闻"，以期吸引新闻记者的兴趣，就得使新闻事件更富有戏剧性，最大限度地发挥新闻"新"、"奇"、"特"的价值要素作用，使之更能迎合新闻记者及公众的兴趣。因而公关人员需要别出心裁，或以快捷的应变力巧妙地利用稍纵即逝的偶然事件做文章，或以敏锐的洞察力将平凡事件化为神奇，给媒介和公众耳目一新的感觉。

(三) 公关新闻提高组织知名度和美誉度的有效性

自然发生的新闻有些能够对组织的声誉产生正面效应，有些则会对组织的声誉产生负面影响。这种社会生活中自然出现的新闻，不是人为可以控制的。相反，经过公关人员精心构思、周密策划的新闻活动、事件，则带着很强的目的性，它们都是围绕提高组织知名度和美誉度为中心而展开的。同时，由于新闻媒介的权威性、严肃性和可信性特点，使获得媒介刊登的公关人员策划、制造的"新闻"比借用新闻媒介发布的广告促销等信息更容易为社会公众所相信和接受；而新闻媒介传播面广的特点，又有利于提高组织的知名度。

此外，鉴于新闻机构对于社会公益活动的热心关注，组织开展的公益活动"新闻"，也较易赢得公众的好感，从而提高该组织的美誉度。因此，策划、制造的新闻都是为了对组织进行正面报道和宣传，即使面对那些对组织不利的事件，也可通过制造解决危机公关的"新闻"来化解危机，转毁为誉。

二、公关新闻稿的一般结构

好的公关新闻应该是能够让读者在不知不觉中接受组织传播的信息。因此，公关新闻稿的写作就成为一个大学问。总体而言，新闻是对事实的报道，但不是任何事实都能成为新闻报道的对象，因此新闻价值便成为一个新闻是否值得报道的重要依据。从新闻学和公共关系学相结合的角度来分析，新闻价值的标准主要内容有：新鲜性、趣味性、需要性。[①] 公关新闻稿的写作除了要满足以上的新闻价值外，它在基本写作结构，如标题、导语、正文和背景材料的写作上都需要注意。

（一）标题写作要求

标题是新闻的眼睛。在现在社会，资讯越来越发达，网络新闻、报纸新闻以及电视频道所提供的信息量也越来越大，读者根本无暇认真阅读每一条信息。所以，作为新闻浓缩精华的新闻标题便成为了读者甄别一篇新闻是否值得阅读的重要方式。因此，标题必须要抓住读者的视线，吸引读者阅读下去，才能使公关新闻发挥其宣传推广的作用。具体而言，公关新闻的标题需要注意以下四个问题。

（1）引言、标题、小标题要精彩而吸引人的眼球。

（2）新闻标题必须有动态词汇，具体说就是"行为主体+行为+行为客体"的句式结构。

（3）除特殊要求，无需在标题中加上时间，用现在时表述基本新闻时事，以使人感

[①] 郭志台．媒体公关：如何用好营销新利器．北京：机械工业出版社，2006，179

觉内容鲜活,给读者以强烈的时间感;对将要发生的新闻事实,应该在标题中用"将"注明。

(4)标题语言尽量大众化,严禁出现重复字眼;在主题中回避字数太多的人名和地名,处理方式是转放在副题中;严禁在标题中出现不常用或引起误解的地名简称;标题尽量不转行,迫不得已转行的时候,要注意单独成行的一句要意义完整,不引起歧义。[①]

例:"中国 8 字幸运神话在网上继续得到延续"
"Versace 携手李连杰壹基金将'时装·光芒·慈善'带到中国"
"Onlylady 成为孕育时尚网络达人的摇篮"

(二)导语写作要求

无论是极具造诣的新闻记者还是最具权威的新闻学者,在谈到新闻写作时,他们都有一种共识:导语,是新闻写作中最重要、也是最难的部分。美国新闻学者赫伯特·黑德就认为:"导语是新闻的生命所在。"美国《底特律新闻》社论作家杰克·海敦也认为:"导语需要你付出最大的力量,它是促使读者读下去的诱饵。"这是因为导语不仅是高度概括了新闻事件的面貌,集中表现着新闻的核心内容,而且是吸引读者继续阅读的有力武器。从心理学角度分析,受众接触新闻媒体一般情况下是处于"无意注意"状态,也就是没有明确的意图去寻找特定的新闻。因此,导语便是引起他们的兴趣与好奇心,吸引他们进一步阅读下去的利器。

总体而言,写作导语需要遵循一个基本原则,就是:一定要用具体的事实要素构成导语!

导语的分类有两种:一种是按照新闻内容展开方式分为直接式导语和延迟式导语;另一种是按照报道文字的表现方式分为概括式导语、描述式导语、提问式导语、评论式导语、对比式导语等。把导语分解为不同类型的主要目的是为了便于学习新闻写作的人能够把握导语的写作规律、特点和技巧。因此,在实际运用中,这些技术其实是很灵活的。在此,主要介绍一下最常使用的直接式导语和延迟式导语。

1. 直接式导语

直接式导语也被称为概括式导语、硬新闻导语。它最突出的特征就是从第一句话开始就集中描述新闻事件的主题。因而,在这一段导语中,Who、What、When、Where、Why、What effect,即人物、事件、时间、地点、原因、结果在文中一目了然。直接式导语的优势在于单刀直入地告诉读者新闻事件的核心内容,让读者一目了然。直接式导语的例子如下:

(1)澳门 2008 年 8 月 29 日电/新华美通/——太阳剧团首个亚洲常驻演出《ZAIA》,

[①] 郭志台. 媒体公关:如何用好营销新利器. 北京:机械工业出版社,2006,180

今日在澳门威尼斯人—度假村—酒店作全球首演，同时祝贺该酒店开业一周年纪念。①

（2）湖南长沙11月21日电/美通社/——经过一年多的营业和努力，长沙运达喜来登酒店顺利通过了全国旅游星级饭店评定委员会专家组的验收，正式成为湖南省首家国际五星级商务酒店。11月17日，酒店举行了隆重的五星授牌仪式。湖南省旅游局刘之明副局长、酒店董事长高云安先生、酒店副总经理杨玻女士、长沙各大主流媒体出席了该仪式。②

2．延迟式导语

延迟式导语也被称为简介式导语、特写导语、软导语。它最为突出的特征是：不在导语最开始的时候直接告诉读者新闻中最关键的信息，而是用情节、引语、细节、故事的精彩片段激发起受众的兴趣、疑问、好奇心或者是求知欲。写作此类导语必须在新闻中发现确实能吸引读者的要素，从而在简单的核心段落内介绍新闻的核心内容，以免延迟太久而使读者失去兴趣。例如，1986年9月17日《北京晚报》上的《钢铁巨人今天堂皇来京》的导语：

北京将迎来一位"客人"，身份特殊，"客人"未到，各方面早已做好了准备。

为迎接这位"客人"，本市半年前就成立了一人指挥部；为制定方案，开会80多次；为选择路线，扫清路障用了6个月时间。为了"他"，有220处高压线被升高到11米以上，7公里长的路面被加宽，3座桥梁被加固，6处电话线从天上钻进了地下，16 000棵树被砍倒……这还不是全部。

这位"身价"如此之高的"客人"是谁？是首钢从国外购买的炼钢炉。③

总体而言，在导语写作的标准上，具体可以参照以下五点提示。

（1）对公众最新的事实：挖掘新闻事件中最新的动态呈现给公众。

（2）对公众最有影响力的事实：思考你所策划的公关事件中对公众的生活具有什么影响，从而清晰反映。

（3）对公众最有实用价值的事实：挖掘你公关事件中对公众的潜在价值，让公众从新闻的开始就感到新闻与他们日常生活的密切关系。

（4）最具人情味的事实：将公关事件中最能引起人们情感共鸣的实施要素在报道中突显出来，以吸引人们的关注。例如，要报道某企业赞助某贫困乡村的学生，选择描述这些学生贫困的状况不一定能打动受众，但如果报道那些在贫困中仍然发奋学习并且取得骄人成绩的贫困学生的故事，就可能给人们更多的触动。

（5）多用主动句，少用被动句：主动语态能够突出施动者的积极性和能动性，强调

---

① 新华通社．ZAIA——太阳剧团在亚洲首个公演剧目．http://www.xprn.com/pr/08/08/08849722-2.html
② 新华通社．长沙运达喜来登酒店迎来隆重五星授牌．http://www.xprn.com/pr/08/11/08767821-2.html
③ 冯根良．新闻导语艺术．海口：海南国际新闻出版中心，1995

行为主体的主动作用。所以，一般来说，为了突出事实，导语要以主动语态和直接陈述句开头，尽量避免用引语。

（三）正文写作要求

正文是新闻的主体，从结构上看，它承接导语所揭示的主题进行进一步阐述，并且对事实做具体的阐述与展开。公关新闻的正文写作需要注意以下四个方面。

1. 集中叙述，突出主干

正文应紧紧围绕标题和导语中突出的事实进行介绍，不要"旁逸斜出"。因为从阅读的逻辑上看，标题和导语主要在吸引人们关注阅读，因而正文就应该满足人们阅读的期盼，把重要的信息告诉读者。

2. 事实具体，内容充实

标题可以是概括的，导语可以是简洁的，但是正文就必须把事实的来龙去脉交代清楚，这样的新闻稿才有力量。此外，正文的内容必须与导语内容相对应，这样才能让读者有连贯感。

3. 结构严谨，层次分明

正文内容的叙事脉络必须条理清晰，这样读者才能很好地掌握新闻的内容。同时，应当注意将最精彩的内容放在前文，从而吸引读者进一步往下阅读。

4. 注意情感化、细节化和数字化

在正文内容中，应当注重细节的描写，用好的比喻将复杂的事情讲得清楚、生动，从而吸引公众的关注。用数字说话也能在一定程度上获得媒体的关注以及让读者有清晰的感觉。此外，精准而巧妙地使用直接引语，让事件的中心人物说话也是丰富新闻真实感的另一良好举措。

（四）背景材料写作要求

背景材料不属于新闻的写作范畴，但在公关宣传工作中，背景材料通常都是和公关新闻稿一起发给记者的。因此，需在这里对背景材料的撰写加以说明。背景材料是公关人员影响记者、把握舆论的又一个间接的形式。通常情况下，记者不会满足于公关人员所提供的新闻稿，他们出于职业的敏感性经常会进一步刨根问底。若公关人员没有准备充分，便难以进行回应。因此，公关人员需要以背景材料的形式将记者可能感兴趣的问题进行比较详细、深入的解释。

背景材料包括很多种，有针对公关新闻稿中的具体问题进行解释；还有非正式的背景资料，但实际上属于宣传事件发生的历史环境和原因，或者一些补充的材料。例如，对公关新闻稿中提到的某项内容的历史来源、相关报告和发展等进一步介绍。有时候，公关人员还可以附上活动的领导人讲话稿，以方便记者进行报道的同时，进行相关的议题设置，让记者按照公关人员所设置的框架进行思考分析和报道，从而掌握议题和舆论的发展方向。[①]

从性质上分，背景材料可以分为两类：说明性材料和解释性材料。说明性的背景材料主要是对公关人员所策划的活动或事件的背景、发展、地理环境、历史演变、物质条件等进行相关的说明；解释性背景材料则着重于对策划活动的某些专业术语或者技术、活动涉及的意念、活动参与的人物的生平等方面进行相关的解释，以帮助读者更好地理解公关新闻的内容。

第三节 公关新闻策划的原则

公关新闻策划要坚持哪些主要原则，怎样坚持这些原则，不仅直接事关新闻报道的社会效果，而且直接事关新闻队伍建设；不仅是个实践问题，而且是个理论问题，在坚持公关新闻策划原则的实践和思考中，公关新闻策划既要遵循新闻传播规律，又要遵循新闻策划的自身规律。

一、公关新闻策划的基本原则

在公关新闻策划的实施过程中，既要强调整体，又要强调实力。同时，更需要把握好"度"：一是传播要适度，不能炒作过头，产生副作用，否则有可能在获得短期效应的同时，却损失了更多未来的机会；二是投入的代价要适度，也就是说，公关策划带来的实际效益必须大于实际投入。

（一）整体性原则

思维拓展 6-1

香江野生动物世界的"大规模定制化"新闻公关

中国从来没有一家主题公园能够像香江野生动物世界一样演绎如此传奇：十年迎客两千多万，并且仍以强劲势头攀升，即使是当年名噪一时的广州东方乐园，步入第十个年头时早已是后劲匮乏。在主题公园行业，有人曾提出"主题公园五年宿命论"，认为五年是主题公园成长的一道坎，但香江野生动物世界不仅成功迈过了这道坎，而且还越活越好，这一切不仅在于香江野生动物园卓有成效的产品创新，而且还在于其大规模而整

[①] 王纪平，王朋进，潘忠勇. 如何赢得媒体宣传. 广州：南方日报出版社，2006，127

体性的公关新闻策略。

其中，最令人瞩目的要数香江野生动物园对考拉的引进之举。香江野生动物园将这样一个活动主题分解为多个新闻点，通过新闻发布会、体验活动以及新闻稿等多个播次的新闻策划，达到与主流媒体的深度互动合作，以求得大版面的深度报道。从考拉引进到副市长看考拉、考拉国宾馆落成、考拉之歌创作、考拉博客、考拉DV大赛，再到考拉首次生仔、二次生仔、双胞胎、双胞胎周岁生日Party，通过一个又一个活动将大大小小的高潮安排得错落有致，抓住了媒体的注意力，以至于不到两年时间，考拉就取代了白虎在香江野生动物世界的霸主地位，成为最受关注的动物。香江野生动物世界也不断地出现在公众的视野，吸引着一批又一批市民前往游玩。[①]

从上述香江野生动物世界的案例中可以看出，作为公关人员，在进行活动策划和新闻策划过程中应该有整体性思考。以考拉为例，或许很多人认为引进考拉就足以成为一个卖点，但是却没有意识到这一活动之后可以有一连串的相应主题的内容推出，以整体性的内容进行深层次的推广。可见，公关新闻策划实质是一个长期而整体的运动，必须对活动进行整体性思考，才能有效地达到树立组织美誉度和知名度的目的。

1. 公关新闻策划的目的

在实际组织宣传推广下，进行公关新闻策划的目的有以下三个。

（1）宣传组织的产品和服务，以提高组织产品和服务的消费率。

（2）宣传组织的品牌，以提升组织的知名度和美誉度，以为组织营造好的生存发展环境。

（3）实施组织战略，以提升组织的股票、投资举措等。

要想达到上述目的，就必须使公关新闻策划达到其预期的效果，即"持续性、广阔性和纵深性"。也就是说，我们进行公关新闻策划，一是应实现让组织的产品、服务和品牌得到长远发展、名声远播的可持续性；二是应实现让组织的产品、服务和品牌在更大的区域内得以发展的广阔性，即组织进行公关新闻策划的目光不应仅停留在地方上，还应放眼至区域、省、国家或国际的宏观发展之上；三是应实现让受众全面了解组织的产品和服务，最终使组织得到更大的美誉度和忠诚度。

2. 整体性新闻策划

组织进行公关新闻策划就需要从整体性入手，将其视为一个长期而整体的活动进行计划与实行，具体而言，进行整体性的新闻策划有以下五个方面。

（1）心态上做好打持久战的准备。

（2）将新闻策划视为整体性运动来计划。不要把新闻策划做成单纯的"事件"，要

[①] 钟超军. 主题公园如何打破"五年宿命论". 新营销, 2008（1）：36~38

把新闻策划看成一个整体的运动，有起点，有发展，有高潮，有谢幕。注意新闻策划的"预留空间"，保持连续性。从事新闻策划时，要有全局性的观念，系统性的思维。

（3）从组织的战略管理、品牌规划以及组织文化入手，以新闻策划作为辅助工具，全面围绕组织的长远发展进行相应的新闻策划。

（4）在时间上，进行一个短期、中期和长期的规划。将组织形象宣传视为一个长期的系统工程，通过短期半年至一年、中期三年、长期五年等规划将其一步步实现。

（5）在空间上，针对组织的整体和未来发展战略，分析组织现今的发展状况以及不同地区的发展程度，从而结合各地区的文化特征、媒体状况进行不同的新闻策划，以求能够获得不同地区媒体的关注与报道，推进组织的整体发展。

（二）实力原则

新闻策划可以为组织创造高收益，但是其实也同时蕴含着高风险。一个负责任的公关新闻策划者，应该明白新闻策划只是组织形象塑造的一个部分，也只是组织经营的一部分。因此，组织不能完全依赖公关新闻来创造出佳绩。

1. 实力是一个互动的过程

新闻策划与组织的实力实质是一个互动的过程。新闻策划会增强组织的实力，提升其社会影响力，而新闻策划的好坏也受组织实力的制约。若组织实力好，就会促进新闻策划更上一层楼；若组织实力欠缺，则易使媒体成为损毁组织的利器。因此，二者是互为表里的。

2. 实力是推动组织向前的动力

没有一家组织是因为单纯的新闻策划而兴起，也没有一家组织是因为新闻而倒下。关键都在于组织是如何运营的。记者的吹捧应当成为组织向前航行的助推器；当组织被记者所吹捧时，组织的领导者仍应着重于组织内部的具体操作，谨记戒骄戒躁。应该明白，只有干最切实的事才是推动组织不断向前的动力。

（三）适度原则

无论做什么事情，只有做得恰到好处，才能收到良好的效果。这个"恰到好处"，体现在唯物辩证法上就是善于根据质和量的关系把握最佳尺度。这就是政治学中的"适度原则"，任何事都要有个度。

1. 真实下的适度

在进行公关新闻策划时要处理好新闻策划真实性与新闻写作文学化倾向之间的关系。

（1）真实性是新闻策划的生命。事实真实，这是新闻策划的首要要求：该事实必须是真实发生或存在的，有据可查、有证可验；新闻要素必须是完全真实的，即其人、其事、时间、地点、过程、直接原因、直接背景、直接后果、直接反馈、直接影响等必须是确凿无误的；新闻整体事实的真实与新闻细节的真实是统一无悖的。新闻报道与记者采写的最高境界，是反映事实本质。

（2）语言要适度，否则过犹不及。新闻写作是"再现"事实，所以在新闻写作中运用文学化的语言是要把握度的，不能"再造"事实，要"再现"事实。

（3）把握尺度，相互融通。新闻策划中要有引人注意的细节、引人注目的文字，才能吸引公众的眼球。但在新闻策划过程中，细节还原要建立在真实的基础上，切不可出现失度的想象。

2. 实力下的适度

虽然新闻策划可以对某个活动中的闪光点进行放大，但是却不能偏离真实和客观。这不仅是新闻本身的基本要求，同时也是新闻策划的基本原则。新闻策划应该是基于事实而策划出来的，并非是无中生有的一个活动。因此，进行新闻策划必须基于组织已有的实力。此外，在策划的过程中还应当注意宣传的适度性，也就是说，不能过度宣传。

二、公关新闻策划应对媒体原则

对于媒体来说，最重要的原则就是真实性。真实性是新闻的生命，也是媒体传播的生命。一旦媒体传播的内容违背了这一原则，任意夸大或缩小、歪曲事实，不仅达不到宣传效果，反而会产生负面影响，损害组织的声誉。因此，公关策划人员在进行新闻稿或者新闻活动的组织策划前一定要认真确认每一个细节。除了这一最基本的原则外，公关新闻策划人员还应注意以下三大原则。

（一）差异原则

新闻就是记者认为人们想要看到、听到或者读到的东西。人们渴望得到来自外部世界的信息，也就是新的东西。因此，新闻的本质就是"新"。

对于媒体来说，重要性只是衡量新闻价值的一条无关紧要的标准。如果不是考虑到忽略某些重要事件可能导致严重后果，重要性用以衡量新闻价值是排在较后的顺序的。与重要性相比，更受重视的是戏剧性的丑闻、惨案和奇闻怪事。这些事件的共同特征都在于与众不同。媒体对独树一帜的事件是有特殊偏爱的。因此，在进行公关新闻策划的时候，注意策划活动的特殊性以及新闻稿写作上特殊性的渲染将有利于媒体对新闻稿的采用，同时更有利于媒体将新闻稿置于较前的版面位置。

一条新闻的价值在于它在多大程度上与常规事件不同。所以，"狗咬人"并不值得报道，因为这种事情太普遍了，"人咬狗"这种有悖常理的事情才能夺得媒体的眼球。总而言之，媒体不仅喜欢新闻事件本身的独特性，而且他们对事件的前因后果更感兴趣。所以，在进行公关新闻策划上，就应该在活动策划以及新闻策划上下工夫，突出与众不同来吸引媒体的注意。在此，以"真猫真狗喝涂料"一事作为案例，来说明在公关新闻策划上如何策划活动和新闻内容来获得媒体的关注。

思维拓展 6-2

真猫真狗喝涂料

2000年10月8日，北京市装饰材料开发公司富亚在《北京晚报》打出一则通栏广告：10月10日上午，在北京市建筑展览馆门前开展"真猫真狗喝涂料"活动，以证明该公司生产的涂料无毒无害。

10月10日上午9时，北京建筑展览馆门前已经挂起了"真猫真狗喝涂料，富亚涂料安全大检验"的横幅。适逢北京市"宠物热"方兴未艾之际，广告一出，即在市民中间引起轩然大波。展台前已经拥满了观众，其中不少是跑来"抢新闻"的媒体记者。

此举立即引起了北京市保护小动物协会等诸多团体及众多小动物爱好者的当场抗议，并加以制止，误以为产品有毒，事实上富亚涂料早在1998年就已通过权威机构的动物实验，确认为无毒级产品。

眼见"真猫真狗喝涂料"就要泡汤。富亚公司总经理蒋和平为了收场，摆出一副豁出去的架势，大义凛然地宣布：考虑到群众情绪，决定不让猫狗喝，改为人喝涂料，宣言要自己亲自喝。

话音刚落，蒋和平便打开一桶涂料，咕噜地将一大杯喝下。当时，新华社就播发了一篇700字的通告"为做无毒广告，经理竟喝涂料"。此后，媒体纷纷跟风，"老板喝涂料"的离奇新闻开始像野火一样蔓延。北京市各大媒体《北京日报》、《北京晨报》、《北京晚报》、《北京青年报》、北京电视台竞相报道。不同之处只是在于：你正话反说，我就反话正说。最后全国竟然有两百多家媒体报道或转载了这则消息。过后，北京电视台评选10月份十大经济新闻，"老板喝涂料"赫然跻身其中，与"悉尼奥运会"等同列。[①]

从上述案例可以看到，富亚公司的总经理是迫于舆论的压力才喝涂料的，想不到却得到了媒体的关注而获得了铺天盖地的宣传报道。这一案例证明了媒体喜欢报道这些非同寻常、与众不同的案例。正是这个如同"人咬狗"般违背日常生活原则的事件捕获了媒体的眼球，使其争相报道。但是，另一个方面，从本案例原计划让猫狗来喝涂料却遭受市民群众的反对也可以看到，要想策划一个能够吸引媒体关注、获得新闻效应的事件最终还必须遵循社会的伦理道德，不然只会弄巧成拙，给组织的声誉造成损害。因此，在进行新闻

---

① 郭志台. 媒体公关：如何用好营销新利器. 北京：机械工业出版社，2006，194

策划中,在设计能够吸引媒体报道的独树一帜的内容的同时,也需要考虑此内容是否符合社会伦理和规范,以免顾此失彼,遭到其他消费者的不满。

(二)情感原则

人类是有感情的生物,我们在做大部分决定的时候不是根据准确的信息,而是根据我们的感受。由于每天制造新闻的是人,报道新闻的是人,阅读新闻的还是人,所以新闻会无可避免地受到人类情感的驱动。如果你想让记者关注你正在做的事情,打动他们的心就是最直接而重要的方式。那如何用情感来打动媒体与读者呢?下面我们通过强生的新闻稿来学习如何运用媒体的情感原则。

思维拓展 6-3

强生——将关爱带给偏远地区的儿童 避免花朵意外凋零

每年,超过 7 万 0～14 岁中国儿童死于意外伤害,数十万儿童因意外伤害导致终生残疾!

每天,至少有 200 名儿童因意外伤害死亡!当您读到此处时,可能又有一个年幼的生命意外凋零……

而超过 40%的意外伤害事件就发生在家里。在这些家庭内发生的意外伤害中,意外烫伤又成为首要元凶!意外烫伤频频爆发于中国城市及农村,它时刻发生在我们身边:发生在厨房、淋浴间,发生在客厅、卧室……意外烫伤不仅直接导致儿童伤残,而且严重影响到儿童的正常身心健康、发育和学习。特别是 1～4 岁年龄段的儿童,已经成为意外烫伤的高发群体。而随着夏季来临、儿童活动的增多,家长因忙于工作而保护意识淡漠,意外烫伤事件也在不断增加。

为了增强城市及农村家长防范意识,保护儿童远离家庭意外伤害,同时提高儿童自我保护意识,促进儿童的健康成长,上海强生制药有限公司于六一国际儿童节到来之际,首次在革命老区延安举办了以预防儿童烫伤为主题的"2006 强生儿童安全教育周"活动,向革命老区的家长儿童普及预防儿童意外伤害的知识,帮助社会公众增强对儿童意外伤害的预防,特别是对儿童意外烫伤的预防。"2006 强生儿童安全教育周"活动通过多种形式,寓教于乐地向儿童及家长展示了中国儿童意外伤害的状况,意外烫伤的发生率及严重后果,让革命老区的家长和儿童对意外烫伤的危害有了深刻认识。"2006 强生儿童安全教育周"还在北京、上海、南京、成都、广州、武汉等全国 22 个城市陆续展开。

与全球其他国家相比,中国 0～14 岁儿童意外伤害死亡的发生率是美国的 2.5 倍,韩国的 1.5 倍,排在"全球儿童安全网络"成员国第三位,意外烫伤如此频发,家长和儿童如何避免?家长和儿童只要有必要的防范意识,意外伤害就完全可以避免!在我国,可预防的意外伤害是造成意外死亡和残疾的主要原因。从1987年到现在，由美国强生公司最初赞助创建的"全美儿童安全网络"所倡导的儿童伤害预防策略已经使美国儿童的意外死亡率降低了近40%。正是看到了美国的这一成功经验，1999年起上海强生制药有限公司将其引进中国，并在全国范围大力推动。目前，强生制药与"全球儿童安全网络"正通过中国政府相关部门、医疗研究机构把这一成功的预防模式向更深入的教育和更广泛的覆盖大力推进。事实证明，通过加强儿童安全知识教育和社会宣传，动员全社会来共同关注儿童安全健康教育，提高安全防范意识，能够降低儿童意外伤害的发生率。

作为国际知名的医药企业，上海强生制药有限公司在提供价格合理的高品质产品的同时，不断地提供健康教育服务，以提高中国消费者的自我医疗保健意识及生活质量，更通过积极地参与公益事业，使社会责任的信念转化为行动。强生公司作为北京2008年奥运会的合作伙伴，将为北京2008年奥运会和残奥会、北京奥组委、中国奥委会、中国体育代表团等提供资金和产品支持，其中包括急救消费产品、个人健康护理用品、医疗器械和诊断产品以及非处方药品等。同时强生公司还把奥运精神和理念融入到公司发展中，致力于提高卫生保健质量，改善全国医疗基础设施，培训更多的专业医疗从业人员，为全民的健康生活贡献自己的力量！[①]

自从强生推出了"因爱而生"这一口号后，它不断地通过广告及公关活动来强化它的组织形象，其中关爱偏远地区儿童成为了其公关活动中一个重要部分。通过上述新闻稿，我们可以看到，文章采用了延迟式导语，在文章开头以一连串吸引人的数字和语句来吸引人们的关注，借助父母对儿女的关爱而吸引父母对这则新闻的关注，打动着人们的怜悯之心，吸引他们继续阅读。而新闻稿开头使用一些对父母来说耳熟能详的场景，如客厅、卧室等容易导致儿童烫伤的场所，更是击中了父母们的切身经历。在正文内，则采用大量带有数据的实例来说明儿童安全的重要性以及强生在这方面所做的努力，从而建立其企业形象。正是因为这样关心人、爱护人的新闻，才使得媒体乐于采用，同时也吸引公众的阅读关注。

（三）简洁原则

每天，记者都会接触到数千甚至上万条信息，他们需要在短暂的截稿时间内决定抛弃什么信息、抓住什么信息，继而运用手头上已有的材料对关键信息进行扩充使之成为新闻。同样道理，每天记者也面临很多公关公司的新闻稿轰炸。

记者在筛选这些新闻稿时使用的一大方法就是简洁。一方面，记者没有时间将公关新闻压缩到恰当的篇幅，因此简洁有助于记者对新闻的采用和刊登；另一方面，记者面

[①] 强生中文网站. http://www.jnj.com.cn/view.aspx?pid=50&cid=6

临着种类繁多的新闻,因此只有突出公关新闻的重点,往小处想才能最好地吸引记者关注。这样一来,简洁的语言就会像放大镜一样加强了独特之处和情感的作用。而对于受众来说,每天接受着几千条信息和广告的狂轰滥炸,而只有言简意赅、情感丰富而与众不同的广告或新闻才是吸引受众关注的利剑。

三、公关新闻创意方式

了解公关新闻写作方式及公关新闻策划的原则后,则应考虑需要以何主题进行公关新闻策划,从而提供卖点吸引媒体和公众关注。公关新闻其实也是一个创意艺术,它要求公关人员能够发掘组织内的新鲜事物以及特别事物进行策划报道。因此,很多时候公关新闻策划由于组织业务和服务的不同以及创意的方向也常具有个别性。但是,总的来说,公关新闻也是组织宣传的一个方式,因此可以从以下五个方面去思考,从而为组织争取更多的媒体报道机会,继而宣传组织形象以及为组织的产品服务。

(一)借助组织庆典与纪念日制造公关新闻

每个组织都有值得纪念和庆祝的日子,例如,新建筑奠基、庆祝新建筑落成、挂匾、颁奖、塑像揭幕、就职仪式、周年庆典、合并搬迁、科技创新、获得荣誉和成就等。公关人员应将组织各种庆祝活动明确地作为宣传本组织的机会,通过策划和制造一些"特殊事件新闻",连续不断地激发社区公众和媒介公众的兴趣,有计划地强化组织在公众心目中的形象。

(二)借助公益活动制造公关新闻

组织的发展离不开社会的发展,近年来随着公益活动越来越受到人们的关注,赞助公益活动已经成为"活广告"。而且在赞助公益事业的同时,可以为组织树立一个负责、积极的社会公民形象,是提升组织品牌形象和品牌价值的主要途径。这种方法通过将组织的一部分利润用明确的方式返还给社会,从而在受众心目中树立起一个负责任的"组织公民"的形象,以达到增强组织品牌美誉度的目的。具体来说,组织进行公益活动的投资基本可以得到以下四个方面的收益:(1)树立组织良好形象,为开拓市场打下良好基础;(2)造就组织文化,增强组织凝聚力;(3)获得媒体宣传、政府关系资源开发增值效应;(4)公益投资给投资人带来精神愉悦和享受。[①]

公益活动的策划不仅可以为公共新闻人员提供一个很好的新闻报道点吸引媒体和公众关注,同时也有利于组织自身的发展。

[①] 云龙. 品牌在公益活动中提升. http://news.xinhuanet.com/fortune/2005-03/22/content_2728743.htm

思维拓展 6-4

安利纽崔莱健康跑　广州两万市民为健康加油

　　本报台讯　由广州市体育局主办，广州市社会体育指导中心、广州天河体育中心承办的"安利纽崔莱健康跑"，昨天（10月25日）在广州天河体育中心举行。广州市政协副主席郭锡龄，广州市政府副秘书长古石阳，广州市体育局党委副书记邓号起，赞助企业安利（中国）日用品有限公司广东湖南分公司总监张隽宇与奥运冠军冼东妹、残奥会冠军周杨静、单子龙和特邀嘉宾、港台最具风格的影视女演员蔡卓妍一同出席了启动仪式。启动仪式由广州市体育局副局长关渭贞主持。

　　受广州市体育局党委书记、局长刘江南的委托，广州市体育局党委副书记邓号起代表广州市体育局在启动仪式上致辞。邓号起表示，今年是《中华人民共和国体育法》、《全民健身计划纲要》颁布实施13周年，是广州全面推进2010年亚运会筹备工作的关键一年，是广州运动员在北京夏季奥运会获得两枚金牌、一枚银牌、两枚铜牌、在残奥会上获得第一枚金牌的辉煌一年，也是广州市体育局和安利（中国）日用品有限公司联合举办健康跑活动进入第6个年头。这一活动的开展，对进一步推动《体育法》和《全民健身计划纲要》的贯彻落实，对引导广大市民群众不断增强健身健康意识，积极、自觉参加全民健身，对进一步掀起广州迎亚运全民健身热潮，营造迎亚运全民健身氛围，丰富市民的体育生活，提高市民的身体素质，都起到了积极作用。现今安利纽崔莱健康跑在广州的规模越来越大、组织工作越做越好、参与市民越来越多，已成为深受广州市民喜欢的群众体育活动。

　　8时15分，随着广州市政协副主席郭锡龄宣布"2008年广州市安利纽崔莱健康跑现在开始"，领导和嘉宾一同推响礼炮。本届奥运会成功卫冕柔道冠军的冼东妹以及在本届残奥会为中国夺得男女双人双桨金牌的默契搭档周杨静、单子龙率先冲出了起跑线。随后，两万市民浩浩荡荡地从天河体育中心北门出发，根据自身的身体条件，跑、走结合，经天河北路、体育东路、天河路、体育西路、天河北路，完成了3.5千米的健康跑所规定的路程，回到天河体育中心北门。

　　据了解，报名参加今年"安利纽崔莱健康跑"活动的广州市民超过了两万人，不少企事业单位、学校还自行"组团"前来报名，在活动中排成方阵，旗帜招展。东莞、佛山等珠三角城市也有不少市民天没亮就从当地出发，赶到广州参加健康跑。

　　仪式结束后，活动冠名赞助企业安利（中国）日用品有限公司还在天河体育中心南大门广场举行了盛大的"运动嘉年华"活动。并在现场设置了以健康为主题的健康咨询、健康测试、健康教育展示，以及各种趣味横生的娱乐表演、紧张刺激的现场抽奖等项目。

　　据介绍，这一健康跑除得到安利（中国）日用品有限公司冠名赞助外，还得到了此次活动全国合作伙伴特步（中国）有限公司，协同赞助商康师傅（广州）饮品有限公司、纽威日用品（上海）有限公司，指定运动腕表SUUNTO以及支持单位广州喜市多便利连锁有限公司、广州水果捞餐饮有限公司、福建省舒华体育用品有限公司、广州富力君悦大酒店等的大力支持。①

上例是有关"安利纽崔莱健康跑"运动在广州举行的新闻稿。"安利纽崔莱健康跑"已经举办了6年，可以说是一个具有持续性的公益活动。首先，从公益活动的策划主题上来说，健康跑活动与安利公司的组织文化以及产品形象密切相关。由于安利所经营的纽崔莱是一种营养保健食品，因此安利公司所关注的领域就是与人的健康相关的，它倡导的理念也是"有健康，才有将来"。而慢跑也是一个对身体健康非常有用的运动。因此，安利选择对跑步这一活动进行公益活动策划，从而宣传其公司的企业形象，使公众能够从活动中了解安利的产品以及组织的文化与信念，从而对公司以至产品产生信任感。可见，组织进行相关的公益活动赞助和策划，只有找到活动与本组织的关联点，才能建立起公众与组织的相关性。其次，从新闻稿中我们可以看到由于本次公益活动获得了政府的关注和支持，同时还邀请了奥运冠军冼东妹、残奥冠军周杨静、单子龙以及港台明星蔡卓妍参加，因此对新闻媒体来说具有很强的吸引力。再次，本次活动也切合广州2010年亚运会举办所倡导的"全民运动"的主题。同时还邀请了多个企业、学校参加，可以获得当地平面以及电视电台媒体的现场采访报道，使得宣传可以具有更大的覆盖性，达到良好的传播效果。从这个新闻稿也可以看到，虽然安利健康跑已经举办了6年，但是它仍致力于挖掘活动的亮点，给活动增加新的元素，以使活动具有浓厚的吸引力，获得媒体和公众的关注。

（三）借助名人制造公关新闻

美国公关界有句话："全世界的人都知道美国总统，让他给我们做广告。"借助于名人的力量似乎成为一种共识。

借助名人的名声，可以快速地提升组织的知名度，使组织的影响力飞速增长。但是需要注意的是，这一借用名人的方法不是常常能用的，因为它所传达的品牌内涵有限，如果没有其他办法来配合，很容易成为"流星式名望"的组织。另外，名人的知名范围也有所不同，有不同的等级，在地域上，有人是区域名人，有人是国际名人；在专业领域上，有人是某一专业的名人，专业之外，就少有人知晓；在时间上，有的人名气持续时间短，有的几个月，有的几年，有的则可能永远留在历史上。不同的名人还拥有不同的认知对象，有的范围广一些，有的则小一些，就像一般而言，政治家、演艺界知名

---

① 安利纽崔莱健康跑网站．http://jiankangpao.nutrilite.com/news_show.aspx?id=336

士的影响范围比其他领域的名人要宽广一些。虽然选择名人有认知范围的不同，但是也不是知名范围越大越好，关键还要分析组织所要传播的目标对象与他（她）的拥戴者的重合部分的大小。若组织的产品和服务只是想向小地区进行推广，则无需花大钱来邀请国际性明星进行宣传，只需找到当地一个著名的人进行代言即可。此外，借助名人来进行公关宣传也需要注意一个方面，就是除了考虑名人的影响力和名气外，名人个人的人品与素质也需要深刻地考虑。应避免出现像著名的美容化妆品牌 Dior 的代言人莎朗斯通那样，虽然她在国际享有很高的知名度，但是随着她在地震期间所发表的言论，致使 Dior 面临中国市场消费者的抵制威胁。因此，选择名人代言，不仅需要思考其适用的范围，还需承担其言行风险。

（四）借助各种重大活动等舆论导向制造公关新闻

凡是重要的政治、外交、军事、经济、科教、文化体育活动，都在一定时期内引起大众和新闻的舆论，成为公众关注的焦点，从而形成该阶段的舆论导向。舆论导向有着引起人们心理共鸣的特征，它能够吸引公众关注与参与，从而有助于进一步传播组织的品牌。

因此，公关人员要敏锐地抓住这些舆论导向，巧借这一机会，使组织活动的"事件"与这种重大活动相联系起来，吸引媒介的追踪报道，借以树立自己美好的形象。但是，需要注意的是，"公关新闻"要避免与这些重要新闻在时间上、地点上的冲突，否则将导致记者和媒介无暇顾及本组织的"事件"。

思维拓展 6-5

蒙牛神五的公关传播

2003 年 10 月，中国乃至世界领域都在关注的事件就是神舟五号载人飞行事件。此次事件无疑最能吸引国人的眼球，并引发民族自豪感！而如何利用举国同庆、欢呼的第一时间展开公关策划，迅速提升企业品牌知名度与美誉度，成为全国企业商家关注的焦点，蒙牛无疑是此次活动中最大的胜利者。

为了神舟五号飞天这样一个在别人眼里"很突然"的机会，蒙牛早在 2002 年上半年，就与中国航天基金会进行接触。在通过多项严密的检测后，蒙牛在 2003 年初成为中国航天基金会首家合作伙伴。这个时候距离神舟五号飞天还有半年时间，最主要的是，飞天能否成功尚无人知晓。2003 年 10 月 16 日 6 时 23 分，神舟五号飞船在内蒙古大草原安全着陆，宣告中国首次载人航天飞行圆满成功！就在举国同庆之时，蒙牛关于此次飞行事件的户外广告于 16 日上午 10 点在各大城市实现"成功对接"，推出了"蒙牛——航天员专用奶"的新闻和"举起你的右手，为中国喝彩"，通过老、青、童三代不同的形象表现来契合蒙牛的品牌理念的活动，并且从不同媒体的沟通主题到广告语促销进行结合，使平面广告、影像广告和人员口碑等形成一个传播梯度，更好地实现了感性路线和理性路线的结合。

（五）借新产品、新服务出台之际制作公关新闻

随着中国加入WTO，中国市场已经越发竞争激烈。消费者面对琳琅满目、眼花缭乱的商品和各种名目繁多的服务往往都无所适从；同时，各路竞争对手都使出浑身解数向消费者推销自己的产品和服务，希望消费者在商品信息的海洋中听到自己的声音，看到自己的产品，从而在竞争中立于不败之地。由于媒介的新闻报道、专题通信或记者采访等所具有的客观性、公正性和可靠性，所以，新闻报道、专题通信等比借用媒介所传播的直观的商业信息（如广告）更易被消费者接受和相信。在这种势态下，要想把自己的新产品、新服务打入新市场，公关人员就必须策划、制造"新闻"以进行宣传。公关人员要通过策划独具特色的公关活动新闻，巧妙而诚实地利用新闻媒介来建立产品形象的知名度和美誉度，向公众大力宣传和介绍新产品、新服务，使其在公众脑海里留下深刻的记忆。

第四节 公关新闻策划的一般程序

公关新闻策划的真正程序是交互的，在阐述上有着线性的特征。公关新闻策划程序的总轮廓和公关广告策划、公关调查策划程序一样，但公关新闻策划的运作自身有一个基本的阶段（见图6-1），下面进行逐一的详细介绍和阐述。

图6-1 公关策划的基本阶段

一、新闻调查分析

公关人员要开展公关新闻传播就必须了解相关的情况,否则,"没有调查就没有发言权"。新闻调查分析主要分析了解媒体和记者的工作,以此增强新闻传播的针对性,提高新闻报道的命中率。总体而言,新闻调查分析可以分为以下两个方面。

(一)媒体类型和特点分析

媒体类型和特点如表 6-1 所示。

表 6-1　媒体类型和特点

类型	性质	内容	空间	覆盖	时效	收集	保存	接触	携带	成本
报纸	纸媒	文字/图片	较大	有限	一般	容易	容易	容易	方便	较低
杂志	纸媒	文字/图片	一般	有限	很差	容易	容易	容易	方便	一般
广播	电媒	声音	有限	较广	较强	不易	不易	容易	方便	一般
电视	电媒	声音/图像	有限	较广	较强	不易	不易	容易	不便	较高
网站	网媒	文章/图片/图像/声音	无限	较广	最强	容易	容易	不易	不便	最低

对于媒体特点的分析其实应该是公关新闻策划人员必须掌握的常识。只有基于对媒体特点的了解,才能更好地运用媒体为自己的组织进行宣传推广。从表 6-1 可以看出,不同的媒体有不同的特点,因此,公关新闻策划人员应该根据服务对象的具体要求、组织活动的特性以及针对各类媒体的具体特点,选择相应的媒体,在其具体空间或时间播放新闻。例如,将要策划重大的现场活动或者面对的消费对象主要是家庭观众,可以选择电视媒体这样感染力强、传播速度快的媒体;如果是技术产品这种高端产品,则可以选择报纸、杂志、网站等空间较大、能有足够版面进行深度报道的媒体;针对驾车人士的活动,则选择广播媒体更容易触及。

此外,对于活动规模、性质、主题的不同也需要邀请不同类型的媒体。主要的大众媒体分类有以下四种。

1. 按地区分类

可以分为国际媒体(如《纽约时报》)、中央媒体(如《人民日报》)、地方媒体(如《广州日报》)。

2. 按性质分类

可以分为财经类媒体(如《中国证券报》)、生活类媒体(如《北京青年报》)、资讯类媒体(如《北京商情》)。

3. 按行业分类

可以分为IT通信行业媒体（如《中国计算机报》、《通讯产业报》）、汽车行业媒体（如《汽车》杂志）、医药行业媒体（如《中国健康报》）、旅游行业媒体（如《环球游报》）、饮食行业媒体（如《美食导报》）等。

4. 按版面分类

以《广州日报》为例，可以分为新闻版、生活版、旅游版、通信版、汽车版等。

公关策划人员应该根据以上不同类型的媒体来进行媒体的选择，并向相关地区、相关主题、相关行业以及相关版面的媒体发出邀请。

中国媒体主要可以分为以下三类。

（1）主要全国性IT报刊

① PC类：《计算机世界》、《中国计算机报》、《每周电脑报》、《电脑报》、《个人电脑》。

② 网络类：《网络报》、《网络世界》、《互联网周刊》、《互联网世界》、《计算机与网络》。

③ 电信类：《人民邮电报》、《通信产业报》、《通讯世界》、《通信世界》。

（2）主要新闻网站

① 综合类：新浪、搜狐、网易、中新网、人民网、新华网、千龙网等。

② 专业类：太平洋电脑网、硅谷动力、天极网、ZD中国、赛迪网等。

（3）主流大众媒体的通信版面

① 北京及全国：《北京青年报·通信时代》、《北京晨报·无线互联》。

② 上海：《解放日报·电脑广场》、《新民晚报》。

③ 广州：《广州日报·三电》、《南方都市报·通讯周刊》。

根据上面的中国媒体分类列举，我们可以设想，若某一通信公司要举办一个新闻发布会，宣布其全国首推的一个电信业务。为此，公关策划人员首先就需要区别不同地区的媒体，将中央媒体和地方媒体列入邀请行列。其次，公关新闻策划人员需要在这些媒体上找出在全国和地方影响力较大的媒体。这些媒体可能包含了综合类媒体以及专业类媒体。对于综合类媒体，则应事先分析这个媒体是否有针对通信的专业版面或者跑通信类新闻的记者，然后邀请相应的媒体前来出席。需要注意的是，邀请综合类媒体专业版的记者固然能够提升被报道的几率，但是随之而来也带来阅读人员减少的问题。由于专刊版是针对特定受众而设，因此其阅读人数也没有新闻版那么多。若发布新闻的内容更关乎民生，则根据现有新闻点来邀请新闻版的媒体，从而为整个报道吸引更多公众的眼球。

（二）媒体内部分析

除了上述媒体特点和类型的分析之外，对于媒体内部的各种情况也需要了解清楚。

以下以报刊杂志为例,说明有关的内部分析情况。

1. 编辑方针

每家报纸都有自己的性质和特点,例如,《人民邮电报》主要反映国家对信息产业发展的方针、政策情况,信息产业部和各地方邮政、电信局业务情况和信息产业发展动态;《经济日报》重点报道全国经济发展状况和方针政策。编辑方针是报纸对报道事件的态度,也是报纸报道的角度。了解编辑方针不仅有助于把握不同媒体的投稿方针,而且可以应对其方针而撰写对应的新闻稿,增加刊登的几率。

对于编辑方针的分析了解,公关新闻策划人员可通过熟悉报社的记者了解到,也可以通过对报刊杂志的认真阅读,了解其社论、评论员文章、相关业务版面、专栏进行分析和研究,从而了解该媒体的偏好,以选择主题和内容顺利发稿。

2. 版面情况

每期报纸、杂志都包含一些固定的版面和栏目,它们都有一些侧重报道的内容。此外还有一些非固定版面和栏目,了解这些情况有助于制定特定主题的内容,进行相应的刊登和发布。

3. 发刊周期

报纸有日报、周报等;杂志有周刊、半月刊、月刊、双月刊或季刊等。

4. 截稿时间

媒体都有录用文稿的最佳时机,一些报刊杂志在约稿时,对截稿时间都有明确的规定。若过了截稿时间,再重要的稿子都要等到下一期。此外,了解截稿时间对于公关新闻稿的发放也异常重要。新鲜的新闻才吸引人,因此公关新闻策划者往往就需要了解相关媒体的截稿时间,以在截稿前将新闻发送出去,才能保持新闻的时效性。

5. 发行范围和发行量

发行范围包括是全国性的还是地方性的;是内部赠阅还是公开订阅;每期发行的数量是多少,潜在的读者量是多少。了解这些信息和数字有利于明确媒体的影响力以及影响范围,从而根据自身资金以及新闻内容或策划活动想要覆盖的范围而选取相应的媒体。

6. 读者情况

读者情况包括读者的性别、年龄、职业、地位、文化程度、民族、信仰、收入、消费水平等。不同媒体的读者群不一样,了解这些媒体的特性可以更有针对性地发布相关新闻,吸引相关读者的注意。读者情况除了可以从媒体报道的内容获知一二外,还可以通过向媒体的广告部进行相关的了解,以获得更精准的消息。

7. 发行方式

发行方式包括是内部刊物,还是公开征订;是邮局发行,还是自办发行;是付费,还是赠阅;是否上报摊等。

二、新闻规划

（一）工作内容

新闻规划是整个新闻策划运作的核心环节，目的在于基于新闻调查分析，对新闻策划运作进行战略决策，拟订具体的新闻运作计划，具体工作内容包括以下六个方面。

（1）明确具体传播目标、目标受众人群。

（2）拟采用的传播策略。

（3）选择合适的媒体或版面。

（4）确定具体表现形式（如新闻发布会、新闻稿、主题活动、技术文章、深度报道、人物专访等）。

（5）提炼传播主体、新闻标题。

（6）安排适当人选。

在这个过程中，我们首先需要对所传播的产品或服务的特点进行分析，然后根据传播对象的特点和需求、所需要传播的内容以及可以运用的经费来选择媒体。根据上述媒体特征和类型、媒体内部的分析以及基于传播对象的特点而罗列出对应的媒体名单（包括所在地区、媒体名称、媒体定位、覆盖范围、发行量以及记者名单和联系方式等），同时了解这些媒体对新闻发布形式的喜好，以进一步设定新闻发布的形式。

（二）计划内容

待完成了上述工作后，我们可以指定新闻传播计划，以进行下一步新闻传播的实施。新闻传播计划内容应该有如下七个部分。

（1）传播对象的特点以及要求。

（2）项目媒体传播及目标受众研究。

（3）主要传播目标和目标受众确定。

（4）媒体传播策略和传播方式（新闻投放、新闻发布会还是现场活动等）。

（5）媒体选择：覆盖地区、人群、发行量等。

（6）媒体名单（包括具体版面和联系方式）。

（7）费用预算及其他说明。

三、新闻实施

新闻实施种类繁多，大体可以包括依据新闻计划案，进行新闻撰稿、新闻投放、新闻发布会、现场活动、媒体专访、媒体俱乐部、媒体答谢、考察访问、宣传品直投等。

1. 媒体邀请

新闻活动举办前，首先应发出邀请，以邀请函、请柬等形式通过传真、E-mail 或快件等方式将活动的时间、地点以及主题内容发给各新闻媒体。

媒体邀请应该在活动举办前一个星期发出。邀请信应写明活动主题，如有可能注明参与人或发言人的姓名，以让媒体觉得消息值得发表，或者具有访问的价值而前来参加。但是切记不要泄露太多内容，否则记者便没有兴趣参加。需要注意的是，媒体收到邀请后大多不会回复。因此，在活动举办前两天需要进行电话或短信确认，以确定该媒体是否能参加。

新闻发布会的时间通常以 10:00—11:00 或 14:00—15:00 为宜。如果主题技术性强的话，上午召开可能更好，这样能确保新闻发布的时效性。此外，新闻发布会选择的日子也非常重要。周日到周四举办的活动由于能在当天或者第二天见报，因此关注的人数相对较多。而周五和周六举办的活动由于碰上周末，外出人员较多，得到的关注度也相对降低。这一原理从报纸的厚度就能看出，周一至周五的报纸都是有很多叠的，但是周六日的报纸厚度有所减少，可见周末阅读新闻的人数会相应骤减。除了对日子的关注外，还需要尽量避免与一些重大的事件发生冲突。不然媒体的眼球都投放在另一重大事件上，即使付出了再多努力也难以得到回报。

2. 新闻资料袋

新闻资料袋的作用是给媒体提供更多的资料背景，增加自己的新闻价值，提高获得报道的几率。新闻资料袋内应只放相关资料，包括新闻稿、图片、参与者资料、活动或者会议流程、路线图和图标等，还应包含一份内容清单，以便记者确认有没有遗漏的项目。

如有需要，可以在资料袋封面标注发送机构的名称、地址和电话号码，这样可以方便邮寄给那些被邀请而未能出席的记者。

3. 现场接待

活动现场应安排在靠近媒体、交通方便的地方，以利于媒体前来。在活动现场应该清晰地摆放出"媒体签到处"等标识，以便媒体前来签到并认领相关新闻资料。公关新闻策划人员应尽可能友善地接待记者，并且对相关活动的资料了解清晰以解答记者的疑问。

四、新闻监测

新闻监测是指对新闻运作的效果进行检查、反馈、调整，为下一步新闻运作提供必要的依据。新闻监测有助于公关新闻人员了解活动以及新闻发布的情况。新闻监测的内容包括以下三个方面。

（1）监测范围。主要对重点媒体和选定媒体进行监测，主要依据具体目标要求来定，但不应忽视网络媒体和影视媒体传播的影响。

（2）监测时效。可以项目报告、周报、月报、季报的形式，监测时效选择的不同决定了传播对象能否迅速地应对媒体的正面或负面报道。若遇到媒体负面报道，则应该保证及时反馈。

（3）监测内容。可以是一般性传播监测、行业动态监测、竞争对手监测，也可以是具体项目监测，应当注意每份监测报告围绕一个监测主题或传播主题，一事一报。

通过新闻监测，公关新闻策划人员应该评估本次公关新闻发表或者活动举办的情况。通过媒体报道的正负面、报道的侧重点、报道的闪光点、出稿的情况、稿件的位置、篇幅、新闻信息的准确性等来做出下一步活动的改进。

第五节 原创策划"市民礼仪及公关礼仪义务宣传日"

2006年3月5日，广州市文明办、共青团广州市委在全市组织开展了"'爱国、守法、诚信、知礼'现代公民教育暨学雷锋行动日"系列活动。了解此消息后，为响应"做一个学礼、知礼、守礼、用礼的文明市民"的精神，中山大学04级公共关系学专业全班同学决定走出校园、走进社会，发起这次市民礼仪及公关礼仪宣传活动。在成功与广州市文明办取得联系并得到其大力支持后，该班同学进行了精心的策划与准备，并最后落实于4月15日在人民公园西广场举行本次活动。下面是中山大学04级公共关系学专业班义务宣传日——市民礼仪及公关礼仪宣传活动方案。

一、宣传

考虑到英雄广场的实际情况，估计做提前宣传效果不大。所以，当天宣传效果好。

1. 海报宣传

地点：中大校园内

时间：3月22日始

2. 现场传单攻势

地点：英雄广场及附近人流量多的地方

时间：3月25日上午

二、场地布置

考虑到英雄广场人流量大，但人们逗留时间不长且很多都带有明显的目的性的特征，我们采取"先吸引后包围"的方法。因此，我们的场地设计是三个主要部分+两个点而形成一个圈的形式。三个主要部分是：礼仪大使咨询台、游戏区和礼仪知识问答区。两点是：征集"我爱广州的 N 个理由"大板和活动后勤部。具体如右图所示。

现场布置需要物品如下。

（1）13 张台：6 张摆在礼仪大使咨询台，后勤、知识问答区、游戏区各两张，征集板前一张，28 把椅子，每台分配两把椅子，问答区还要配 4 把作为观众的座椅。

（2）横幅一条：预订，规格为 12m×1m。

（3）征集板一块：现场征集"我爱广州的 N 个理由"，让市民可以在上面留言，说一些心里话。

（4）易拉布 5 个或者立板 3 块：放在宣传小区，可让市民从中了解相关的礼仪知识。

（5）海报：5 张。

（6）太阳伞：10 把，最好是四方形的那种。

（7）手提喇叭：5 个，用于与市民对话。

（8）披带：30～50 条。

三、活动设计

1. 活动总述

这次礼仪宣传活动以市民礼仪及公关礼仪咨询为主体，结合礼仪游戏和礼仪知识问答两个与礼仪有关的趣味活动，另外加上一个附属活动（征集"我爱广州的 N 个理由"），目的是增进市民的礼仪知识和提高市民的礼仪素质。

2. 活动流程

活动采取类似游园的方式，给予市民极大的主动参与性。三个区的活动同时进行，市民既可以直接到礼仪询问区问自己感兴趣的问题或进行交流，也可以到礼仪知识问答区和游戏区通过参与有趣的游戏活动来获取奖品。

3. 奖品获取方法

市民在参加过问答或小游戏后，活动主持人会根据市民的成绩给予相应的"礼仪贴纸"，不同的礼仪贴纸代表着市民得到不同的奖项，市民可以拿着礼仪贴纸到咨询区礼仪大使处领到相应的奖品，以及咨询在游戏活动中遇到的关于礼仪方面的问题（由现场监督人员监督，以防有突发事件或市民多次领取奖品）。

"礼仪贴纸"——是这次活动的一个可爱的标志，同时也代表着市民所获奖项，贴纸一共有三种类型，分别代表着一等、二等和三等奖。每当礼仪大使接到市民参加活动所得到的贴纸，都会给予市民相应的奖品并把礼仪贴纸贴到二、三等奖的奖品上。

奖品：一等奖——《广州市市民礼仪手册》一本；二等奖——精美礼仪手帕一条；三等奖——矿泉水一瓶。

4. 礼仪咨询区

坐镇本区的是一队由 7 位漂亮的女生组成的礼仪大使，分别向市民介绍《广州市市民礼仪手册》里的七个方面：衣——衣饰礼仪；食——饮食礼仪；住——居家礼仪；行——出行礼仪；言——言语礼仪；交——社交礼仪；娱——休闲礼仪。另外，还会派出一位公关礼仪大使同场向市民进行公关礼仪的教育和咨询。共 8 位礼仪大使向市民解读，示范日常礼仪，弘扬"学习文明礼仪，做一个有礼的广州人"的理念。

礼仪大使还负责派发奖品。每一个玩游戏或者答问题得奖的市民可凭得到的贴纸到这里来领取相应奖品并了解更多的礼仪知识。

5. 礼仪知识问答区

这个活动区利用一个教育市民礼仪的非常有用的方法——礼仪知识问答，在轻松愉快的氛围里教育市民日常生活中需要注意的礼仪问题。我们会在手册中以及人们日常所忽略的礼仪事例中提取有趣的问题，对市民进行有奖问答。我们会根据手册的衣食住行言交娱七个方面准备相应的问题,每一方面准备四组,每组5道题,一共140道题。

问题如下类型(这是关于"食"礼仪的一组题目,作为例子参考):

(1) 请问吃西餐时,是左手拿刀右手拿叉,还是左手拿叉右手拿刀?

(2) 一般为客人倒的第一杯茶要不要倒满,如果不倒满的话,要倒多少为宜?

(3) 在取自助餐时,每次取餐取几样菜为宜?第二次取餐要换餐盘吗?

(4) 餐宴上的湿布一般用作什么用途?可否适宜擦脸、擦汗?

(5) 在他人敬酒或致词时,应怎样表现才礼貌?

6. 礼仪游戏区

礼仪游戏区是训练市民对日常礼仪的实操能力,同时可以加深市民的礼仪意识。我们会准备2~3个有趣的小游戏,提供给现场的市民参与,跟问答活动一样会有奖品,领奖方法也与上述的问答活动相同。

(1) 游戏一:礼仪超音速

这个游戏是一个完成任务的游戏,我们会设定以下五个任务。

任务1:把我们预先安排好的零乱的餐具按礼仪标准整理好。

任务2:现场已经准备好一个有水的茶壶和几个杯,请正确示范有礼貌地倒茶。

任务3:我们准备了一条领带,请参加的市民为自己或者现场的一位男士按礼仪标准佩戴好。

任务4:请与现场的一位市民或工作人员示范正确的握手姿势。

任务5:现场已准备好一张名片,请正确示范递名片的礼仪。

在最短的时间里很好地完成给定的所有任务的市民将得到奖品,主持人会在游戏结束后指出参加者的对与错,根据参赛者的动作的规范程度评出其所得的奖项。

评判标准:动作规范,成功完成所有任务,时间最短。

附:情景意义解释。早晨收拾好家具,给家里人倒杯茶,系上领带上班去,在单位看到了新来的同事,与他握个手,然后递上自己的名片。

(2) 游戏二:工作人员与市民共同参与

规则:工作人员扮演情景中的角色,根据自己对《广州市市民礼仪手册》内容的掌握来表演某种情景中的行为,考察市民对情景的反应能力。例如,男市民邀请女工作人员跳舞,他应该如何邀请?应有何动作和语言?当面对女士的拒绝时他应该怎样?

工作人员可以根据参与市民的特点设置不同的情景,有时候越刁蛮越搞笑。

主持人可以根据男士的表现确定他的"有礼"程度,给他不同程度的奖励,并表扬他好的表现,指出他做得不好的地方。

可选择情景:分别、跳舞、求助、握手等。

(3) 游戏三:指出错误

规则:观看DV短片或照片,指出图像中礼仪行为的错误之处,连续答对5题的可获取奖品一份。
　　道具：手提电脑。
　　备注：礼仪大使主持该游戏项目。
　　（4）游戏四：文明用语，您知多少
　　请参加游戏的人说出日常文明用语，越多越出色。
　　例如，请说出您知道的尊称、敬称、谦称、感谢、致歉和道别等文明用语。
　　（5）游戏五：留言说出"我爱广州的N个理由"
　　（6）游戏六：问答（该部分已经有人专门负责出题目）
　　规则：回答礼仪大使的问题，可以选择衣食住行言交娱其中一个方面的题目，连续答对5题的可获取礼品一份。
　　备注：将派设7名礼仪大使负责7块的题目（或3个礼仪大使分别负责3个专桌分别进行该项问答游戏）。
　　道具单：圆桌2张，椅子数把，桌布，茶具1套，领带2条，名片数张（可以用纸片代替）；西餐具包括刀、叉、餐巾、酒杯、碟子；手提电脑1部，DV影像资料。

四、人员安排与活动举行

　　1．人员安排
　　（1）现场负责人：3人。
　　（2）礼仪大使：8人（加负责人1人）。
　　（3）问答主持：5人（加负责人1人）。
　　（4）游戏主持：6人（加负责人1人）。
　　（5）调查采访：10人。
　　（6）派发传单：5人。
　　（7）"N个理由"：2人。
　　（8）后勤：6人。
　　（9）现场监督：3人。
　　（10）流动人员：8人。
　　总人数：59人。
　　2．活动安排
　　（1）活动准备：3月23日—24日动员大会、人员安排、宣传大使培训。
　　（2）活动举行：3月25日。
　　上午8:30—10:30场地布置；

上午 10:30—11:00 人员及游戏准备；

上午 11:00 活动正式开始，大范围散发传单；

上午 11:00—下午 5:00 活动进行阶段；

下午 5:00 活动结束。

五、经费预算

物品名称	数量	单价/元	总计/元	备注
传单/张	5 000	0.05	250	
横幅/个	1	100	100	规格：1×12
海报/张	10	7.5	75	规格：A2
矿泉水/箱	30	20	600	
礼仪手帕/块	400	1	400	
贴纸/张	20	3	60	
荧光纸/张	15	0.8	12	
杂费（含单程车费）			500	
总计			1 997	

另需要文明办（或广告公司）提供：

(1)《广州市市民礼仪手册》200 本（尽量多给些）。

(2) 长桌 13 张。

(3) 椅子 28 把。

(4) 四角帐篷 7 把。

(5) 征集板 1 块。

(6) 易拉布 5 个（或者立板 3 块）。

(7) 手提喇叭 5 个。

(8) 绣带 30～50 条。

附："我爱广州的 N 个理由"征集统计反馈

我们共收集到了 326 份小贴纸，每一张小贴纸上都写有很多喜爱广州的理由，我们对此进行了总结，统计数据如下：

广州有千年历史	3
广州是开放改革的先驱	28
广州是辛亥革命的发源地	2
广州孕育了红色的革命火种	2

广州是全国有名的花城	27
广州是我家	32
广州有我的学校和同学,还有女朋友	38
广州 warm,广州人 nice	1
人多车多女人多,景象繁荣	4
广州机会多	27
我爱 04 公关,我爱中大	31
广州老人搭公交车免费,好	5
广州有许多东西吃	36
说不清,不知道,就是喜欢	26
环境好,绿化好	3
越秀公园、流花湖公园好	1
广州工资高	9

同时,也有很多市民在我们的大板上写下了对广州的意见,我们统计如下:

要改善治安	3
要绿化环境	7
要关心外来人	5
要多关爱老人	2
人民的日常生活要更多关注	3

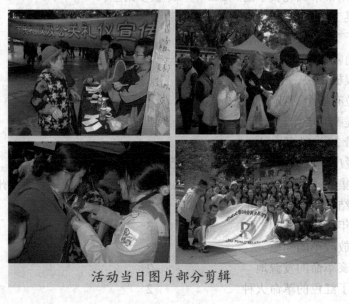

活动当日图片部分剪辑

第七章

公关谈判策划

公关谈判的准备工作就是要拟订一个简明、具体而又有弹性的谈判计划。谈判计划应尽可能简洁，以便洽谈人员记住其主要内容，使计划的主要内容与基本原则能够清晰地印在大脑里，进而使洽谈人员能够得心应手地与对方周旋，而且能随时与计划进行对比应用。本章重点介绍了公关谈判策划的相关知识，阐述了公关谈判知识、公关谈判程序和公关谈判技巧。

第一节 公关谈判知识

谈判的结果对大多数人来讲总是不理想，而少数具有谈判意识、掌握公关谈判技巧的人则时常坐收"渔翁之利"。本节将为读者点亮一盏灯，帮助读者形成新的竞争视角并学会运用各种公关谈判知识。

一、公关谈判的概念和特点

生活中，谈判比比皆是，可以说，小到我们身边的一件小事，大到中国加入WTO，都是一个谈判的过程，总之谈判在生活中无处不在。而公关谈判的三个标准强调的是：结果是明智的、效率是有效的、增进友谊或至少不损害双方的利益。

（一）谈判的概念

我国对谈判理论的研究始于20世纪80年代末期，在已出版的著作中比较典型的定义有："谈判时双方或多方为了消除分歧、改变关系而交换意见，为了取得一致、谋取共同利益和契合利益而磋商协议的社会交往活动。""谈判是人们为了各自的利益或责任，通过交换意见，谋求一致协议的交往活动。"[①]

我们给谈判下的定义是：谈判是一种各方都致力于说服对方接受其要求时所运用的一种交换意见的技能，其最终目的和结果就是要达成一项对各方都有利的协议。因此，谈判是一个直接影响各种人际关系、对参与各方产生持久利益的过程，它有赖于人际间的信息交流。

（二）公关谈判的概念

1. 公关谈判的内涵

在公共关系中，任何个人、企业和团体都不可能孤立地存在和发展。每个企业为了它自身的生存和发展，必须和社会各个方面建立各种相应的关系，不仅要同上级组织、工商、税务、银行、物价等方面发生正常的业务关系，还要同消费者发生公众关系，和销售部门发生贸易关系，和配套部门发生生产协作关系，和科研部门发生技术关系，和生产、供销部门发生信息关系。能否处理好这些关系，不仅影响企业的形象和声誉，而且还将直接影响到企业的生存与发展。双方或更多的当事人认识到在这些人与人之间、个人与企业之间、企业与企业之间的关系中存在着利益和价值观上的共性或分歧。因而，他们更希望通过谈判来求同存异，寻求一种合作方案或折中方案。

综上所述，公共关系和谈判是一个问题的两个方面。公共关系是谈判赖以存在的基础和前提。没有公共关系就没有谈判的必要；谈判是展开关系、理顺关系、解决关系所必不可少、行之有效的手段。两者合一而形成的公共谈判，就是用谈判方式去妥善处理公共关系。

在认识了两者的关系后，我们可以进一步了解公关谈判的具体含义。孙长征认为："公关谈判就是协调组织与组织、组织与公众的关系及行为的一种方法，是一种运用人际传播手段进行的活动。"公关谈判能够消除和避免组织与其他组织和公众之间的对立、纠纷和冲突，促使参与各方各有所得、共同受益，为了共同的目的而使合作关系更加巩固；公关谈判能够建立组织与其他组织和公众之间的良性关系，促使各方的相互支持、配合和尊重，树立起良好的组织形象。[②]

而谢承志则认为，所谓"公关谈判"，是指谈判者把谈判看成是满足双方需要的合作过程，在实现"利他"的合作过程中寻求实现"利己"，即坚持在谈判中双方都有所得，而不是一方独得胜利。其精髓是，在不损害本方利益的前提下，寻找为双方提供最大满足的最佳方案，以保证在对方都得到满足的同时，本方也获得预期的利益。即使在一方

[①] 刘园. 谈判学概论. 北京：首都经济贸易大学出版社，2006，2
[②] 孙长征，黄洪民，吕舟雷. 公关谈判与推销技巧. 第2版. 青岛：青岛出版社，2000，6

不得不做出重大牺牲的情况下，整个谈判也应该是双方都有所得。①

根据上述定义可见，既有学者将公关谈判视作为组织树立形象、建立组织与其受众关系的一种方式，也有学者将公关谈判看作满足双方需要，寻求双方最大满足的合作过程。

2. 公关谈判的定义

归纳而言，公关谈判本身应该是一个协商的过程，它是社会组织与其利益相关者为协调相互的利益关系而进行的一个信息交流的协商过程。进行公关谈判的最终目的是达到双赢，即寻求双方利益的最大化。而公关谈判作为组织公共关系的手段之一，其目标在于促使组织与其利益相关者关系的良好发展，协调各方利益群体的利害关系，从而为组织建立起良好的组织形象。

（三）公关谈判的要素

1. 公关谈判主体

谈判主体指参与谈判的当事人。这是谈判活动的主要因素。谈判活动的成效很大程度上取决于谈判当事人的主观能动性和创造性。谈判首先是由不同的各方构成的。各方为了实现自己所追求的利益，力争去影响对方、说服对方，但最终的结果又必然是互利的，不存在一方的胜利和另一方的失败。因此，谈判中的当事人无论是哪一方，无论他处于什么样的地位，都是谈判的主体。

2. 公关谈判的客体

从公关谈判的性质看，可以分为：行政性谈判，如解决企业的归属争议、经营范围争议、人事组织争议等问题就属于行政性谈判；经济性谈判，如解决企业产销供等方面的规格、质量、价格、收交货的时间、地点、结算方式等问题，就是经济性谈判；技术性谈判，如解决科学技术的合作开发、应用推广、权利归属和利益分成等问题就是技术性谈判。

从谈判发展程序看，可以分为意向性谈判，即谈判者之间就谈判的议题、意愿、时间、地点、方式等有关问题达成初步一致意见；实质性谈判，即谈判者之间就最关心的利益问题展开具体而深入的谈判。从谈判的结果看，可以分为：不成文式谈判，即谈判者之间在有关问题上达成一致意见，但不签署任何书面协议，这种谈判结果往往是以彼此的信任和道德来保证其实施和兑现的；成文式谈判，即谈判者之间，不仅在有关谈判问题上取得共同的意见，而且要形成书面协议，经签字盖章或公证后生效，这种谈判结果往往具有一定的强制力保证其兑现。

---

① 谢承志. 公关谈判艺术. 上海：同济大学出版社，2001，16

3. 公关谈判的目的

公关谈判的目的是指谈判各方通过相互磋商，来达到协调关系、谋求自己所追求的需要的目的。目的是谈判的动机，没有谈判目的的磋商、讨论只能叫做交流、接触或闲谈。谈判目的达成的标志，一般表现为协议的签订。

4. 公关谈判的结果

公关谈判的结果就是指谈判最终的结局。一个完整的谈判应当有一个结果，无论是成功的还是失败的。参加谈判的目的是为了达成协议，为此要耗费一定的人力、物力和时间。如果迟迟不能达成协议，则应早些结束谈判。谈判陷入僵局而不能自拔，或马拉松式地没完没了，就容易演变为不完整的谈判，为无效劳动。

(四) 公关谈判与胜负谈判的区别

在进行公关谈判之前，还应当明确公关谈判与胜负谈判的本质区别，只有这样，才能更好地进行公关谈判，以达到最终的谈判目的。

1. 胜负谈判的本质特征

胜负谈判的观念主要认为：人类社会是"零和"社会，谈判各方可能取得的成果总和是固定的，在双边谈判中，一方获得了较大的利益，则必然意味着另一方得益较少；一方获得了胜利也就意味着另一方的失败。以此理论为基础，谈判者要成为谈判中的赢家，就要坚决捍卫自己的观点及交易条件，剥夺对方获益的机会，迫使对方做出让步乃至牺牲。持胜负谈判观念的人，把谈判视作置对手于死地的棋赛和战争，所以力求"完全、彻底、全部、干净"消灭敌人的"全胜"。

胜负谈判的观念要求人们在谈判前，明确自己的观点，明确交易条件的界线，以便在实际谈判中竭力维护这一界线。持此种观念参加谈判，从表面上看，也可能有助于维护谈判者的利益，甚至扩大谈判者在谈判中的得益，但是越来越多的商务谈判实践证明，以这类观念指导谈判，谈判者很容易陷入非赢不可的竞争陷阱，谈判效率无法得以提高；谈判各方无法做到"生意不成情义在"，谈判各方成了生意场上的敌人，谈不上建立什么友好关系了。从而根本谈不上将来与对方利益做成一只"大蛋糕"，因为这种谈判所形成的关系会导致各个环节上的经济行为，其实是在分割"大蛋糕"。原本这些环节本身是共生的，缺一不可的，只有每个环节都正常运转，大家才有"蛋糕"吃，才有可能维持不断地运转，不断地生财、盈利。但是进行如此的谈判合作，却有可能让大家都失去蛋糕。

2. 公关谈判的本质特征

可见，仅"利己"而不"合作"，那就无法"利己"；当然，仅"合作"不"利己"，也就失去了公关谈判的意义。所以说，公关谈判的本质特征是合作的利己主义。

也就是说，一场成功的公关谈判，在追求本方利益的同时，一定要互相合作，使每一方都是胜者，不存在败者。公关谈判追求的应该是谈判双方双赢的局面，从而将蛋糕越做越大。当然我们并不否认,现实生活中存在着"一锤子"、"一次性"买卖,那只是"一次性"短期行为,为正经的从商者所不齿,更为公关谈判者所深恶痛绝。从这种意义上来说,公关谈判尽管与棋赛、与战争有相似之处,但它毕竟不同于欲将对手置于死地的棋赛和战争。不注意这种本质上的区别,谈判者就会自食其果。

二、公关谈判的原则

"平等互利,共同发展"是公关活动的一项基本原则。任何一种关系要得到维护和发展,都必须对双方有利,通过相互交流、沟通来满足双方的需要。公共关系强调本组织的利益与公众利益的平衡协调,信守"与自己的公众一齐发展"的原则。同样地,公关谈判的最终目的是满足各自的利益,而要想使自己的利益得到满足就必须取得对方的同意与认可。

(一)平等互利原则

公关谈判不是一场辩论赛,非要争出一个输赢,它追求的是双赢。虽然公关谈判中也有讨价还价,但那只是手段而不是目的。对于公关谈判来说,每一次成功的谈判,各方都应该是胜利者。虽然谈判过程会出现不同意见、不同观点,不可能在每一个具体目标上都获得等值的利益,但每一方成功的机会应该都是均等的,各方可以通过协商加以解决。谈判各方无论在社会地位与实力上有多大不同,但在法律地位上彼此享有的权利、责任和义务应一律平等。只有坚持此原则,才能建立起友好合作的长远交往关系。平等互利原则落实于实际谈判中,主要体现在以下三个方面。

1. 着眼于双方的利益

谈判中的分歧和冲突从表面上看好像是立场的冲突,但其实质是利益的冲突。因为谈判者作出某种决定的真正原因是利益。可见,利益才是隐藏在立场背后的动机。人们常常因为立场上的对立,就认定对方的利益与自己的相反,而拼命地进行对立争辩。实际上,只要我们不计较立场,就会发现双方的共同利益要大于冲突性利益。

2. 站在对方立场考虑问题

孙子兵法有云:"知己知彼,百战不殆。""知己"与"知彼"相比较,"知彼"就更为重要,而对生死相敌的对手,这一条则更为重要。伟大的斗士都是不会随便轻视他的对手的。要做到"知彼",最好的方法莫过于站在对方的立场看问题。失败者的一个重要原因是,他们从来都不懂得站在对方的立场看问题。创建了著名的松下电器公司的松下幸之助先生,在做生意的过程中,总结出了一条重要的人生经验:站在对方的立场看问题。

要设身处地地为对方着想,思考对方提出的每一个要求背后有什么样的利益问题。

对于对方的要求要多问一个"为什么",以友好的态度来进一步理解对方的需要、希望、担心和追求。

3. 考虑双方的多重利益

每一方都有多种利益,而不是仅有一种利益。谈判中,每一方的利益往往不止一种,而有多种。例如,一个业务员与客户谈判,既想取得经济效益,又想与客户保持良好的关系等。谈判中的多重利益,加强了利益的共同性。要特别注意别人的基本要求,在公开立场的背后寻找基本利益时,特别注意驱动行为的基本需要。

(二)友好协商原则

公关谈判常会在利益问题上产生分歧或冲突,但是不管争议的内容和分析的程度如何,双方都应冷静下来友好地协商,以和平方式谋求解决问题的良策,从而力求在冲突中实现共同的目标。友好协商原则实际上解决的是谈判中的人际关系问题。相互信任、理解、尊重和友谊的关系,可以使谈判顺利有效地进行,也会给对方留下良好印象的愿望,使人们更加注意对方的利益。因此,在公关谈判中贯彻友好协商原则必须把握以下三点。

1. 恰当地提出看法

鉴于谈判过程中发生分歧是常有的事,因此双方应坦诚地将各自的分歧与意见摆到桌面上,共同讨论。在谈判过程中,双方应尽力设身处地地为对方考虑,通过友好的语言和肢体形式来表达自己的意见,从而制造友好的谈判氛围,以进一步促使谈判能够在祥和的气氛中友好地进行。必须谨记的是,友好协商应建立在自身所处立场的基础上。因此,应当明确,决不能为了保持良好的人际关系而在实际问题上进行让步,从而让对方认为你软弱可欺。

2. 保持适当的情绪

在谈判中,特别是在激烈的争执中,情绪往往难以控制,一旦情绪爆发便可能使双方关系陷入僵局或破裂。所以,情绪和情感往往比谈话更为重要,只有保持好自己的情绪,沉着地应对各个问题,才能促使谈判更好地开展下去。因此,在谈判过程中,应当时刻留意自己和对方的情绪,克制自己的情绪,在允许对方发泄怨气的同时化解其愤怒、挫折感等消极情绪。

3. 建立良好的沟通

谈判中,不良的沟通往往会使双方产生误会,从而导致人际关系的对立。因此,良好的沟通是构建友好协商谈判氛围的重要因素。谈判者在谈判过程中必须认真地倾听对方的谈话,从而了解对方的想法,感受对方的情绪;谈判者还必须注意谈判过程中谈判用语的措辞,以简洁明确的发言让对方了解自身的意思;谈判者还必须注意自己的姿态,因为不同的眼神、动作都在表达谈判者心中的想法;此外,谈判者还须注意谈论自己的感受，以重申自己的看法或加深对对方看法的理解。

（三）规范和策略相结合原则

公关谈判的过程是一个调整双方利益以求得双赢的过程。由于谈判双方的立场不同、利益不同，因此在谈判过程中也容易引起冲突和不满。对此，谈判者应当事先明确自己在谈判过程中应坚持的态度和原则，以及将使用的谈判方法，从而争取使谈判达到最佳效果。此外，在谈判过程中，我们还必须既坚持自身规范要求，又留有余地，以使谈判能够更好地符合双方所期待的利益目标，从而达到双赢。但凡涉及组织根本利益的原则性问题，谈判者要寸步不让，据理力争，但要避免使用粗暴的言语，一定要以不卑不亢的态度，从实际出发，耐心地反复阐明自己的立场，以争取对方的接受。对于一些非原则性问题，谈判者可以在不损害己方根本利益的前提条件下做出某些让步。总之，无论是原则问题还是非原则问题的讨论，谈判者应始终坚持以理服人。

（四）依法办事原则

无论是普通的谈判还是公关谈判，都应当坚持依法办事的原则，即双方的谈判以及协议的产生必须以不损害国家利益和其他第三者的利益为前提。

在拟订谈判协议时，为了避免执行过程中发生争议，签署的各种文书以及所用的语言文字必须具有双方一致承认的明确的合法内涵。必要时应对其中的用语给予具体明确的解释，并且写入协议中，以免因条款的分歧而导致签约后在执行过程中发生争议。

第二节 公关谈判程序

要了解公关谈判的程序，就要首先知道谈判前、谈判中和谈判后的过程。特别是分析了解对手，把握其行为特征和规律，是公关谈判准备阶段的重要组成部分。同时，要理解为什么在任何谈判中，找到双赢的解决办法都是可能的。

一、公关谈判的准备阶段

（一）谈判环境分析

谈判总是在一定的环境下进行的，环境状况对具体的谈判项目能否成立、谈判过程中有关各方的力量对比等，均有十分重大的影响。因此，在进行公关谈判前须对谈判环境进行分析，考虑所面临的各种环境、可能出现的变化及其对谈判可能带来的影响。一一般来说，公关谈判环境的分析有以下五个方面。

1. 法律环境分析

无论是进行国内的公关谈判还是国际性的公关谈判，对于国家和国际的法律法规的熟知都是谈判的必要前提，只有这样才能有效地保证谈判的公平与公正。此外，涉外的公关谈判还应注意国家与国家（地区）间的法律差异（法律冲突），注意这些差异对谈判过程的影响。

2. 政治环境分析

要进行项目性或者投资性的公关谈判，就必须对该项目所在市场的宏观和微观环境了解清楚。在宏观方面，了解国家政府的政策倾向将对谈判力量的对比、谈判协议生效后实际履行的效果等产生重大的影响。此外，政治体制、政策的稳定性及非政府机构对政策的影响程度等也对谈判内容起着重要的影响作用。

3. 市场环境分析

市场环境分析的目的在于一方面综合各方面信息，以对市场现状做出准确的判断，另一方面则是根据有关参数、对市场的未来状况进行正确的预计和评估。谈判者应在谈判前就有关项目产品的供求与竞争状况进行详细的分析和了解，从而制定相应的谈判目标和策划。

4. 经济和技术可行性分析

通过对经济和技术可行性的研究，可以论证谈判项目在经济和技术上的合理性，同时也可以为谈判中的正式报价和底价的确定提供科学的依据。经济可行性主要指通过对逾期成本、数量、利润等的分析来论证谈判项目能否为企业带来理想的经济效益。技术可行性的分析则主要指基于现今所掌握的技术现状、技术走势及本企业实力，对谈判中技术指标要求的确定。

5. 社会文化分析

一个谈判者的谈判行为，必然与一定的社会文化环境紧密相连。所以，在进行政治、经济环境分析的同时，还必须对社会文化环境进行分析，以便谈判者能更快、更好地理解对方的谈判行为，避免因价值观念的不同而引起不必要的冲突和误会。对社会文化环境进行分析时，特别要注意对宗教、信仰和社会习俗的分析，以便了解宗教、信仰和社会习俗对谈判行为提出的特定要求。

（二）谈判对手的分析

在对谈判对手的分析研究中，有必要了解与谈判有关的一切。对对手的了解越充分，在谈判桌上就越主动。

1. 对手谈判需求分析

谈判者要想在谈判过程中把握对方的行为规律，从而有效地主导谈判进程，就必须了解谈判对手的需求。谈判对手的需求由两方面构成：（1）一个是其所处的组织需求；（2）另一个则是谈判对手的个人需求。对于谈判对手的组织需求分析，可以建立在对对方组织基本情况的了解上，可以从组织人数、组织类型、组织业务、组织已经取得的成就和当前面临的问题等方面入手。根据这些资料，可以在谈判过程中向谈判对手提出相应的协商以促使谈判的完成。而针对谈判对手的个人需求，则可通过对方的年龄、家庭情况、学历、收入、业余爱好和兴趣等方面来了解。通过这些分析，可以在谈判过程中通过引起谈判对手对某问题的兴趣而拉近双方的距离，从而促使谈判达到双赢。

2. 对手资产信用状况分析

谈判对手的资产信用状况，直接关系到谈判对手主体是否具备与协议要求基本相当的履约能力，关系到所签订的协议是否有效或是否具备无履行性，最终关系到谈判者会不会蒙受巨大损失。所以，审议和分析谈判对手的资产信用状况，是公关谈判准备阶段的关键之一。此外，还需要对谈判对手的资产规模、资产投向及其资金周转状况进行分析，从而分析对手的行为能力。

3. 对手市场地位分析

对对手的市场地位分析应主要分析其产品或服务在市场上具有哪些优势和劣势，从而为实际谈判中的报价和讨价还价提供依据。对对手市场地位的分析，侧重于对谈判项目所面临的市场供求环境的研究，旨在论证在合同签订并开始履行后，能否有足够大的市场保证企业取得足够效益。谈判者可以分析谈判对手的营销组合，通过对其产品、价格、渠道、促销及销售服务的分析来获取对手市场地位的信息。此外，还需对谈判对手的购买力进行分析，以便在谈判过程中对价格和协议策略进行相应的调整。

对于上述三个方面的分析方向，谈判者可以通过以下几种途径进行了解：（1）预算财务计划；（2）组织的出版物和报告；（3）新闻稿；（4）公关公司或机构的相关组织资料；（5）商业广告；（6）产品的详细说明书；（7）证券交易委员会或政府机构的报告书；（8）领导者的公开谈话和公开声明；（9）政府、企业等研究机构的研究报告等。

（三）战略目标的确定

公关谈判的具体目标体现着谈判者的基本目的，是谈判活动的灵魂，谈判者进行整个谈判都是为了实现这个目标，因此谈判者应当在公关谈判前确定战略目标与战术措施，以便在谈判过程中能根据战略意图修改战术措施，制定新的对策。

正确的战略目标和灵活具体的战术措施是相辅相成的，是公关谈判得以成功的保证，两者缺一不可。因此，只有公关谈判的战略目标具有弹性，才能提供双方合作的空间。谈判者确定谈判目标时可将其划分为三个层次：上限目标——乐于达成的理想目标，即获得最大利益的目标，这一目标在实际谈判中一般不会得到实现，因此谈判者在必要时可以放弃；下限目标——必须达成的目标，是一种临界目标；中限目标——当对方提出的条件使我方所能实现的目标低于临界点时，就要重新考虑谈判，是继续谈判还是终止谈判。通过不同层次的战略目标可使谈判过程中根据目标制定灵活的应对策略，为公共谈判的成功进行充分的努力。

（四）谈判方案的制定

公关谈判前需要准备几种可能实施的谈判方案，原因就犹如危机预案，危机的发展总是"计划赶不上变化快"，只有制定了若干的应对方案才能在方案一无法实施的时候，立即采用方案二或者方案三。公关谈判也是同样道理，只有事前准备好相应的谈判方案才能沉着地应对谈判过程发生的变化。

1. 哈佛原则法

谈判方案的制定大致可分两种：一种就是对自己获利大的方案，当然这种方案往往会遭到谈判对手的反对；另一种则是对自己来说，获利较低的方案，但这种方案往往容易让对方接受。哈佛原则法即费舍尔对谈判过程的基本原则有以下四个。

（1）人：谈判者要将谈判过程中的因素与谈判的具体问题区别开。

（2）利益：谈判者应关注双方实质性的利益，而不是表面的立场。

（3）方案：为了共同的利益，谈判者要努力创造各种可供选择的解决方案。

（4）标准：如果遇到利益冲突，谈判者应该采用客观标准来衡量彼此的利益范围。

2. 最佳替代方案

后一种方案是最佳的替代方案。由于公关谈判的目的是想得到比不谈判更好的结果，因而最佳替代方案便预示着未来的谈判结果，它能帮助谈判者在众多的结果中选择一个可能的最好结果———一个对方可能接受且对自己来说也获利较大的结果。

在制定了谈判方案后，还需要提前思考在谈判过程中何时亮出方案。首先，当谈判桌上的形势对自身有利时，就不应该亮出自己的最佳替代方案，因为对方在处于不利情况下有可能提出优于你的最佳替代方案；其次，一般情况下，过早地亮出你的最佳替代方案也对自身不利。因为在上述两种情况下，对手都会在你的最佳替代方案上再和你讨价还价，继续要你让步。所以，不到谈判陷入僵局，不到对手感到无计可施但又不想谈判破裂的时候，就不要亮出你的替代谈判方案。

（五）各种心理准备

公关谈判是人与人之间沟通与较量的过程，也是人的心理素质的较量。因此，在公关谈判前做好各种心理准备，才能更好地应付各种可能出现的问题。

1. 强硬对手的心理准备

在谈判中可能会遇到强势对手，使得自己被对方牵着鼻子走。因此，首先，应树立一个稳健的心态，即使遇到强势的对手也应以平和的态度应对。其次，由于社会惯性，人们往往会对高地位、高身份的人产生敬重感，而地位高者也易习惯性地以气势服人。谈判者应明确，既然要进行谈判就是双方都对对方有所要求，对方都有另一方想得到的利益点。因此，面对地位高的人士也就应该不卑不亢。

2. "马拉松"式谈判的心理准备

在谈判前（尤其是大型的、重要的谈判），谈判者要树立起谈判艰巨性的心理准备，尽量将困难考虑得多一些，将谈判过程考虑得复杂一些，将谈判所需时间考虑得长一些，做好要进行一场"马拉松"式谈判的心理准备。只有如此才能平稳地面对谈判的挑战，沉着地面对每一次谈判。

3. 做好谈判破裂的心理准备

虽然公关谈判的最终目的是达到双赢，但是有时候由于双方利益无法谈妥，谈判破裂也不是不可能的事。虽然谈判破裂不是我们希望的结局，但是鉴于自身基本原则的不可破坏性，谈判人员也需有这样的心理准备。

（六）精心组织安排

除了上述几个方面的准备外，谈判者还需要对谈判进行精心的安排，这里面包括了对公关谈判人员的安排、谈判地点的安排以及谈判程序的安排。

1. 谈判人员的安排

谈判是人与人的思维沟通的过程，因此公关谈判人员将影响谈判的过程与策略，所以在谈判人员的安排上应考虑以下三个方面。

（1）针对谈判对方人选的弱点来挑选我方具有优势的人员，尽量做到"以柔克刚"或"以刚克柔"。

（2）人员要做好角色的安排，分清"主谈"与"副谈"，"红脸"与"白脸"，从而以不同的战略和应对方式来进行谈判。

（3）在重大的公关谈判中，安排女性代表参加。由于国际上"女士优先"的规则，同时女士在某些方面能够表现出与男性不同的思考方式和态度，因此安排女性参加能够使谈判过程更具有优势。

2. 谈判地点的安排

公关谈判地点可分为"本方地"、"对方地"、"中立地"三种。由于选择"本方地"或"对方地"将使其中一方具有东道主的地理优势，通过许多安排取得有利的位置。因此，如果可以应尽量选择"中立地"进行谈判。

3. 谈判程序的安排

谈判议程是谈判方掌握主动的一个机会，因为能够控制谈判议程，就意味着掌握了谈什么；什么是重点谈判的内容，什么内容不谈或者少花时间谈；什么先谈，什么后谈等，这都影响到双方谈判者的获利。

（七）模拟谈判

上述的公关谈判准备内容都是单方面的主观努力，具有较大的片面性，使得在实际操作中较难预测可能面对的阻力与困难。因此，在谈判前进行模拟谈判，对谈判过程进行预演可以有效地查看自身谈判计划的薄弱或不足之处，从而事先采取措施进行弥补和修正。此外，模拟谈判还能让谈判者得到一些临场经验，更利于以沉稳的态度应对谈判过程所出现的问题。

模拟谈判应安排得如同正式谈判一样。可组织一些有关人员扮演谈判对手，与己方谈判者进行谈判。扮演对手的人可根据事前对谈判对手的资料搜索提出相应的问题，然后通过态度的不同变化，如彬彬有礼或吹毛求疵等对我方谈判者的意见、论据进行反驳或刨根问底，从而加强我方谈判者的应对能力，提高谈判的成功率。

二、谈判开局阶段

谈判开局阶段主要指公关谈判双方见面后，在进入具体谈判内容之前，相互认识、彼此熟悉，以营造一个有利于谈判的良好氛围的过程。开局阶段所用的时间较短，谈话的内容多与整个谈判主题关系不大，但是却为整个谈判过程奠定了基调。

谈判的内容、形式、地点不同，谈判的氛围也不一样。因此，在开局阶段要营造何种谈判气氛，就需要根据准备的谈判方针和谈判策略来决定，还要视谈判对手的状况而定。

三、交流探测阶段

交流探测阶段主要以"谈"为主，由于这一阶段是谈判各方第一次正式的会谈，因此谈判各方需要明确地亮出自己的动机和意图，通过观点的交换以达到相互了解。

交流探测阶段的发言要尽量防止话题过分单一，应采取广开言路的方式，探讨各种问题；同时最好不要互相询问，更不要在具体问题上无休止地纠缠。因为这一阶段为谈判各方相互摸底的时候，因此谈判各方应利用这个时间注意倾听对方的发言，准确地理解其中的含义，然后再私下有针对性地调整谈判方案，确定谈判策略，为磋商交锋阶段做好准备。

四、磋商交锋阶段

磋商交锋阶段是双方谈判人员真正进行协商谈判的阶段，是谈判的主体阶段。在这一阶段，谈判各方将依据自己的谈判目标而说服对方接受自己的观点。

在磋商交锋阶段，谈判各方都会尽力争取自己所需的利益而相互交锋、讨价还价。因此，此阶段将充满对立与交锋。此阶段的谈判人员应该坚定自己的立场与信念，朝着自己事先确定的目标而勇往直前。谈判人员应将自己事先准备好的策略在此时毫无保留地施展开来，通过斗智的唇枪舌剑而获取谈判的优势。

五、妥协阶段

虽然交锋是谈判过程中必不可少的阶段，但是交锋阶段不可能永无休止，而公关谈判的最终目的也是为了达到合作上的双赢，从而更好地满足各方的利益需要。因此，谈判人员在磋商交锋阶段上针锋相对、坚持不懈的态度，在此时便应掌握时机，通过互相让步而寻求一致，达成妥协，这样才能达到最好的谈判结果。当然，妥协是有一定范围和限度的，妥协的原则就是既不放弃自己的立场和利益，又兼顾对方的利益。

六、协议签订阶段

谈判各方在经过多次的反复洽谈、求同存异后，若谈判顺利将可就各项重要条款达成协议。而为了明确各方的权利和义务，谈判各方通常需要签订书面合同。书面合同是确定权利和义务的重要依据。因此，合同内容必须与各方谈妥的事项及其要求完全一致，特别是主要的交易条件都要订立明确。在拟订合同时更不能存在概念歧义，前后的叙述也不能自相矛盾或出现疏漏。

书面合同经过各方代表的讨论推敲以及修改完善后，参与各方的代表就需要在合同上签名确认。一旦签字完成，合同条文便开始生效并具有法律效力。若在合同履行过程中出现纠纷，则可采用协商、调解、仲裁或审判的形式予以处理，若出现了违约行为，则可寻求法律途径保护自身的权益。

第三节　公关谈判技巧

我国关于公关谈判技巧方面的研究还很不成熟，我们总结多年来的理论与实践，在论述基本理论、基本观点的基础上,介绍有关策略和技巧,以期增强实用性和可操作性,使读者学习后谈判能力有较大的提高。

一、公关谈判的技巧原理

现在的业务往来中,对公关谈判形式要求越来越正规、专业,从老朋友聚会到小的业务沟通以及大的国内外谈判,都提出了高要求。谈判的知识、方法和技能及策略,是现在社会组织管理者都应该掌握的,现代政府、企业等也都应该备有这方面的专业人才,确保谈判中不至于因为小的环节的不谨慎,造成生意的失败和让对方嘲笑的谈判水平。

(一)谈判目的是双赢

1. 谈判讲究实力

公关谈判就是利用谈判实力,在一块大饼切分属于你的最大的那块。谈判前,作为甲方,要先了解乙方的需求、预算和承受力;作为乙方,则要先了解甲方是否具有入围资格,是否能满足己方的必达项,并了解对方的利润目标,探测对方的底价。

2. 占据战略性位置

谈判就像下棋,开局就要占据有利位置或战略性位置。谈判的目的是要达成双赢方案。强力销售谈判(power sales negotiating)就是教你如何在谈判桌上获胜,同时让对方觉得他也赢了。实际上,正是这种本领决定了一个人能否成为强力谈判高手。和下棋一样,运用强力销售谈判技巧必须遵守一套规则。

谈判和下棋最大的区别在于,谈判时对方不知道这些规则,只能预测你的棋路。棋手将象棋中的这几步战略性走棋称为"棋局"。开局时要让棋盘上的局势有利于你。中局要保持你的优势。进入残局时利用你的优势,"将"死对方,用在销售上就是要买方下单。所以,开局:成功布局;中局:保持优势;终局:赢得忠诚。

3. 达成公平交易

谈判不要限于一个问题。如果你解决了其他所有问题,最后只剩下价格谈判,那么结果只能是一输一赢。如果谈判桌上多留几个问题,你总能找到交换条件达成公平交易。

谈判人员的最大误区就是认为价格是谈判中的主导问题。很明显,许多其他因素对买方也很重要,例如,产品或服务的质量、按时送货和灵活的付款条件。

不能得寸进尺,过于贪婪。在公关谈判中不要捞尽所有好处。你或许觉得自己胜了,但如果买方觉得你击败了他,你的胜利又有何用?所以要留点好处给对方,让他也有谈判赢了的感觉。

（二）谈判技巧分类

了解整个公关谈判的流程以做好必要的准备固然重要，但是谈判实际是借助谈判双方的信息交流来完成的。谈判过程中，谈判人员之间的听、问、答、叙、看、辩和说服等方式都对公关谈判的结果形成至关重要。公关谈判人员要想在谈判过程中达到自己的经济利益与社会效益的目的，就必须在复杂多变的谈判交锋中审时度势，制定并运用相应的谈判技巧。因此，掌握必要的公关谈判技巧从而进行有效谈判，以达到双赢也就非常重要。

1. 狭义谈判技巧

狭义谈判技巧是指谈判人员被授权在某种范围内或在某种程度上做出决断，有权决定使用某种技巧，并决定是否成交的方式，若不采用，他就无法进行谈判。但是，除了上述狭隘的意义外，技巧还指一种把事情做好的才干和能力，一种能控制别人、事态以及自己的力量。所以，谈判学中的技巧是一种比较宽泛的概念。

2. 广义谈判技巧

谈判学中的广义技巧实际上是指谈判者"有权"使用的种种方式与技巧。由于很多没有经验的谈判者，往往会在谈判的关键时刻或者自己处于下风时，忘记了自己"有权"采取的种种对策，甚至怀疑自己是否真的"有权"去采取，以至于谈判莫名其妙地失败了。因此，掌握必要的技巧便有利于沉着地面对谈判过程中突发的状况，以进一步促使谈判达到符合自身利益的双赢结果。

二、公关谈判的情报技巧

公关谈判的情报（指信息和资料）对于谈判来说，犹如情报对于战争一样重要。没有情报，作战部队就会寸步难行，处处被动，陷入挨打的局面，更严重的还将全军覆没。同理，没有情报的谈判一方谈判时也将会处处被动，最终导致谈判的失败。

（一）公关谈判情报

1. 公关谈判情报的内容

它包括统计资料、实验报告、客户意见、违规资料、竞争报价等，谁掌握有关谈判的信息和资料，并且能合理地运用这些信息和资料来为谈判服务，谁就能很好地控制谈判的进程。

2. 公关谈判情报的收集

（1）谈判前的情报收集，主要是指在谈判准备阶段的环境分析以及谈判对手的分析（在上文谈判准备阶段已有提及），可以通过专门的信息咨询机构查询、企业管理部门的公开资料以及网络等途径获得。

（2）谈判中的情报收集。谈判过程中，在每一个回合里观察、分析对手的一举一动、一言一行（即有声语言和态势语言）来收集情报，可以补充和修正谈判前收集的情报，从而更全面地掌握情况，更彻底地了解对手。

（二）谈判中收集情报的方法

1. 倾听法

在公关谈判中，通过倾听来获取情报是一种行之有效的方法。倾听，就是既要听到对手讲出来的话，听出有"价值"的话来，又要听出对手没有讲出来的话。在倾听的过程中，谈判者可以采取迎和的态度，适时地对对方的话表示理解，用点头的行为方式或者简短的插话来表现理解，以消除对方的对抗心理，使对方放松警惕而将他的意见和想法和盘托出。当然，必须明确的是，我们对他的话表示理解并不意味着赞成，只是为了更好地"套出"他的资料。因此，当他明白这一点时，后悔已经来不及了。

2. 提问法

能否获得有利的情报信息取决于提问的水平以及提问的质量，而提问的角度也决定了对手是否会对你的要求加以认真地推敲。一个好的谈判者，能够以有效的提问来驾驭谈判的进展，从而引导对方考虑自己的要求，以达到谈判的目的。在进行公关谈判中，要提出有质量的提问就需要注意以下事项：（1）在谈判前事先准备好问题；（2）要敢于提问；（3）提问后应该保持沉默，等待对方回答；（4）用各种方式反复提出同一个问题；（5）突然提问。

三、公关谈判的时间技巧

时间对世间每个人都是绝对公平的，它既不会给你多一点去考虑如何击败对手，也不会给对方多一点来反击你。我们无法操控时间，但是却可以通过研究时间来影响谈判的进程。

（一）战略时间的选择

由于公关谈判是一种人类复杂思考与沟通的博弈行为，因此对于谈判过程中的战略时间，即最佳的时间（对自己最有利的时间）的选择也就非常重要。

1. 谈判人的时间性思考

公关谈判战略时间的思考不应仅仅停留在对于谈判过程如何有效利用时间，而且还应该立足于对谈判人员的时间性思考上。由于公关谈判的主体是人，是人参与的一项相互沟通协商的过程。因此，从内而外，对谈判人员的个人谈判时间思考选择，以及谈判过程的思考选择同样重要。

现代先进的生物学研究表明，生物都有节律周期，即俗称的"生物钟"。人也是如此，在一个周期里，有高潮期和低潮期。在高潮期里，人容易出成绩、出成果，容易取得事业上的成功；而在低潮期，人容易犯错误、出岔子。早在1983年，Kruglanski等人就发现，时间压力会增强个体应对模糊性时表现出的动机和愿望，使人们只是肤浅地加工信息，不会去考虑多种可能的解释，从而影响其判断和决策，而引起首因效应和刻板印象。[①] 可见，谈判时间对于谈判人员具有很大的影响性。

2. 选择最有利的生理时间谈判

谈判人员应选择对自己最有利的生理时间进行相关的谈判。具体而言，主要需考虑到以下几个主要方面：(1) 避免在身心处于低潮时进行谈判；(2) 避免在一周休息日后的第一天早上进行谈判，因为这个时候人们在心理上可能仍未进入工作状态；(3) 避免在连续紧张工作后进行谈判，这时人们的思绪比较零乱；(4) 避免在身体不适时（特别是牙痛时）进行谈判，因为身体不适，很难使自己专心致力于谈判之中；(5) 避免在人体一天中最疲劳的时间进行谈判；(6) 在贸易谈判中，如果是卖方谈判者，则应主动避开买方市场；如果是买方谈判者，则要尽量避开卖方市场，因为这两种情况都难以进行平等互利的谈判。

（二）战术时间的选择

时间就是力量，如果能在谈判中巧妙地利用时间，就增添了自己的力量。除了对谈判人员生理因素的时间考虑外，还应争取各种战术时间，以应对谈判过程中对方的策略。下面介绍谈判中常用的几种争取战术时间的技巧。

1. 故意拖延法

故意拖延时间是一种常用的公关谈判技巧，特别为谈判的东道主所乐于采用。因为他们可以抓住对方客居外地，对生活、气候等不习惯的心理弱点，故意拖延时间，或者推迟谈判，或者出尔反尔要求重新谈判等，使对方在生理和心理上都承受不住的情况下，逼迫对方让步。

2. 打持久战法

由于公关谈判倡导的是最终达到双赢的目的，因此这种较极端的速战速决的时间战术明显不太适合此类谈判。根据心理学家的研究，由于拒绝改变是人的本性，人们在接受新生事物或全新观念，特别是那些与自己相反的观念时，总是需要一定的时间。因此，谈判者应当把"打持久战"作为一种谈判的技巧来使用，致力于通过持久战的方式使对

[①] Kruglanski A W, Freund T. The Freezing and Unfreezing of Lay-inferences: Effects on Impressionable Primacy, Ethnic Stereo Typing, and Numerical Anchoring. *Journal of Experimental Social Psychology*, 1983, 19: 448~468

方接受我方的观点,在相互磋商下达到良好的谈判结果。此外,做好"打持久战"的准备也有利于自身谈判心理的培养,以避免在超出自己所设定的谈判时间后出现焦急决定的情况。

3. 及时出击法

所谓"及时出击法",是指谈判的过程中,选择最佳的时间:或阐述自己的主张,或据理力争,或妥协退让,从而争取最佳的谈判结果。作为一种谈判的策略和技巧,"及时出击法"对谈判的进程甚至谈判的最后结局都有着重大的影响。

4. 争取时间法

谈判过程其实也就是思维和口才在电光火石间进行激烈碰撞的过程。虽然公关谈判致力达到双赢,但是谈判过程中出现交锋也在所避免。因此,在谈判中为自己争取更多的时间来进行思考应对便非常重要。谈判过程中争取时间的方法有很多,下面简单介绍几种常用方式。

(1) 利用款待争取时间。在谈判前,可以利用款待的技巧耗费谈判对手的精力和准备时间,从而为自己创造良好的应对时机。一般地说,东道主对前来谈判的对方代表,总要尽地主之谊,加以盛情款待。这样既可以搞好双方的人际关系,又可以消耗对方的时间和精力。

(2) 利用打岔和多次重复争取时间。在谈判中,若面临对手的尖锐要求或者谈判暂时处于弱势,一时间难以思考到应对方式,则可利用打电话、上厕所,甚至处理突发事件等借口,争取宝贵的思考时间。此外,谈判者也可以以没听清为理由,或者故意曲解对方的立场、条件,使对方不厌其烦地复述你已知的立场、条件,而思考应对策略。

(3) 利用助手争取时间。除了自己寻求不同的机会争取时间,谈判者还可以利用身边的助手来获取谈判时间。例如,让善于短话长说者发言;调换谈判人员;询问助手意见。

(4) 利用翻译来争取时间。在涉外谈判中,即使谈判者精通某国外语,但是出于外交礼节的原因,也应配有翻译。

5. 时间压力法

时间压力法就是先谈一些无关大局的议题,当准备结束谈判时,突然向对方提出他们所不愿意接受的条件。由于人在时间的压力下谈判原则会有所松动,心理状态也很难调整到谈判初期的状态,因此巧妙地施加压力往往可以获得谈判的成功。

思维拓展 7-1

时间压力策略案例

美妙公司是一家主营圣诞礼物的专业型企业,主力产品是圣诞卡、圣诞老人及各种毛绒玩具,因为专业性强,在业界享有极高的知名度,其产品遍及市内所有中高档商场。

雅贵商厦是一家著名的综合性商场，地理位置极佳且交通便利，每个重要节日都会创造极高的销售额。双方在每年的圣诞节都会有愉快的合作，各自都能达到预期的销售目标。而今年雅贵商厦提高了进店费用，这令美妙公司极为不满，因为这将增加该公司的运营成本，会影响其经营利润。于是双方进行了沟通，在十月初进行了一次失败的谈判后谁也没提出第二次会面时间，但圣诞节却越来越近了。

美妙公司认为他们是圣诞行业中无可争议的第一品牌，每年销量都在上升，消费者非常认可美妙品牌，如果在圣诞期间雅贵商厦没有该产品的销售，在经营上将造成较大的损失，所以他们计划使用时间压力策略，在最后时刻等待雅贵方的让步。

雅贵商厦认为他们有众多的固定消费群体，美妙公司是通过这个良好的平台才获得了今天的业绩，另外，雅贵商厦目前和全国优秀的供应商合作，拥有不同档次的完整产品线，即使不销售美妙公司的产品也不会造成多大的影响，所以他们也使用时间压力策略，在最后时刻等待美妙方的让步。[①]

四、公关谈判的报价技巧与方法

（一）报价原理

价格虽然不是谈判的全部，但毫无疑问，有关价格的讨论依然是谈判的主要组成部分，在任何一次商务谈判中价格的协商通常会占据70%以上的时间，很多没有结局的谈判也是因为双方价格上的分歧而最终导致不欢而散。

1. 价格谈判因素

价格谈判主要由四个因素组成：我方的报价、对方的还价、我方的底牌及对方的底牌。作为卖方总是希望以较高的价格成交，而作为买方则期盼以较低的价格合作。这一局面要在实际谈判中做到双方都满意，最终达到双赢的局面却是一件不简单的事情。由于好的开始是成功的一半，因此第一次向客户报价时就需要花费一些时间来进行全盘思考。因为开价高可能导致一场不成功的交易，而开价低对方也不会因此停止价格还盘，因为他们并不知道你的价格底线，也猜不出你的谈判策略，所以依然会认定你是漫天要价，一定会在价格上与你针锋相对，直到接近或者低于你的价格底线为止。在这个过程中，双方都会揣摩、推测、试探对方的底牌，进行心理、智慧、技巧的综合较量。因此，对于买卖双方开价、还价以及各自底价的保留都是谈判成功与否的一个重要环节。

2. 谈判开价的黄金法则

谈判开价的黄金法则是指开价一定要高于实际想要的价格。因为谈判双方都会试图

[①] http://school.para360.com/marketing/transact/20071112/9537.Html

不断地扩大自己的谈判空间，报价越高意味着你的谈判空间越大，也会有更多的回报。而谈判是一项妥协的艺术，成功的谈判是在你让步的过程中得到你所需要的。所以，卖方的开价往往是很高的，但他一定有一个低得多的底价；买方的还价往往是很低的，但他也有一个高得多的底价。

实践证明，卖方的一系列报价通常是递减的，即价格一路往下跌，最多跌到底价；而买方的一系列报价通常是递增的，即价格一直往上涨，也是最多涨到底价为止。可见，当卖方的底价小于买方的底价，则买卖有可能成功（见图 7-1（a））；但卖方的底价小于并且接近等于买方的底价时，买卖成功的难度就相当大了（见图 7-1（b））；如果卖方的底价大于买方的底价，则买卖是不可能成交的（见图 7-1（c））。

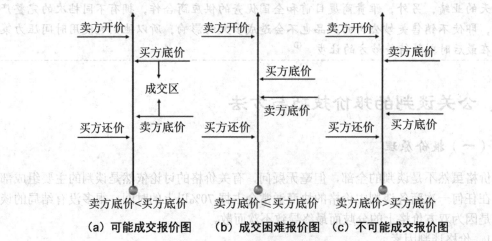

图 7-1 买卖双方报价图（1）

因此，要想达成成功的公关谈判，从而使双方均取得各需利益，就需要细致考虑可能成交的报价战术。如前所述，在价格谈判中，卖方报价与买方还价的增减是有一定的规律的。从图 7-2（a）可见，买方或卖方的报价如能报到图中所表示的情况，这种报价是非常成功的。因为一方的报价与对方的底价之间还有较大的距离，这是讨价还价的本钱。而且，如果卖方的开价越是大于买方的底价，或者买方的还价越是小于卖方的底价，那么只要不犯大错误，是可以获得较大的利益的。

从图 7-2（b）可见，如果卖方开价比买方的底价低，由于卖方的开价是一路下跌的，所以，只可能在低于卖方开价的基础上成交；同样，如果买方的还价比卖方的底价高，由于买方的还价只会上涨，所以，结果也只会在高于买方还价的基础上成交。无论其中的哪一种情况，谈判结果都会损失很大的利益。所以说，无论是卖方还是买方，这类报价都是失败的报价，应该竭力避免。从图 7-2（c）来看，一方的报价与对方的底价比较接近，由于谁都不愿在自己的底价或接近底价的价格上成交，都要竭尽全力获得更多的利益，所以，在一般情况下，不可能在其中一方的报价上成交，往往只会在高于卖方底价，或者低于买方底价的价格上成交，可想而知，双方讨价还价起来是多么艰巨。所以说，无论是卖方还是买方，这种报价都是不太成功的报价，应该努力避免。①

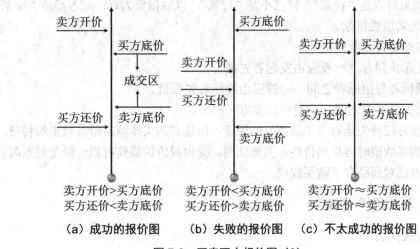

图 7-2　买卖双方报价图（2）

（二）先后报价的利弊

在报价过程中，谈判者最感困扰的是先报价还是后报价。由于先报价和后报价都各有其利弊，因此谈判者需要对此进行全盘的考虑。

1. 先报价的利弊

对于选择先报价的卖方或买方，其有利之处在于：为谈判划定了一个框架，从而影响对方的还价。然而，先报价也有不利之处，因为一旦先报价就会显示我方的报价与对方事先掌握的价格之间的距离。如果我方的报价比对方掌握的价格低，那么便丧失了本来可以获得的更大利益；如果报价比对方掌握的价格高，对方会集中力量对你的价格发起攻击，逼你降价，这时候我方由于并不知道对方掌握的价格，便使局势变成我方在明，对方在暗，而对对方的回击心里没底，往往担心贸然降得太多会遭到不必要的损失。

2. 后报价的利弊

后报价的利弊似乎正好和先报价相反。其有利之处在于，对方在明处，自己在暗处，可以根据对方的报价及时地修改自己的策略，以争取最大的利益。但是不足之处也在于由于对方先开价往往控制了整个局面，使得我方容易被对方牵着走。因此，先报价还是后报价要视具体情况而言。一般地说，应注意以下四点。

---

① 谢承志. 公关谈判艺术. 上海：同济大学出版社，2001，223～225

（1）在高度竞争或高度冲突的场合，先报价有利。

（2）在友好合作的谈判背景下，先、后报价无实质性区别。

（3）如果对方不是"行家"，以先报价为好。

（4）如果对方是"行家"，自己不是"行家"，以后报价为好；双方都是"行家"，则先、后报价无实质性区别。

3．价格型公关谈判惯例

（1）发起谈判者，一般应由发起者先报价。

（2）投标者与招标者之间，一般应由投标者先报价。

（3）卖方与买方之间，一般应由卖方先报价。

谈判中卖方应首先让对方了解商品的性能、用途和购买该商品给其带来的利益，待对方有强烈的购买欲望时再报出价格。实践证明，提出报价的最佳时机一般是对方询价时，因为此时对方已对商品有了购买欲望。

（三）常见报价方法

1．高价报价法

实践证明，如果卖主开价较高，则往往在较高的价格上成交；相反，则往往在较低的价格上成交。这两种情况既矛盾又统一，开价高、还价低，这是矛盾的；但两者报价的统一之处在于：大多数的最终协议结果往往在这两个价格的中间或者接近中间的价格上成交。高报价可以改变谈判对手的最初要求，从而使自己得到更多的利益，还可以向对方提出诸多苛刻的要求，向对方施加压力，以此来动摇对方的信心，压低对方的期望目标，并使你在以后的讨价还价中具有较大的余地。高报价的弊端是往往易导致谈判的破裂，延长谈判时间，降低谈判效率，增加谈判的支出，甚至可能给竞争对手（第三者）带来可乘之机。

2．逆向报价

逆向报价方法与高价报价法不同，是一种反传统的报价方法。具体做法是，卖方首先报出低价或买方报出高价，以达到吸引客户、诱发客户谈判兴趣的目的。然后，再从其他交易条件寻找突破口，逐步抬高或压低价格，最终在预期价位成交。运用此种报价方法，对首先报价一方风险较大。在报价一方的谈判地位不很有利的情况下，报出令对方出乎意料的价格后，虽然有可能将其他竞争对手排斥在外，但也会承担难以使价位回到预期水平的风险，对商务谈判人员要求较高，除非确有必要，在实际商务谈判中应尽量避免使用。

3．鱼饵报价法

商务谈判的特点是"利己"和"合作"兼顾。因此，如果谈判者想要顺利地获得谈判的成功，而且还想维系和发展同谈判对手之间的良好关系，那么，在尽可能维护自己利益的基础上，还要照顾和满足谈判对手的需求。这个道理有点类似用鱼饵钓鱼，你想要钓到鱼，就得准备"牺牲"鱼饵；有经验的钓鱼者都知道，用什么样的鱼饵以及什么量的鱼饵才能钓到什么样的鱼。由于使用鱼饵报价法的根本目的是钓到鱼，即达成谈判，因此需要注意实现自己利益才是目的，且不可盲目地满足对手的需求而提供过高代价的"鱼饵"，使得谈判结果得不偿失。

4. 中途变价法

中途变价法就是在报价的中途改变原来的报价趋势，从而争取谈判成功的报价方法。所谓改变原来的报价趋势，就是买方在一路上涨的报价过程中，突然报出一个下降的价格，或者卖方在一路下降的报价过程中，突然报出一个突然上升的价格来，从而改变原来的报价趋势，促使对方考虑接受你的价格。"中途变价法"作为一种谈判技巧，有时候为了达到某种目的不妨一试，也确实会收到意想不到的效果。但不宜多用，否则很可能会被人认为你言而无信。另一方面，如果对方一旦识破你的企图，此法不仅不能发挥作用，甚至会弄巧成拙。

5. 挑剔还价法

俗话说"鸡蛋里挑骨头"，再好的东西也能从中找出毛病来。这种技巧通常被买主用来压低卖主的报价，方法是故意找茬儿，提出一大堆问题和要求，当然其中真的有些问题确实存在，但有的却是故意制造出来的。实践证明，在谈判中如果一方用这种"挑剔还价法"向对方提出的要求越多，得到的也就越多，提出的要求越高，结果也就越好。

但是，假如在谈判中你遇到对方用此种方式来对付自己，则应心平气和地对待挑剔者，同时不要轻易让步，否则对方会得寸进尺，要求越提越高，使你无法招架。对待任何难缠的挑剔者，最好的武器就是耐心加笑容，只要你有足够的耐心，一定会使难缠的挑剔者的挑剔和问题失去作用和影响；同时只要你始终能心平气和地微笑，那么任何难缠的挑剔者也找不出发火的理由。

6. 哄抬报价法

有时谈判者为了提高价格，刺激买方的购买兴趣，也会创造一种竞争局面，这是利用人们"从众心理"哄抬报价的方法。最常见的就是在商场若见到人头涌涌的铺位，其他消费者也会想前往了解情况或者进行购买。正是由于这种"从众心理"，若谈判者散播有人竞争的消息，往往能刺激起对方的心理，加快他们达成谈判的欲望。

当然，在现实谈判中，对手、环境等具体情况都在变化，客观上不存在永远都有效的报价技巧。以上仅是国内外谈判高手们的经验总结，而且报价技巧的运用最忌生搬硬套。谈判人员应随机应变，灵活运用以上技巧，争取到更多的利益。

思维拓展 7-2

逆向报价 假戏真做

卖方 A 与买方 B 进行商品出口的谈判交易，当时这种商品的市场价格是每打 140 美元，但卖方 A 的报价却是每打 135 美元。这一报价引起了买方的极大兴趣。于是买方 B 放弃了与其他卖主的谈判，把主要精力用在与卖方 A 的谈判上。

由于卖方 A 想扩大零售销路，因此在与买方商谈包装问题时，卖方表示愿意将该商品原来的简装改为精装，但每打需要增加 2 美元。买方深知该产品精装比简装畅销，便欣然答应。

在交货期限的商议中，买方 B 提出要求，卖方必须在两个月内完成 5 万打的交货任务。卖方 A 表示，因数量太大，工厂生产能力有限，一时无法生产那么多，可考虑分批装运。第一批在签约后两个月内供货，其余的在六个月内全部完成交货。买方 B 坚持在两个月内全部完成供货的要求。卖方表示，愿意与该商品的生产厂家进一步商量。几天以后，卖方答复：厂方为了满足买方的要求愿意加班完成生产任务，但考虑到该产品出口利润甚低，为了调动工人的积极性，希望买方能支付一些加班费。买方表示愿意支付每打 3 美元的加班费。

在谈判付款问题时，卖方表示，这批货物数量较大，需要购买原料，而厂方贷款有困难，希望买方能预付 30% 的货款。经过商谈，买方同意预付 20% 的货款。

最终，双方达成了协议。但事实上，这批货是卖方的库存品。为了尽快清仓，卖方成功地使用了"逆向报价"的谈判策略，首先让价 5 美元，以此稳住买方；随后又从包装、加班费和预付款中补了回来，并且还超出了预期的利润。①

五、公关谈判的让步技巧

公关谈判中的让步技巧是指在商业谈判中双方或多方就某一个利益问题争执不下时，为了促成谈判成功，一方或多方采用的放弃部分利益为代价的谈判策略。该技巧主要用于解决一些棘手的利益冲突问题。

（一）让步技巧的原则

成功的让步策略可以起到以局部小利益牺牲来换取整体利益的作用，甚至在有些时候可以达到"四两拨千斤"的效果。但若运用不当不仅达不到自己的目的，还会搬起石

---

① 蒋春堂. 经济谈判案例精选评析. 武汉：武汉测绘科技大学出版社，1998，160～162

头砸自己的脚，影响到整个谈判战略的布局。因此，策略性让步尤为重要，即在做出让步时仍坚持自己的原则。在重大问题上小心谨慎地让步，认真分析当时的情况，不该让步时一定不让，态度执著，据理力争；在细小的问题上可先让步，显示自己的大度，给对方一种体贴的感觉。具体而言，让步应遵循以下四个原则。

1. 目标价值最大化原则

应当承认，在公关谈判中很多情况下目标并非是单一目标，在处理这些多重目标的过程中不可避免地存在着目标冲突现象。谈判过程事实上是寻求双方目标价值最大化的一个过程。但由于谈判是双方进行协商以求达到双赢的过程，因此这种目标价值最大化并不是所有目标最大化，这就避免不了在处理不同价值目标时使用让步策略。

不可否认，在实际过程中，不同目标之间冲突时常发生，但是在不同目标中它们的价值及紧迫程度也不相同，所以在处理这类矛盾时应在目标之间依照重要性和紧迫性建立优先顺序，优先解决重要及紧迫的目标。在条件允许的前提下适当争取其他目标，而让步技巧就是保护重要的目标，使其价值最大化，如关键环节——价格、付款方式等。

2. 刚性原则

谈判中可以使用让步的资源是有限的，所以让步策略的使用具有刚性，其运用力度只能是先小后大，一旦让步力度下降或减小则以往让步价值也失去意义；同时谈判对手对让步会具有"抗药性"，一种方式让步使用几次就失去效果。必须认识到，让步技巧运用是有限的，即使你所拥有让步的资源比较丰富，但是在谈判中对手对于你让步的体会也是不同的，并不能保证取得预先期望价值的回报。因此，在刚性原则中必须小心以下三点。

（1）谈判对手的需求有一定限度，也具有一定层次差别，让步策略的运用也必须有限度、有层次的区别。

（2）让步技巧运用效果是有限的，每一次让步只能在谈判一定时期内起作用，是针对特定阶段、特定人物、特定事件起作用的，所以不应期望满足对手所有意愿，对于重点问题的让步必须给予严格控制。

（3）时刻对让步的资源投入与你所期望的产出进行对比分析，必须做到让步的价值投入小于所产生的积极效益。在使用让步资源时一定要有一个所获利润测算，即预计需投入多大比例来保证你所期望的回报，切记：并不是投入越多回报越多，而是寻求一个二者之间的最佳组合。

3. 时机原则

让步策略中时机原则就是在适当时机和场合做出适当、适时的让步，使谈判让步作用发挥到最大、所起到的作用最佳。时机过早地让步往往导致自己后悔；而该让步时不让步，则容易导致谈判破裂。因此，把握让步时机非常重要。实行让步策略必须分析所处场合、谈判进展情况以及发展方向等，遵从让步策略原则、方式和方法，以免促使对方胃口越来越大,丧失谈判中的主动权。

4. 清晰原则

在商务谈判让步策略中清晰原则是:让步标准、让步对象、让步理由、让步具体内容及实施细节应当准确明了,避免因为让步而导致新问题和矛盾。在使用让步策略时,让步的方式、内容必须准确、有力度,以让对方明确感受到你在谈判中所做出的每次让步,从而激发对方反应。

(二)让步的方式

了解让步的原则后,应根据具体的谈判情况选取不同的让步方式。具体而言,让步的方式有以下几种。

1. 一次到位让步

这是一种较坚定的让步方式。这种方式可以运用于谈判的前期或谈判后期。运用在谈判前期就是在谈判一开始,就把我方所能做出的让步和盘托出。这不仅会大大提高对方的期望值,而且也没有给我方留出一些余地,使接下来的完全拒绝让步缺乏灵活性,最终容易使谈判陷入僵局。这种让步方式只能称为"低劣型"。而运用于谈判后期则是在谈判的前期阶段,无论对方做何表示,我方始终坚持初始报价,不愿做出丝毫的退让,但到了谈判后期才做出一个最大的退让。本方法的优势在于:前面阶段的拒绝与强硬传递了本方的坚定信念。如果对手缺乏毅力与耐心,那么就有可能使本方在谈判中获得较大利益。当本方在最后阶段一次让出本方的全部可让利益时,对方会有险胜感及对本方留下既强硬又出手大方的强烈印象。

2. 均衡

均衡也叫做等额让步,即以相等或近似相等的幅度逐轮让步的方式,其让步的数量和速度都是均等、稳定的。国际上将这种挤一步让一步的策略称为"色拉米"香肠式谈判让步策略。采用这种退让的要求是:步步为营,稳扎稳打;态度谨慎,言语适度;既不张扬,也不胆怯。这种方式对于双方充分讨价还价比较有利,容易在利益均衡的情况下达成协议。由于让步平稳、持久,坚持步步为营的原则,这样不仅使对方不会轻易占到便宜,而且如果遇到性急或没有时间长谈的对手则会因此占据上风而获利。

3. 递增

这是一种让步幅度逐轮增大的方式。在实际的价格谈判中应尽力避免采取这种让步方式,因为这样做的结果会使对方的期望值越来越大,每次让步之后,对方不但感到不满足,而且会认为我方软弱可欺,从而助长对方的谈判气势。这一方式会引导对手相信:只要坚持到底,更令人满意的希望在后头,使得对方的要求也越来越苛刻,对于妥协也变得不利。这种让步方式通常被称为"被攻型"。

4. 递减

这是一种让步幅度逐轮递减的方式。这种方式的优点在于一方面让步幅度越来越小，使对方感觉我方是在竭尽全力满足其要求，也显示出我方的立场和态度越来越坚硬，同时暗示对方虽然我方仍愿妥协，但让步已经到了极限，不会再轻易做出让步；另一方面让对方看来仍留有余地，使对方始终抱着把交易继续进行下去的希望。因此，可以把这种让步方式称为"希望型"。

5. 有限让步

这种让步方式是开始先做出一次巨大的退让，然后让步幅度逐轮减少。这种方式的优点在于它既向对方显示出谈判的诚意和我方强烈的妥协意愿，同时又向对方巧妙地暗示出我方已尽了最大的努力，做出了最大的牺牲，因此进一步的退让已近乎不可能，从而显示出我方的坚定立场。这种方式被称为"妥协型"。

6. 快速让步

这是一种巧妙而又危险的让步方式。开始做出的让步幅度巨大，但在接下来的谈判中则坚持我方的立场，丝毫不做出让步，使我方的态度由骤软转为骤硬，同时也会使对方由喜变忧，又由忧变喜，具有很强的迷惑性。开始的巨大让步将会大幅度地提高买方的期望，不过接下来的毫不退让和最后一轮的小小让步会很快抵消这一效果。这是一种很有技巧的方法，它向对方暗示，即使进一步讨价还价也是徒劳的。但是，这种方式本身也存在一定的风险性。首先，它把对方的巨大期望在短时间内化为泡影，可能会使对方难以适应，影响谈判顺利进行。其次，开始做出的巨大让步可能会使卖主丧失在高价位成交的机会。这种方式被称为"危险型"。

7. 退中有进

这种方式代表一种更为奇特和巧妙的让步策略，因为它更加有力地、巧妙地操纵了对方的心理。第一轮先做出一个很大的让步，第二轮让步已经到了极限，但在第三轮却安排小小的回升（对方一般情况下当然不会接受），然后在第四轮里再假装被迫做出让步，一升一降，实际让步总幅度未发生变化，却使对方得到一种心理上的满足。这种方式被称为"欺骗型"。

谈判技巧其实还有很多，但是在实际的谈判过程中，还应该根据实际的情况也就是谈判的对象、谈判的问题以及谈判的环境等进行对应的技巧分析。谈判技巧只是一个协助谈判过程更好地达到双赢的方式，谈判最终还是依靠谈判双方的诚意以及共同追求双赢的意愿。只有这样，才能更好地达成公关谈判，得到一个双方或者多方满意的结果。

第四节 原创策划"梅州首届客家文化旅游节策划方案"

"梅州首届客家文化旅游节策划方案"是作者2005年参加"凤凰·纵横广告文化传

播机构"集体合作撰写的一份原创策划方案。该策划方案是要参加梅州政府组织的"梅州首届客家文化旅游节"的竞标。现在附上与读者分享。

一、活动背景分析

客家，是一个具有显著特征的汉族民系，也是汉族在世界上分布范围最广阔、影响最深远的民系之一。位于闽粤赣三省交界的梅州，不仅是历史上客家民系的最终形成地、聚居地和繁衍地，更是全世界客家华侨的祖籍地和精神家园，被尊为"世界客都"。

明清以来，梅州在经济文化发展上逐渐领先于其他客家地区。梅州的"世界客都"地位得以巩固，不仅对周边的赣南、闽西等客家地区产生直接的影响力和辐射力，还给世界各地的客家人带来强大的认同感和吸引力。提升和巩固"世界客都"的地位，擦亮"世界客都"的文化品牌，依托丰富的历史文化资源和独特的地理位置，实施"开放梅州、工业梅州、生态梅州、文化梅州"的发展战略，并广泛争取海外华侨、港澳台同胞、旅外乡贤和社会各界的支持，促进梅州经济文化与世界经济文化接轨。本次旅游节的目的就在于提升梅州的城市形象，推广其丰富的旅游产品项目，为梅州带来更多的商机。

梅州是著名的侨乡，梅州客家文化习俗又融合了一些南洋岛国和西方的文化。梅州风俗除有中原、山区特色外，还有一些海外风情的内容。游览梅州，会给你留下美好的回忆！

1. 梅州市经济现状分析及梅州市旅游市场发展分析

现在梅州经济呈现出前所未有的欣欣向荣景象，百姓安居乐业，三大产业全面发展。经济全面提速的原因是市委、市政府全面落实科学发展观，积极推动"四个梅州"发展战略，以招商引资和发展民营经济为突破口，实现投资主体多元化，引导适度消费，扩大外贸出口，驱动"三驾马车"快速拉动梅州经济发展的结果。

从重点工程投资建设情况看，市委、市政府把落实471.1亿元的45项投资1亿元以上的大项目作为加快山区经济发展的重点来抓。从招商引资情况看，梅州市投资领域有了最大的亮点。同时，特色产业带动出口大飙升，以及旅游、购物、楼市、车市人气旺。

梅州近年的旅游呈现这样的趋势和特点：一是散客、自驾车旅游人数占到了七至八成，是绝对的"主角"。二是客源地逐步扩大。据统计，来自广州、深圳、东莞、汕头、潮州等地游客占全部游客的60%，福建、江西等外省客源占5%，本地游客占35%。三是接待水平提高，在梅停留游客增多。节日期间绝大部分宾馆、酒家尤其是星级宾馆住房爆满。四是客家风情和绿色生态已成为吸引外地游客来梅的最大动因。

梅州旅游应该定位于以客家文化为闪光点。梅州正以飞快的发展速度在繁荣起来，但是在发展楼盘、扩大娱乐消遣场所和私家车的拥有率以外，需要懂得保护原有的客家建筑，保留人文风情和美化环境防止污染。这样能做到展现客家传统魅力，造就梅州现代文化。

2．旅游市场消费者类型分析

要求有比较浓郁的文化气息，强烈的文化色彩，独特的文化风格，能给旅游者一种文化的冲击和精神层次上的提升。

广东梅州旅游部门近日公布的统计数字表明，2005年1～5月，该市共接待海内外游客96.87万人次，旅游收入达5.19亿元人民币，分别同比增长七成四、六成四。旅游业已逐渐成为侨乡梅州一个新的经济增长点。消费者需求类型如下。

（1）观光型旅游者。

（2）娱乐消遣型旅游者。

（3）度假保健型旅游者。

（4）寻根、探亲、访友型旅游者。

（5）购物型旅游者。

（6）商务/公务型旅游者。

3．文化旅游的特点分析

文化旅游体现了文化事业在旅游经济发展方向上的外延和文化行业本身所具有的产业特质，体现了旅游业对文化的依附性和它本身所具有的文化属性，呈现给旅游主体的是旅游景观的文化魅力、文化包容、文化辐射，并以此来感染、熏陶游客。文化旅游具有以下几个特点。

（1）文化旅游中蕴藏着巨大的经济潜能。

（2）规模化的市场需求为文化旅游提供了良好的发展条件。

（3）文化旅游是旅游业创名牌、提高竞争力的杀手锏：文化具有地域性、民族性、传承性等特点，往往为一个国家或地区所独有，很难模仿、复制，因此在旅游竞争中减少了可比性，具有垄断地位，易形成强有力的竞争力，易于创出自己的特色与品牌效应，一经推出就变成拳头产品。

（4）文化旅游的个性程度是衡量旅游业是否发达的重要标志。

4．梅州市文化旅游市场形象定位和梅州市旅游产品的开发与策划

2004年以来，梅州以创建"中国优秀旅游城市"为契机，致力改善旅游发展环境，加快旅游产业化进程，促进旅游业发展，该市提出力争在2005年12月获得"中国优秀旅游城市"称号，同时，还全面完成旅游发展工作，提出塑造"一都（世界客都）"和打造"三品（客家文化精品、温泉保健特品、休闲名品）"的目标定位，为以后梅州旅游发展提供了科学指导。

梅州市致力于营造优越的旅游环境，不断加大投资力度，完善基础设施建设，搞好配套服务，创造优美环境，提出"营造大环境，着眼大区域，塑造新形象，发展大旅游"

的整体思路。

梅州市应进一步开创其旅游产品，开发旅游市场，实现旅游市场的产业化发展和旅游业的可持续发展；应该应对消费者需求的变化，不断完善调整其旅游产业；应该顺应国际、国内以及广东省旅游市场总的变化趋势，结合自身实际，适时调整自己的发展战略。

（1）擦亮"世界客都"的金字招牌。
（2）建设现代人文秀区。
（3）发展特色文化产业。
（4）创造客家饮食品牌，利用客家美食与特产，弘扬客家饮食文化。
（5）不断开发与打造生态旅游与农业观光等自然风光品牌。
（6）弘扬客家精神，发掘客家风俗文化特色，塑造文化品牌。
（7）精品旅行线路。

二、活动的时间、周期

活动时间：中秋节前后。
活动周期：3天时间，此活动每两年举行一次。

三、活动的组织架构

主办单位：梅州市政府
承办单位：梅州市旅游局
策划单位：凤凰·纵横广告文化传播机构

四、活动的地点

以城区为中心，以梅州主要旅游景点为活动分会场。
注：（1）剑英体育馆作为活动开幕式主会场，能容纳2 000~3 000人。
（2）梅县人民广场：曾被中央电视台运用制作大型节目，适合用作闭幕式会场。
（3）一江两岸（彩虹桥）适合做焰火表演。
（4）其他旅游景点用作各活动分会场。

五、活动的举办目的

（1）通过客家文化的特色展示，建树梅州旅游新品牌形象。

(2) 推介梅州市的旅游工作。

六、活动的主题

本届旅游节融汇了"文化"与"生态"两大元素，以梅州的风景、生态资源、客家的风俗吸引外地游客，以客家文化和客家名人的效应在外地和海外客家人心中建立世界客家人精神家园的地位，让游客和侨胞能在游览各景点时充分感受梅州这个"世界客都"的文化底蕴，树立梅州"世界客都"的品牌形象。

(1) 梅州是世界最大的客家人聚居地之一，也是客家文化的代表区域，被誉为世界"客都"，其旅游资源丰富，景区各具特色。
(2) 客情·文化·山水。
(3) 粤东梅州迷人景，客家文化展中华。
(4) 宾至梅州不似客，客家情浓更胜家。
(5) 客家情、客家景、客家人。
(6) 发扬梅州特色，吸收梅州所需，打造梅州新貌，推广客家文化。
(7) 领略客都——从传统走向现代，从过去走向将来。

七、活动的基调

- 突出体现"人文秀（show）梅州"的精神，既有客家传统文化的浓郁氛围，又有现代梅州秀气的景观和开放的城市面貌，展现出传统与现代的完美融合
- 祥和，团结，发展
- [传统 活力]　[现代 绿色]　[交流 发展]　[传承 创新]
- 活力，强调参与性，让城市动起来

八、活动的口号

- 展客家风采，扬客都美名
- 世界的眼光，未来的品位，展现客家传统魅力，造就梅州现代文化
- 领略梅州风光，品味客家文化
- 梅州旅游文化节——带您体会民族风情，给您献上客家美食，为您展示浓厚深沉的客家文化
- 精彩纷呈，尽在梅州旅游文化节

- 新客都，新梅州
- 书香梅州，客家风情
- 田园瑰色，茶纯文化，客家民风特色游
- 月圆千色客都，畅游世外桃源
- 领略客家文化，展现客都风情

九、活动的内容

1. 首届客家文化旅游形象大使的评选活动
2. 客家文化旅游形象的打造（包括客家文化旅游的精神、口号、理念、吉祥物等）成果发布会

活动的要点说明如下所示。

（1）客家文化旅游的精神：赏"梅"尝"梅"读"梅"，梅生乐；请"客"做"客"留"客"，客为主。

（2）客家文化旅游理念口号：赏客家美服，尝客家美食，游客家美景，品客家风情，奇趣横生，身心舒畅，流连忘返。

（3）吉祥物：吉祥物设计是一朵盛开的拟人的梅花，名字叫"美梅"，象征美丽的梅州。候选用：柚子宝宝、Q版柚仔等。

（4）建树梅州文化旅游全新形象。

3. 首届客家文化旅游节开幕式
4. 首届客家文化大巡游
5. 首届客家文化展览暨客家文化旅游产业招商会
6. 客家人联谊大会暨首届客家名人经济发展论坛
7. "世界客都"客家名人雕像揭幕仪式
8. 客家旅游风情风景摄影展
9. 客家风情步行街购物美食节
10. 崇宗孝祖，溯源寻根暨举行客家南迁纪念坛祭坛揭幕大典
11. 客家传统婚礼甜蜜旅游大型集体婚礼
12. 园林式"书香世界"图书中心开业典礼
13. 华侨客家探乡行
14. 世界客家文化研究中心成立典礼
15. 客家精品节目大汇演
16. 客家文化旅游节盛大闭幕式暨大型原生态历史音乐剧《客家史诗》首演式

17. 一江两岸焰火表演

十、活动的宣传

宣传方式：将纪录片做成罐装节目，放在各大流动性媒体进行宣传。
1. 电视
广东卫视、梅州电视台、公共频道、凤凰卫视（略）。
2. 报纸
《南方都市报》、《梅州日报》、《广州日报》、《深圳特区报》等（略）。
3. 网站
梅州视窗、广东电视台、客家人在线等（略）。
4. 电台
梅州市电台、广东音乐电台、珠海经济广播电台等，广泛吸引各类型的听众（略）。
5. 户外宣传
商场、地铁站、旅游区、高速公路、立交桥两侧等人流高的地方，以灵活快速全面地将信息传播给受众（略）。

十一、活动的效益分析

1. 形象效益
提高梅州的知名度，通过对客家文化风情的展示，让我们进一步了解"千色梅州，世界客都"的魅力之处。让人们一提到客家，就会想到世界客都——梅州，会有兴趣去梅州走一趟。
2. 经济效益
客家文化节，展示了客家文化，展示了梅州的旅游资源，这必定会带来梅州的旅游热；同时，还会带动相关产业的发展，如餐饮业、酒店业、食品制造业等；还有，扩大当地的对外开放，通过"世界客都"这个品牌，使更多的人愿意来梅州投资。
3. 环境效益
随着客家文化旅游节的推广，梅州市政府必定会扩大梅州的旅游建设投入，扩大基础设施投资等，同时，为适应现代旅游城市的发展，梅州旅游将向一个更环保的方向发展，那对于整个城市的环境（如绿化、路面的洁净）等，都会有好的效果。
4. 人本效益
此次客家旅游文化节，有利于梅州人团结在"客家文化"的周围，齐心为打造梅州

"世界客都"的旅游形象而努力,让梅州人更爱这个"家"。同时,由于旅游文化、旅游产业的影响,还有外来文明的影响,更有利于梅州人养成一些好的习惯,如守秩序、讲礼貌等,使梅州人的整体素质得以提高。

十二、活动资金募集方案

1. 梅州市财政拨出一部分款项作为此次活动的经费
2. 客家华人华侨以及各阶层人士出资捐赠
3. 与当地的若干家大型企业取得沟通,争取得到其赞助,募集经费
4. 出售本次活动的吉祥物与特色物品(如摄影展获奖作品),作为经费的来源之一
5. 文化旅游节的各景点门票收入

梅州,
  一个文化共山水一色的城市。
游览梅州,
  定会给你留下美好的回忆!

梅州,一个文化共山水一色的城市

第八章

公关营销策划

随着时代的巨大变迁,公关营销模式的构筑在不断探索与发展。社会组织在应用公关营销策划之前,务必要使消费者站在自己组织的一边;同时,主流媒体舆论和权威观点对组织的营销也至关重要。本章从营销公关含义与种类、营销公关的环境和原则、营销公关的决策过程等方面进行阐述。

第一节 营销公关的含义与种类

从组织营销的角度,营销公关作为一种组织管理、经营理念和经营方式,与公共关系既有联系,又各有侧重。营销公关运用其特有的公关形式,支持着组织营销计划目标的实现,并以其高可信度、鲜明的特征和突出的效果,得到社会组织越来越广泛的认可和接受。

一、营销公关的含义

(一)一般公关和营销公关

当代公共关系学术权威,马里兰大学的詹姆斯·格鲁尼格认为,公共关系是一个组织与其相关公众之间的传播管理。[1]公关活动的对象包括员工、供应商、股东、政府、公众、工会组织、公民活动团体和消费者等。

---

[1] 廖为建. 公共关系学. 北京:高等教育出版社,2000,3

1. 公关活动的一般职能
(1) 帮助一个组织建立并维持与公众之间双向的交流、理解、认可与合作。
(2) 参与处理各种问题与事件。
(3) 帮助管理者及时了解公众舆论，并对之做出反应。
(4) 明确并强调管理部门为公众利益服务的责任。
(5) 作为社会变化趋势的监视系统，帮助管理者及时掌握并有效利用社会变化，保持与社会同步。

2. 营销公关的职能

西方营销理论大师托马斯·哈里斯曾对营销、营销公关和企业公关三者各自负责的业务项目有一个较清晰的比较。他因撰写、出版了第一部营销公关的专著，闻名于学界与业界。这部名叫 The Marketer's Guide To Public Relations 的专著，将宣传产品，赞助仪式，举办特别活动，参与公共服务，编制宣传印刷品，举办记者招待会，邀请媒体参观采访，支持往来厂商及其业务等，列入了"营销公关"的范围；企业与媒体的关系，与股东的关系，与政府机构的关系，与社区的关系，员工交流沟通，公众事务运作和企业广告等，则列入了"企业公关"的范围。

一个具有良好运转系统的公司会采用具体的步骤来管理与它有关的关键公众的关系，上述职能可能通过新闻发布、游说、咨询等公关活动来完成。也就是说，大部分的公关活动本身并不涉及营销。因此，上述提及的，以员工、股东、工会组织、公民活动团体等为对象的这些公关活动也被称为一般公关（General PR）。与之相对应，以营销为目的，处理公司与消费者之间关系的公共关系被称为营销公共关系（Marketing PR），简称 MPR。[①]

营销公关包括运用良好的关系环境，营造有利于组织产品营销的和谐氛围；通过有效的公关活动，获得消费者的注意和青睐；与客户建立正常融洽的双向沟通联系，吸引并稳定其广泛博大的产品消费群体；提供优质服务、公益赞助和媒体宣传多项公关手段，提升产品和组织的良好形象等。

（二）营销公关的任务

营销经理和公关专业人员最大的差别在于，营销经理更着重于第一线的营销工作，注重现场实效，而公关专业人员则将自己的工作视为传播信息，而且更注重通过长时间、多层次的传播手段达到"润物细无声"的效果。营销公关的出现，使这种差别逐步缩小。有些公司通过设立一个负责营销公关的部门，直接帮助公司进行公司推广、产品推广以及塑造形象等工作。营销公关有助于组织完成以下任务。

[①] （美）特伦斯·A.辛普. 整合营销沟通. 第5版. 熊英翔译. 北京：中信出版社，2003，590

1. 协助开发新产品

营销公关可以通过公关活动的方式，在各种印刷品和广播电视媒体上获得一定的报道版面，达到把新产品带进公众视野，甚至进行促销的目的。

2. 协助成熟期产品再定位

营销公关通过开展有针对性的公关活动，改变目标受众对旧有产品的刻板印象，协助已经到达成熟期的产品进行再定位，延续产品的生命周期。

思维拓展 8-1

创意英国（Think UK）——以国家公关颠覆英国"负面印象"

自 2003 年 4 月份开始，英国驻华大使馆文化教育处及英国文化协会在广州、北京、上海、重庆等地举办了英国"莫奇葩乐队（Morcheeba）巡演"、"'亚洲土地'雕塑巡回展"、"激情英伦时尚设计大赛"、"纪念发现 DNA 结构 50 周年"、"中英太空天文系列活动"等二十多个涉及文化、教育、科技、商业的活动与展览。据英国驻华大使馆的官员介绍，"创意英国"是英国至今在海外发起的最大规模的活动。

1. 创意思路：放弃传统颠覆"负面印象"

谈及策划"创意英国"这一活动的起因，英国驻华使馆官员说，他们发现很多人对英国的印象还停留在"过去时"。英国驻华大使韩魁发爵士说："当你们想到英国时，脑海中也许会出现在白金汉宫与女皇陛下共进午餐，自以为是而又思想保守的英国绅士，笼罩伦敦的大雾，那些都已成为英国的过去。"

除了英国在世人头脑中"老旧"的形象外，国内一位资深报人认为，英国在介入中国人生活方面已远远落后于其他国家，如果中国人对英国还有什么印象的话，那更多的是负面印象，尽管这种印象主要是政治层面上的。英国正是想通过"创意英国"这种非政治手段来改变其负面的政治形象。

因此，正如前英国驻广州领事馆总领事 Stephen Lillie 所说："英国领事馆现在面临着一个新的挑战，就是怎样才能把现代英国的概念移植到中国人的脑海当中。"

2. 创意时机：选在中英关系的重要年份

关于英国为什么选在这个时候举办这样的活动，"创意英国"项目策划总管沙瑞女士（Sharon Parr）说，中国加入世贸组织、成功申办奥运会使得中国向国际化迈进了一大步，再加上今年是中英建交 30 周年，又逢布莱尔首相访华，应该说今年对中英两国是一个很有纪念意义的年份，在英国和中国之间，其未来的关系发展将会非常重要。在这个时候举办如此大型的活动，也是顺理成章的事。

可见，"创意英国"活动是专为中国设计的，之所以选择中国是因为中国是英国非常重要的一个伙伴。资料显示，目前英国已成为中国在欧盟的第二大贸易伙伴，双边贸易额去年突破 100 亿美元。英国还是欧盟国家中在华投资最多的国家，总投资也已经超过 100 亿美元。

实际上，英国这次在中国发起的"创意英国"公关活动两年前就开始了准备。英国政府对该项活动表示了极大的重视与支持。整个活动共投入 500 万英镑，经费主要来自政府，部分来自英国的 5 家企业赞助。①

3．建立对某一产品种类的兴趣

在国外，有公司利用公关活动来重新建立人们对诸如蛋品、牛奶、土豆等正在衰退的产品的兴趣，通过兴趣的重新建立，达到营销产品、扩大销量的目的。

4．影响特定的目标群体

有时候，组织会面临一些特定群体给产品销售带来的影响。麦当劳公司曾经在西班牙人和黑人社区资助一项能够建立良好邻里关系的特别活动，从而也树立了公司的良好形象。海尔也曾经为特定的群体——农民设计出一款可以洗土豆的洗衣机，通过新闻宣传达到树立公司自身形象的目的。

5．保护已出现公众问题的产品

当产品可能出现问题或已经出现问题时，面临公众压力，通过公关手段，例如召回产品、召开新闻发布会、发布企业声明等，是保护产品的有效方式。②巧克力生产巨头吉百利公司曾于 2006 年在全球召回怀疑带沙门氏菌的 7 款巧克力产品、逾百万块巧克力。该公司郑重强调以上在召回之列的 7 个规格的产品从未在中国生产，吉百利中国也从未进口过上述 7 种产品，并称广大消费者可以放心购买中国市场上的吉百利产品。

（三）营销公关的优势

1．创造良好的组织形象

通过开展公关专门活动进行社会营销，这既是一种短线投资，又是一项长期投资。它可以与各种社会力量（如政府、行业协会、媒体、专家、消费者甚至竞争对手）建立良好的关系，使组织有一个良好的生长环境。尤其是组织通过资助社会公益事业，树立组织的良好社会形象。

这为产品创造了一个融入市场环境的良好机会，是关系营销的妙处。如可口可乐中国有限公司已为中国希望工程捐款 3 000 万元人民币，捐建 52 所希望小学，使 6 万多名失学儿童重返校园。在中国实施"希望工程远程教育计划"之后，该公司又在中国贫困地区建立 20 所"希望学校——可口可乐网络学习中心"，帮助贫困地区青少年获得"数

---

① 华尔街电讯．http://creative.wswire.com/htmlnews/2006/08/21/703559.htm，2006-08-21
② （美）菲利普·科特勒．营销管理：分析、计划、执行和控制．第 9 版．梅汝和，梅清豪，张桁译．上海：上海人民出版社，1999，626

字时代"教育和发展的机会,这为可口可乐公司树立良好的社会形象起到了重要作用。

2. 建立良好的组织信誉

对于任何一个组织,信誉历来都是至关重要的。随着我国商品经济的发展,现代社会组织仅仅建立商品的信誉已经不够了,还必须建立组织的信誉。营销公关利用强大的传播覆盖力,可以大幅度地提升组织的认知度、美誉度和和谐度,这是形成组织品牌忠诚度的基础,更是营造组织品牌的基本操作工具之一。

3. 挽救组织危机

据调查,80%的组织领导人认为,"组织发生危机如同死亡和税收一样,是不可避免的"。组织在发展过程中,常常会遇到各种各样的危机,如经营危机、管理危机、法律危机、素质危机和关系危机等。而此时采取公关活动就可能化解危机;甚至借助危机处理使组织或品牌形象得以提升。如2001年中美史克PPA事件,虽然PPA对中美史克的冲击很大,但通过危机公关活动,公司的形象和品牌信誉却有增无减。

4. 低成本启动市场

如果组织没有资金能力通过广告等促销策略把新产品"推"向市场时,公关策略中的口碑营销就可以起到重要的作用。只要在终端建立沟通体系,由专业咨询、导购、促销人员实施口碑传播,然后再由消费者进行后续传播,这样可以实现组织低成本传播。

二、营销公关的种类

MPR又可分为主动营销公关和被动营销公关。主动营销公关(Proactive MPR)是进攻性的策略而非防御性的,它由公司的营销目标决定,通过捕捉恰当的营销机会实施公关,而不是就出现的问题进行公关。相对地,被动营销公关(Reactive MPR)是指针对外界影响而采取的公关活动。来自外界的压力和挑战包括竞争对手的行动、消费者态度的变化、政府政策的改变等,这些压力和挑战可能引发组织危机事件。因此,被动公关需要通过公关活动修补公司的声誉,防止市场份额的下降,夺回失去的销量。

(一)主动营销公关

主动营销公关的主要作用是新产品的推出和老产品的改进。主动营销公关与整合营销沟通的其他手段结合起来,能够赋予一种产品更多的接触面、新闻性和可信度。主动营销公关的效果在很大程度上取决于可信度。业界曾经出现"公关第一,广告第二"的说法,就是因为消费者对销售人员和广告主的动机心存疑虑,担心他们是为了谋求个人利益而说服他们进行购买。而报纸、电视等媒体作为公信力较高的机构,对产品的评价或者对企业的报道就可信得多,如果加以润饰,消费者对这类信息的动机怀疑也就少得多。

公关宣传是主动营销公关的主要手段。营销导向的公关宣传目的有两个：(1) 树立品牌认知（针对新客户、新产品）；(2) 通过在消费者心目中建立强有力、正面的品牌联想改善品牌形象。

产品发布、管理层声明、专题文章是营销公关最常用的三种公关宣传方式。

1. 产品发布

产品发布宣布新产品的推出，传递产品能为消费者带来的利益等信息，并且进一步告诉感兴趣的观众、听众或者读者如何去获得更多的信息。这类型的公关宣传一般会选择在电视上播出，或者在目标消费者较为集中的行业杂志中刊登。

产品发布的公关营销手段应该不拘泥对于产品本身的宣传，因为不拘一格的产品发布更容易赢得消费者的青睐。好时（Hershey）公司在推出加杏仁的"香吻"（Kisses）巧克力时，将一个用金色缀片和铝箔包裹的6英尺高、500磅重的巧克力模型从纽约时代广场的一座大楼上投下。好时的公关公司把整个过程录了下来，并将视频发给纽约的各大电视台。当天晚上，千百万的美国人就从电视上看到了这一活动的全过程。好时公司只花了10万美元就获得了广泛的报道。

2. 管理层声明

管理层声明是把公司总裁或其他高级管理人员讲话的内容向外界公布。与产品发布不同，管理层声明不限于介绍新产品或者公司，还可以涉及一些公众话题。通常涉及的内容包括：(1) 对未来销售情况的预测；(2) 对行业发展的预测；(3) 对与公司业务相关的全球热门话题的探讨；(4) 对公众问题（如环境问题、公益事业等）的看法；(5) 有利于公司形象树立的高管采访。

思维拓展 8-2

戴尔副总裁 Sam Burd 大胆预测：IT 未来的三大方向

戴尔亚太及日本地区商用市场营销副总裁 Sam Burd 日前在一次题为"简化 IT 愿景"的主题演讲中大胆预测：IT 行业未来的三大发展趋势将是"虚拟化"、"绿色环保"和"移动无限"。

Sam Burd 表示，在目前环境下，客户最关注的各项问题包括虚拟化技术、绿色数据中心、刀片服务器、云计算及 SaaS 等。"IT 行业现正处于急速转变的时期，在这种情况下，整个行业必须做出相应行动，不断推陈出新。"

1. 虚拟化：云计算可能会引领应用程序和软件存储的一场革命

计算机运行速度不断提高，使网络设备数量激增、数据存储出现爆炸性增长。2006—2010 年，全球存储数据将达到 1 000 艾字节，是全球所有书籍所存储的信息量的 1 800 万倍。

"诸多公司的信息官们都有共识：信息技术的维护占用了他们至少70%的预算和资源，而他们用于创新的预算和资源还不到30%。下一代服务器，通过采用被称为'虚拟化'的新技术，不仅能大大降低能耗，而且能在更少的系统上提供更大的数据存储容量。从而充分利用原来被'隐藏'起来的计算能力。"Sam Burd 表示并预测，"未来，云计算可能会引领应用程序和软件存储的一场革命。"

2. 绿色环保：对于亚洲来说，一个非常令人振奋的时代到来了

当今正处于"互联时代"，科技正在改变商业、政府和民众的关系，而这种改变在亚洲这一新兴经济实体尤为显著。

Sam Burd 认为，互联时代最大的挑战是信息科技的复杂性，但亚洲由于其自身的特点，却可以避开这种复杂性。"亚洲当前面临的一个巨大机遇是可以打造一个基于简化信息技术的互联时代。在西方，大量网络仍在采用陈旧的、不开放的信息技术，其费用昂贵，升级和扩展都很困难。而在亚洲，信息技术的建设大都刚刚起步，因此亚洲的优势是可以从一开始就走上正确的道路。"

这就意味着亚洲以及一切新兴的经济实体可以通过信息技术的建设取得竞争优势。更优良的系统花费更少，效率更高，时间和其他资源的节省让人们专注于其核心业务本身，而不是花费精力维护过时的系统。"对于亚洲来说，一个非常令人振奋的时代到来了。"

不断发展的新技术，将可能改变 IT 本身所产生的问题，从而影响互联时代的发展。"在硬件方面，虚拟化技术将提供更大的服务器空间，刀片式服务器的出现使最大限度地节约服务器的使用空间和费用成为可能。随着这些新技术的出现，IT 将变得更为简单和节能，互联的绿色时代也即将到来。"

3. 移动无限：2009 年，笔记本电脑超过台式电脑

IDC 数据预测：到 2009 年，笔记本电脑在企业中的应用范围将超过台式电脑，这种现象在一些大的企业中已经发生。

对此，Sam Burd 表示，"在 IT 快速发展的大背景下，员工工作的移动性也变得更高，他们的需要也在提高，这就需要优秀的解决方案能和员工一起进入广泛的、非传统而具有挑战性的环境。通过戴尔正在开发的技术，员工尚未被开发的潜能将能够得到充分的发挥。"

同时他还透露，戴尔的新一代台式电脑将改变固定工作者们使用计算机的方式，用户的数据能够得到更高的安全性与控制性。在软件方面，由戴尔开发的新的统一通信软件能够让员工免去到不同地方查看各种讯息的麻烦，在同一个地方便可以查看所有的电子邮件、语音邮件和传真。[1]

---

[1] 武媚. e Net 硅谷动力. http://www.enet.com.cn/article/2008/0709/A20080709322291.shtml

3. 专题文章

专题文章是由公关公司撰写的详细介绍产品或其他有新闻价值的计划的文章。这些文章一般在大众媒体上播出或刊登，或通过互联网进行传播。

思维拓展 8-3

快乐，是用来分享的——广东电信"合家欢"套餐

这是一部家庭战争剧。剧集里有三个人，一个豆蔻女生，一个少艾女子，再加一个更年期女人。故事发生在周末的晚上。

女生说："今天学了三角函数，好复杂，我要打电话问同学作业怎么做。还有，物理、化学、语文、英语、地理、历史、生物统统有不明白的知识点，我要和同学讨论一下，以防下星期课堂提问不会回答，好没面子哦！还有，课外活动要排练话剧，我要和同学讨论角色分配，很重要的。所以，今晚电话该我用。"

女子说："我都一星期没和男朋友聊天了。我有好多话想和他说，想和他说最近有部很好看的电影，我们喜欢的歌手推出新歌了，我看见一件很适合他的衣服……我们分隔两地，没得见面已经很可怜了，你还忍心不让我们聊电话吗？"

女人说："张阿姨要打电话请教我填报高考志愿的事，那可是关系别人孩子前途的大事呢？你说我总不能不听这通电话吧！"

三人拿着电话筒，谁都不肯放手，场面僵持。

你是否也曾遇到这样的情况。电话只有一个，家里人都想打，结果是不论谁打都会有人失望离开。三个女人一台戏，该怎么解决呢？

广东电信推出的"合家欢"套餐，小灵通+固话捆绑帮你解决以上难题。一种资费，多重享受，让家人共同体验通话乐趣。

全新的"合家欢"套餐让全家轻松实现省月租、省话费、不分终端（小灵通或固定电话），不分地点（在家用固话、出外用小灵通），不分本地电话和长途电话，多人同时使用电话的通话体验。

快乐，是可以分享的。"合家欢"套餐可以把这小小的家庭战争剧转化为甜蜜温馨的家庭剧。同样的周末晚上，三位女士各捧话机，各聊其天，其乐融融。其实，当家人同时拨通手中的电话时，快乐的味道就在同一空间里越来越浓，而电话的另一边，幸福的涟漪也在生活各处越扩越大。

让我们一同分享快乐，传递幸福，从广东电信"合家欢"套餐开始！具体套餐细则可通过参考当地电信公司公布标准或咨询当地客服热线 10000 了解。

（二）被动营销公关

当市场出现无法预料的变化时，被动营销公关便显示出其重要性。被动营销公关需

要对付的最严重的问题是产品缺陷和故障。

1. 回应产品缺陷和故障

组织出现产品缺陷和故障并不少见，有一些产品缺陷和故障尽管是意外性的，与组织本身的关系不大。但是，随之而来的负面报道如果没有恰当处理，将会给组织带来致命性的打击。反之，如果对这类意外性的事件采取正确的被动营销公关策略，事情很可能得到化解。

 思维拓展 8-4

百事可乐恶作剧事件

著名饮料品牌百事可乐曾经成为恶作剧的对象：一名居住在新奥尔良的男子向有线电视新闻网（CNN）声称他在一罐轻怡百事可乐中发现了一根针管。在此之后又有来自不同地区的有关百事可乐受到污染的报道。百事公司的领导人确信这些报道都是虚假的，因为百事可乐的灌装过程是严密而安全的。他们利用媒体对这种负面的报道做出了反应：一则展示百事可乐灌装过程的录像片在各大电视台播出，估计有 1.87 亿的美国人收看了这一短片。视频显示，百事可乐只在灌装和封口的不到 1 秒的时间内是打开的，要在这么短暂的时间内把针管这么大的物件放进罐内几乎是不可能的。就在短片播出的同一天，百事公司的总裁兼首席执行官与美国食品和药品管理局局长戴维·凯斯勒博士一起出现在 ABC 的《晚间阵线》节目中。百事公司的总裁坚持说轻怡百事可乐罐的安全性达到 99.9%，戴维·凯斯勒则以局长的身份警告消费者不要搞恶作剧，否则会受到法律的制裁。

两天后，戴维·凯斯勒在一次新闻发布会上说："在全国范围内发生破坏活动的结论是完全不合逻辑的。"他的有关讲话后来在全国电视网播放，一起播出的还有一则新闻，显示的是一位女顾客在把一支针管塞进轻怡百事可乐罐时被商店的闭路摄像机拍到。这些节目播出之后，百事可乐的危机基本解除。

为了彻底解决问题，消除消费者可能残留的恐惧，百事公司还在全国的报纸上刊登整版的广告，标题是："百事公司很高兴地宣布百事可乐是安全的。有关轻怡可乐的那些故事纯属恶作剧。"尽管百事可乐的销量在恶作剧之后的一段时间内下降了 2%，但在几个星期后，百事可乐的销量就完全恢复正常了。①

可见，有效的被动营销公关可能会挽救一个品牌，甚至一家公司，而负面报道造成的不可避免的销量下降也可以因为公司的快速反应而降至最低。

2. 对付商业谣言

商业谣言与普通的市井传闻不同，它专门指有关产品、品牌、公司、商店或其他商

---

① （美）特伦斯·A.辛普. 整合营销沟通. 第 5 版. 熊英翔译. 北京：中信出版社，2003，592

业对象的,被广为传播的但无从证实的说法。在完全开放的市场环境中,企业在应对激烈的竞争时,随时都有可能遭到商业谣言的伏击,商业谣言的不可预知性、强大的杀伤力极易导致行业或企业组织形象的严重受损。

有些公司认为,谣言止于智者,什么都不做才是对付谣言的最好方法。这种想法显然是由于公司害怕大张旗鼓地打击谣言会更加引人注意。但是,众多被动营销公关的成功例子都表明,只有迅速果断地采取措施,才能在最大程度上减少商业谣言的危害。

(三)赞助营销公关

1. 活动赞助的定义

赞助是营销公关中较为常用的一种手段,指在某项互动或者事业上的投入,其目的是实现品牌认知水平的提高、改善品牌形象、增加销量等。面对当前的激烈竞争,赞助营销成为营销公关的重要一环。原因在于,首先,公司通过赞助可以把自己的名字与特定的活动或事业联系起来,避免"沉没"在各种广告中。其次,对特定活动或事业的赞助可以帮助公司把营销活动对准特定人群。而且,成功的活动赞助能够为品牌带来正面的品牌联想,因为通常来说,参加活动的人心情会比较愉快和放松,容易接受一些相关的营销信息。

2. 选择赞助活动

赞助活动的最终目的在于通过赞助来增进品牌与消费者之间的关系,增加品牌资本。因此,一个成功的活动赞助必须在品牌、活动和目标市场之间找到一个较佳的契合点。那么,一个公司或者品牌在选择自己赞助的活动时需要考虑哪些因素呢?以下问题可作为选择赞助活动时的参考。

(1) 这项活动与品牌形象是否吻合?是否对品牌形象有益?
(2) 这项活动接触到目标受众的机会有多大?
(3) 竞争对手是否也赞助过这项活动?
(4) 这项活动的赞助商是否过多?
(5) 赞助这项活动是否在经济上可行?

思维拓展 8-5

联想放弃伦敦奥运会赞助的背后

2007年12月4日,联想宣布,2008年北京奥运会之后,不再续约奥运TOP赞助计划,相关权益将于2008年底结束。联想作为一家急需要国际化的中国PC制造商,放弃下一届奥运TOP赞助计划,这让很多人难以理解,甚至有人推断是由财务压力导致的。

实际上,在这背后,是联想对赞助活动的深思熟虑的结果。因为任何一项赞助活动,都有其目的性，只有愚蠢的赞助商才会做没有意义的投入。

根据联想公布的2007年第二季度财务报告，"在财年第二季度，集团的毛利率从2006年同期的13.0%提升到15.1%，相较上季度则上升0.2个百分点"。但是也有人注意到，同时上升的还有奥运营销的开支。

在众多开支中，长期以来，联想还必须承担整合其收购业务。在发布第二季度财报时，联想集团董事会主席杨元庆也表示，刚完成了并购的整合阶段，开始进入到盈利性增长的新阶段。与此对应的是，联想集团CEO威廉·阿梅里奥11月初称，公司计划提前终止与国际商业机器公司（IBM）的品牌关系。而这距离联想与IBM公司签订的可将该品牌使用至2010年的协议时间，提前了整整两年。专家认为，联想显然并不甘心沦为IBM品牌光环下的影子，抛弃IBM品牌似乎是联想走向国际化的必然之举。

不再续约奥运TOP赞助计划与终止IBM的合作，其实很有关联。因为联想之所以成为奥运TOP赞助商，就是想借助收购IBM PC业务之机，告诉全世界在中国有家电脑企业叫联想。如今通过赞助2006年都灵冬奥会和北京2008年奥运会，已经完成了全球传播联想的品牌理念、企业文化和产品价值。在品牌国际化的前提下，联想下一步要做的是如何在全球销售电脑，因为放弃下一届奥运TOP赞助计划而投身于其他小型的、具体的营销活动投入产出将更加合理。[①]

第二节 营销公关的环境和原则

成功的社会组织离不开公关活动。产品市场营销中的公关活动是营销策略的一项重要内容。营销公关可以提升组织形象，提高组织知名度、美誉度及产品知名度，促进产品销售，与竞争对手争夺市场，提高产品市场占有率。

一、营销公关的环境

（一）政策环境

政府的政策对营销公关活动的影响，具有直接性和决定性。政策环境的形成来自政府，它反映了政府的意志，因此对组织的行为发生具有权威的指令性和导向性。从它对组织的影响力来说，远胜过组织营销公关的努力。

在营销公关中，营销人员的活动首先必须考虑到政策环境的现实情况，考虑到公关操作的限度。一般来说，政府的政策有长远性的战略政策和当前性的战术政策。前者指

[①] 蔡俊五. 联想：TOP赞助商不好当. 科技智囊，2004（5）

导着后者，后者是前者的具体表现。可见，长远的战略政策产生着全局性的影响，对所有社会组织发生作用；当前的战术政策产生着局部的却是现实的影响，它对部分社会组织或社会组织的某部分发生作用。

思维拓展 8-6

"安利纽崔莱健康跑"与国家全民健身政策

营销事件或活动要成功地获得政府的支持，关键在于对政策大方向的把握。一直以来积极倡导"营养、运动、健康"理念的安利纽崔莱，在2002年于上海冠名赞助了全国首次举办的首届非竞技性10公里健康跑活动，并以新颖的形式、独特精彩的内容吸引了两万多名上海市民广泛参与，携手投入全民健身的滚滚洪流。国家一向大力倡导"全民健身"，在体育基础设施建设上，投入了大量的人力和物力。安利正是抓住了国家对体育事业上的重视这个大环境、大方向，才做出了以体育活动作为"营销公关事件"的策略。

在2002年成功举办健康跑的基础上，2003"安利纽崔莱10公里健康跑"在上海、沈阳和广州三地跨地区联合举行，活动参加人数逾8万。与此同时，安利纽崔莱把所获的部分费用通过三地体育局捐献给贫困地区需要改善体育设施的小学，支持我国的教育事业。这一集健身、休闲、娱乐、公益为一体的活动，已在三地掀起了一轮运动新热潮，并将健身的意识、健康的观念和对生命活动的追求带入了千家万户。

作为SARS之后国内规模最大的全民健身活动，作为政府与企业全新的合作模式，"健康跑"当选2003年度"十大营销事件"。2004年，"安利纽崔莱健康跑"在广州、杭州、上海、天津、沈阳、济南、成都、武汉等8大城市相继举行，活动参加人数超过了20万。纽崔莱在各地健康跑的终点还精心准备了以奥运为主题的"纽崔莱运动嘉年华"活动，将纽崔莱的健康理念溶入奥运体育之中，获得了良好的效果。①

（二）心理环境

营销公关决不能着眼于一时一事或一桩买卖的成功，而应着眼于造就一种符合营销主体所需要的心理环境。因为它将影响的和正在发生影响的，是一批组织和众多人的行为选择。在社会生活中最常见的社会心理有模仿、流行、从众等心理现象。营销公关针对这些心理现象是可以有所作为的。

1. 模仿

模仿是指个人受非控制的社会刺激引起的一种行为。模仿的基本特点，在于它再现了他人的一定的外部特征和行为方式、姿态、动作和行动。模仿是一种社会性行为。人

---

① http://www.southcn.com/sports/gd/amway2005/200508050445.htm

们模仿的对象，不是受社会或团体的命令强制而发动的。它有时因社会的一般号召，使模仿者自觉地发生与被模仿者相似的行为；有时是出自模仿者对被模仿者的无意识的仿效。

在营销公关中，科学地利用模仿的社会心理现象，有计划、有目的地宣传一种健康的行为，以便形成对本组织营销有利的心理环境。组织在营销活动中，要十分注意选择对公众影响较大的知名人士或者那些对公众有较强吸引力的社会行为作为被模仿对象。

2. 流行

流行是指社会上相当多的人在较短的时间内相互之间发生竞相模仿的连锁性"感染"。我们通常所说的流行服装、流行发型、流行家具、流行色和流行歌曲等，就是从这个意义上说的。

流行的基本特征，表现在突然、迅速地扩展和蔓延，而后又会在较短的时间内消失。促成流行的基本条件之一是必须给追求流行的人以一种适合他们潜在需要的刺激，条件之二是流行必须以一定的经济条件为基础，条件之三是必须注意年龄、性别、性格、爱好差异对流行的影响。

3. 从众

从众是指在社会或群体的压力下，个人放弃自己的意见而与大多数人采取一致的行为。在下列情况下发生：（1）个人缺乏有关知识和经验；（2）性格上有依赖性弱点和无主见者；（3）团体和群体内条件相似者采取一致行为所产生的心理压力。

根据从众发生的条件，首先，营销活动必须重视商品广告和公关广告的促销作用。因为广告可导致流行，流行可以形成社会心理压力，进而诱使其他成员发生从众行为；其次，经营儿童商品和食品的营销人员更应该利用少儿极易发生从众行为的心理特点争取顾客，争取市场。

二、营销公关的原则

（一）营销公关的时机原则

在营销公关活动中，经常会发生这样的情况：同样的公关投入往往会有不同的营销结果。当我们深入探究这种现象时就可以发现，这种不同的结果多数和公关时机的不同选择相联系。人们经常说行动要看时机，就像开船要趁涨潮。可见，把握营销公关时机，是实现营销公关有效性的重要条件。

1. 抓住轰动事件

所谓轰动事件，是指事件的结果和程度超出了人们的一般想象并且对现实的社会生活和人们的心理产生极大的震荡的事件。轰动事件在一定的时间和空间范围内通常为大多数人甚至全社会所关注，因此，它是宣传企业组织形象，开展营销公关的良好时机。

思维拓展 8-7

"飞亚达表"借力"神五飞天"效应

"神五"的飞天,在中国算是最具轰动性的事件之一。

飞亚达企业因为其出色的公关战略给我们留下深刻的印象:"中国第一只航天表揭开神秘面纱——杨利伟曾佩戴"、"中国第一只航天表的争斗——飞亚达与 OMEGA 三年来的竞争"、"中国第一只航天表曝光"……极富新闻价值的信息无声无息地进入人们心中,其切入角度也是如此水到渠成、匠心独运,让人完全感觉不到商业的氛围:"在所有电视新闻片和网站图片资料中出现的宇航员,其左手臂上佩戴着一只黑色表带的手表,这正是第一次曝光的中国第一块航天表——飞亚达航天表……"所以我们也不惊讶于飞亚达独到的宣传效应了。根据神舟五号发射前和神舟五号发射后的新闻搜索表明,在神舟五号发射前,在 Google 输入"航天表"可搜索到航天表的信息不超过 5 条;神舟五号发射后,在 Google 输入"航天表"可搜索到航天表的信息超过千条。飞亚达在短短的两个星期内几乎打造了一个"航天表"新名词,这个是单纯广告无法想象的。其引发的新闻效应也是如此令人瞩目:在中国四大门户网站(新浪、搜狐、网易、TOM)上搜索到有关飞亚达的新闻专稿超过 20 篇以上,其他自动刊发和转载的中小网站更是不计其数……[①]

2. 依靠名人效应

名人效应就是指那些有相当知名度的人士,出于有着众多的追随者、崇拜者和业已存在的声誉,从而能对社会生活和公众产生影响效力。

例如,为了倡导一种新观念、推出一种新产品,或者为了社会福利,许多有使命感、责任感和成就感的企业或个人,往往会联合起来组织类似义演、义买等社会活动。另外,一些企业为了扩大公关活动的社会影响和宣传效果,往往都千方百计地邀请名人来参加,他们或参加演出,或发表讲话,或参与活动,都会更有效地吸引公众。

思维拓展 8-8

深圳京基房地产开发公司邀请克林顿演讲

克林顿卸任美国总统职务后的第一次中国内地之行竟然是一次商业活动。这完全是由深圳一家房地产企业策划的。

据报道,受深圳京基房地产开发公司邀请,美国前总统克林顿于 2002 年 5 月 23 日上午在深圳威尼斯酒店发表名为《WTO 与中国经济》的主题演讲。

这场前任美国总统的商业活动明显吸引了人们的目光,以致当时的新闻有如下的报

[①] 张勇. 非传统营销. 广州:广东经济出版社, 2004, 210

道:"据知情人士昨天透露,克林顿这次来深圳发表主题演讲的出场费达到了创纪录的25万美元,估计比他2001年在香港财富论坛上发表演讲得到的费用翻了一番还多。3月22日,《南方都市报·深圳楼市版》曾率先披露美国前总统克林顿将来深圳,参加碧海云天的开盘仪式。"

当时,业内人士称,克林顿做秀深圳楼市,"不仅为中国策划界创造了一个经典案例,对深圳老百姓来说,也将多一条茶余饭后的谈资"。[①]

3. 跟随流行潮流

为什么说,流行的出现是选择营销公关的最好时机之一呢?这是因为流行的发生往往使整个社会在短时间内到处可见某种行为方式和消费方式,从而可以利用其集中性和爆发性的特点,来提高营销公关的宣传效果和宣传强度。

4. 追踪体育活动

现代体育比赛是营销公关活动最理想的舞台。尤其是世界性的体育比赛,由于它的内涵早已超越了单纯的竞技比赛的范围而升华为一种人类文化的表达和共享。因此,它所包容的观众,是世界上任何活动项目都不能比拟的。如果我们按体育比赛的规模来划分,可分为城市性比赛、全国性比赛、国际性比赛和世界性比赛,如果按运动类别和项目来划分,又可分为足球比赛、篮球比赛、游泳比赛、田径比赛……就规模而言,奥运会、亚运会;就影响而言,世界杯足球赛、NBA总决赛和拳王争霸赛,都是世界上极少数能够调动数十亿观众的赛事。这些体育盛会对公众的号召力,对社会生活的影响力,要胜过电影界的奥斯卡金像奖颁奖大会,要胜过科学界的诺贝尔奖的颁奖仪式,更胜过音乐界的各种颁奖礼。奥运会所表达的奥运文化、世界杯足球赛所表达的足球文化、NBA所表达的篮球文化,是地球上凝聚各种社会关系的最大磁场。

借体育比赛之际开展营销公关活动有以下六种基本形式。

(1)宣传型营销公关。利用体育比赛的机会向运动员和观众传播组织的各种营销信息,达到让社会了解组织、了解组织产品的目的。

(2)赞助型营销公关。向各自支持的运动队提供各种形式的赞助,通过赞助来赢得他们的球迷的信任和支持。

(3)奖励型营销公关。以组织产品为奖品奖励运动员出好成绩、争好名次,在奖励过程中提高产品的知名度。

(4)猜奖型营销公关。以组织的产品为奖品,组织体育观众进行比赛结果的预测活动,以此来吸引更多的公众参与和关心赛事,扩大组织在体育公众中的影响。

(5)服务型营销公关。组织派出人员和提供组织有关物资来为体育比赛的顺利进行

[①] http://news.sz.soufun.com/2002-05-23/90710.htm

提供各种服务。

（6）娱乐型营销公关。借体育比赛的盛会之名，开展以组织名字命名的联谊活动，通过娱乐型的联谊活动来加强与运动员、体育迷们的感情联络。

（二）营销公关的执行原则

1. 公众至上原则

在营销公关活动中，"公众"永远是上帝，公众的利益是最重要的，因为营销公关的出发点和终点都是为了迎合公众，满足公众的需要，使公众对组织产生"良好的印象"。这种"良好的印象"只能建立在对公众利益积极维护的基础上。

2. 沟通协调原则

营销公关人员在策划之前，首先要了解组织的整体运营计划，营销公关活动的策划要与组织整体计划相匹配，还要与外界的需求及外部环境的变化相协调。因此，营销公关活动在策划之前必须做好全方位的沟通工作，才可以不失时机地提出计划构想。

3. 求实原则

能够根据自己的实际情况，实事求是地选择符合组织实际的营销公关时机。贯彻求实原则，一方面可以使公关主体避免赶浪头的做法，另一方面则可以使公关活动根据不同的时机量力而行，以争取更多的营销实效而不是图公关虚名。

4. 以奇制胜原则

以奇制胜是营销公关策划中最重要的一个原则，因为策划的核心是谋划，而谋划是发挥创造性思维的过程。这就要求策划人员独辟蹊径，突破定势思维，通过丰富的联想和巧妙的组合达到新奇创意的目的。

5. 深刻性原则

深刻性原则主要指营销公关时机的选择，以最容易让公众留下最为深刻印象的人和事为出击点。贯彻深刻性原则，一方面能立竿见影，给公众留下深刻的印象；另一方面也使自己的良好形象在公众中得到凝结和定位。

6. 重点突出原则

制订计划切忌面面俱到。实际上能出色地完成一两项重点目标的策划，就是成功的策划。相反，一次策划希望实现所有的目标，只能使营销公关工作强度过大，处于被动状态，造成人力、物力、财力的浪费，策划的效果也就无从谈起。

7. 连续持久原则

良好的组织形象不是靠一两次成功的营销公关活动就能一成不变。营销公关是一项有计划的持久性的工作，一方面为了实现营销公关的某一个目标，需要执行数个或一系列的计划；另一方面，未来的组织，只要它期望在历史舞台上存在多久，就必须坚持不懈地开展多久的营销公关活动。

第三节 营销公关的决策过程

在考虑何时和如何运用公共关系时，管理部门必须建立营销目标，选择公关信息和公关的载体，谨慎地执行整个营销公关计划，并且在营销公关活动结束之后，评价公关效果，为下一次的营销公关活动提供改进的依据。

一、建立营销目标

营销目标当然要定位到实实在在的利润上，但不应仅限于此。营销目标的定位还要考虑到消费者和社会的利益，要能正确处理好组织与这些人和团体的利益关系。营销公关活动的策划和执行可以对营销目标发挥以下重要的作用。

1. 树立知名度

营销公关活动通过"借势"和"造势"，以求提高组织或产品的知名度、美誉度，树立良好的品牌形象，并最终促成产品或服务的销售目的。营销公关可以利用媒体来讲述一些细节，以吸引人们对某产品、服务、人员、组织或构思的注意力，从而树立组织或品牌的知名度。

2. 增加可信度

营销公关活动将组织信息充实，也可以增加组织的可信度。除了组织本身的情况介绍，还应该加上组织背景、组织实力的介绍，提升公众对组织的信赖感。营销公关还可以通过新闻报道的方式，增加所传播的信息的可信度。

3. 刺激销售队伍和经销商

在新产品投放市场之前，用营销公关的方式进行宣传推广，这有利于营造良好的氛围，激励销售队伍的士气，让他们更加容易把产品或服务推销出去。

4. 降低促销成本，提高促销性价比

只要运用得当，公共关系的成本实际上比大范围的直接邮寄和广告的成本低，而运用公关手段比普通广告更能深入人心。

二、选择公关信息和载体

（一）选择有趣信息

营销公关目标确定后，决策者就要确认该产品是否具有有趣的经历可以报道。假设有一所相对来讲不知名的大学希望让更多的公众认识，宣传人员就要为它寻找可能有的经历。该院校教师队伍中的成员有没有什么不平常的经历、不寻常的背景，或者正在主持什么特别的项目，开设什么别开生面的课程。这所学校的校园里有没有发生什么有趣的、足以吸引公众注意的事件？

假如可供报道的信息不够充分，宣传人员应该建议该学校有目的地发起几件有新闻价值的事情。这时，宣传人员从事的与其说是寻找新闻，不如说是创造新闻。

思维拓展 8-9

中山大学引入西方毕业礼 八旬教授手持权杖

1. 中山大学引入西方毕业礼，校长为万名学生授学位

2007年，中山大学共有10 244名毕业生（其中本科生4 862人，研究生4 622人，博士生760人）。据黄达人校长介绍，以前他只为博士颁授学位，但是通过走访了解到应该关心更多的毕业生，因此2007年学校决定举行全校性的学位授予仪式。

据了解，中山大学2007届的所有毕业生都要上台接受黄达人校长颁授学位，各个学院的教授代表可以坐在主礼台上，学校还专门聘请了专业的摄影师抓拍每个学生与校长的合影。

黄达人校长表示："学生们对这次毕业典礼都显得很兴奋，这两天我听到了几千句祝福的话，很多同学祝我身体健康，学校的本意是关心学生，我自己也感到了被很多人关心，很多人都担心我的身体，其实我这两天非常容光焕发。"

2. 订制学位服就花了220万元

据悉，今年中山大学特意为所有毕业生订制了全新的学位服。学士服为黑色袍身、红色垂布，硕士服和博士服都为深蓝色袍身，垂布按文、理、工、医四种学科对应为粉色、灰色、黄色和白色。学位服的垂布领口处绣有中大标志，学位袍的袍身下摆处绣有中大校徽。中山大学共订制学位服1.1万套，合计花费人民币220万余元，每位毕业生需要交25元租金来租借学位服。

3. 黄达人校长表示：中大要构建大学礼仪文化

如此大张旗鼓来举办毕业典礼有必要吗？多数中大教授表示这么做很有必要，能弘扬大学礼仪。不少中大教授认为，国外学位授予仪式是从宗教礼仪演变而来，庄严肃穆。好的大学举行授予仪式时会邀请社会各界名流参加，是大学的一件大事。中国"MPA之父"夏书章教授当年求学哈佛，毕业时正值抗日，一切从简，没有参加过毕业典礼，"这让我终生遗憾。"中大校长黄达人是这些天来最累的人。但谈及特殊的毕业典礼，他兴致勃勃："现在社会上很多人都不太注重礼仪。中山大学要构建大学礼仪文化，弘扬大学精神，就要重视各种'礼仪'制度的重建与规范，学位授予仪式就是一个尝试。"

4. 毕业礼感动学生亲友团

相比国内"走马观花式"的传统毕业典礼，西方毕业典礼的重要区别除校长亲自颁授学位外，还有就是校方会邀请学生家长到场观礼。昨天参加了女儿冯慧妍（中大政务学院国际关系学研究生）毕业礼的冯爸爸就是"幸运"家长之一。他说："能跟女儿一起分享她人生这么重要的时刻，我和女儿一样欣喜若狂。中大的这场毕业典礼搞得很隆重，也很人性化。"仪式结束后，冯慧妍还穿着硕士服，和家人一起在校园内拍了很多合影，以此纪念自己美好的大学时光。冯慧妍也坦言："学校的学位颁授仪式让我印象深刻，让我很感动。在我们要离开的时候，黄校长亲手将证书送到我们手里，我再一次感受了中山大学的温暖，也让我对学校更加依依不舍。"①

上述案例达到了良好的公共关系效果。实际上，案例中所采用的方法可以被认为是"制造新闻事件"。无论是非营利机构还是营利机构，都可以利用这个方法来引起公众对其产品和服务的注意。

（二）选择合适载体

1. 公开出版物

组织常常需要依靠各种传播信息去接近和影响它的目标市场，它们包括年度报告、小册子、文章、视听材料以及公司的商业信件和杂志。某汽车公司的年度报告几乎就是一本具有推销职能的小册子，向报告的派发对象——股东推销每一款新的车型。在向目标顾客介绍产品是什么，如何使用等方面的信息时，一本精美的小册子往往能起到很重要的传播作用。另外，视听材料也是一个生动的公开传播途径，现在，很多学校会委托专业公司拍摄一个富有魅力的短片，展示学校形象和校园生活，以便鼓励考生报考本学校。

2. 事件

组织可以通过安排一些特殊的事件，来吸引公众对其新产品和该公司其他事件的注意。这些事件包括记者招待会、展览会、竞赛活动、周年庆祝等，或者是赞助运动会、文化活动等，通过这些活动，给组织提供一个邀请、招待他们的供应商、经销商和目标顾客的机会。

思维拓展 8-10

"九命猫"牌猫食的创意营销

"九命猫"牌猫食是许多著名猫食品牌中的一个，这个品牌的活动一直是围绕着一只名叫"毛丽丝"的小猫展开的。其广告公司创造了"毛丽丝"，为的是能为有猫的人和

---

① http://edu.qq.com/a/20070703/000020_1.htm

猫爱好者塑造一只活生生的、生活在人们中间的逼真的猫的形象。公司所聘请的公关机构建议并执行了下述设想。

（1）在9个主要目标市场城市发起一个寻找和毛丽丝面目相似的猫的竞赛。
（2）写一本名叫《毛丽丝，一个亲切的传记》的书，讲述毛丽丝的趣事。
（3）设立一座名叫"毛丽丝"的让人爱不释手的小铜像雕塑，赠给在地区猫展上得奖的猫主人。
（4）倡议发动一个"收养猫月"，以毛丽丝作为正式的"猫发言人"。
（5）分发一本养猫手册，是一本名叫《毛丽丝法》的精美小册子。

以上营销公关活动进一步巩固了该品牌在猫食市场上的份额。①

3. 新闻

公关专业人员的一个主要任务是：发展或创造对组织及品牌有利的新闻。组织新闻宣传和媒体新闻宣传存在较大的差异（见表8-1）。

表8-1 组织新闻宣传和媒体新闻宣传的差异

比较项	组织新闻宣传	媒体新闻宣传
宣传功效	虽然也报道一些时效性强的新闻，但其注重点在"宣传"。宣传企业管理层的战略、决策，宣传组织涌现出的模范人物、典型事例，弘扬组织文化，刊登领导讲话等，首先不是看时效性、新闻性的强弱，而是看宣传效果的大小	虽然也承担着大量对党委政府方针政策等的宣传职能，但其注重点在"新闻"，注重取材的新和引起公众注意的程度，对社会生活的影响力，以及由此引起的观念的冲突和社会思考
价值取向	在价值取向上，始终坚持通过宣传追求组织利益的最大化，在对内宣传上是"多报喜少报忧"，在对外宣传上更是"只报喜不报忧"，总是选取组织工作的闪光点向公众披露，从而塑造良好的组织形象和提高组织的美誉度	在价值取向上，始终在追求最大的公众利益。站在公众的立场上，媒体对组织既报喜更报忧，所以也就有了被组织称为的"媒体负面报道"，以及由此而来的"危机公关"——已成为组织新闻宣传部门一项与新闻报道同等重要的工作任务
对工作人员的素质要求	宣传工作人员不仅要了解新闻宣传的基本规律，更要熟悉组织运作流程、发展情况等方方面面的情况，善于从新闻事件中发现组织的"闪光点"，只有这样，才能把组织新闻宣传与新闻工作有机结合，增强组织新闻宣传的可信度和传播效果，要求其对组织情况尽量成为"专家"	宣传工作人员要求在新闻理论、新闻规律的掌握及应用、新闻挖掘、写作技巧等方面具有一定造诣，而对社会生活各领域则要求广闻博见、涉猎广泛，也正如新闻理论所称的"杂家"

---

① （美）菲利普·科特勒. 营销管理：分析、计划、执行和控制. 第9版. 梅汝和，梅清豪，张桁译. 上海：上海人民出版社，1999，629

4. 演讲

演讲是创造产品及组织知名度的另一项工具。组织负责人应经常通过宣传工具圆满地回答各种问题。组织所挑选的这位对外发言人负责公司对外信息的发布，如果做得好，可以树立起组织正面的形象，否则，就会损害组织的形象。因此，有的组织对挑选公司发言人非常谨慎，并且会使用专门的发言起草人和演讲辅助员，以提高演讲的效果。

5. 公益服务活动

组织可以通过向某些公益事业捐赠一定的金钱，以提高其美誉度。另外，一些大公司也会参加工厂所在地的一些社区活动。现在，越来越多的组织正在运用一种"事业相关营销"。通过事业相关营销，公司捐赠一部分收入给某一基于产品销售的特定事业。通常做法是，在某一段时间对某一特定产品以及为某一特定的慈善团体进行捐赠。

6. 形象识别系统

在一个高度交往的社会中，社会组织不得不努力去赢得注意，至少应努力创造一个公众能迅速辨认的视觉形象。视觉形象可通过公司的持久性媒体，包括广告标识、文件、小册子、招牌、业务名片、建筑物、制服标志等来进行传播。

三、执行营销公关计划

在顾客导向的时代，营销的中心是如何成功地与消费者进行双向沟通。过去单一的营销策略已难以奏效，必须借助营销公关计划，实现全方位推广产品的目的。

（一）营销公关计划的实施特点

1. 过程动态性

营销公关计划的实施是由一系列连续活动构成的过程，是一个思想和行为需要不断变化、不断调整的过程。这是由于一项营销公关计划无论制订得多么周密、具体和细致，与实际情况总会存在或多或少的差异；同时，随着时间的推移、实施的进展、环境的变化，实施过程中仍会遇到一些新情况和新问题。因此，不断地改变、修正或调整原定的实施方案、程序、方法、策略等是实施活动中不可避免的正常现象。这种现象的出现说明计划实施正处于顺利状态，并非在实施计划中有随意性。

2. 实施创造性

由于计划的实施是一个不断变化和需要调整的动态过程，实施者需要依据整个实施方案中的原则和自己所处的环境和面临的条件确定自己的实施策略。例如，准确地选择传播渠道、媒介与方法，合理地选择时机，正确地分配任务，灵活地调整步骤等。

营销公关计划实施的过程绝不是一个简单的照章办事的过程，而是一个由一系列不同层次的实施者发挥主观能动性的过程。实施人员应该充分地发挥自己的积极性、主动性和创造性。从这个意义上说,营销公关计划实施的过程不仅是一个对原计划进行艺术的再创造的过程,也是不断丰富营销公关实务经验的过程。

3．影响广泛性

一项营销公关计划涉及众多的因素和变量,它会对各类公众产生广泛的影响。然而,营销公关计划所产生的影响在方案策划阶段还只是纸上谈兵,只有在计划实施后这种影响才能真正地体现出来。这种影响不但表现在公众身上,也反映到社会文化的各个层面。

(二) 执行营销公关计划的方法

在营销公关计划的实施过程中,为了保证营销公关计划实施活动不偏离计划目标,必须采用一些方法加强对计划的控制。一般来讲,有以下两种形式。

1．线形排列法

线形排列法是按营销公关行动、措施的内在联系作为先后顺序逐一排列出来,一步一步地向目标迈进(见图8-1)。

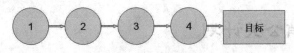

图 8-1 线形排列法

思维拓展 8-11

美国牛奶公司"脚踏实地"打入日本市场

美国一家牛奶公司意欲将该公司的消毒牛奶打入日本市场,但是它却遇到了一系列的障碍。

(1) 日本的消费者对喝这种消毒牛奶是否有好处持怀疑的态度。

(2) 日本消费者联盟反对这种产品,担心消毒牛奶的安全问题。

(3) 靠近大城市的牛奶场主反对消毒牛奶的分销,害怕与此竞争。

(4) 由于有关利益集团施加压力,几大零售商表示不愿意经销这种牛奶。那些依靠国内货源而兴旺起来的牛奶专业商店,也反对消毒牛奶的引进。

(5) 卫生福利部门和农林部门表示,他们首先将等待和观察消费者能否接受消毒牛奶,然后再决定赞成还是反对消毒牛奶的广泛销售。

为了排除这些障碍,公司的第一步行动是与日本卫生部门联系,使之批准销售该产品,因为没有该部门的批准,公司就无法实施下面的计划。第二步是说服大零售商来经销消毒牛奶。第三步,与牛奶场取得联系,争取支持。第四步,对消费者进行指导消费教育。每一步均是在前一个行动取得成功的基础之上逐步迈向目标的。线形排列法的优点在于，当前一步的行动没有取得成功的时候则不急于开展第二步工作，以避免浪费人力、物力和资金。①

2. 多线形排列法

多线形排列法是将几个行动同时展开、共同向成功迈进的排列方法（见图 8-2）。

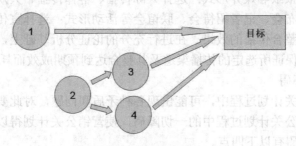

图 8-2 多线形排列法

这种排列方法可以缩短整个计划实施的时间，但花费的人力、物力、资金相对比第一种排列的方法要多，而且一旦前面一步的工作不能获得成功，则下一步工作将造成浪费。

（三）营销公关计划的实施过程

在营销公关计划的实施过程中，尤为重要的是信息传播。实施营销公关计划就是通过营销公关活动的开展来获得相关公众的了解、信任和支持的过程，实质上是一种信息传播活动。策划传播是整个营销公关活动的中心环节，是计划具体落实、付诸执行的过程。在这一过程中，营销公关人员将以营销公关目标和公众的需要为出发点，选择最有效的途径和手段，通过组织中全体人员的共同努力来完成整个营销公关计划。

1. 优化传播效果

（1）考虑目标公众利益。营销公关活动实质上是针对目标公众而进行的信息传播活动，如果要使这种传播活动取得最大的效果，就必须使发出的信息全部或大部分为目标公众所接受。这就需要选用目标公众所习惯使用的传播媒介，传播与目标公众利益相关的信息。

（2）控制信息传播活动。没有计划就没有控制，反之没有控制或控制不好，计划也不能顺利实施和实现。计划是控制的基础，控制是实现计划的保证，两者从组织营销公关计划实施开始直至终结，始终紧密联系在一起。二者关系处理不好，优化营销公关传播效果也就无从谈起。

---

① 范云峰，梁士伦. 营销公关. 北京：中国经济出版社，2004，162

2. 进行媒介整合

实施营销公关工作方案，实现营销公关目标要借助一定的媒介。然而单一的媒介往往达不到最佳的传播效果。所以最好按照活动目标、受众特点等将媒介进行组合，也就是根据营销公关目标、受众的数量、分布范围、年龄、文化水平、兴趣爱好等，选择电视、广播、网络、报纸等媒介形式；选择人际传播、群体传播、大众传播等传播渠道；选择演讲、新闻发布会、记者招待会、联谊会等活动形式；选择宣传手册、招贴画、标语等方式，以达到整合传播的效果。在进行充分的论证分析基础上，运用最佳的组合与消费者进行沟通，保证所选定的传播渠道及其整合达到预期成效而耗费最少。

3. 排除实施障碍

在实施营销公关计划过程中，可能出现各种矛盾和问题，对此要防患于未然，这样才能扫清实施营销公关计划过程中的一切障碍，使营销公关计划得以顺利实施。一般而言，主要的实施障碍有以下四点。

（1）目标障碍。营销公关目标拟订得不正确或不具体而给实施带来种种困难。为排除目标障碍，在开展营销公关工作之前要从多方面检查营销公关目标，做到五看：看目标是否切合实际；看目标是否可衡量；看目标是否可控；看目标是否与组织期望一致；看方案是否规定了目标的完成期限。

（2）组织障碍。由于营销公关活动主体的机能缺陷而给营销公关方案实施带来的种种困难。主要包括由于组织层次不合理造成的机构障碍和由于组织人员能力缺陷或态度问题造成的人员障碍。克服组织障碍的方法主要有：健全组织结构、合理配置中间环节、提高人员素质、增强团队战斗力。

（3）沟通障碍。有营销公关方案的内容障碍和传播过程的软件障碍两方面。方案的内容障碍主要表现在目标定位偏失、具体活动缺乏操作性、公众分析不周、媒介组合不当、经费预算不合理等方面，过程的软件障碍主要表现在语言歧义、风俗习惯、观念变化、心理障碍等。排除这类障碍的较好办法是尊重公众，接近公众，为公众利益着想。

（4）意外干扰。组织内外出现意外事件是在所难免的，也没有固定的克服方法。关键在于保持清醒的头脑，采取积极的应对措施。著名的危机营销公关专家里杰斯特对应对意外提出了三条指导原则：采取积极的态度；以实际行动维护组织的信誉和满足公众的期望；善于捕捉和运用意外事件中出现的良机。

四、评估营销公关的效果

营销公关评估，就是根据特定的标准，对营销公关计划、实施及效果进行衡量、检验、评价和估计，它在营销公关实践活动中起着不可低估的作用。营销公关评估是改进营销公关工作的重要环节，是开展后续营销公关工作的必要前提。同时，它可以使组织的领导人看到开展营销公关工作的明显效果，从而更好地开展下一次营销公关计划。

（一）营销公关评估的程序

1. 设立评估目标

统一的评估目标是检验营销公关工作的参照物。有了参照物才能通过比较来检验营销公关计划与实施的结果。即使这一评估目标更多的是定性的而非定量的，仍需制定出一个统一的评估目标。这需要评估人员对有关问题，如评估重点、提问要点等形成书面材料，以保证评估工作顺利进行。另外，还要详细规定调查结果如何运用。

2. 编制评估计划

评估不是营销公关计划的附属品或计划实施后的事后思考和补救措施，而是整个营销公关计划的重要组成部分。因此，对评估应该给予足够的重视，对评估的方法、程序等方面予以充分地考虑和周密地筹划。

3. 统一评估意见

我们应认识到，即使是营销公关人员本身也不能一下子就把营销公关活动没有实物性结果的性质和它的可测量效果联系起来。要给他们足够的时间认识效果评估的作用和现实性，并允许他们通过自己的亲身体验加深这一认识。

4. 细化项目目标

在项目评估过程中，首先应该将这些项目目标具体化。例如，谁是目标公众、哪些预期效果将会发生以及何时发生等。没有这样的目标分解，项目评估就无法进行。同时，目标分解还可以使营销公关计划的实施过程更加明确化与准确化。

5. 选择评估标准

目标说明了组织的期望效果。如果一个组织将"让公众了解自己支持当地福利机构，以改善自己的形象"作为营销公关活动的目标。那么，评估这样的营销公关活动的标准就不应是了解公众是否知道当地报纸上哪一个专栏报道了这一消息、占用了多大篇幅，而应该了解公众对组织的认识情况以及观点、态度和行为的变化。

6. 确定最佳途径

调查并非总是了解营销公关活动影响的最佳途径，有时组织活动记录也能提供这一方面的大量材料。在有些情况下，小范围的试验也是十分有效的。在搜集有关评估资料方面，没有绝对唯一的最佳途径。在这一方面，方法选择取决于评估的目的、提问的方式以及前面已经确定的评估标准。

7. 保持实施记录

这些资料能够充分反映营销公关人员的工作方式和工作效果，尤其重要的是反映计划的可行性程度，哪些策略是有效的，哪些策略是无力的或者无效的；哪些环节衔接比较紧密，哪些环节还有疏漏或欠缺。

8. 运用评估结果

营销公关活动的每一个周期都要比前一个周期表现出更大的影响力,这是运用前一个周期评估的结果对后一个周期进行了调整的缘故。由于对评估结果的运用、问题确定及形势分析将会更加准确,营销公关目标将会更加符合组织发展的要求。

9. 报告评价结果

向组织管理者报告评价结果,这应该成为一项固定的制度,它的作用一方面可以保证组织管理者及时掌握情况,有利于进行全面的协调;另一方面也可以说明营销公关活动在持续地保持与组织目标相一致及其在实现组织目标过程中的重要作用。

10. 提高理性认识

营销公关活动的科学组织与准备效果评估导致人们对这一活动及其效果有更多的理解与认识,效果评估的成果又进一步丰富了营销公关专业知识的内容。通过具体项目效果评估所得到的资料,进行抽象化分析,可以得到对指导这一活动有普遍意义的思想、方法与原则。

(二)营销公关的评估方法

1. 营销公关评估的研究方法

评估本身是一项研究工作,需要采用各种各样的研究方法。

(1)专家意见法。这是一种综合专家意见,就专门问题进行定性预测的方法,稍做修改即可用于不易量化的营销公关效果的评估。

(2)民意测验法。按抽查法的要求,在选定的公众群体中,选择一定数量的测验对象,用问卷、表格等方式,征求他们对指定问题的意见、态度、倾向,再做出统计、说明,分析营销公关活动的效果。

(3)公众意见征询法。营销公关人员通过与公众代表的对话,征询广大公众的意见和观点。这种方法又可分为公众代表座谈会和公众询问法两种。前者可以制度化,并有效地控制与会者的代表性;后者则是以口头、电话等方式,就固定问题,随机地向被询问者提问,然后将公众意见汇集、整理,形成综合意见。

(4)实验法。利用事物、现象间客观存在的相互关系,通过调节某个变量(如营销公关活动前后,某个组织的声誉),测定另一些变量(如产品销售量、订货量)的增减。实验法可以在经历和未经历营销公关活动的两组公众之间展开。

(5)组织活动记录法。在组织实施营销公关活动前后,坚持在组织的日常活动中,记录有关标志和指标的变化;全面、准确的活动记录是重要的效果评估资料。例如,学校的报考人数、企业的产品销售额、宾馆的投宿人数、机关的出勤率都属组织活动记录范围。

2. 营销公关评估的常用指标

(1)媒体展露效果。衡量公共宣传效果最简易的方法是计算公司(或品牌、活动名称）在媒体上的展露次数。公关人员需要向委托人提供一份剪报统计结果，该结果必须能够衡量组织在一段时间内的媒体展露效果，如图 8-3 所示。

图 8-3　媒体展露度

暴露度是指该报道要达到某人或目标观众的次数，主导性是指该报道是排他还是并举，位置指的是该报道所处的版面级别（包括头版、版块头版、内页）以及位置级别（头条、上半版、下半版），显著性指的是是否首次提及、处于文章的标题、第一段还是其他段落、有无图片，文章性质则指该文章是正面报道还是负面报道。

（2）知名度、理解和态度方面的变化。如果单单评估媒体展露度，明显不能反映整个公关活动的效果，因为它并不能够指明实际上到底有多少人读了或者听了某种信息以及后来他们想了什么，对他们的行动有什么影响。

（3）销售额和利润贡献。如果相关的数据可以得到的话，很多公司都认为，销售额和利润贡献才是最终的衡量标准。营销公关的投资报酬率可做如下的估计：

总销售额增加	1 500 000
估计由于公共关系而提高销售额（15%）	225 000
产品销售的贡献毛利（10%）	22 500
营销公关计划总直接成本	−10 000
通过公关投资增加的贡献毛利	12 500
营销公关投资报酬率（12 500/10 000）	125%[①]

第四节　原创策划"松山湖形象宣传画册构思方案"

广东省东莞市松山湖科技产业园区是 2001 年 11 月经广东省人民政府批准的省级高新技术产业开发区；园区规划面积 72 平方公里，坐拥 8 平方公里的淡水湖和 14 平方公里的生态绿地，是一个生态自然环境保持良好的区域。该园区 2002 年被国家科技部科技

---

① （美）菲利普·科特勒. 营销管理：分析、计划、执行和控制. 第 9 版. 梅汝和，梅清豪，张桁译. 上海：上海人民出版社，1999，630

促进发展研究中心评为"中国最具发展潜力的高新技术产业开发区",2004年被国家信息产业部授予"国家信息产业基地"称号,2007年被国家科技部列入"部省市共建国家火炬创新创业园试点计划"。

目前,松山湖提出要进一步加大招商引资力度,特别是针对一些行业和地区开展重点招商,力争把一批符合园区发展定位的大型项目、研发机构和企业总部引进来。

松山湖管委会不断创新招商方式,拓宽招商渠道,全面推进工业招商、科技招商和服务招商,最近两年的招商额度都超过100亿元,其中2007年共引进项目36个,协议引进资金130亿元。这些招商项目顺利开工投产,预计可产生的税收将超过56亿元。2008年,松山湖将进一步加大招商引资力度,特别是招引一些大企业项目和发达国家大型研发中心与生产基地落户松山湖,提高招商引资的质量和水平。

松山湖计划在中央一级的媒体上进行形象宣传,不断地扩大松山湖的知名度和影响力。策划到国外进行考察招商,对一些重点企业进行招商攻关;到北京、深圳等地举办招商推介会,宣传推介松山湖的发展环境、发展理念和发展潜力,吸引北京、深圳等地的科研机构、研发企业和高级人才到松山湖投资创业。

"松山湖形象宣传画册构思草案"是陈之明、武东兴、谭昆智在2006年撰写的一份竞标方案,在本草案中,松山湖宣传画册形象篇创意思路如下所示。

一、主题

1. 一个新型城市的崛起的故事
凸现松山湖是一个新型的城市。为什么是这么一个城市?这个城市是怎样形成的?
2. 主线
城是科技文化之所在
市是辐射动力之源泉
生态是根
产业是树
政府乃发展之引导者
企业是财富的创造者
以人为本
城兴市旺

二、创意要点

文字不需要太多,要高度概括、精辟、升华。

图画要有现代感、科技含量要丰富,要有视觉冲击力。
图画不要太实,松山湖的风景也不宜用太多。

三、创意文案

1. 城市的形象
松山湖——城市新生代
与新世纪同行,与科技潮同步
2. 城市的特色
(1) 科技与时代同步
科技产业的孵化器
科技人才的伊甸园
科技新苗的播种机
生产力发展的加速器
(2) 城市共山水一色
绿色的生态环境
源于生态高于生态怎一个"绿"字了得
3. 城市的崛起
(1) 春风化雨——决策者的智慧
英明的决策
上级的关怀
变为蓝图
就是一座新城的崛起
(2) 与硅谷相比——我们的理想
几年前硅谷离我们还很遥远
可是今天我们对她并不陌生
也许她的今天我们明天可以达到
也许我们的未来会做得更好、更好……
4. 城市的经营
(1) 规划思想与时俱进
以巨大的画笔
蘸上一分信念
两分人情

三分灵气
四分科学
绘就最新最美的图画
（2）以人为本，天地人和
以人为本，城兴市旺
5．城市的路向
（1）产业的风向标
打造产业航母
锻造领航企业
城市因产业而扬名
产业倚城市而辉煌
（2）精英文化的摇篮
倡导创业文化
激励探索精神
引领都市时尚
建构新型文明
（3）城市化的楷模
一张白纸绘就了最新最美的图画
一座新城是新型公民辈出的地方
矗立在世人面前的是城市化的楷模
6．城市的意境
松山湖
科技与时代同步，城市共山水一色……

第九章

公关危机的管理策划

　　社会组织的危机以多种形式威胁着一个组织的生命。然而，无论危机性质是自然物质的、金融财务的，还是意识形态或政治的，应付不测以求生存这一危机管理的基本准则是一样的。如果策划危机应变方案是组织生存的关键，我们就需要学会制定并检测危机应变方案，以确保危机到来时，危机应变方案能起作用。本章围绕公关危机的类型与特点、公关危机的预防、公关危机的管理处理来进行阐述。

第一节　公关危机的类型与特点

　　对社会组织来说，公关危机可以是致命的，但是，我们仍应该对公关危机管理方案策划有一种积极的态度。因为任何事件，甚至一场危机也可能变成机遇，可以广交朋友、谋取支持、吸引新客户和新股东。

一、公关危机的定义

（一）危机的概念
　　对"危机"一词，很多学者从不同的角度给它下了定义。
　　1. 阶段论
　　根据《韦氏英文词典》的解释，"危机"是指"有可能变好或变坏的转折点或关键时刻"，也就是说，"危机"是一个具有决定性的阶段，是一个决定了事态向着更好或者更糟的方向发展的阶段。

2. 事件论

罗森塔尔和皮恩伯格将危机界定为：对一个社会系统的基本价值和行为架构产生严重威胁，并且在时间性和不确定性很强的情况下必须做出关键性决策的事件。

巴顿认为，危机是一个会引起潜在负面影响的具有不确定性的大事件，这种事件及其后果可能对组织及其人员、产品、服务、资产和声誉造成巨大的损害。

国内研究者刘刚在综合国外研究成果的基础上，将危机定义为一种对组织基本目标的实现构成威胁、要求组织必须在极短的时间内做出关键性决策和进行紧急回应的突发性事件。

3. 状态论

赫尔曼将危机定义为一种形势，在这种形势中，决策者的根本目标受到威胁，做出反应的时间有限，形势的发生出乎决策者的意料。

胡百精认为，危机本质上是一种威胁性的形势、情景或者状态。他认为，危机的发生是组织内部和外部的构成要素、运作规则和发展秩序由常态异化、裂变为威胁性体系的过程，期间组织面临的不仅仅是一个威胁性事件，而是一种涉及内部和外部多重利害关系的复杂困境。①

（二）公关危机

危机是一个抽象的总体概念，公关危机则是以危机造成的影响来划分得出的一种危机类型。我们通常所说的危机，一般是指由非常性因素所引起的某种非常事态，其外延非常广泛，如经济危机、管理危机等。公关危机是各种危机中的一种特殊类型，它是由组织内外的某种非常性因素所引发的公共关系非常事态和失常事态，也是一种特殊的公共关系状态。组织的公关危机可导致组织与公众关系迅速恶化，组织的正常运作受到影响，生存和发展受到威胁，组织形象遭受损害，处于高知名度、低美誉度的组织形象地位。

二、公关危机的类型

确认公关危机的类型是正确认识公关危机、确定公关危机处理策略的关键一环。公关危机事件按照不同的分类依据，可以产生很多个不同的分类方案。例如，按公共关系产生的原因分，可以分为人为危机和非人为危机；按照危机事件给组织带来的损失表现形态分，可分为有形损失危机和无形损失危机；按照危机的形成过程分，可分为直接危机事件和间接危机事件；按照危机的显露程度分，可分为显在危机事件和潜在危机事件；按照危机的涉及范围分，可分为内部危机事件和外部危机事件等。

---

① 胡百精. 危机传播管理. 北京：中国传媒大学，2005，4～6

本书采用从实际出发，按照引起危机的事件对公关危机进行分类的方法。这种分类方法最大的优点是，具有更大的实际操作性，因为公关危机的处理方法与对各种引起公关危机的事件的认识有密切的联系。

（一）组织自身问题造成的危机

对于组织内部来说，引起公关危机的事件大体上包括领导危机、劳资纠纷、财务丑闻等。

思维拓展 9-1

掌舵人突然离世　青岛啤酒迅速反应

2001年7月31日，喜爱游泳的青岛啤酒掌门人彭作义，在青岛海滨游泳时突发心脏病不幸去世，终年56岁。作为总经理，彭作义在青岛啤酒遇到很大困难的时候接手的这家企业，而且正是在他的运筹帷幄、指挥调度之下，青岛啤酒不仅渡过难关、重夺中国啤酒行业头把交椅，更掀起了一场旷日持久、波澜壮阔的兼并风暴，使中国啤酒行业的格局与内涵发生了深刻的变化。彭作义的去世不论是对青岛啤酒，还是对中国啤酒业来说，都是一个意外。彭作义的突然辞世，留给人们最大的悬念就是"没有彭作义的青岛啤酒向何处去"？

彭作义担任青岛啤酒总经理的5年时间，有4年是在兼并、扩张中度过的，如今，已有大小41家同行纳入青岛啤酒麾下。青岛啤酒的快速扩张带来了一些后遗症，例如，管理、运营成本的增加，债务的增加，后继资金的不足等。青岛啤酒对兼并企业的消化、整合正是彭作义即将要做的主要工作，这个工作是青岛啤酒整个扩张战略中最困难、最繁重、最容易出问题的，是成败的关键。正是在这样一个关键时期，彭作义的去世加大了青岛啤酒消化、整合兼并企业的难度和风险。

然而青岛啤酒董事会在短短时间内便确定了青岛市政府推荐的总经理人选——金志国，青岛啤酒对领导人危机的反应能力来自其人力资源的充足储备，青岛啤酒集团一共有5个总经理助理，还有6个副总经理。

（1）高层领导变动。世界上优秀的公司都非常注重领导接班人的问题，交接班不仅仅被看成是领导人个人的更替，而且是公司治理结构的重要组成之一，是机制和制度体系的设计问题。为了避免危机的产生，需要制订一套有效的"接班人计划"和"领导力的培养计划"。通过制度化的体系实现接班人的产生、选拔、培养、更替，在产生领袖人物的同时，产生一个全新的团队。

（2）劳资纠纷。近几年，劳资纠纷的事件不断发生，而且愈演愈烈。劳资纠纷已经成为造成企业危机的一个重要因素。南京市中级法院调查显示：劳动关系利益化、企业管理不规范、劳动者身处劣势等三大原因导致劳资纠纷攀升。劳资纠纷问题，低则引发消极怠工或部分人才流失，高则将引发员工的激烈行为，从而影响企业的声誉，造成严重的公关危机。

思维拓展 9-2

东航"返航门"事件

2008年3月31日，东航云南分公司18架航班"集体返航"，千余名旅客滞留机场，官方表示是由于天气原因所致。4月2日，有消息称，"返航"是由于飞行员停工造成，但东航仍坚持称返航是天气原因所致。4月3日，有消息称，东航与停飞飞行员协商尚未达成一致。4月4日，民航云南监管办封存返航航班资料、目的地机场天气实况及相关飞行数据。4月5日，东航称调查返航原因，如证实人为因素将依法严处。4月6日，东航就"返航"事件道歉，并仍坚持是因为天气原因。中国民航局派出工作组开始调查该事件。4月7日，东航承认"返航"事件存在人为因素，称已对涉嫌当事人实施停飞和调查处理。4月16日，民航局就东航"返航事件"做出处罚决定。民航西南地区管理局要把涉及停航的东航两条航线、部分航班上报民航局，当时尚未确定具体哪一航线停航，直到4月22日才对外公布，停止东航两条航线经营权，调减东航的昆明至丽江、中甸等6个目的地城市约20个航班。

实际上，这一起公关危机事件的缘由是组织内部问题（即员工待遇问题）引起的。在"返航门"中，东航一开始就将返航原因归咎于"天气原因"。对于媒体所质疑的是否存在其他原因，东航除了否认外，没有采取其他任何有效的措施。事件处理过程中，东航自以为得意地划定出一个"补偿标准最高400元/人"的额度。同时又传出返航班机上QAR数据一起离奇丢失的消息，而且最终并没有管理层对此事负责。作为民航的管理部门，民航局的调查，最终揭穿了东航的谎言，这无疑是一次彻底失败的危机公关。①

（3）财务丑闻。2001年秋天以来，美国爆发了一系列财务丑闻，导致安然、世通等大公司破产，同时也史无前例地导致了安达信这样一个有九十多年历史的世界级会计师事务所退出审计市场。为此，美国采取了一系列改革措施，包括颁布了各种法律法规，其中最主要的是《萨班斯法案》。

公司的诚信经营往往造就一种良性循环，初期的诚信经营造成业务合作伙伴队伍的扩大，由此带来公司规模的扩大，随之带来违反诚信问题成本的扩大，最终在社会公众心目中形成一种信念：大公司，是讲究诚信的，是值得信赖的。正是这种信念造就了大公司的进一步扩张，造就了一个道德楷模，造就了一种商业合作基础。然而，财务丑闻

---

① 2008 八大危机公关案例．http://www.a.com.cn/Forum/article_21_1_374615_2.html.

的爆发将摧毁一切的一切：消费者、投资者、合作伙伴都将对组织失去信心。所以，组织永远要记得，即便是一个百年企业组织，如果出现财务做假，那就意味着必定走向毁灭——在财务上玩火，这不是真正的管理者所为。

思维拓展 9-3

网易的财务风波

NASDAQ 是造梦的工厂，然而中国的三大门户网站之一的网易从一开始登录 NASDAQ 就是命运多舛。首先在上市之初就耗尽了华尔街投资银行的智慧以回避国内政策的藩篱；等到终于上了市，却正好赶上了大熊市开始，头一天就被碰得头破血流，大跌 22%，只好随波逐流。之后在上市刚满一年之时，NASDAQ 的一纸通知差点要了网易的命，该通知称网易没有披露合格的年度财务报表，暗示公司的财务指标不真实，因此要将它停牌，停牌开始日期为 2001 年 9 月 4 日。这就是著名的网易财务风波。

随后网易创始人丁磊辞去了董事长和 CEO 的职务，新设了审计委员会等。此后，广告、短消息、游戏业务的开发充分显示了网易的盈利能力。网易股票从 2002 年 1 月 2 日起又获准重新上市交易。停牌前后网易还面临着股价长期低于 1 美元可能被摘牌的风险（最低价为 0.53 美元）。并且，2002 年 7 月网易接到通知，称其 2001 年年报依然未能符合 NASDAQ 的编制要求。幸而，通过在财务审计方面一系列的努力，2003 年，网易股价从最低 0.6 美元飙升 60 倍至 36 美元，而丁磊也借此在当年的福布斯中国富豪榜上排在首位。[①]

可见，财务风波并不可怕，关键要拥有切实可行的盈利模式，只要企业盈利了，那财务风波也就会淡出人们的视野。另外，如果是由于其他不可预料的因素使得企业财务出现风波，则要请权威机关将真实的情况告诉公众，将企业的真诚表达给公众。

财务风波对组织的影响关键在于诚信的丧失，因此除了展示真实情况以外，还应该给予公众信心。例如向公众展示组织的实力、组织未来的规划等，这些信息可以以巧妙的方法通过媒体来传达，亦可委托有经验的公关公司来处理。

（二）产品事故造成的危机

产品事故可以包括假冒伪劣产品引起的危机以及因产品安全问题等引起的给产品或品牌本身造成的公关危机。

1. 因假冒伪劣产品引起危机

技术含量低、包装不到位、没有防伪标识的产品很容易被假冒，产生各种意想不到的危机。"绿丹兰" 300ml 摩丝被假冒，企业被迫改产新一代摩丝，侵权者把绿丹兰集团

---

① 网易在 NASDAQ 轻舞飞扬．http://www.jrj.com.cn/newsread/detail.asp?newsid=120285

的沉默、忍让,视为软弱可欺,假冒行为愈演愈烈;"绿丹兰"忍无可忍,于是开展了一场以打击假冒伪劣产品为宗旨的"金秋大行动",有效地抑制了造假风,同时又对受到假冒伪劣商品侵害的消费者做了善后工作,使"'绿丹兰'爱你一辈子"的许诺得到了实际兑现。为彻底杜绝假冒伪劣产品的侵入,"绿丹兰"在后来生产的产品上面都印上了法国顾问彭道尔头像的镭射防伪标志,并在全国各地增设"绿丹兰"精品专柜,建立了连锁式的销售网络。

世界上的许多名牌产品不仅有悠久的历史,还有较高的技术含量,以及摸不透的技术秘密,这些都形成了一系列"仿制障碍",如可口可乐的配方至今还有未揭穿的谜。名品技术含量越高,就越能在某类产品中独领风骚,一旦失去技术优势,将无异于一般产品,当然也就容易被仿制假冒。组织只有不断提高产品的技术含量,加大包装力度,设立有效的防伪标识,增加产品的科技含量,才能防止此类危机。

2. 产品安全危机

相对于假冒伪劣产品而言,组织自身产品的安全性有着更强的隐蔽性,这类危机的普通特点是组织产品本身并没有问题,只是在特定情况下出现危机。这种危机一旦出现,会极大地挫伤消费者对组织产品的信任,如果处理不好将导致组织迅速失去市场。

尽管造成危机的因素各种各样,但是由于危机源自组织产品的本身,而产品的安全需求在消费者心目中具有很大的重要性,所以危机对组织的负面影响也会十分广泛和深刻,在竞争激烈的市场中,就会关乎组织的生死存亡。

除了众所周知的三株口服液事件,可口可乐的"中毒事件"无疑也是因为产品安全引发的重大公关危机。

思维拓展 9-4

"可口可乐"事件

1999年6月9日,比利时120人(其中有40人是学生)在饮用可口可乐之后出现呕吐、眼花及头痛等中毒症状。法国也有80人出现同样症状。已经拥有113年历史的可口可乐公司遭遇了历史上罕见的重大危机。在现代传媒十分发达的今天,企业发生的危机可以在很短的时间内迅速而广泛地传播,其负面作用可想而知。

可口可乐公司立即着手调查中毒原因、中毒人数,同时部分收回某些品牌的可口可乐产品,包括可口可乐、芬达和雪碧(芬达、雪碧还有酷儿都是可口可乐公司旗下的品牌)。一周后中毒原因基本查清,比利时的中毒事件是在安特卫普的工厂发现包装瓶内有二氧化碳,法国的中毒事件是因为敦克尔克工厂的杀真菌剂洒在了储藏室的木托盘上而造成的污染。

但问题是,从一开始,这一事件就由美国亚特兰大的公司总部来负责对外沟通。近一个星期,亚特兰大公司总部得到的消息都是因为气味不好而引起的呕吐及其他不良反应，公司认为这对公众健康没有任何危险，因而并没有启动危机管理方案，只是在公司网站上粘贴了一份相关报道，报道中充斥着没人看得懂的专业词汇，也没有任何一个公司高层管理人员出面表示对此事及中毒者的关切。此举触怒了公众，结果，消费者认为可口可乐公司没有人情味。

很快消费者不再购买可口可乐软饮料，而且比利时和法国政府还坚持要求可口可乐公司收回所有产品。公司这才意识到问题的严重性，事发之后10天，可口可乐公司董事会主席兼首席执行官道格拉斯·伊维斯特从美国赶到比利时首都布鲁塞尔举行记者招待会，并随后展开了强大的宣传攻势。然而遗憾的是，可口可乐公司只同意收回部分产品，拒绝收回全部产品。

在这一事件中可口可乐公司最大的失误是没有让比利时和法国分公司的管理层充分参与该事件的沟通并且及时做出反应。公司总部的负责人员根本不知道就在事发前几天，比利时发生了一系列肉类、蛋类及其他日常生活产品中发现致癌物质的事件，比利时政府因此受到公众批评，正在诚惶诚恐地急于向全体选民表明政府对食品安全问题非常重视，可口可乐事件正好撞在枪口上，迫使其收回全部产品正是政府表现的好机会。而在法国，政府同样急于表明对食品安全问题的关心，并紧跟比利时政府采取了相应措施。在这起事件中，政府扮演了白脸，而可口可乐公司无疑是黑脸。

可口可乐公司因为这一错误措施，使企业形象和品牌信誉受到打击，其无形资产惨遭贬值，企业的生存和发展一度受到冲击。

（1）1999年年底，公司宣布利润减少31%。

（2）危机发生时没能借助媒体取得大众的信任，公司不得不花巨资做危机后的广告宣传和行销活动。

（3）竞争对手抓住这一机会填补了可口可乐此时货架的空白，并向可口可乐公司49%的市场份额挑战。

（4）可口可乐公司总损失达到1.3亿万美元，几乎是最初预计的两倍。

（5）全球共裁员5 200人。

（6）董事会主席兼首席执行官道格拉斯·伊维斯特被迫辞职。

（7）危机后可口可乐公司主要宣传活动的目的都是要"重振公司声誉"。[1]

除了饮料，安全危机在医药行业也十分多见。2000年11月15日，国家药品监督管理局关于禁用PPA的紧急通知，震撼了全国的感冒药市场。一时间，康泰克顿时成为众矢之的，出现了康泰克等于PPA的现象，这意味着康泰克必须停产。当时，中美史克在中国一度辉煌，占据感冒药市场的半壁江山，而这突如其来的灾难，使它陷入了困境。11月20日，中美史克公司在北京召开了新闻媒介恳谈会，总经理在会上提到："维护广

---

[1] 吴应快，张志强. 扫雷：企业不得不面对的危机公关. 北京：东方出版社，2004，33

大群众的健康是中美史克公司自始至终坚持的原则。"随后,中美史克将库存和回收的康泰克全部销毁。与此同时,中美史克公司还专门培训了数十名专职接线员开通消费者热线,解答消费者的问题,将抱怨和投诉等引起的负面影响降至最低。时隔 9 个月,康泰克重新杀回市场,以崭新的形象——不含 PPA 的新康泰克重新夺回了市场。

(三)不利报道引起的危机

组织行为并无不当,也无突发事件产生,但由于新闻媒介的失实报道,也会引起公众对组织的误会和反感。从公共关系角度来说,这也是组织面临的一种危机,需要及时挽回影响。失实报道给组织造成了危机,公关人员的正确态度首先是冷静,决不能一怒之下,鲁莽处事,否则会加剧矛盾的激化,造成对组织更加不良的影响。只有冷静处理,才能够"不失态"、"不失策",才能处理得当。

思维拓展 9-5

分众传媒的"短信门"事件

2008 年,央视在"3·15"晚会上突然曝光分众无线是国内最大的垃圾短信制造者。由此国内大众对分众无线的谴责声此起彼伏。3 月 16 日,央视《新闻联播》针对此事做了一个后续报道,分众传媒的一位女性副总裁对之前的指责矢口否认。3 月 17 日,分众股价大幅下跌 26.59%。3 月 18 日,分众和江南春分别向媒体和投资者发布了声明。江南春表示,分众个别业务部门及其收购的一些下属公司在 2007 年承接了大量的商业广告,投放给了未经定制或许可的用户,分众表示歉意。

第二天,分众发布了其 2007 年第四季度财报。根据财报,分众第四季度来自分众传媒无线的广告营收 1 600 万美元,手机无线广告收入占到总广告收入的 9.2%。同一天,江南春表示将在未来一周内,亲自督促"深查分众无线各下属公司及其员工是否拥有其他非正常途径取得的用户信息"。但是江南春坚称,分众的客户资源来自正规渠道和网络,且认为"分众无线未经许可发出的短信至多也不会超过市场的 2%"。

树大必然招风,分众早晚都会有被盯上的这一天。此外,当越来越多的这类那类屏幕或看板都叫做所谓"媒体"的时候,它已经越来越陷入老百姓的抵制和厌烦之中。再加上数亿用户每天频繁接到大量垃圾短信或是诈骗短信,于是乎"气不打一处来",现在终于逮住了分众这个"大牌贼首",当然就要"人人喊打"了。不过,江南春的反应还是很快的,他首先积极认错,然后马上去亲手督办,这都能为他的分众挽回一部分形象,速度、诚恳、深度说明等都为他添分不少。实际上,中国人对认错态度的关注往往更胜于改错本身。所以,分众"短信门"事件也就很快过去了。[①]

[①] 2008 八大危机公关案例. http://www.a.com.cn/Forum/article_21_1_374615_2.html

(四) 公共舆论引起的危机

舆论危机是指由传言、流言或谣言引起的危机。在一个信息发达的现代商业社会中，没有什么东西比坏消息与危机的传播与扩展更加迅速。舆论除了通过口口相传的人际关系传播之外，在现代危机信息的传播中，媒体也扮演了对舆论的定调、转向、兴起、结束的决定性角色。媒体舆论的负面传播的特点不仅是传播快、转载率高、受关注度高，而且一次危机报道就会让媒体对组织以前发生的所有危机事件重新感兴趣，这也给组织处理由公共舆论引起的危机带来了一定的难度。

(五) 文化冲突引发的危机

文化冲突是指企业因触及部分受众的风俗习惯、政治背景或宗教信仰等文化而引起的公共关系危机。

三、公关危机的特点

(一) 必然性和偶发性

著名的墨菲定律（Murphy's Law）准确道出了危机发生的必然性："会出错的，终将会出错。如果有两种选择，其中一种将导致灾难，则必定有人会做出这种选择。"因此，只要人犯错，危机就不可避免。

危机事件的必然性是指危机的不可避免，只要有公共关系，就有危机事件。众所周知，信息传播是公共关系不可或缺的因素，任何公关策划和决策都是以信息为基础的；同时，决策执行的过程也是一个信息传递的过程，信息的失真现象成为无法避免的隐患。由于多层次、多渠道、多阶段的信息传递，其失真现象必然趋于严重，结果使危机事件成为必然。危机的偶然性是指危机事件往往由偶然因素促成。公共关系活动的任何一个薄弱环节，都可能因某种偶然因素失衡和崩溃从而形成危机。

(二) 突发性和渐进性

公共关系的危机事件总是在意想不到、没有准备的情况下突然爆发的，具有突发性特征。从本质上而言，危机事件的爆发是一个从量变到质变的过程，是一个累积渐进的过程，在一定的潜伏期隐藏和埋伏后，如果未能得到有效控制，就继续膨胀，到一定程度后，就会形成公共关系危机事件的总爆发。这一特征要求社会组织及其公关人员在工作中应当防微杜渐，随时准备应付突如其来的危机事件。

(三) 破坏性和建设性

危机事件在事实上起到破坏作用，组织必须尽力防范和阻止。但是危机的爆发表明组织存在着不可忽视的问题，危机提醒社会组织应检视自身状况。恰当地处理危机，也会给组织带来新的收获。面对危机的破坏性，要求社会组织不能掉以轻心，麻痹大意。建设性要求采取主动姿态，沉着冷静、满怀信心地面对危机事件。只有勇于面对、善于面对，才能正确认识危机事件的破坏性，同时也为组织建立有竞争力的声誉及树立组织形象创造了机会。

(四) 急迫性和关注性

社会组织的危机事件总是在短时间内爆发，具有很强的急迫性，造成巨大影响，往往成为社会和舆论关注的焦点和热点。因此，如果控制不力或行动迟缓，必将产生严重的后果。在公共关系危机事件处理上，必须牢记"兵贵神速"，强调公共关系危机事件处理的时效性。

第二节 公关危机的预防

当危机事件发生以后再来解决，无论解决得如何，都难免会给组织带来某种损害。因此，最明智的做法是及时地发现能够引起公共关系危机的各种端倪和征兆，把危机化解在"萌芽"状态之中。这就需要对危机产生的原因进行科学分析，然后制定切实可行的预防措施。

一、分析公关危机产生的原因

确定组织公关危机事件产生的原因，对于制定正确的预防和处理对策有着十分重要的意义。组织的危机事件产生的原因很多，一般而言，可以从组织内部环境和外部环境两个方面进行探究。

(一) 组织内部环境因素

从组织内部环境角度来剖析组织公关危机事件的产生原因，为组织公关危机管理奠定了坚实的基础。引起组织公关危机事件的内部环境原因主要有以下五个方面。

1. 自身素质低下

自身素质低下的核心是人员素质低下，包括领导者素质和员工素质。组织自身素质低下不仅可能引发组织公关危机事件,而且在危机事件出现后也难以自觉有效地处理危机事件。

2. 管理缺乏规范性

(1)组织基础工作差,管理规章制度不健全,以至于工作无定额、技术无标准、计量无规矩、操作无规程,给组织管理带来了较大麻烦,给公关带来了隐患。

(2)员工行为无规范,以至于工作不讲质量,不讲服务礼节,不讲商务信誉,不讲职业道德,甚至严重损害公众利益,伤害公众感情。这些都可能引发公共关系危机事件。

3. 经营决策失误

组织经营管理决策失误也是造成组织公关危机事件的重要原因之一。经营管理决策失误主要体现为方向的失误、时机的失误、策略的失误等,这些失误可能导致公关危机的出现,尤其是方向性和策略性失误更是导致组织公关危机事件的关键原因。这些失误可能严重危及社会公众、社会环境的利益要求,也可能引发公众对组织的抵触、排斥和对抗,使组织陷入危机状态。

4. 法制观念淡薄

社会组织经营活动的正常开展,除了必须遵循经营的基本准则和社会伦理道德外,还必须守法,严格依法办事。任何组织都应具有法律意识,知法、守法,将组织的经营活动置于法律的监督和保护之下,这对于正确开展组织经营活动,规范组织管理行为,树立良好的组织形象有十分重要的意义。

5. 公关行为失策

社会组织公共关系行为失策的表现很多,如组织策划不当,损害公众利益;实施公关活动,没有充分、必要的前期准备;面对与公众的纠纷,组织不主动承担自身的责任,以致酿成危机;忽视公关调研,损害组织声誉;疏于传播沟通,忽视与公众的信息交流等。组织外部环境是非常复杂的,组织领导者应预知"春江水暖",在危机面前争取主动。

(二)组织外部环境因素

1. 自然环境突变

(1)自然灾害。它不以人的意志为转移,往往给组织带来意想不到的打击,如地震、气温、海洋、河流等的变化。

(2)建设性灾害。由于人类出于短视、无为、疏忽、决策失当等原因,没有按客观规律办事所酿成的破坏机制。如滑坡、因污染而引起的全球气候变化、水土流失、沙漠化、城市噪声等,还包括因组织规划与设计欠妥造成的一些弊端,如组织动力、热力、供水、污水和垃圾处理等。

2. 组织间的恶性竞争

恶性竞争即不正当竞争,指市场经济活动中,违反国家政策法令,采取弄虚作假、坑蒙拐骗手段牟取利益，损害组织和顾客的利益，扰乱社会经济秩序的不良竞争行为。恶性竞争作为引起组织公关危机的一个外部因素，是指本组织受到外部其他组织的不正当竞争，使本组织面临严重的经营危机和信用危机。

一些不正当竞争者或散布谣言恣意损害竞争对手的形象，或盗用竞争对手的名义生产假冒伪劣产品，或进行比较性广告宣传有意贬低竞争对手的能力，或采取恶劣行径严重扰乱竞争对手的经营秩序等，这些恶性竞争行为，都可能导致社会组织严重的公关危机。

3．政策体制不利

国家经济管理体制和经济政策是组织难以控制的外部因素，它对组织的经营和发展产生重大影响。一般而言，任何组织都希望国家经济管理体制和经济政策有利于本组织的生存和发展，但在某些特定情况下又总是不可能完全达到。如果体制不顺，政策对组织发展不利，那么组织就可能遭遇风险，出现问题，陷入困境。

4．科技的负面影响

人类社会的科学技术，既可以给组织带来创新发展的机遇，也会导致组织原有技术的落后与贬值而出现危机。因科技进步而导致组织公关危机的原因，一是技术本身的危险性，二是技术进步带来技术标准的变化。对于第一种情况，高技术本身多内含风险性，其导致的危机事件往往表现为重大技术设备的严重事故。如举世震惊的苏联切尔诺贝利核电站爆炸事故，使六千多人丧生即属此类。对于第二种情况，技术进步所带来的技术标准的变化，对组织影响是广泛的。由于组织技术手段或设备不可能总是处于先进发达状态，所以，组织总是受到高新技术及其高标准的冲击。

5．社会公众误解

公众对组织的了解并不都是全面的。有的公众会因获得信息较少或偏听偏信而对组织形成误解。公众误解往往来自服务对象、内部员工、传播媒介和权威性公众等。

2001年中秋临近，月饼促销火爆，同时也爆出南京冠生园用隔年陈馅制作月饼的丑闻。此事件动摇了消费者对月饼市场的信心。中央电视台9月3日节目播出后，原先备受宠爱的"冠生园"立即被"打入冷宫"。截至9月5日，冠生园几乎被南京市场驱逐出局。此事很快殃及上海冠生园。虽然该公司针对南京冠生园用陈馅做新月饼一事做了严正声明：上海冠生园与南京冠生园不存在任何资产关系，并解释：上海冠生园生产的糕点类产品虽注册了冠生园品牌，但用于月饼单项的冠生园品牌早被武汉冠生园抢先注册。因此上海冠生园月饼并未使用冠生园品牌。但令人遗憾的是，上海冠生园的严正声明显然在时效、广度、力度上有所欠缺，其市场份额仍被其他品牌抢占。祸从天降，无辜的上海冠生园被南京冠生园拖入了一场不小的危机之中。

6．公众自我保护

随着现代科技的发展和消费者权益保护的不断完善，消费者学会了用法律保护自己的利益。组织原来认为合理的、正常的，如今在消费者思想中已变成了非合理的、不正常的，他们对组织提出了抗议，如反暴利行为、反污染行动等，这使组织面临新的危机。在客观上，公众自我保护意识增强，也是组织公关危机增多的一个重要原因。

二、设立完善的危机预警机制

我国的市场体系已逐渐向多元化发展。随着市场的进一步开放，信息科技发达，各种市场信息理应唾手可得，但对危机预警机制而言，要的不单是大量的信息，更需要准确而有意义的参考。要建立完善的预警机制，先从组织入手，找寻合适的人才，共同就关系组织发展的重要问题做出分析和预测。

（一）做好危机预防的基础工作

组织管理者和公关人员在日常工作中，应尽力协助、指导有关部门合理地设计生产工艺，进行科学配方，把好原料质量关，搞好生产调度安排，加强工厂的安全保卫工作和财务管理，完善售后服务制度等。在组织供、产、销等环节和人、财、物等方面做好监督和控制，时刻警惕破坏性因素的侵入，使组织远离危机事件。

只有做好组织的基础性工作，才能保证组织的效率高、质量好、服务好、效益大，才能提高组织对环境的适应能力和竞争能力，使组织管理系统有序地运行，减少和消除组织存在的"危机"。

（二）强化全员危机意识

表面的平静随时会爆发足以毁灭自己的危机，所以，组织应时刻如履薄冰，居安思危，防患于未然。只有具有强烈的危机感，在危机来临之际，才不至于措手不及，准备不足。否则，就意味着组织在突发事件的处理过程中丧失了主动权，丧失了控制事态发展、采取补救措施的希望。

那些因生产经营活动可能造成污染、容易引起公众怨恨的组织；那些容易发生爆炸、泄露事故的组织；以及那些创出名牌，却容易被伪劣产品假冒的组织，都应保持对环境的敏感反应，经常设想组织可能遇到什么危机，做好危机预案，以便临危不乱。

组织的每一个员工都要从思想上做好应对各种公关危机的准备，树立全员危机感，关键是要开展各种危机教育，让全体员工都了解危机的特征和危害，使全体员工都具有一种危机感，并由此增强他们的危机意识，帮助他们形成优化自身行为、预防产生各种危机的思想。

（三）减小公关危机形成的概率

社会组织公共关系危机事件形成的主要原因不外乎社会组织因素、相关公众因素、传播媒介因素和社会环境因素。在这几类因素中，存在着诸多社会组织的可控因素，只要对这些可控因素加以控制，使其保持正常状态，就有可能减小危机形成的概率，进而把危机的发生率降到最低程度。

（四）实现公关危机及早消除

危机的及早消除是指在危机尚未爆发的时候，使其得以化解和平息。其可能性来自危机形成的过程性。任何公关危机事件的形成都要经过潜伏期、初显期和爆发期，而任何时期都会出现危机产生的信号。组织可采用各种监控手段进行监测，以便在危机的潜伏期和初显期准确地发现危机的苗头，并采取果断措施，把危机消除在萌芽之际。

（五）提高公关危机事件的处理水平

组织公关危机事件的预防从某种意义上说，也是一种未雨绸缪的危机应对准备工作。它通过对全体员工进行危机教育、对组织危机应变小组进行专门培训、设立领导小组进行协调，制订应变计划与应变对策以应付危机事件，在物质技术和经费上做好准备以应付不测，并通过对社会组织公关系统的长期与持续不断地监测获取充足的危机发生、发展情况等信息，为危机事件的处理打下良好的基础，提高公关危机事件的处理水平。

三、周密策划危机的预防方案

对组织潜在的危机形态进行分类；制定预防危机的方针、对策；为处理每一项潜在的危机制定具体的战略和战术；确定可能受到危机影响的公众；为最大限度减少危机对组织声誉的破坏性影响，建立有效的传播沟通渠道；对方案计划进行试验性演习。以下介绍如何策划整个危机预防方案。

（一）组建危机管理小组

如果你与商业界的大多数人一样，认为危机就像"死亡和纳税一样不可避免"，那么便可以假定，你打算以一种积极的态度对公司的潜在危机进行管理。

实际上任何公司都需要危机管理措施，唯一不同的是根据组织的性质和大小，其实施情况有所变化。无论怎样，我们都要抓住问题的关键，那就是组建危机管理小组来制定或审核危机处理方案及其方针和工作程序。这是一切工作的开端，也是保证危机管理有序进行的关键。因为，组建危机管理小组将证明组织对其行为认真负责的管理态度。

危机管理小组行之有效的工作，可理清危机险情，以便一旦发生危机，组织管理层能将其遏制，减弱其对组织声誉造成的危害，并能使组织战略由反应型的应付局面转变成主动型的积极行动。

1. 危机管理小组成员的挑选

在一场危机或模拟危机中，会出现各种各样的领导风格。虽然富有"人情味"，积极投入型的经理一般是危机管理小组最有效的领导，但他的这种风格有时也可能妨碍紧急情况下做出果断的决策。小组成员应由职位相对较高的公司经理或其他专业负责人员组成。这些人员要经过仔细挑选，应考虑其个人素质和才能（如视野宽阔、处事冷静、决策迅速、表述清楚），他们个人在组织中的地位、身份，以及他们对组织和组织所在行业和政治环境的了解。小组领导要认识到各成员不同的风格及价值，并有机地组合在一起，以便其在危机中发挥最大的功效。

2. 危机管理小组的作用

危机管理小组的作用包括：全面、清晰地对各种危机情况进行预测；为处理危机制定有关的策略和步骤；监督有关方针和步骤的正确实施；在危机实际发生时，为工作提供指导和咨询。通常，自然物质或金融财务方面的危机要比意识形态或政治方面的危机容易分类或容易预测。

对这方面危机进行成功管理策划的秘诀在于，认识外部公众决策过程的特性。要分清敌友，了解他们的观点和决策对组织可能造成的冲击。组织应追踪一些团体或个人的观点和态度，然后根据其对组织影响的轻重程度进行排序，并为处理存在的问题拟订方案。组织要实现其目标，必须得到外界团体在各个时期不同程度的支持，因为他们的能力及影响力直接关系到组织目标的实现。

（二）制定危机防范方针与策略

1. 制定危机防范的方针

危机管理小组的关键作用在于尽可能确保危机不发生。因此，他们应该针对组织存在的危险情况制定涉及全公司的危机防范方针和政策，并确保组织各部门管理层不仅有实施这些政策的资金和其他资源，而且还有明确的政策实施责任。这些政策不能仅局限于保证公司的成员按现有的规定办事，而且还应尽可能预见"最坏"的情形。

尽管这种做法花费较高，但若不制定如此全面的政策，就人们的生命安全和公司的整个前途来说，后果很可能是灾难性的。但在制定这方面政策时，我们可参照公司已有的准则，这有助于把握政策的框架和深度。具体的做法是考虑这样一些问题：（1）这种危险情况将影响组织的最终目的；（2）所鉴别出的潜在危机的真实性；（3）组织现有的行为要阻止或遏制危机的产生；（4）所制定的方针政策将经受公众考验；（5）组织要具备行动所需的资源；（6）这种资源消费对于组织来说的接受程度；（7）采取行动的决心和不采取行动的结果。

积极的危机管理要求组织对所制定的防范方针的贯彻落实情况进行定期检查。危机管理小组的职权之一即是对方针的实施情况进行审核。负责审核的小组人员构成应至少有一名危机管理小组成员，一名所审核部门的专家和一名较称职的外聘顾问，以便提供客观的看法。

2. 为每项潜在危机制定策略

在策划公司对一场危机的行动反应时，重要的是要设想到最坏的情形。人们是不会因考虑过多而受指责的。但显然，应以平衡判断为主导思想。由于不是所有的危机均需同等的反应，人们有必要确定面对各种潜在危机应做出的具体反应，或对其进行分类。这尤其适用于策划危机过程中公司采取的对外宣传口径。在公开场合反应过分的话，有可能使情况恶化，并给组织造成比先前更大的危机。

举例来说，若一个地方性问题被当地新闻界捕捉，并不意味着组织要向全世界发表详细说明。策略的采用总要依据每一特别情形的特殊情况而定。当然，当真实危机发生时，也不可能一成不变地遵循危机管理方案的步骤来行事。但尽管如此，制定尽可能详细的策略方案会是非常有益的。这可能需要组建一个与危机管理小组相配合的危机控制小组，并安排其成员接受培训，以完成处理每一设想危机中的战术要求。

（三）写出书面方案

在完成上述审核工作，并对危险进行了分类，明确了分工责任，制定了人员召集步骤之后，就应将所有这一切写成文字。切勿轻视书面计划的重要性！因为，通常的情况是，若有危机方案，这种方案往往只存于组织几个关键人物的头脑中。因此，必须克服那种"别担心，张三知道怎么做"的心态，"张三"有可能在度假，而且即便此人在场，也不一定顾得上向所有有关人员解释本应周密到位的计划。

缺乏书面方案将会给已经很烦的管理层们带来很多额外的工作。因为没有它的存在，人们便有可能忘记本该采取的关键行动。这些成文的书面方案应该发放给各有关部门，并定期更新（特别是一些关键人物的联系方式），以确保方案在危机来临时发挥最大的效用。

（四）对方案计划进行试验性演习

只有根据设计好的步骤对假想情形进行试验性演习，工作人员才能真正熟悉这些步骤并了解其是否真的有用。若从中发现方案漏洞，也可予以纠正。因为企业中常见的情况是，由于存在着其他重要工作及其压力，组织中很少有熟悉那厚厚一叠危机管理方案的经理，这些卷宗往往被束之高阁。因此让人们熟悉这些方案并检测其有效性，只有通过定期的演习，才能得以实现。要用尽量少的人员，设计出详细的演习情节方案，并确保其机密性；而对步骤及设备进行检测的全方位模拟演练，则必须建立在预想情节方案上。

危机演习的每一阶段均要有称职的观察人员来监控。他们可以是外聘顾问，或较为称职的公司管理人员，但他们在真正的危机中并不承担重要角色。

第三节 公关危机的管理处理

一个社会组织不管有无准备，无论有无应变计划，都得面临种种危机的挑战。组织的态度不仅在于处理危机，而且还在于利用其中的潜在机遇。积极的心理定势必然会导致正面心态，促进危机消除的同时，为组织带来另一番机遇，转危为机。因此，公关人员掌握处理危机的方法和技巧便显得相当重要。

一、公关危机的处理原则

到今天，公关危机也已经从以往的"攻官"转化成由公共关系公司在幕后进行运作的公共关系活动。公关从业者们没权利要求客户对公关运作方式胸有成竹，但了解一些公共关系策略仍是组织员工应尽的义务。组织内的公关部门在处理危机事件时往往处在第一线，其决策和行动应遵循下列原则。

（一）预防原则

危机事件的发生，不仅给社会组织带来有形的物质财产损失，也带来无形的形象信誉的破坏，因此公关人员要有防火般的防患意识。在日常工作中，监督组织各项管理制度的完善及工作的开展，防止破坏性因素的产生，使组织远离危机事件。虽然有些危机事件防不胜防，但大多数危机事件的发生，都有一个演进的过程：由失误而形成危机隐患，由隐患而形成危机苗头，由苗头而发展为抗争，而后爆发出危机事件。因此，预防是解决危机事件的最好方法。

（二）实事求是原则

面对危机事件，任何愤懑、隐瞒和遮掩都无济于事。明智的办法是，正视事实，敢于和善于及时地向社会公众开放必要的信息通道，以尽快求得公众的谅解和信任。组织可以采取"三不主义"的态度：对危机事件不回避；对危机事件所造成的后果不避重就轻；对自己应该承担的责任不推卸，实事求是地解决危机问题。

(三)应急原则

一旦危机事件发生，社会组织可能四面楚歌。虽然公众的关注热点会随着时间流失而变化，但是在公众关注焦点未转变之前，如果措施不当，或稍有不慎，都可能激起公愤，甚至可能危及组织的生存；反之，如果能及时采取有效措施，化解危机，组织就能迅速赢得公众谅解，重新获得信任，顺利渡过危险期，获得新的生存和发展机会。

(四)危机变良机原则

危机是转机和恶化的分水岭，可谓有了危险才有了机会。因为在危机事件期间，组织成为新闻媒介报道的热点，也是公众议论的热点话题，虽然这是一种恶意的关注，但毕竟为强化组织形象提供了机会。好比一件衣服，被火烧了个洞，本身并非好事，但高明的裁缝在补洞后，绣上一朵花或者一只可爱的动物，衣服会更美观。在危机事件中，公关人员要像高明的裁缝那样，善于变坏事为好事，使本来不利于组织的危机事件，演化为宣传组织的机遇。

二、公关危机的处理方法

在现代公共关系学中，危机公关管理是一个重要的组成部分，它立足于应付组织突发的危机事件，通过有计划的专业处理系统将危机的损失降至最低。积极的方案还能利用危机，使组织在危机过后树立更优秀的组织形象。组织遇到危机事件，应选用恰当的方式，恢复发展组织的良好形象。在具体的处理过程中，可以采用以下五种方式。

(一)快速式

对于由于公众误解产生的组织公共关系危机，如社会流言、不利社会舆论的导向、专家及新闻工作者的误报、竞争对手的误导乃至造谣中伤，都可能引起公众的误解、指责和怀疑，使之陷入危机之中。由于是误解性危机，组织本身没有实质性问题，不涉及人身、财产等重大问题，影响范围比较小，这种危机组织完全能够独立解决。这时采用快速处理的方式比较适合。快速式的危机处理强调只依靠自己，通过组织的自身努力来消除危机事件的影响，速度上要快，这包括：发现危机问题快、调查危机事件快、确认危机性质快、深入危机公众快、控制事态发展快、通报情况反馈快。

(二)迂回式

迂回式是指对那些单凭自身之力已无法控制和挽回的公关危机局面，依据不同情况，采取迂回战术，依托权威机构、权威人士等关键公众向社会发布信息，提出约请，以影响乃至调整环境系统，从而改变危机局面的公关危机处理措施。

（三）协商式

在有些危机事件中，由于时间较长，或危机事件性质比较严重，如涉及人身安全的危机或公众中出现意见领袖。这些意见领袖，包括受害公众、政府公众、新闻公众、民间权威性公众等，对其他公众具有较大的影响力，能左右公众舆论。这时组织要消除危机，就要与这些意见领袖协商，争取他们的支持，借助他们的力量来说服公众。这样能更快地使公众消除疑虑、转变态度。

运用协商式方法来处理危机，关键是争取意见领袖的支持，应注意以下几点：选择的意见领袖与危机事件本身有较大的相关性，与危机事件有联系，或是受害者，或是发起者，能够给其他公众一种"当事人"、"代言人"的感觉，赢得其他公众的信任；选择的意见领袖应在公众中有较大的有效能量，要有足够的权威性、知名度，能够有效地说服其他公众。

（四）以退为进式

危机的原因和责任在于组织自身时，需要以退为进来处理危机。即使危机的原因和责任不在组织自身，而在组织外部甚至是消费者自己失误、传媒误导，组织运用以退为进的方式仍然是一个较好的选择。它可以更好地表现组织受了委屈，仍然求全的大度。

（五）进攻式

组织面临受害性危机时，采取进攻式的危机处理方式比较合适。受害性危机是指他人未经许可，假冒组织的包装式样、商标、名义推销伪劣产品或采取投毒等恶劣手段陷害竞争对手，使组织的形象受到损害，名誉遭受损失。对于这类危机，组织要正面反抗，依靠自己的力量，采取果断措施消灭危机。

通常有以下途径：诉诸法律，利用法律武器重塑组织的形象；借助大众传播媒介，开展揭丑活动；通过新闻媒介将不法商人的卑劣行径公诸于世，告诫公众不要上当，并重新设计改进包装，强化产品个性形象，扩大生产规模，进一步降低成本，使假冒伪劣产品没有市场；策划公共关系活动，充分调动组织和社会的力量共同打假。

三、公关危机的处理过程

对社会组织来说，危机事件会严重影响其正常运作，因此必须立即妥善处理，也就是要进行及时的公关危机管理。在已经成立危机管理小组和制定相应的危机应对策略的前提下，组织需要通过以下步骤来完成危机的处理。

（一）指定新闻发言人

危机发生后，应指定一个唯一发言人，统一口径，让组织只有一种声音对外。这样，可避免因多种声音、多个口径对外而造成公众的困惑，加重公众的不信任感。最好由组织的公关人员担当独家发言人。公关人员长期与媒体、公众打交道，了解他们的心理和关注点，对事件的陈述和报道可以做到既不失公正、全面，又能最大限度地维护公司利益。而且人们并不要求这样的发言人了解所有的情况，他可以承诺将进一步调查事件，随后再给大家一个说法。这也是处理危机时有效赢得时间的好办法。因为此时公司最需要时间充分调查事件、处理问题，从而给公众一个满意的答复。

（二）与媒体保持密切联系

主动联系媒体，公开、坦率地报道事件。危机发生后，不管责任在谁，组织都应迅速反应，主动走出去与新闻界沟通，抢在他人之前公开报道事件。

1. 危机处理三T原则

英国危机公关专家里杰斯特曾提出著名的"危机处理的三T原则"，即：

（1）以我为主提供情况（Tell your own tale）。

（2）提供全部情况（Tell it all）。

（3）尽快提供情况（Tell it fast）。

2. 给危机状况定下基调

主动报送事件的情况，既为组织树立了坦率的形象，也给危机的状况定下基调，防止其他人的说法混淆视听，使组织处于被动的地位。此外，在报道事件时，应只限于陈述事件的过程，不应过多加入分析结论性意见和处理办法，这样既为以后的报道留下空间，又不至于引来公众、媒体的追问。公众最关心的是事件发生的真正原因。所以，在危机发生后，组织应立即自行组织人员或委托独立的权威机构调查事件，给事件发生的原因一个公正、客观的说法，以正视听。

（三）控制危机影响面

危机总是发生在特定的时间、特定的地区和特定的产品身上。所以，应采取有效措施避免危机的蔓延，避免危机影响到企业在其他地区的销售或其他产品的形象，力争将损失降到最低限度。

（四）加强多方面沟通

1. 让员工享有知情权

组织的员工不应仅仅知道公开的信息，还应该让他们知道得更多一些。如果员工处于对组织现状了解不全面的尴尬状态，组织就不太可能从员工那里得到更多的支持，弄不好还会祸起萧墙、自乱阵脚。渡过危机关键要靠员工的信心和努力，员工也应当了解事情的进展，所以要保持与员工的沟通。当然，同时还应要求员工不要对外泄露信息，因为只有独家发言人才是组织对外宣传的唯一窗口。

2．告诉公众事情的进展

社会各界，包括公司股东、主管部门、经销商等都在等待来自公司的最新消息。所以，应经常透露一些对他们有价值的信息，如组织正在和当局合作，调查正在进行，或正在做出某种选择等。

3．保持与顾客的联系

在日常管理中，为了在顾客心目中树立组织的良好形象，组织往往通过一些活动或者直接发电子邮件的方法，和顾客保持联系。在危机发生后，还应继续这些工作，尽可能重新赢得顾客的信赖，但最好的方法是，写一封"致顾客公开信"并发表在各种媒体上。

（五）重建责任感

邀请公正、权威的机构来参与危机的解决，确保社会公众对组织的信任。以公众的利益为出发点处理危机是危机公关的首要原则。公正权威的机构有社会中介服务组织和政府的某些职能部门，如技术监督局、环保组织等。这些机构和组织本身没有直接的利益联系，能够站在一个客观公正的立场上看待问题。

同时，邀请这些机构参与问题的处理能够表明组织的良好态度，即组织愿意接受权威机构的监督和指导，不回避自己应负的责任。在危机的处理中决心以公众的利益为出发点来解决问题。危机本身并不可怕，任何一个组织都难免有失误，都难免受到来自外部的袭击，对此公众是能够理解的。关键在于危机处理中，组织是否有一个端正的思想，公开坦诚，实事求是，最大限度地考虑公众的利益，做一个本分的经营者。

（六）开放现场

运用参观活动来协助危机解决，是一种最古老的做法，也是常用的手段。如组织可请新闻界人士实地察看现场，调查组织对此事件的处理措施等。组织还可以邀请受害者公众、专家、社区公众、遇难者家属等有关人士来实地察看，让公众知道组织是一个敢于面对现实的具有高度责任心的组织。对内部公众，参观又是进行再教育的好方法。类似于开放的措施还有，把组织的有关原始管理资料公诸于众。例如，日航在灾难事故发生后，就曾把公司的有关安全措施资料迅速编印出来散发给意见领袖和新闻媒介，以争取外界对日航的了解。①

---

① 南兆旭．公关危机处理方法．北京：中国标准出版社，2004，71

四、公关危机的恢复管理

组织领导者应鼓励全体员工以辩证的眼光来看待危机。其实,危机只是成功与失败的分水岭而已。在危机处理中,组织除了要有强烈的公关意识外,还必须树立强烈的重建良好组织形象的意识,要有重整旗鼓的勇气,更要有再造辉煌的决心。因为只有当组织的形象重新建立,组织才谈得上重新回到良好的状态,组织公关危机处理才能谈得上真正完结。

有资料表明,在美国著名财经杂志《财富》周刊每年公布的全球500强企业组织中,几乎所有的强者在成长过程中都经历过各种危机甚至灾难。所以真正的组织强者能战胜危机,在危机中成长,在危机中发展。

(一)形象的恢复与改善

1. 重建组织形象的目标

具体来讲,重建组织形象的目标大致有以下四个。

(1)使组织公关危机事件的受害者或其家属得到最大的安慰。

(2)使利益受损者重新获得作为支持者的信心。

(3)使观望怀疑者重新成为真诚的合作者。

(4)获得更多新的关心者和支持者。

只有达到上述目标,公关危机才算是得到了全面和完善的解决。

组织在确立了重建良好公关形象的明确目标之后,关键是如何采取有效措施,达到这些目标。

2. 对组织内部的措施

(1)以诚实和坦率的态度安排各种交流活动,以形成组织与其员工之间的上情下达、下情上达、横向连通的双向交流,保证信息畅通无阻,增强组织管理的透明度和员工对组织的信任感。

(2)以积极和主动的态度,动员全体员工参与决策,制定组织在新的环境中的生存与发展计划,让全体员工形成乌云已经散去、曙光就在前面的新感受。

(3)进一步完善组织的各项制度和措施,有效地规范组织行为。

3. 对组织外部的措施

(1)同平时与组织息息相关的公众保持联络,及时告诉他们危机后组织的新局面和新进展。

(2)针对组织公关形象受损的内容与程度,重点开展某些有益于弥补形象缺损,恢复公关状态的公共关系活动,与广大公众全面沟通。

（3）设法提高组织的美誉度，争取拿出一些过硬的服务项目和产品在社会上公开亮相，从本质上改变公众对组织的不良印象。

（二）利用危机的机会

组织可随机应变地把危机的导火索转变为某项促销活动的起点，借危机事件的声势，轰轰烈烈地宣传组织及其产品，圆满平息危机。组织必须有公关策划的逆向思维，把握好两者之间的联系与转化机遇，但更重要的是组织应了解危机的起因，反省、完善自身，以避免类似情况再次出现。组织的危机是把双刃剑，表面的坏事也许是件好事，别人的危机可能是自己的机遇，如何转化全靠巧妙的危机公关。

第四节 原创策划"科学中心，走进人心"[①]

——广东科学中心营销策划书

2014年初，为了给广东科学中心做出一份可行的策划书，本策划调研小组经过了一段时间的项目调查，掌握了大量的项目研究资料。该项目共分三阶段（六个步骤）：预备调查阶段（初步情况分析；非正式调查）；正式调查阶段（制定调查方案；现场实地调查）；结果处理阶段（整理分析资料；提出调查报告）。整个项目收集到的资料可分为第一手资料和第二手资料。第一手资料是原始资料，是指通过现场实地调查所收集的资料。其收集方法有三种：询问调查法、观察法和实验法。第二手资料是经过整理的资料，其内容包括相关网站的信息、广东科学中心官方网站的资料、有关广东科学中心的论坛和文章等。资料收集完成后，我们对其进行了整理、分析和研究，为广东科学中心的营销策划进行分析、预测，并提供可靠依据。

一、项目背景

项目开展的首要条件是对项目背景的了解和分析，项目策划小组在提出项目时，需要全面考察项目设立的宏观和微观条件，以保证项目的建设有充分的理由。广东科学中心位于广州市大学城（番禺区小谷围岛西端），占地面积45万平方米，建筑面积13.75万平方米。开馆以来，广东科学中心先后荣获"广东省科普教育基地"、"广东省青少年科技教育基地"、"国民旅游休闲示范单位"、广东省首个"科技旅游示范点"、国家4A级

---

① 本策划方案根据中山大学新华学院2012级公共关系学专业学生李家晖、梁文蕙、吴采珊、熊晓苑撰写的原创策划方案整理而成。

旅游景区等多个荣誉称号。

（一）政府大力支持

广东科学中心是广东省委、省政府批准兴建的大型科学活动场所。2004年3月28日，广东科学中心开工奠基仪式举行。在仪式上，时任广东省省长的黄华华指出，这一工程是广东建设科技强省和文化大省的重要举措，是广东省委、省政府为实施"科教兴粤"战略，建设创新型广东而投资19亿元兴建的大型科技活动场所，是广东人民文化生活中的一件大事。

（二）建筑风格独特

展馆整体建筑形象为"科技航母"，造型独特，气势恢宏。从正面看，像一只灵动的科学"发现之眼"；从侧面看，像一支整装待发的"舰队"；俯瞰整个建筑，酷似一朵盛开的木棉花，是我国"绿色建筑"代表工程。宏伟壮观、科技含量高并且时代感强的广东科学中心将成为广州市的标志性建筑。

（三）展览场地宽广

馆内设有儿童天地、实验与发现、数码世界、交通世界、绿色家园、飞天之梦、人与健康、感知与思维8个常设主题展区；IMAX 3D巨幕、4D、数字球幕、虚拟航行4座科技影院；数字家庭体验馆、开放实验室和多个临时主题展区。户外的科学探索乐园拥有8万平方米人工湖、60多个经典科学展品，培植有2 000多种岭南特色植物。

（四）配套设施完善

除科普展览以外，广东科学中心还致力组织各类大型科技活动，并为各级政府、企业、事业单位提供完善的科技展览、推广、交易、交流和会议服务。充足的展览场地，完善的配套设施（包括客房、多功能会议厅、阶梯报告厅、会议室、咖啡厅、同声翻译设备、餐厅等），可满足各类会议、活动需求。

（五）功能定位

广东科学中心集科普教育、科技成果展示、学术交流、休闲旅游四大功能于一身，是广东省重要的公益性科普教育基地、国内外青少年的科学创新成果展示基地，以及科学技术、科技产品展示、推广、交易和学术交流的平台。

（六）建设目标

广东科学中心坚持着"建成富有科学内涵、时代精神、广东特色的，经得起历史检验的，达到国内领先、国际一流水平的标志性科学中心"的建设总目标，把广东科学中心建设成为广东省重要的科技发展成果展示窗口，成为泛珠三角地区重要的科普教育平台和科技资源中心。

（七）受众定位

作为广东省大型的科学活动场所，广东科学中心的受众主要为中小学生，并且以团队购票为主，是各中小学组织学生户外活动的上佳选择。

二、项目调研

项目调研是指运用科学的方法，有目的地、系统地搜集、记录、整理有关广东科学中心的信息和资料，分析市场情况，了解人们对广东科学中心的印象，明确中心存在的优劣，为项目预测和项目决策提供客观的、正确的资料。

（一）广东科学中心的概括

占地 45 万平方米的广东科学中心位于广州大学城小谷围岛，建设耗资 19 亿元人民币、历时近 5 年建成，它南、北临江，西靠滨江生态公园，东邻广州大学城外环路，主入口正对广州大学。

（二）扎根理论的应用与结果

本项目调研运用扎根理论先对广东科学中心进行定位，随后通过调研对广东科学中心的优劣势，以及广东科学中心主要的发展方向以及目标受众的分析，提炼出广东科学中心的发展定位策划与一系列扩大发展的项目方案，并提出专属于广东科学中心的发展模式。

1. 选择扎根理论的原因

扎根理论虽有"理论"一词，但其实是一种研究策略，指"透过系统地收集和分析资料的研究历程之后，从资料所衍生而来的理论"，重点是通过对研究对象的"意义"及其概念关系的整理和概括，形成研究者的结论。此次项目调研的用意在于通过现象看本质，故较为适宜用扎根理论的研究方法。

2. 样本选取

本项目研究小组所采访的人士均来自群众，从专业视角较为深入地研究了"广东科学中心，科学走人心"营业模式的可行性，抽样基本达到"理论饱和"状态。样本分布情况如表 9-1 所示。

表 9-1　样本分布

性别	男	5 名
	女	5 名
类别	游客	7 名
	工作人员	3 名
年龄	0~10 岁	2 名
	10~20 岁	3 名
	20~30 岁	3 名
	30~40 岁	2 名

3．资料收集和分析

扎根理论强调以开放的方式收集研究信息。本调查研究以开放式访谈方式收集信息，受访者均在自愿的基础上接受访谈。访谈结束后整理文字稿，作为进一步分析的材料。分析过程依次按照扎根理论的开放性编码、主轴编码和选择性编码的分析要求进行。

4．材料分析

数据分析遵循扎根理论的基本程序进行。具体的材料分析程序为：访谈文字稿的分析由本组成员组成的资料分析小组完成。写出访谈文字稿后，经过样本的试验性分析后，对分析过程和标准形成共识，然后完成资料的程序性分析。分析过程为，依次按照扎根理论的开放性编码、主轴译码和选择编码分析要求进行。具体环节如下所示。

（1）概念化，即把访谈文字稿逐句、逐段、逐词分解并独立分析，共抽取出"科学精神"、"人文精神"等 100 个概念。

（2）范畴化，即把几十、十几个甚至更多内涵一致或接近的概念归类为更抽象的范畴化，本研究从 100 个概念抽取出 27 个范畴。

（3）主轴编码，即把开放编码中发现并已经命名的概念、范畴进行关联而形成系统化的类别，如本研究抽取出了指导思想、发展定位、设施、展览、服务、作用、环境、交通、电影、需要解决等共 10 个主轴编码。

（4）选择编码，即把主轴编码按照"条件、脉络、策略、结果"四个维度进行分类，通过这个分类来得出可以说明研究现象的理论。结合本研究，"条件"主要指"广东科学中心，科学走近人心"策划案的可行性，"脉络"主要指用定位策划的联系过程，"策略"主要指定位策划的反应，"结果"即相应"策略"对应的后果。

5．开放编码和主轴编码

本研究开放编码和主轴编码的主要内容如表 9-2 所示。

表9-2 "科学中心,走进人心"策划书开放编码和主轴编码

主轴编码	开放编码	文本备注或说明
指导思想	人文精神	广东科学中心以"自然、人类、科学、文明"为主题,演绎包含人与文明、人与科学、人与自然相对关系。该中心是一个不以盈利为目的的社会公益性事业机构,是为广大公众提供科普教育的社会科技活动场所,是广东省重要的公益性科普教育基地
	科学精神	广东科学中心是广东省委、省政府批准兴建的大型科学活动场所,具有科普教育、科技成果展示和科学技术交流的功能
发展定位	科普教育基地	作为广东省重要的公益性科普教育基地,广东科学中心还是科学技术、科技产品展示、推广、交易和学术交流的平台,它是目前国内投资最大的科学博物馆项目,已成为世界展览面积最大、最完整的科学教育场所
	珠三角	珠江三角洲地区是有全球影响力的先进制造业基地和现代服务业基地,是全国科技创新与技术研发基地和全国经济发展的重要引擎,珠三角是全国最发达的经济区域之一,辐射带动华南、华中和西南地区发展的龙头,是我国人口集聚最多、创新能力最强、综合实力最强的三大区域之一
	辐射	以其为中心,可向四面八方传播
	立足广东省	馆内在突出现代科学技术成果展示的同时,还利用广东科学技术和经济文化的资源优势,注重广东地域与人文特色的结合
设施	种类丰富	馆内设有儿童天地、实验与发现、数码世界、交通世界、绿色家园、飞天之梦、人与健康、感知与思维8个常设主题展馆;IMAX 3D巨幕、4D、数字球幕、虚拟航行4座科技影院;数字家庭体验馆、开放实验室和多个临时主题展区
	科技水平高	建筑注重节能技术的应用,全自动化,展品采用多种高新技术,非常先进
展览	多元化	内容覆盖岭南科技、儿童、航空、思维、交通、环境、健康、数码技术等
	规模大	八大主题展馆建筑面积共有6万平方米,此外还有建筑面积达2万平方米的临时展区
服务	微笑在脸,服务在心	科技中心的工作人员不只是脸上挂笑,更是真诚地为顾客服务,最重要的是在感情上把顾客当亲人、当朋友,与他们同欢喜、共忧伤
作用	教育性	参观展馆时游客可以揭示自然的奥秘,探索科学的原理,认识高科技的产品和技术,见识新鲜事物,收获创新的发现和生活常识。尤其对中小学生有很大教育意义
	增进感情	科技中心主要出售团体票,作为一个团体活动,可以增进参观者之间的感情
	亲身体验	馆内设施注重交互性与参与性,让参观者通过听、嗅、看、摸、玩等多种方式来感受科学的奥秘
环境	环境优美	户外的科学探索乐园拥有8万平方米人工湖,培植有2000多种岭南特色植物的科学公园,先后获得"国民旅游休闲示范单位"、广东省首个"科技旅游示范点"、国家4A级旅游景区等多个荣誉称号

续表

主轴编码	开放编码	文本备注或说明
环境	占地面积大	占地面积45万平方米,建筑面积13.75万平方米
交通	相对便利	位于大学城内,公交车站就在门口并有大型停车场
电影	IMAX 3D 巨幕影院	中心的3D巨幕影院屏幕宽29米、高22米,是目前亚洲地区最大的巨幕影院,可容纳610名观众同时体验
	数字球幕影院	中心的数字球幕影院直径达18米,是国际上首次利用最新激光投影技术建设的球幕影院,可容纳观众192名。该影院不仅可以实现全球幕视频回放,还可以实现交互式内容的演示
	4D影院	中心内的4D影院是将三维立体与环境特效结合运用的影院,除了让观众获得超现实的视觉和听觉享受,还可以根据影片情节设计出烟、雾、雨、闪电等特效,与影片真实同步表现。整个影院可以容纳72名观众同时观看
	虚拟航行动感影院	中心内的虚拟航行动感影院由预演厅、故事厅和动感厅三个部分组成,观众可在预演厅和故事厅了解影片的背景和相关准备内容,然后进入动感厅体验惊险刺激的旅程。虚拟航行动感影院所使用的动感平台,虽重达8吨,但跟随影片情节运动时可异常灵活,其对角线的运动幅度能达到一米。虚拟航行动感影院能够同时容纳45名观众进行互动体验
需要解决	消费价格高	中心的门票以及馆内消费价格偏高
	餐饮水平不足	中心内和周边的餐饮区域不足,餐饮类型单一,性价比需要提高,就餐地点不明确,无法刺激消费
	设备更新周期长	设备需要及时维修,提高档次
	指示不明确	馆内指示不明确,缺乏引导
	宣传不足	一些中心提供的服务未能让参观者知道,使这些服务没有受到应有的关注
	需要调整工作人员分配	一些重要的展区应多设工作人员,提供保护和咨询工作,如恐龙展区、特种科技影院等

说明:编码过程在栏目的反映上是从右到左,即从开放编码到主轴编码的归纳过程。

6. 选择编码表(见表9-3)

表9-3 选择编码表

条　件	脉　络	策　略	结　果
指导思想 发展定位 设施 环境	辐射 教育性 电影 立足广东省 历史文化 旅游 "自然、人类、科学、文明"主题	大众策略 政府策略 企业策略	对受众 对企业 对社会 对国家

"科学中心,走进人心"策划书的选择性编码的作用机制如图9-1所示。

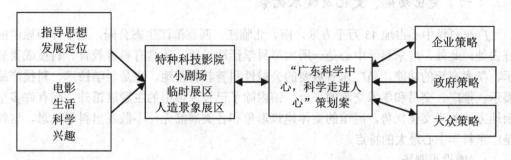

图9-1　"科学中心,走进人心"策划书的选择性编码作用机制示意图

7. 结论推导

通过对10位访谈样本的访谈文字稿的前期分析,我们整理出以下研究线路。

(1)广东科学中心多以团体购票为主,但是展品的互动性不够,加大互动的机会、丰富互动的形式可以为中心建立起良好的口碑,形成免费宣传。

(2)科学中心的餐厅以及人工湖附近的亲水平台受关注度不高,因此可以利用亲水平台吸引游客的关注,为餐厅吸引人流,从而刺激消费。

(3)广东科学中心本身具有丰富的科技影院的资源,但是开放时间较短,受关注度少,而大部分现代人都有看电影的习惯,特别是爱看这种高科技的电影。

(4)虽然科学中心提供很多其他的服务,如住宿、卡拉OK室、咖啡厅等,但是由于宣传不足导致很少有人知道,从而使这些资源无法被充分利用。

(5)馆内展品更新的周期比较长,游客的回头率较低。因此在资金允许的情况下,可以更换一下常设馆的展品,此外也可以充分利用馆内三楼大量的空地进行一些定期不同类型的展览,为馆内的展品注入新的血液,刺激游客的第二次、第三次参观。

(6)现代人出去游玩注重服务人员的服务态度,服务态度好坏很大程度直接影响游客对该景点的印象,所以服务人员的服务态度是个需要引起重视的方面。

(7)纪念品是个能够让游客加深对景区印象的好方式,一件简单的东西就能抓住游客的心,增进游客的归属感。

三、项目策划

项目策划是一种具有建设性、逻辑性的思维的过程,在此过程中,总的目的就是把所有可能影响决策的决定总结起来,对未来起到指导和控制作用,最终得以达到方案目标。它以具体的项目活动为对象,是一种体现一定的功利性、社会性、创造性、时效性和超前性的策划活动。

(一)突出场地、文化及技术优势

广东科学中心占地 45 万平方米,南、北临江,西靠滨江生态公园,是个休闲旅游的好去处。此外,广东科学中心是一所大型科学活动场所,还具有科普教育、科技成果展示、学术交流的功能,是广东省重要的公益性科普教育基地,也是科学技术、科技产品展示、推广、交易和学术交流的平台。馆内除了已投入使用的主题展馆外,尚有许多空余地方。关于文化优势,展馆的整体建筑形象和各类展品无一不散发出科学气息,这就是广东科学中心最大的特点。

1. 增设小剧场

在参观过多个展区以后,人的大脑会倍感疲惫,在饭后安排个小剧场的演出能有效消除游客的疲劳,同时也能传播科学知识,此外,还能让游客感受到广东科学中心的人性化,增加游客对广东科学中心的好感。

地点:亲水平台

形式:情景剧

内容:结合生活、时事教授科学小知识。例如,如何科学地进行作息、如何科学地进行洗刷等。

图 9-2 所示为小剧场正在演出的情景剧。

图 9-2 情景剧在演出中

2. 增设广东省非物质文化遗产展区

广东省的文化博大精深,拥有不少非物质文化遗产,其中包含不少科技成就。因此可在中心内设置一个固定区域作为广东省非物质文化遗产展区,区内的主题和展品可按季度更换。展品可以传统技艺为主,旨在提高所举办活动的参与性及体验性,增加游客对广东科学中心的好感度,从而扩大中心的知名度和美誉度。

地点:三楼闲置区域

形式：亲身体验、展品展示、图文解说、3D投影

内容：仁化土法造纸、"千年寿纸"、连四纸、埔寨纸花、"石湾公仔"陶塑艺术、罗定藤竹编织工艺、广绣传统技艺、广彩传统手工技艺、枫溪手拉朱泥壶制作技艺等。

图9-3所示为孩子们在非物质文化遗产展区进行亲身体验的场景。

图9-3　孩子们在体验仁化土法造纸和"石湾公仔"陶塑

3．增设临时展区

临时展区对展品的要求是讲求时效性，展示周期不宜过长，要与时俱进并吸引群众。

地点：二楼中庭展区

形式：模型、实物、主题周边、图文解说

内容：近期深受大、中、小学生喜爱的小黄人、机器人阿童木、机器猫哆啦A梦、中国首辆月球车、太空返回舱，还有航空员的现场演讲并与参观者交流，让他们感受太空失重状态。

图9-4所示为临时展区活动的场景。

图9-4　增设有时效性的临时展区

4. 增设人造自然景象

人们出于好奇，往往对不常见的自然景象充满向往，科学中心可以利用这一心理在中心内用科学手段再现自然景象。

地点：人工湖畔、东门广场、馆内。

内容：人造彩虹、人造雪、人造星空等。

图 9-5 所示为科学中心内的人造自然景象。

图 9-5　人造彩虹、人造雪、人造星空

（二）突出设备优势

广东科学中心有四个特种科技影院，分别是 IMAX 3D 巨幕影院、数字球幕影院、4D 影院和虚拟航行动感影院。这就是广东科学中心影院不同于一般影院之处。

影院的片子应及时更新，可播放最新上映的、高票房的科幻片、动作片，如《超凡蜘蛛侠 2》、《史前怪兽》、《超级奶爸 2》、《龙之谷》、《小王子》、《西游记之大闹天宫》等。不同于 2D 电影的是，对于游客来说，观看这些电影除了关注电影情节外更重要的是体会不一样的感官感受，若影片能与时俱进必能吸引更多受众到广东科学中心进行观影。

鉴于大学城内目前还没有其他电影院，因此，科学中心的影院可以设置会员卡制度、包月制度等吸引大学城学生、附近居民到此观影。

（三）多做民意调查，及时解决游客反映的相关问题

（1）深海探奇展中，不少游客反映该展区展示形式过于单一，可适当设置海洋观赏鱼水箱等，用生动形象的实物展示吸引游客。

（2）游客普遍反映馆内物价过高，由于科学中心的游客是以学生为主，物价设定应该更为人性化，可适当降低物价，在薄利多销的同时降低游客对其物价高的不良感觉。

（3）不少游客反应馆内指示不清晰，刚进门口就是一楼前厅展厅，右侧有个售票厅但无任何标识说明是销售门票还是观影票。此外，不少游客还表示，并不知道馆内设有咖啡厅、餐馆等场所。

针对这一问题，科学中心应该设置明确指示，让游客进门就知道该去哪里购票、哪里是入口，咨询处在中心开放的时间段内应保持时刻有人站岗。此外，关于标明餐厅位置等指示牌应摆放在明显处。

（4）有部分游客反映门票价格较高，如果价格不能下调，若让他们在离馆时获得小纪念品有助于增加满足感，以冲淡因门票价格带来的小小不快。

（5）部分中小学生反映游览各个展馆时容易忘记还有哪个馆没有参观过。据了解，该建筑的外形犹如五个花瓣，每个"花瓣"有两个展馆，可以在门票上设计一朵五瓣花朵，让游客在游览完一个展馆后在相应位置盖上一个章，这样不仅可以让游客明确知道自己所参观之馆，还能留作纪念。

（6）常客表示，中心设备更新周期过长。虽然展馆布置所需人力物力过大，周期长可以理解，但各类影片更新过慢，专为观影而来的游客到来时发现上映的影片都是观看过的，心情会有点低落。

（7）部分工作人员的素质需要提高，如服务态度、对待游客的耐心、脸上的微笑、站立的姿势等，除了可以集体培训外，上级领导的微服巡查、突击检查也能达到良好效果。

（8）附近居民、学生表示，对广东科学中心了解不多，有的仅停留在知道大学城里有个广东科学中心。广大群众表示不知道中心具有场地租赁、餐饮服务、客房住宿等多项服务，这也从一方面反映出中心的宣传力度不足。

可拍摄一段视频介绍广东科学中心，视频内容包括如何购票、各个展厅介绍、中心内配套设施的情况等。该视频可在各大视频播放网站播放，也可上传到各大高校微博，或者利用微信公众账号发布视频，在中心门口进行播放等，增加其在广大群众中的曝光率。

此外，可撰写稿子列出中心十大景点，然后利用微信、微博平台转发抽奖送门票、观影票或纪念品，从而达到二次传播的效果。

四、项目实施

（一）实施的目标、主题

1. 实施目标

（1）通过小剧场这种生动活泼、互动性强的活动形式进行生活知识的科普，让游客利用短暂的时间也能学习到科学知识。

（2）随着经济的全球化和社会的现代化，非物质文化遗产保护现状堪忧，希望通过对传统技艺的一个完美展现，激发人们对传统技艺的保护与传承。

（3）科技是贴近人们生活并且与时俱进的，因此希望通过临时展区和人造自然景象这个平台来拉近人们和科学的距离，使游客真正感受到科学的无穷魅力。

（4）充分利用中心内四个特种科技影院，吸引更多周边的居民与学生，增加科学中心的人流量，提高科学中心的知名度。

2. 主题阐述

根据广东科学中心是广东省重要的公益性科普教育基地；科学技术、科技产品展示、推广、交易和学术交流的平台；科普旅游休闲的示范景点，确立"广东科学中心，科学走进人心"的主题。

（二）如何实施

1. 增设小剧场

在亲水平台搭建小舞台，因为受众主要是以中小学生为主，所以可以编写如"一个学生的一天"的剧本，让工作人员充当演员，在演出的过程中穿插科普知识。如从主角早上起床开始，闹钟响后，主角坐起定格，旁白解释如何科学起床，什么时间起床是最科学的等，可以制作一定的卡板写出关键字，让情景更加深入人心，旁白可以与观众进行一定的互动，提高观众的参与度，并可奖励小礼品或小纪念品以资鼓励。

小剧场的演出从每天中午13:00开始，每场持续半个小时，每隔半个小时一场，可根据人流量来相应地增加或缩减场次。剧本可根据季节、时事热点做相应的变动。小剧场可以通过各种情景剧教育大家如何智慧生活，应多加入环保、绿色生活的元素。

2. 增设广东省非物质文化遗产展区

在三楼的空闲区域设置非物质文化遗产区，可以请一些广东省内传统技艺的专业人员来进行展示，可以挑选一些相对简单、有一定现场展示性的技艺进行展示，并准备一些材料让现场观众参与，可以用比赛形式增加活动的人气，每隔一段时间更换一种展示技艺。

如枫溪朱泥壶手拉工艺，手拉的朱泥壶用料选用本地陶矿红泥，其制作过程要经过拉、修、批、上水、上浆、烧等近六十道工序，将一些可现场展示的工序搬上台面，一些现场不可能实现的工序可用照片、视频等形式展示。六十道工序不一定要每道都展示，可只展示一些主要工序，也可将某一道工序的成品展示给观众，然后对此工序进行讲解，甚至还可以制作一些手工艺品作为纪念品进行销售。

3. 临时展区、人造自然景象

临时展区可以引进一些深受大、中、小学生喜爱的卡通动漫科技人物，可以结合当时的流行元素或科技人物的诞辰等纪念日来选择引进的卡通动漫科技人物，如机器猫诞辰 100 周年，可以做一个机器猫展览。临时展区展览的都是快销型产品，持久性较短，所以应及时更新换代。

人造自然景象可以充分利用馆内场地空余资源和现有技术制作一些在广东省人们不容易见到的科学现象，如人造彩虹、人造雪、人造星空等，充分吸引人们的眼球，增加科学中心的趣味性。

4. 服务水平的提高

增设项目必定要增加工作人员或进行人员的调配。工作人员要定期进行素质培训，要大力提高服务质量，定期及时地对服务人员的服务水平进行考核，要及时对游客的意见或建议做出反馈。

5. 设计特色门票和小纪念品

可根据展馆的独特造型设计与展馆形状相类似的门票或小纪念品，可将门票与馆内地图和参观指南巧妙结合，明确标出每个场馆的位置，每一个场馆可设计自己特有的印章，如飞天之梦馆就可结合场内主题制造以火箭为形状的特色印章，游客游览完其中一个场馆后便可盖一个该场馆的特色印章，让游客明确知道自己有哪个场馆还没游玩。

鉴于新增设互动环节，广东科学中心可设计一些有自己特色的小纪念品，成本不需太高，款式要多，既可用作互动环节的小礼品，也可作销售用途。如设计一个场馆外形的钥匙扣，或设计一套独特专属广东科学中心以及各个特色场馆的明信片，场馆可代为邮寄，明信片也可以做成套装售卖。

五、项目可行性分析

可行性分析是策划管理流程中的一个重要环节，是衡量策划效果的重要途径和手段。

（一）科学的可行性分析

1. 策划信息效益可行性分析

广东科学中心项目效果评估是一个运用科学的理论、方法和程序，与广东科学中心的现状和发展前景联系起来,对策划效能的发挥程度或策划目标的实现程度进行分析、比较和判断,以确定策划项目的价值和质量的过程,其实质是对策划信息进行效益可行性分析的过程。

2. 策划管理流程的环节

广东科学中心项目效果可行性分析是策划管理流程中的一个重要的环节,是衡量广东科学中心发展效果的重要途径和手段。所以,广东科学中心项目效果可行性分析是策划活动长期有效开展的重要保证,这一般要根据项目的预算、操作、流程、效果和市场反馈来评估可行性和效益。

(二)增设小剧场项目的可行性分析

(1)亲水平台开阔而富于层次,面向拥有8万平方米的人工湖,环境优美,适宜作为小剧场。

(2)广东科学中心工作人员的文化素养较高,让员工担任演出工作,一方面可以丰富员工的日常工作,另一方面可以节省资金。

(3)广东科学中心游客多为以团体形式前来参观的中小学生,中午多在靠近亲水平台的能容纳800人的大型餐厅就餐,小剧场的演出可为他们提供餐后娱乐。

(4)生活在快节奏的时代,大人忙于工作、小孩忙于学业造成他们对一些日常生活中的科学知识的缺乏。通过小剧场演出的形式让游客更生动、形象地了解一些基本的日常生活科学知识,使游客感受到广东科学中心的人性化,增加游客对广东科学中心的好感度。

(三)广东省非物质文化遗产展区的可行性分析

1. 广东省文化的博大精深

广东省文化博大精深,拥有不少非物质文化遗产,其中包含不少科技成就。如佛山市的石湾陶塑技艺、肇庆市的端砚制作技艺、仁化土法造纸、罗定藤竹编织工艺等。广东省非物质文化遗产展区的成功开设,有利于丰富馆内内容,吸引潜在顾客。

2. 亲身体验非物质文化遗产

过去关于非物质文化遗产的展示形式主要是实物和文字解说,而在日常生活中人们主要通过大众媒体(报纸、广播、电视、互联网和手机)了解这些非物质文化遗产,缺乏亲身体验。广东省非物质文化遗产展区的成功开设,将科学性、知识性、趣味性有机融合,可以让观众在动手参与、亲身体验中获得相关知识。

(四)加大电影投入的可行性分析

广东科学中心有四个特种科技影院,位于G区。

1. 四个科技影院各具特色

IMAX 3D 巨幕影院屏幕宽 29 米、高 22 米，是目前亚洲地区最大的巨幕影院，可容纳 610 名观众同时体验。它独特的"波形环状"输片设计，把每一个画格牢牢地吸附在片门之上，使画面清晰稳定。巨大的银幕、高保真立体音响结合观众观看时佩戴的偏振光眼镜可以带给观众强烈的视听震撼。

数字球幕影院直径达 18 米，是国际上首次利用最新激光投影技术建设的球幕影院，可同时容纳观众 192 名。该影院不仅可以实现全球幕视频回放，还可以实现交互式内容的演示。投影机将图像放映到巨大的半球形银幕上，让观众感觉完全被画面包围，与电影浑然一体。通过它，观众可以遨游浩渺的星空、欣赏迷人的海底世界，体验无可比拟的视听享受。

4D 影院是将三维立体与环境特效结合运用的影院，除了让观众产生超现实的视觉和听觉感受，还可以根据影片情节设计出烟、雾、雨、闪电等特效，与影片真实同步表现，通过观众的视觉、听觉、触觉同时汇集到大脑，产生一种无可言表的感官刺激。

虚拟航行动感影院由预演厅、故事厅和动感厅三个部分组成，观众可在预演厅和故事厅了解影片的背景和相关准备内容，然后进入动感厅体验惊险刺激的旅程。

2. 地理优势

广东科学中心位于广州市大学城（番禺区小谷围岛西端），交通较便利；附近多高校，拥有较多潜在的大学生消费群体。

四个特种科技影院使科学中心在与其他影院的竞争中更具优势，如果能播放最新上映的、高票房的商业大片，必能吸引更多的观众到广东科学中心观影。

（五）派发旅游纪念品的可行性分析

旅游商品是指旅游者在旅游过程中所购置的物品，这些物品具有完整的物质形态和旅游目的地特色。旅游纪念品不同于一般的旅游商品，它是能反映旅游点特色、旅游点内容或文化并能保存收藏的商品，是某个旅游点所独有、带有这个旅游点特有徽记的用品或艺术品，是这个旅游点在旅游市场上具有独占性的商品，具有一定的资源性价值和垄断性价值。

将广东科学中心门票设计为一朵同其建筑形状的五瓣花，有以下几点可行性。

（1）直接在门票上设计，可以减少独自设计纪念品的成本。

（2）馆内展馆多、指示不清晰的状况造成游客对游览线路的迷茫。在门票设计上五瓣花，游客在游览完一个展馆后在相应位置盖上一个章，可为游客指明游览方向。

（3）广东科学中心宣传力度不够，通过精美纪念品的派发，可以加大对广东科学中心的宣传力度。纪念品可以随着游客的足迹散步到四面八方，为广东科学中心进行最广泛、最直观而且是免费的宣传，招来更多的游客。

（4）纪念品具有收藏、欣赏价值。一份小小的纪念品，可为广东科学中心带来美誉度和知名度。

六．效果预估

效果是由某种动因或原因所产生的结果和后果，预估就是事先测定。"广东科学中心，科学走进人心"主题策划案的效果预估包括两方面：效果综述和增设各项目效果分析。

（一）效果综述

本策划案充分利用了广东科学技术和经济文化的资源优势，完善了科技活动服务设施，把广东科学中心建设成为广东省重要的科技发展成果展示窗口，成为泛珠三角地区重要的科普教育平台和科技资源中心，为广东科学中心提高一定的美誉度和知名度。

（二）增设各项目效果分析

1．小剧场

忙碌的工作使人们不得不把自身的生活节奏加快，导致人们越来越忽视自己的身心健康，各种都市病也随之而来，通过这个小剧场的情景剧演出，游客可以从中获得健康生活小启示，倡导他们即使在忙碌的生活里也可以健康生活，达到快节奏、慢生活的目的，为人类创造更美好的城市生活，使智慧城市的生活模式逐渐深入人心。

小剧场可以进行一定的广告植入，进行少量的招商引资，给广东科学中心带来广告收入。

2．广东省非物质文化遗产展区

对于中国传统文化我们应该做到取其精华，去其糟粕，通过对传统工艺的展示，达到一个文化薪火相传的效果，让被大家淡忘的非物质文化遗产重新回到大家的面前，使它们得到正视与保护，让大家对自己的本土文化有一定的认知，从而更好地把精华传承下去。

非物质文化遗产真正的魅力远远超越于表现形式，这里面有一个"产"，在这个"产"里，体现了中华民族一代代人的思想力、创造力、生存力，这可以激发起全民族的情感和力量。

3．临时展区、人造自然景象

不定期的更新展区展品，紧跟时事潮流，加快了广东科学中心与时俱进的步伐，吸引更多的游客，给游客更多不同的体验，让游客觉得物超所值，形成一定的口碑。

人们对精神文化生活的追求越来越高，广东科学中心的建设也在不断扩大规模，以满足人民日益增长的精神文化需求。但是受资金和工程建设等方面的制约，展馆在更新速度上显得有些力不从心，临时展览作为展馆的重要补充，发挥着越来越重要的作用，办好临时展览对树立展馆的形象，扩大展馆的影响力和吸引力，实践文化惠民具有重要的现实意义。

4．打造星级服务团体

服务是现代企业的核心竞争武器与形成差异化的重要手段，在现代企业标准化程度增强、差异逐渐消失的情况下，广东科学中心唯有通过加入服务要素来寻求更大的差异化。服务业务在很多企业中创造的价值日益增加，良好的服务是降低顾客流失率和赢得更多新顾客的有效途径，现代营销观念已发展到以满足消费者需求为中心。

在保证了新增项目活动质量的同时，场内工作人员的服务水平也是一个不容忽视的问题，在一个人人都是新闻、热点制造者的时代，一些小细节就能决定成败，服务质量好，对内可以提高部门在公司形象，对外则可以提升广东科学中心在人们的形象，所以，星级的服务团体、星级的服务水平，可以使广东科学中心走得更远，使广东科学中心以优质的服务赢得声誉和市场。

5．独特门票与纪念品

受到世博护照的启发，游客十分青睐以收集印章来记录足迹的旅行方式，独特的门票既具有纪念价值又激发了游客游览场馆收集印章的兴趣，可为各个场馆增加一定的人流量；独特的纪念品或明信片会成为广东科学中心的流动广告，无形中既做了宣传又扩大了知名度，游客将所见所闻写在明信片上，盖上场馆的特色印章送给友人，既能表现个性又有收藏价值。此外，纪念品的销售，也可为场馆带来一定的收入。

第十章

公关策划人员的素质要求与培训

  公关活动的内容是多方面的，既包括对内、对外联络协调工作、调研工作，又要策划、举办或参加各种公关活动。公关策划人员应不断培养自己的公关能力，才能顺利完成各项公关工作。近年来，国家已制定出《公共关系人员国家职业标准》、《公共关系人员资格鉴定表》等相关标准，对公关人员提出了能力、素质与职业道德等方面要求。另外，在目前依法治国的背景下，公关策划活动也应该遵循相应的法律程序，避免因为不懂传播相关的法律法规而为企业带来不必要的损失或者危机。本章主要从公关策划人员的基本能力、公关策划人员的基本素质与培训、公关策划的相关法律和职业道德三方面做系统阐述。

第一节　公关策划人员的基本能力

  公关人员的知识结构包括从事公关工作所必需的专业知识和相关知识。健全的知识结构不仅是公共关系人员基本素质的重要组成部分，而且是其创造性地开展公共关系工作的保证。公关人员的能力强调的是完成一定活动的本领，如果没有能力，再好的品德和知识也难以发挥作用。
  能力是指能够影响人行为的有效心理素质，它决定了一个人能否有效实施自己的行为，达到预定的目的。作为公共关系人员需要具备以下几种基本能力。

一、表达能力

  表达能力是指运用语言阐明自己的观点、意见或抒发思想、感情的能力，它包括口头表达能力、文字表达能力、数字表达能力、图示表达能力等几种形式。需要指出的是，它们虽有相通之处，却不能等同。例如，文笔流畅、才思敏捷的人未必能出口成章，而有的人口齿伶俐，讲话时口若悬河，但下笔却不能得心应手。培养表达能力，关键在于提高表达的准确性、鲜明性和生动性。准确，是最基本和最首要的要求。没有准确的表达，信息就不能如实传递出来，也就失去了表达应有的作用。同时，表达需要受众，只有鲜明、生动的表达，才能达到交流的目的。

（一）口头表达能力

思维拓展 10-1

口才是决胜的必杀技

1926年7月，北伐战争开始了，为了鼓舞士气，国民革命军总司令部政治部主任邓演达，邀请中共宣传部长瞿秋白在广州向全军政工人员做报告。瞿秋白在邓演达陪同下走进会场，主持人简短地介绍："请著名理论家和宣传家、曾三次见到列宁的瞿秋白先生做'关于如何做好北伐战争宣传报道工作的报告'，请大家热烈欢迎。"大家认为这是难得的好机会，都做好了记录的准备。瞿秋白走上讲坛，目光炯炯地注视听众，说道："宣传关键是一个'要'字，鲁智深三拳打死镇关西，拳拳打在要害上。"讲毕走下讲台。全场千名听众愕然，寂静了几秒钟后，突然爆发出雷鸣般的掌声，经久不息。瞿秋白的报告，有人计算了一下，其26个字，比主持人介绍他还少24个字。[①]

话不在多，达意则灵，这是口头艺术的上层境界。瞿秋白对口头传播技巧的掌握显然是炉火纯青的，短短26个字，言简意赅，起到了出人意料的作用。对比现在个别企业领导人做报告，往往废话连篇，滔滔不绝，演讲者兴致盎然，听众兴味索然，公关活动收效甚微。究其原因，在于他们忽视了公关的一个重要原则：简洁。为实现公关目标，必须少讲套话、空话。此外，这个事例也反映了口才无疑是成功公关人员必备的基本才能，因为公关人员要同各种各样的人打交道，进行言语信息交流，还要及时向公众传递组织的有关信息。如果口头传播技能比较欠缺，公关人员就很难起到组织与公众之间的桥梁作用。

公关策划人员在日常工作中，同样需要口头表达能力，特别是将一个策划方案向客户或者主管展示的时候，优秀的口头表达能力更加不可缺少。

（二）书面表达能力

公共关系人员作为组织的信息接收、传递和宣传人员，经常要与新闻媒体打交道，

---

① 赵文明. 公关智慧168. 北京：机械工业出版社，2006，23

除了收集、整理与本组织有关的各种信息外,最重要的是把组织内部的各种情况通过各种渠道传播出去,如写新闻稿、简报、请柬、信函、贺词、调查报告、通知、计划、总结等。这些都要求公共关系人员必须具备编写、制作文字和新闻材料的技巧,以及将这些信息通过各种渠道传播给适当的公众的能力。

二、人际交注能力

人际交往能力实际上就是与他人相处的能力。社会上的人际关系远不如学校中的同学、师生关系那么简单。从某种意义上说,公关人员应是社会活动家,因为他要在自己的职业生涯中与形形色色的人发生这样或那样的关系。能否正确、有效地处理、协调好职业生涯中人与人的各种关系,对他的工作、心理、生活和事业都将产生不同程度的影响。在社交场合,人们常常可以看到,有些人很善于与别人打交道,一旦与他人相识,便能很快找到彼此感兴趣的话题;而有些人见了别人,只是平淡地寒暄几句就不知所措了。这两种人的区别在于社交能力的强弱。缺乏社交能力的人,往往会人为地画地为牢,在自己与他人、与周围环境之间形成一道心理屏障。

人际交往能力是衡量一个公关人员能否适应现代社会和做好本职工作的一条重要标准,也是公关人员必须具备的最重要、最基本的能力之一。在日常工作中,公关人员不仅要善于与各界人士建立亲密的交往关系,而且还要懂得各种社交礼仪,如日常生活礼仪、外事交往礼仪、宴请聚会礼仪、公共场合礼仪等。

思维拓展 10-2

成功的社交使你如鱼得水

在一次鸡尾酒晚宴上,詹妮遇到了一家公司的财务和行政副总裁潘蒂,詹妮问:"作为公司主管财务和行政的副总,你在一个特殊的日子里会做些什么呢?"潘蒂说,她一直希望能得到一个专门为公司设计、以公司名称简写结尾的电话号码。詹妮是一家电信公司的公关总监,答应帮这个忙。她回到办公室后,把潘蒂的名字交给了公司的销售代表。几天后,这位销售代表打电话给詹妮,告诉她事情已经办妥。潘蒂得到这个号码后欣喜异常,而且,她还因此把她公司的业务转给詹妮来做,这可是每月能带来 9 000 美元的生意!

乔伊丝是一位财务咨询师,在一次行业会议上遇到了一位先生。他问她:"如果你有 30 万美金,你将怎么投资?"乔伊丝的回答显然让那位先生很满意,于是他请她替自己打理投资理财业务。乔伊丝因此获得了 18 000 美元的收益,这就是那次谈话的价值。[①]

[①] 赵文明. 公关智慧 168. 北京:机械工业出版社,2006,18

在案例里，詹妮和乔伊丝充分释放自己的交际潜能，通过社交而被别人欣赏，从而在交往中为自己创造机会。人是信息的来源，要想像詹妮和乔伊丝一样获得机会，就必须学会运用合理的社交策略，修炼好自己的社会交往能力。从另一个方面来说，公关人员面临的是一个内外公众组成的社会关系网络结构，其任务就是要有效地协调、疏通各种社会关系，以建立良好的外部环境。因此，公关工作在某种意义上说是一种社交艺术。可见，公关人员应在人际交往能力上狠下苦功。

三、组织管理能力

公关人员的工作，多数是通过参加公关活动来建立与公众的联系，以期在同行业间和公众中产生影响和作用。由于公关工作渗透到日常行政、业务工作的各个环节，千头万绪、具体繁杂，公关人员必须从全局的角度协调处理。因此，良好的组织领导能力，是顺利做好公关工作的必备条件。组织领导能力，是指有计划、有目的、有步骤地安排某种活动，实现组织目标，完成既定任务的能力。

在公关工作中，要经常举行各种活动，如召开信息发布会、调查会、展览会、联谊会等，公关人员既是活动的参加者，又是活动的组织者。要使每项活动顺利进行，达到满意的效果，就需要明确目标，事先进行周密的策划、精心的安排和认真的组织，对活动的时间、地点、经费、内容以及人员安排、会场布置、资料打印、意外情况的处理等方面都应落到实处，井井有条。

四、决策能力

决策能力就是对未来行为目标的决断和选择的能力。良好的决策能力可以实现对目标及其实施手段的最佳选择。人的一生往往会碰到各种需要自己当机立断、痛下决心的事情。在未来的公关工作中，各种问题及其变化进展都需要迅速做出反应，及时予以处理。因此，训练和培养自己的决策能力是十分重要的。培养决策能力要从日常小事做起，应养成多谋善断的习惯。这样日积月累，以后遇到重大事情时，才不至于无所适从。

五、应变能力

在日常工作中，公关人员所接触的公众很复杂、很广泛，他们有不同的籍贯、性别、年龄、宗教信仰，有不同的文化背景、思想观念、社会阅历、生活习惯和交往礼节；此外，公关人员在工作中还随时可能遇到公众异议和突发事件，还会因为组织内部和外部原因而遇到各种风险和挫折，或者遇到一些令人尴尬的事情。

如何处理好这些事件，直接关系到公关活动能否顺利进行以及组织和公关人员形象的问题。应变能力也是衡量公关人员素质高低的重要标准。公关人员需要有自控和应付各种情况变化的心理准备和实际能力。当偶发事件出现时，公关人员要有耐心，有毅力，有很好的应变能力，做到既忍让又不失原则，能够沉着冷静、灵活应变地处理问题。任何急躁易怒、一触即发的情绪都会产生消极作用，造成重大损失。

思维拓展 10-3

酒店经理的巧妙应变

南方某四星级酒店三楼气派豪华的宴会厅正在举办规模盛大的宴会，由于此次活动参与人数多、规格高，餐饮部不得不临时抽调了几名实习生前来帮忙。

席间，一切按计划进行，客人的欢声笑语不断。忽然，离主桌最远的一张桌前有位女客发出尖叫声，宴会领班小丁和公关部朱经理闻声同时赶去，发现那位女客的一身套装湿淋淋的，一个实习生手里托着倾翻的汤碗，脸色苍白，呆立一旁，手足无措。朱经理立即明白了一切。她一面安排另外几名服务员收拾被女客带落到地上的筷子、酒杯等杂物，一面与小丁用身体挡住女客，将其护送出宴会厅。一路上女客自然不断地埋怨。

朱经理关照小丁先安排客人到房间里淋浴，压压惊，她自己到客房部暂借一套干净的酒店制服请女客暂穿。小丁又转弯抹角问清了女客内衣的尺寸，接着一个电话打到公关部，请秘书小姐以最快的速度到附近的大商场购买高档内衣。朱经理另派人将女客换下的脏衣送到洗衣房快洗。在这些工作分头进行的同时，小丁已陪送梳妆完毕的女客到一楼餐厅单独用餐，并代表酒店向她表示真切的歉意。女客很快便恢复了平静。

而在三楼的宴会厅，由于处理及时，客人又恢复了开怀畅饮，重现热烈的气氛。此时大酒店方总经理正好前来敬酒，朱经理把事情经过向他报告后，他旋即同朱经理一起来到一楼餐厅，向女客郑重致歉，后来又特地向女客的上司表示歉意。女客反而感到不好意思了，她指指身上的酒店制服，不无幽默地说："我也成了酒店的一员，自己人嘛，还用这么客气？"

半小时后，洗衣房把女客的衣服洗净烫平，公关部秘书早已买了内衣。女客高高兴兴换上自己的套装，还不时向朱经理和小丁道谢。临出门时，朱经理还为她叫了一辆出租车……①

这一案例的处理显然是极其成功的，体现了酒店应对突发事件的非凡能力。在公关活动的开展中，不可预测的事情随时都可能发生，这就要求公关人员在工作中一定要机警、灵敏，有随时应对一切突发事件的应变能力，包括超前应变能力和临场应变能力，

---

① http://lv.hbvtc.edu.cn/cyfw/9khcs/alfx/07.htm

并能够根据不同的场合，调节具体的公关策略和措施。此案例中的经理在事件发生后，通过各种方式缓和了客人的愤懑，良好地协调了各方面的关系，体现了其非凡的应变能力。

六、收集处理信息的能力

收集、处理信息是实现公共关系目标的手段和途径，也是公共关系人员主要的工作内容。因此，公共关系人员必须具有收集、处理信息的能力，要及时、准确、有效地收集、处理信息以便为组织科学决策提供依据。信息的及时性是指信息的传递速度要快、要及时，否则就失去了信息的价值。准确性指无论原始信息还是加工信息，都必须准确反映客观实际情况，这样才能确保领导者做出正确判断。所谓有效性，就是指信息范围、内容和精度要适当。信息量既要足够，便于领导者对涉及的各方面进行系统的分析和综合；又要适度，便于领导者掌握有关决策的主要情况，不为众多的、不必要的枝节所拖累，以免贻误时机。

七、创新能力

公共关系工作是一项富于挑战和创新的工作，无论是利用大众传播媒介进行宣传性公关，稳定发展关系的维系性公关；还是为减少组织损失所采取的矫正性公关，为防止自身公共关系失调而采用的防御性公关；或是为开创新局面提供的建设性公关，举办公众感兴趣的纪念会、庆典等的兴趣性公关；以及当组织挑定目标与客观环境发生冲突，为使冲突减少直到消失的进攻性公关；为收集、整理、反馈与国家总体发展日程、市场变化趋势、民情民意有关的各类信息而从事的征询性公关；为公众提供各种服务、便利的服务性公关等，都需要公共关系人员洞察环境发展趋势和公众心理，根据组织的性质和特色，充分发挥想象力和创造力，设计出别具一格的公共关系活动，塑造出新颖别致和富有个性的组织形象，以引起公众的浓厚兴趣和好感，激发公众的合作意识，使公共关系工作别具一格，卓有成效。

为此，公共关系人员应具备开拓、创新的能力，要善于打破常规，不能满足于公共关系活动的一般表现模式，不能陷于固有思维模式和行为模式，而应力求超越常规，摆脱常识和习惯的束缚，进行"既出意料之外，又存情理之中"的创造性构想。要有这种创造能力，不仅应具备敢于创新的勇气，还应具备广博的知识、多种多样的爱好，要勤于思考、精心构思、融会贯通。只有这样，才能独树一帜，吸引公众。

第二节　公关策划人员的基本素质与培训

公共关系是一个职业，公共关系的职业化道路是发展公共关系事业的必由之路。由于公共关系活动的复杂性、广泛性、创造性和灵活性，需要公关人员具有良好的职业素质。公关人员应具备一定的基本职业素质并接受相应的培训。

一、公关策划人员的基本素质

（一）心理素质

良好的心理素质是一个人事业成功的必备要素，公共关系人员的心理素质，主要是指公共关系人员应该具有的个性和品质。

1. 自信与豁达

自信，这是对公共关系人员心理素质的基本要求，是取得事业成功的基石。古人云："自知者明，自信者强。"充满自信的公共关系人员，敢于追求卓越、面对挑战。如果没有自信，那么在社会交往中必然会畏缩不前，自认卑微，甘拜下风，失去塑造组织形象的各种机会。所以，自信对于事业的成功是十分重要的，有了它，你的才能可以取之不竭。一个没有自信的人，无论他有多大的才能，也不会有成功的机会。

公共关系人员要与社会上各种各样的人交往，要为组织建立一个和谐的公共关系氛围，需要具有宽宏大度的气量，要能宽容别人的弱点与不足，能够接纳与自己不同的观点、态度、意见和方法，善于求同存异，能够和各种人结交成友；要着眼大事，不计较小是小非。另外，公共关系人员还要能以豁达乐观的态度冷静地对待与处理工作中的困难和挫折，不斤斤计较个人的得与失。

思维拓展 10-4

控制你的情绪

第 16 届美国总统亚伯拉罕·林肯出生于一个鞋匠家庭，而当时美国社会非常看重门第。

林肯竞选总统前夕，在参议院演讲时，遭到一个参议员的羞辱。这位参议员说："林肯先生，在你开始演讲之前，我希望你记住，你是一个鞋匠的儿子。"

那位参议员的目的就是要打击林肯的自尊心，好让他退出竞选。

此刻，人们都沉默了，静静地看着林肯，听他会说些什么话来反击那位参议员。

林肯听了极为愤怒，但他很快平静下来。"我非常感谢你使我想起我的父亲，"林肯说，"他已经去世了，但我一定会记住你的忠告，我知道我做总统无法像我父亲做鞋匠那样做得那么好。"

众人不约而同地为林肯鼓起了掌。

林肯转过头，对那个傲慢的参议员说："据我所知，我的父亲以前也为你的家人做过鞋子，如果你的鞋子不合脚，我可以帮你修正它。虽然我不是伟大的鞋匠，但我从小就跟父亲学到了做鞋子的技术。"

接着，林肯又对所有的议员说："对参议院的任何人都一样，如果你们穿的那双鞋是我父亲做的，而它们需要修理或改善，我一定尽可能帮忙。但是，有一件事是肯定的，我无法像他那么伟大，他的手艺是无人能及的。"

说到这里，林肯流下了眼泪。而此时，所有的嘲笑都化为真诚的掌声。后来，林肯终于如愿以偿，当上了美国总统。[①]

公共关系是一门塑造形象、建立声誉的学科和艺术，它要求公关人员无论何时何地都要保持良好的形象。因此，公关人员应该懂得掌握自己的情绪，从容地应对问题。案例中的林肯虽然没有任何贵族社会的硬件，但是他却可以依仗自己出类拔萃的才华。特别是在关键时刻，他显示出超强的自制力，从容自若地扭转了尴尬的局面，赢得了所有人的尊重。可见，情绪的把握对公关人员的重要性。

2．热情与开放

公共关系工作是一种需要人们付出大量智力和体力劳动的艰辛工作。很多公共关系人员头脑中几乎没有定时工作制的概念，他们经常要加班加点超负荷地工作。可以说，没有极大的热情，没有全身心的投入，是做不好公共关系工作的。热情的心理，能使公共关系人员兴趣广泛，对事物有一种敏感性，且充满想象力和创造力。一个对什么都没有兴趣，对一切都很漠然的人，是无法胜任公共关系工作的。公共关系人员也需要凭借热情的心理，来与各种各样的人打交道，结交更多的朋友，拓展工作的渠道。

公共关系工作是一种开放型的工作，所以，公关人员应具备一种开放的心理，能够不断接受新的事物、新的知识、新的观念，在工作中敢于大胆创新，做出突出贡献。

(二) 形象素质

1．仪表风度

公共关系工作人员应该自然大方，气质高雅。风度，是人们在长期的社会生活中逐渐形成的，它是人们对于美的人体形态、举止言行、服饰打扮的一种衡量尺度。所谓风

[①] 赵文明．公关智慧168．北京：机械工业出版社，2006，22

度,并不是指人的某一动作,而是指人的全部生活姿态提供给人们的整体印象,也就是说,处处都可以体现出一个人的气质风度。

作为一个公关人员,应该加强自身修养,随时随地都要注意自己的仪表风度,给人一个良好的第一印象。有人说"风度是无声的交友世界语"。在实际生活中,我们总喜欢与那些举止文明、风度优雅的人交往,而不太喜欢与那些举止粗俗、缺乏教养的人结交,也正是这个道理。

2. 公关礼仪

公共关系从业人员要给公众留下深刻良好的印象,还应注意自己言谈举止和在交往中的礼节礼貌,这是公共关系人员个人素质的外化。

在公共关系工作中,对公共关系从业人员最基本的礼貌和修养要求就是尊重交往者的人格。同时,要求公共关系从业人员能谦逊诚实、平等待人。在社交活动中,公共关系人员还应注意礼节,尤其要熟悉常用的各种礼仪礼节,并运用到具体的公共关系活动中去,如介绍朋友相识的礼节、拜访客人时的礼节、握手时的礼节、接电话的礼节、宴请客人时的礼节等。在与公众的社会交往中,表情礼节对公共关系人员来说也非常重要。对公共关系人员的表情要求是亲切自然,切忌做作。

思维拓展 10-5

从"圯桥进履"想起的

张良辅助汉高祖刘邦,"运筹帷幄之中,决胜千里之外",立下汗马功劳,据说这与他得到一部名叫《太公兵法》的军事著作有关。关于这部兵法的来源,却同一个"圯桥进履"的故事紧密相连。

张良在博浪沙追击秦始皇未成,逃亡在下邳(今江苏省邳县)。有一天,他漫步在沂水桥上,看见一位穿着十分寒酸的老人挡道,张良出于尊老而欣然让路。然而老人却故意将鞋掉落桥下,刻薄地叫张良下桥拾鞋。起始张良未免恼怒,但转而一想对方年事已高,应尊敬而礼让,所以他下桥拾鞋,刷去灰尘,跪下给老人穿好。老人有所感动,即约张良五天后在原地见面。张良跪退。五天后,张良天不亮就去赴约,老人已在桥头。老人愤愤然地把张良指责了一通,约张良过五天再来。五天后张良三更鸡鸣就去了,无奈还是在老人之后,又遭骂一顿。第三次,张良半夜就等在桥头,终于比老人早了一点,老人见后欣欣然:"孺子可教。"于是,赐给张良兵书。[①]

古人分析张良获得《太公兵法》的原因,一般归因于他尊敬老人的道德品质,但是

[①] 赵文明. 公关智慧 168. 北京:机械工业出版社,2006,211

中国传统的儒家思想主张的是"内圣外王"，表里一致，高尚的道德行于外就是出色的礼仪。因此，也可以说张良的奇缘得益于他的日常生活礼仪。虽然张良的"圯桥进履"已经是千年前的事，但是至今为止，无论是在国内还是在国际上，礼仪仍然是一个非常重要的事情。由于公共关系是一门人与人之间的艺术，因此，礼仪在其中所发挥的作用非常大。

（三）知识结构

1. 公关专业知识

公共关系人员需要对组织情况进行充分的了解。组织的情况包括：组织的性质、特点、任务、目的和目标；组织过去的历史、现在所处的环境、目前的竞争对手、员工的精神面貌和未来组织的发展趋势等。对组织的情况知之不多或一知半解，公共关系人员就无法结合组织的实际情况，开展有针对性的公共关系工作。只有全面掌握组织的情况，才可能顺利有效地开展公共关系工作。

公共关系人员的知识结构应该是一种动态的、开放的结构，它能够随时吸收新的知识，不断丰富和发展自己。尤其是在当前瞬息万变的市场经济中，学习新时期的公关知识，把公关策划从市场营销层面提升到企业的战略管理层面，更需要公关策划人员具有全局意识和国际视野，不断学习和提高自身的公关水平。

2. 公关实务知识

应用性强是公共关系的一大显著特征，公共关系人员除了需要精通公共关系的专业理论知识，还需要熟悉公共关系的基本实务知识。公共关系的基本实务知识包括：公共关系调研的知识；公共关系活动策划的知识；公共关系活动实施和评估的知识；公众分析的知识；与各类公众打交道的知识；社交礼仪的知识等。

（四）公关意识

公关意识是公共关系实践在人们头脑中的反映。人的行为是在一定的思想观念指导下进行的，即人们的行为是有意识、有目的的活动。只有具有公共关系意识的公共关系人员才是真正合格的公共关系人员，因为公共关系意识能使公共关系人员的公共关系行为总处在自觉的状态，使公共关系人员能适应环境的变化，协调各种关系，创造性地完成各种公共关系任务；否则，即使公共关系人员具有再好的生理、心理条件，具有再好的公共关系专业知识和能力，也许能做一些工作，但容易因为缺乏公共关系意识而"走入误区"，从而不能创造性地完成公共关系工作，也就不能成为一名合格的公共关系人员。因此，公共关系人员的公共关系意识是其必备素质的核心。

思维拓展 10-6

时刻保持公关意识

纽约冈佐国家银行的总资产及存款额在 20 世纪 80 年代已达 800 亿美元，名列世界第一。它的许多存款客户都是外国的公司，尤以日本公司居多。可以说，日本客户构成了冈佐银行的基础。

20 世纪 80 年代中期，由于日美贸易摩擦日益激烈，美国政府开始向日本政府施加压力，要求重新调整美元对日元的比价，以减少美日贸易逆差给美国经济带来的消极影响。在美国政府的强大压力下，日本政府勉强同意调整美元对日元的比价。

冈佐银行作为一家美国银行，当然对此表示欢迎，认为这将有利于刺激美国经济的复苏。但考虑到自己的客户主要是日本人，银行公关部门决定对此事采取谨慎的态度，不发表任何评论。

然而，冈佐的一位主管——经济学家赫林斯武由于不谨慎，向美联社的一位记者发表了一番谈话，认为"日元汇率的调整是美国计划能够实现的重要因素。这是美国的胜利。"这番谈话在 15 分钟内，就被美联社的新闻电报传到了全世界 4 000 多家报纸和证券交易所。

6 分钟后，冈佐银行公关部主任约翰·诺尔接到银行总裁的电话。总裁告诉他，他的办公室内的道琼斯电报机刚传出一条有关冈佐银行的报道，报道说冈佐银行对日元升值表示欢迎。

总裁认为，这条报道将引起严重的后果，倘若日本人听到了这条报道，将认为冈佐银行对日元升值幸灾乐祸，这会刺伤日本客户的自尊心。因为在日本人看来，日元升值是不得已被迫做出的。

总裁说："在日本商业领域内，日元升值是不受欢迎的事。现在看来，好像冈佐银行也提出让人不愉快的事情。我们真正有了麻烦。"

总裁指示公关部长："约翰，现在是 8 点，请你 8 点 45 分来我的办公室，带来我们对这场混乱情形的反应计划。照我的看法，我们必须从媒介反应和顾客反应这两个方面来作公共关系的考虑。如果不能有效地处理这个问题，在业务上我们将有重大损失。"

45 分钟后，约翰·诺尔带着自己拟好的公关计划，来到总裁办公室。

同一天，冈佐银行在各种媒介上发表声明，否认美联社的报道。一触即发的冈佐银行与其日本客户之间的纠纷，终于未能变为现实。[①]

冈佐银行之所以能够有效地避免一场公关危机的发生，其关键就在于该银行总裁具

[①] 赵文明. 公关智慧 168. 北京：机械工业出版社，2006，4

有一种强烈的防范意识。在市场竞争如此激烈的今天，危机无时不在觊觎着企业。因此，公关人员应该时刻保持公关意识，密切留意企业内外发生的事情，分析内外部环境与企业发展的相关性，从而快速地应对，以确保企业的长久发展。

1. 塑造形象意识

塑造形象的意识是公共关系意识的核心。在公共关系思想中，最重要的是珍惜信誉、重视形象的思想。现代企业都十分重视企业形象。具有塑造形象意识的人，能清醒地懂得知名度和美誉度对自己组织生存和发展的价值，他们会像保护眼睛一样时时维护自身的形象。

2. 服务公众意识

形象是为组织的特定对象所创造的，这些特定对象必然与组织有着某种必然的联系。他们是组织的公众，离开了公众，孤立的组织形象是毫无意义的；忽视了公众，组织的生存就受到威胁，自然也就谈不上组织的进一步发展了。

任何组织的公共关系工作都必须着眼于公众：具有服务公众意识的人，能时时处处为公众利益着想，利用条件、创造条件来为公众服务，努力满足公众方方面面的要求。

3. 真诚互惠意识

真诚互惠意识是公共关系的功利意识，否认公共关系的功利性是不客观的。一个处在当今竞争社会中的组织，需要一种竞争态势，组织之间，既竞争又合作，共同发展，共同前进。

任何组织都想塑造自己良好的形象，但这种形象的塑造，必须建立在真实、透明、真诚的基础上。任何组织也都想通过公共关系工作，追求自身经济效益和社会效益的最佳统一。但这种追求，必须建立在彼此尊重、平等互利的基础上。

4. 沟通交流意识

沟通交流的意识，实际上也可以说是一种信息意识。组织为了塑造良好的形象，更好地为公众服务以实现其目标，就必须建立一个信息网络，来掌握环境的变化，保护组织的生存，促进组织的发展。

从更高的层次来说，沟通交流的意识属于现代社会的民主意识。公共关系活动是一种具有民主性的经营和管理活动。组织为了塑造为公众所接纳的良好形象以求得公众对组织的支持，就必须倾听公众对组织的各种建议和批评；推销自身的良好形象，提高知名度和美誉度，就必须运用交流的技巧，将所做所为宣传出去，而这一切都必须依赖于一种民主精神和民主意识。

5. 创新审美意识

塑造组织的良好形象是一个创新审美的过程，组织的良好形象一旦塑造起来，就需要相对稳定。但相对稳定并不等于一成不变，它应是一种积极的稳定，即在稳定中孕育发展，包含发展。只有在发展的基础上才能实现真正的稳定。同样，也只有在稳定的前提下才会有真正的发展。既然组织的良好形象需要发展，那么，就必须有创新、有突破、有超越，既超越自己，又超越其他组织。

（五）法律意识

公共关系是一门科学，是一种艺术，是一种职业，也是一种活动。公共关系是一门塑造形象的科学，形象和信誉第一是最重要的公共关系思想和原则。为了树立公共关系活动在人们心目中的良好形象，必须将公共关系活动限制在法律许可的范围内。

现代社会是法制社会。社会组织和企业的一切活动，包括公共关系活动，必然要有一个行为准则和规范，这方面的行为准则和规范不能单纯由道德和伦理来约束，必要的还需诉诸法律。一切社会组织开展的公共关系活动都将受到法律的制约和法律的保护。制约和保护之间的关系是辩证的，没有制约就谈不上保护，同时，保护也是一种制约。公共关系人员必须具有高度的法律意识，才能将公共关系活动置于法律保护之下，并在法律允许的范围内健康地开展，这是公共关系活动成熟化的一种标志。

例如，在运用一些工具开展公关活动时，也会涉及法律问题。可为公共关系利用的工具颇多，如各种大众传播媒介、照片和幻灯片、电影和录像、展览会和招待会等。在进行公关活动中要时刻注意知识产权问题，不要侵犯著作权、商标权、专利权等权利所有人的合法权利。

二、培训原则和方法

正确处理媒介关系、有效开展媒体传播、树立良好的组织形象也是公关人员必备的素质。作为组织对外传播信息的渠道，公关人员要随时关注、跟踪国内外最新的公关知识技术和最新的思潮，特别是公关事业的发展趋势。只有通过培训，不断地更新自己的专业知识和专业技能，才能长久地立足于社会。

（一）培训原则

理论指导实践，实践中检验理论是公共关系从业人员的培训原则。同时，在培训过程中可以分享自身的经验，并有效地解答实践的案例。培训公共关系从业人员，必须遵循以下基本原则。

1. 理论知识与职业道德教育相结合原则

对公共关系从业人员的培训，既要向学员传授公共关系的理论知识及相关学科的知识，这些知识包括公共关系的概念、规律、定理、原则和经营管理学、市场学、新闻学、广告学、法学、哲学、逻辑学、历史学、地理学、涉外经济商务谈判知识等；又要对学员进行职业道德品质方面的教育，并使两者有机地结合起来。忽视任何一方面，都会影响公共关系人才的质量，影响公共关系人才参与社会实践的适应性。特别是后者，对于工作涉及面广、交际活动繁多的公关人员来说更是十分必要的。

2．理论联系实际原则

公共关系学是一门实用性很强的学科，对公共关系从业人员的培训应注意将公共关系的理论与实践活动有机地结合起来，在实践中提高根据理论解决实际问题的能力。对公共关系人员的培训、教育应注重实战、参观、市场调查、撰写案例等，要强调在实践中灵活运用理论知识。

3．因材施教原则

公共关系人员的培训，既要注意根据不同的学制、不同的教育形式来进行，又要根据学员行业、部门的不同而有选择、有重点地进行培训，还应根据学员本身的智力、能力、兴趣、性格、气质等不同特点有区别地对待，使公共关系的教育更具针对性、适应性，并能充分发挥公共关系人员的个性，挖掘公共关系人员的潜力。

4．专业知识与综合知识相结合原则

公共关系人员的培训应加强专业课程的设置，每项教育活动都应围绕公共关系专业培养目标来进行。当代科学发展的趋势是自然科学、社会科学、人文科学的相互结合、相互渗透。公共关系学本身就是一门综合性的边缘学科，是多学科交叉综合的产物，因而同时也应注意培养公共关系人员的综合知识。现代公共关系人才应具深厚的专业知识和较广博的综合知识。

（二）培训方法

公关策划是一种实践性很强的职业，在培养公关策划人才时，往往需要使用独特的方法。

1．文献阅读

通过阅读公共关系概论、公关顾问专业指南、案例研究与分析等文献，可以增加公关策划人员的知识储备，促进量变到质变的学习过程。文献阅读应该指定相关阅读材料、规定学习时间，并进行相关验收。

2．课堂讲授

由专业讲师系统讲授公共关系原理、实务、技巧以及职业发展趋势等。企业可以选拔优秀的员工，参加一些专为企业公共关系而设的进修课程，提升他们的公关意识。

3．业务研讨

以项目组形式就具体个案进行分析、策划、实施、评估，提炼升华。

4．言传身教

由高级别专业人员对低级别人员进行"传"、"帮"、"带"，通过专业工作中的具体指导来提升专业人员的职业技能。言传身教应该确实建立一个师徒制度，保证"学徒"能合格满师。

5. 模拟训练

以项目组形式进行模拟项目的演练，让高级专业人员进行点评，提出改进建议。这种培训方法主要分为情景模拟培训和角色模拟培训两种。情境模拟培训是设计一个模拟情境和课题，让公共关系人员处理这一情境中的问题，增加他的经验，提高他的实践能力。角色模拟培训是让公共关系人员充当和扮演某类工种，从而在活动中把握公众的感受、情感和要求，使其在举行记者招待会、发表演讲和商务谈判中更加从容应对。

6. 行业交流

专业人员参加行业内的业务交流活动（讲座、研讨会及其他活动）。参加行业活动，不但可以开阔眼界，而且能开拓公共关系网络，为企业储备关系资源。

7. 全员培训

全员培训就是对组织的全体人员进行公共关系的教育。重点是思想教育和意识教育，其次是公共关系一般知识的普及教育。组织的公共关系并不仅是组织内公关人员的事，任何人都应是组织公共关系的参与者。一个组织内部，如果全体职员都具备公关意识，那么人人都会注意维护组织的信誉，自觉用自己的言行维护组织和产品的形象，并在社会公众中树立和维护组织的良好形象，达到提高组织总体效益的目的。

第三节 公关策划要遵守的相关法律和职业道德

道德和法律是一个社会得以良好运转的必要制度，二者相辅相成，缺一不可。作为一个优秀的公关策划人员，首先要懂法守法，否则不但会为自己，还会为公司带来无可挽回的损失。职业道德是一种轻于法律的行为约束条例，良好的职业道德不但可以规范行业秩序，还可以为企业本身带来良好的声誉。

一、公关策划需要遵守的法律

在纷繁复杂的法律体系中，公共关系活动可能涉及的法律体系主要有两大方面，分别是民法和知识产权法。

（一）民法相关问题

民法是调整平等主体之间，即公民之间、法人之间、公民和法人之间的财产关系和人身关系的法律规范的总称。民法调整的财产关系，只是平等主体之间发生的财产关系，主要指财产所有关系和财产交换关系，而不是指所有的财产关系。民法调整的人身关系，是指与主体的人身不可分离而又无直接财产内容的社会关系，一般包括生命权、健康权、人身自由权、姓名权、荣誉权、名誉权、肖像权、著作权、发现权等。

由于民法直接关系到公民和法人的财产所有权和人身权，因而它是对外贸易公共关系活动中最常见的法律问题。这不仅体现在国内外贸公关活动中，而且体现在外贸公关部门的国际公关活动中。所以，外贸公关人员应避免违反民法。外贸公关人员在公关活动中必须尊重公众的财产所有权，不得侵权。外贸公关人员对公众的人身权利应保持高度的敏感性，注意避免侵犯公民的人身权利，要避免无效代理和滥用代理权。在公关活动中严格按照委托范围开展代理活动，不滥用代理权，也不超越代理范围，以免造成民事纠纷。

（二）知识产权法相关问题

随着社会的进步和科学技术的发展，保护人类创造的智力成果——知识产权，已越来越引起世界各国的关注，并相应签订了保护知识产权的国际公约，建立了世界知识产权组织。保护知识产权，已成为当今世界的潮流和人类文明的标志。

我国改革开放三十多年来，随着经济的发展和科技的进步，对知识产权的保护也进入了一个新时期。我国的《商标法》、《专利法》、《著作权法》、《反不正当竞争法》等保护知识产权的主要法律已相继施行。早在1984年，我国就加入了世界知识产权组织，并相继在1985年加入了《保护工业产权巴黎公约》，1989年加入了《商标国际法注册马德里协定》，1992年加入了《保护文学艺术作品伯尔尼公约》和《世界版权公约》，1993年加入了《专利合作条约》，1994年加入了《商标注册用商品与服务国际分类尼斯协定》，从而使我国的知识产权保护与知识产权国际保护接轨。

公共关系人员在处理涉及知识产权问题的事务中，要对保护知识产权的各种法律有清楚的认识。因为公共关系人员在本职活动中会经常涉及商标、专利、著作、广告等一系列内容，如果不清楚知识产权的保护法律，就有可能发生各种各样的侵权行为，妨碍公共关系活动的正常开展。

1. 知识产权的范围

公关人员要明确知识产权的范围。知识产权的范围就是法律所规定的知识产权所基于产生的知识产品的种类。知识产权的范围是极为广泛的，根据《建立世界知识产权组织公约》的规定，知识产权的范围包括以下几个方面。

（1）关于文学、艺术和科学产品的权利。

（2）关于表演艺术家的演出、录音和广播的权利。

（3）关于人们在一切领域中的发明的权利。

(4) 关于科学发现的权利。

(5) 关于工业品外观设计的权利。

(6) 关于商标、服务标志、厂商名称和标记的权利。

(7) 关于制止不正当竞争的权利。

(8) 在工业、科学、文学和艺术领域里一切其他来自智力活动的权利。

根据我国《民法通则》第五章第三节的规定，我国知识产权的范围主要包括著作权（版权）、专利权、商标专用权、发现权、发明权和其他科技成果权。其中，著作权、专利权和商标权是世界各国知识产权普遍保护的范围，而发明权、发现权和其他科技成果权则是我国《民法通则》中规定的扩大的知识产权的范围。其中的发明是指未申请专利的发明和专利法中有些规定不能取得专利权的发明，其范围要比专利权所指的发明更广泛一些。其中的其他科技成果权则具体指科学技术进步、合理化建议和技术改进等内容。这种范围的扩大是我国知识产权法律制度的特点。

就世界各国知识产权制度的发展来说，范围的扩大将是一种随着科学技术的不断发展而必然的趋势，如计算机软件、半导体芯片设计等已成为一些国家知识产权的保护范围，我国知识产权法律制度为了适应这种发展趋势，也在逐步扩大知识产权保护的范围。

2. 知识产权的保护

(1) 著作权，指著作人员对其作品所享有的权利。这种权利基本上可以分为两部分，一部分是财产权，另一部分是人身权。著作权中的财产权，即著作人可以发表、出版自己的著作，并依法获得报酬的权利。这种权利是可以转让的，即著作人把发表、出版自己著作的专有权依法转让给出版人。著作权中的人身权，即作者在其作品上署名的权利。这种权利是不能转让的。版权，即发表、出版自己或他人著作的专有权，这种权利是从财产权角度对著作权的行使。版权可以转让，但只能由权利主体专有。

(2) 专利权，指专利权人在法定期限内对其发明创造享有的专用权。专利权的客体，一般是科学技术的发明创造，这是一种具有巨大能量的潜在生产力。法律赋予专利权人以专利权，就是为了促进科学技术向实际生产力的转化。专利权指专利权人可以享有的如下权利：对自己的发明创造享有所有权；对自己的发明创造加以使用、创造并销售其专利产品的权利；许可他人使用自己的专利并依法获得报酬的权利；转让专利的权利，即依法对专利进行处分，把专利出售给其他人；请求人民法院或者有关部门保护自己专利权的权利。

(3) 商标权，即商标权人对商标的专用权。商标，即商品的标志，由一些文字、图形、符号组合而成，使它所代表的商品与其他产品相区别。商标代表着商品的信誉，在商品经济社会中具有极其重要的意义，尤其是名优产品的商标，往往具有巨大的经济价值。法律授予商标权人以商标权，就是为了维护商品生产者的合法权利。商标权人可以行使的权利，与专利权人可以行使的专利权相类似。

(4) 发明权，指发明人专用其发明的权利。发明权中的发明是指没有申请专利的发明。之所以没有申请专利，可能有两种原因：一是发明达不到专利必需的条件，二是发明人不愿意自己的技术被强制扩散。所以，不能认为这种发明意义不大，相反，这种发明常常是非常有价值的技术，一般称为"专有技术"。

(5) 发现权，指公民对科学研究发现的专有权，主要是指发现人对其发现所享有的申请领取荣誉证书、奖金或者其他奖励的权利，以及在发现物上命名等权利。发现，是指对自然规律、自然现象的特征的揭示。发现使人们认清了规律，增强了利用自然规律造福人类的能力，所以，它不但对科学的发展有重要意义，而且还可能对生产力的发展有重要的意义。发现权一般只能由公民个人所有，因为发现是一种非常艰苦复杂的个人劳动或个人合伙劳动，故法人一般不享有发现权。

二、公关策划人员的职业道德

作为社会经济发展的客观需要的公关工作，已经成为现代社会中一种社会职业，在组织或企业内部既有组织机构，又有专职工作人员，所以必须有一整套行为规范约束其言行，使其运行在正确的轨道上。可见，公关职业和公关道德之间是"皮与毛"的关系，"皮之不存，毛将焉附？"公共关系是一种特殊的职业，它的工作对象处于不断地变换之中，但万变不离其宗，处于公关岗位上的工作人员应具备以下职业道德。

(一) 客观

要求公共关系人员不带个人偏见，不受已有的观念或别人主观意见左右，按照事物的本来面目考察、反映它，这是公共关系人员的行为准则之一。公共关系人员，一方面要客观地整理、分析和向决策部门提供来自各方面的各种信息，做好自下而上的传递；另一方面，要客观地向公众宣传自己组织的现实表现，做好自上而下的传递。在这双向传递中，不要护短，不要报喜不报忧，要公开"善事"，也要公开劣迹。

(二) 真实

与客观事实相一致，不弄虚作假就是真实。公共关系工作的内容首先是传递关于个人、公司、政府机构或其他组织的信息，加强沟通，树立信誉，推广形象，以改善公众对他们的态度的活动。要使公共关系工作获得成功，必须保证传播的信息完全真实，否则会使企业在公众中丧失信誉，使管理者做出失败的决策，让组织陷入不可挽回的境地。同时，这也会损害有关新闻机构的社会信誉，损害公共关系组织的声誉。大众的失望与怀疑是公共关系活动中的致命阻力，为了树立良好信誉，真实是公共关系的生命。

欧美各国的公共关系协会规定的职业行为准则中都有关于保证真实性的规定，如《英国公共关系协会职业行为准则》规定："各会员不得有意不顾后果地散布虚假的信息，而应注意避免不慎犯此错误，应以保证真实与准确为己任。"人们普遍认为真实性的原则，是一切公共关系人员必须坚守的主要的职业道德准则。

（三）准确

行为的结果与预期的实际情况完全符合就是准确。公共关系工作主要是通过信息的传播来达到沟通、改善管理、树立信誉、推广形象的目的，因而要使公共关系工作获得成功就必须保证传播信息的准确。准确与真实是相辅相成的。准确侧重于客观方面，真实侧重于主观方面。不准确的信息，不仅会使企业在公众中丧失信誉，而且会使企业做出错误决策，引起严重的后果。这会使公众对企业失去信心，对传播部门反感抵制，造成不好的社会影响。

欧美各国的公共关系协会职业准则中，都有关于保证准确性的规定。如《英国公共关系协会职业行为准则》规定"应以保证真实与准确为己任"。

（四）公正

顾名思义，公平正直，没有偏私。公共关系人员是自己所服务的组织与公众、新闻界以及新闻界与公众之间的"中间人"，要使自己的行为不仅符合本组织的利益，而且符合公众的利益，还要对整个社会负责。因此公共关系人员必须敢于说真话，处事坚持原则，对人无论亲疏，也不论职位高低，都一视同仁。不能为了个人或组织的私利而掩盖事实，偏袒一方，让另一方受损失，要公平合理地处理日常事务。

欧美各国的公共关系协会制定的职业行为准则中，都有关于坚持公正立场的规定。如《英国公共关系协会职业行为准则》规定："在任何时候都应忠诚、公正地对待他目前及以往的客户与雇主、其他会员、传播媒介与公众。"

第四节 原创策划"全新高尔夫 唯你，为我"[①]

——高尔夫7策划书

21世纪初中国加入WTO后，汽车市场规模迅速扩大，全面融入世界汽车体系。现

[①] 本策划方案根据中山大学新华学院2012级公共关系学专业学生胡巧娇、梁超鸿、刘宇倩、罗子威、郑倩怡撰写的原创策划方案整理而成。

今，汽车已经完全融入并影响着我们的生活，无处不在也无可替代。

一、项目背景

2012年12月10日，一汽大众全新高尔夫正式上市，新车为第七代车型。高尔夫是大众汽车品牌重要的象征性产品之一，历代车型集成了大众品牌的先进技术、全新的设计语言，已经成为了大众汽车在全球市场的名片。

截至2012年，高尔夫的全球销量已经超过2 900万辆，使其一跃成为大众旗下有史以来最畅销的车型。吸取前几代高尔夫的前车之鉴，新高尔夫7采用了较低的售价切入市场，新颖的TSI+DSG技术组合很快得到了国人的认可和追捧。数据上变大的车身尺寸，更加出色的燃油经济性，以及更丰富的配置等，这都让高尔夫7的竞争力有了大幅的提升，但是价格问题让国产高尔夫7变得并不那么突出，B级车都可以跨级抢占它的市场，国产高尔夫7平添了很多竞争对手。

从同一级别汽车销量排名的榜单上看，稳居第一的福克斯两厢无疑是高尔夫7最大的对手。虽然高尔夫7的尺寸有所加大，但与福克斯两厢对比，各项参数都不占优势。因此，如何制定好高尔夫7的公关策略就显得尤为重要。

二、扎根理论

（一）样本的选取（见表10-1）

表10-1　样本选取

类　　别	数　　量
中层管理者	1
专业人士	1
中小企业主	1
公务员	1
普通职员	1

（二）资料收集和分析

本研究以开放式访谈的方式采集信息。受访者均在自愿的基础上接受录音访谈。访谈结束后整理为文字稿，作为进一步分析的材料。分析过程依次按照扎根理论的开放性编码、主轴编码和选择性编码的分析要求进行。

（三）结论推导（见图 10-1）

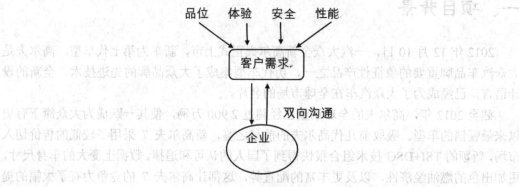

图 10-1　结论推导

结论说明：

（1）目前的客户最关注的是品位、体验、安全和性能四大方面。

（2）要加强企业与客户之间的双向沟通，抓住客户的上升需求。

（3）针对不同的消费群体，应采用不同的消费策略。中层管理者及专业人士侧重于考虑体验和品位；公务员和普通职员则侧重考虑配置、性能，更注重实用性。

三、监测分析

（一）媒体监测

媒体监测——高尔夫 7 的传播现状

1. 媒介类型

现阶段一汽大众高尔夫 7 的传播方式以投放硬性广告为主，主要的传播媒介有网站新闻、纸质媒体、电视传媒等。从网络搜索信息可知，高尔夫 7 具有一定的新闻量和传播效果，但与对手新福克斯相比，效果较差。

2. 媒介内容

有关高尔夫 7 的网络新闻截图如图 10-2 所示。

3. 关键信息

- 第 7 代高尔夫实拍图（见图 10-3）
- 高尔夫 7 价格的优惠
- 新福克斯和高尔夫 7 的对比
- 高尔夫 7 的操控表现

第十章 公关策划人员的素质要求与培训

- 进口大众高尔夫优惠7.5万元 有少量现车! 搜狐网 2014-01-01 03:53:00
- JMS发布高尔夫7运动套件 外观操控均升级 腾讯汽车 2014-01-01 08:32:14
- 威海地区购高尔夫进口最高优惠2.7万元 易车网 2013-12-31 16:38:00
- 增配又加价 高尔夫7对比高尔夫6 网上车市 2013-12-31 06:48:00
- 大众第7代高尔夫到店实拍 传奇再次进化 【31】人民网福建频道 2013-12-31 02:47:00 4条相同新闻>>
- 高尔夫年终大酬宾 最高优惠0.7万元 汽车之家网 2013-12-31 08:55:11
- 大众第7代高尔夫到店实拍 传奇再次进化 人民网福建频道 2013-12-30 23:27:00 4条相同新闻>>
- 高尔夫7明年四月可提 热门新车行情汇总 环球网 2013-12-30 22:52:00 3条相同新闻>>
- 两厢王者之争 新福克斯对比高尔夫7 网易汽车 2013-12-30 16:54:23 9条相同新闻>>
- 蓄势待发 一汽-大众高尔夫7静态实拍 汽车之家网 2013-12-30 17:00:00 3条相同新闻>>

图 10-2　高尔夫 7 网络新闻截图

图 10-3　第 7 代高尔夫实拍图

4. 话题

现阶段媒体对高尔夫 7 的报道多为行业视角，能为公众提供专业分析。

（二）同行业分析

通过背景资料分析，目前中国汽车行业中，与高尔夫 7 同属 A 级两厢轿车且在性能、配置方面都难分伯仲的强有力的市场竞争对手是：长安福特新福克斯。用"命中注定的对手"来形容高尔夫与福克斯之间的关系是太贴切不过了，可以说福克斯之所以诞生就是为了能和高尔夫在紧凑型两厢车领域一较高下，随着第 7 代高尔夫的降临，对决又将上演，因此我们对两款车进行了对比，如表 10-2 所示。

表 10-2 高尔夫 7 与新福克斯对比表

	高尔夫 7	新福克斯
外观	● 外观轮廓延续了第二代的设计风格，正面线条的刻画上更加硬朗犀利，车头的层次感更加突出 ● 侧面的整体感更强，C 柱设计则回归至第四代车型的经典造型 ● 细节之处更加前卫，近远光一体式前大灯的灯头周围增加电镀装饰件，整体质感更加精致，不过略显遗憾的是，日间行车灯仍旧为卤素光源 ● 天窗外飘式设计，有效增大透光面积，避免了对于后排乘客头部空间的影响	● 核心概念是突破，不规则的前大灯与夸张的倒梯形前进气格栅组成的前脸战斗感十足 ● 侧面上扬的腰线诠释着新福克斯彻底的运动化定位 ● 采用了进气格栅主动关闭系统，通过多达 15 种不同姿态的调节方式为冷却系统与发动机降温，在紧凑级车型应用这项技术新福克斯算是第一个
内饰	● 内饰亲切，由第六代的对称式中控回归到了第四代车型所采用的偏向驾驶员一侧的中控，这也恰恰体现了高尔夫所要传递的理念："这是一辆十足的驾驶者之车" ● 内饰用料与工艺上相比第六代车型的改变也是巨大的，尤其是钢琴漆的应用使得车内时尚感大幅提升，全新的方向盘造型也更加精致	● 内饰同外观风格保持一致，主要以强调运动化与科技感为中心思想 ● 方向盘与座椅都充满了运动风，而中控的线条则充斥着棱角感，设计前卫 ● 在内饰用料与工艺上，新福克斯仍然十分慷慨，所有可能在事故中危害乘客的部分都采用了软性材质。高配车型中同样采用了钢琴漆来提升内饰质感
配置	● 全新升级的多媒体系统，相比老款车型增加了实时交通信息功能 ● 在行车配置上高尔夫 7 也增加了诸如 ACC 自适应巡航、自动启停系统以及 Autohold 电子手刹等一系列的尖端技术，使得高尔夫 7 的综合配置水平在同级别车型中独领风骚	除了基础化的功能之外并没有太多亮点可言，新福克斯则是全系车型都没有搭载 GPS 系统。主打的 SYNC 车载多媒体系统还是可以为驾驶者日常用车提供一些便利，只是由于中控显示器规格太小其实际效果也并不十分理想
动力	在动力配置上依然延续着高尔夫 6 所采用的 1.6L+1.4T 组合，不过全新升级的 EA211 系列发动机在动力上相比老款有了提升，并且在旗舰车型上还增加了 1.4T 的高增压版本进一步强化动力表现	全系采用了自然吸气发动机+6 速双离合变速器的组合，在技术性与燃油经济性的表现上相比高尔夫 6 还是略有差距。从操控上来说，前后独立悬挂的新福克斯相比变为非独立后悬挂的高尔夫 7 能体现出更多的运动化质感

四、项目策划

（一）公关目标

（1）促进广大公众对高尔夫 7 的了解，激发他们的消费热情和购买欲望。

(2) 巩固高尔夫 7 的市场领导地位，进一步确立 the golf. the one .for me 的产品形象。

(3) 实现营销目标。

(4) 扩大高尔夫 7 在各市场的占有率。

(5) 增加企业的知名度和美誉度，从而使企业和产品的形象深入人心。

（二）宣传方案

关于 Q 版高尔夫 7 漂流方案

活动日期：3 月份。

活动主题：高尔夫 7 的奇幻漂流记。

活动对象：25～35 岁之间的年轻人，媒体朋友。

活动目标：通过 Q 版高尔夫 7 漂流活动制造一个社会热点、新闻热点，从而提高高尔夫 7 的知名度、美誉度和关注度，让越来越多的人关注高尔夫 7、了解高尔夫 7，为新车做好舆论宣传，形成良好的口碑。

活动地点：珠江某水域。

活动内容：前期宣传——投放公关软文给汽车杂志、报纸、网络媒体。在地铁、公交等实际载体上面投放活动的介绍。中期开展——制作一个超大型的高尔夫 7 充气模型，由一艘轮船牵引沿规定线路行驶，在几个固定的线路点停留，供大家与其拍照，把合照发送到微博上并@一汽大众就能参加幸运大抽奖，有机会获得高尔夫 7 一辆、高尔夫 7 汽车模型一个、高尔夫 7 免费保养 3 年等奖品。照片质量必须大于 480P，画质清晰，看得见拍摄者和 Q 版高尔夫 7。

经费预算：定制 Q 版高尔夫车模型，小型鼓风机，广告的费用。

（三）活动方案

大众自驾游，高尔夫伴我行

1. 活动目的

(1) 进一步树立大众汽车品牌形象，向新老客户全面推介高尔夫车。

(2) 配合新款高尔夫 7 汽车的上市，使广大消费者尤其是目标客户及时了解新品高尔夫 7 的全面情况。

(3) 通过此次活动加深老用户对新款高尔夫 7 汽车的印象，提高目标用户对品牌的向心力，从而最终实现提升品牌知名度、促进新款车型销售，扩大高尔夫 7 影响力的目的。

(4) 突破以往新品上市举办新闻发布会的传统信息发布模式，使用户在独到新颖的活动中亲身体验高尔夫 7 汽车的高性能、高省油性，达到自然的口碑广告宣传效果，有力地补充新品推广的广告宣传渠道。

（5）令广州地区经销商和相关客户及媒体之间的关系更加亲密，同时，也可以收集到更多、更准确、更真实的市场反馈信息，以利于经销商更好地开展市场推广工作。

2．活动时间

6月中旬（双休日）

3．活动主题

大众自驾游，高尔夫伴我行

4．活动地点

广州

5．活动对象

（1）高尔夫老客户（进一步密切关系，并在此类群体中产生相应的信息辐射力）。

（2）目标客户（选出有购买意向者，凭驾驶证报名，全面感受高尔夫7新品）。

（3）媒体人员（《广州晨报》、163汽车之家网站，以及相关新闻传媒、汽车杂志等）。

五、项目实施

（一）前期准备

1．前期宣传

在《羊城晚报》及汽车杂志、电台广播上进行高尔夫7新品的前期宣传，预告"广州一日游，高尔夫伴我行"的活动信息，引起广大受众对此次活动的关注。

2．联系客户

由销售部人员联系新老客户及有购买意向的客户，并说明高尔夫7汽车自驾游的相关事项。

3．车辆准备

老车主自驾车（是否需要客户加满油需要待定），公司提供免费检测服务。其他人员驾驶经销商提供的高尔夫7汽车。将路线图分发给所有参与者。

4．人员筛选

经销商对报名参加自驾游的人员进行筛选、确认，并决定最终来宾名单（参加人员是否可以携带1名同行人员需要待定）。

（二）线路内容

1．活动线路

起点：广州市大众汽车销售服务公司

终点：未定

路线：可根据市场推广需要决定行进路线，考虑到双休日车辆较少，可以适当安排途经一些繁华地点,以扩大高尔夫 7 的品牌影响。

2. 活动内容

(1) 08:00,新老客户在广州市大众高尔夫 4S 店集合。

(2) 08:00—08:45,大众工作人员负责对车辆停放位置统一安排,并逐一对参加自驾游的车辆及人员进行登记,相关人员对来宾车辆以及所有参加自驾游的汽车进行统一装饰,张贴印有活动主题和标志的车身贴,并对车辆进行编号,在车头及车尾醒目位置张贴号牌。工作人员向每位参加自驾游的人员发放行进路线图和活动注意事项说明。

(3) 08:45,召开简短的活动说明会(介绍行进路线、注意事项等)。

(4) 9:00,车队从大众汽车销售服务公司出发,按计划路线至(活动选定地点),车队领队人员及陪驾人员由大众高尔夫 4S 店统一安排。

(5) 10:30—11:00,车队需行驶 1~2 小时(根据道路交通情况而定),有车辆掉队或出现任何意外时,车队将继续前行,由活动服务保障人员负责处理相关事务。所有车辆按编号行驶,不能私自超车和停车,如有其他事宜,须随时和总领队联系。应保持整个车队队型一致,以安全驾驶为第一原则,同时也可以更好地展示一汽品牌的整体形象。

(6) 11:30,车队到达目的地,进入活动场地,车辆驾驶人员到工作人员处签到,领取纪念品,同时报名参加各项游戏。各项游戏将以展板形式在签到台处予以宣传。

(7) 11:50,来宾进入主会场,销售商领导致辞。

(8) 11:55—13:00 酒会(可安排一些当地最具特色的农家菜以突显农庄游的别致之处)。

(9) 13:00—13:20,来宾自由交流、休息。

(10) 13:20—15:00,户外互动活动——旅游景点,一汽竞技场。

(11) 13:00—15:30,来宾游览当地景点(可根据实际情况选择一两个景点游览)。

(12) 16:00,活动结束,车队返程(或者举行颁奖晚宴并安排住宿,或者返程后安排颁奖晚宴)。

(三)互动节目

1. 绕杆刺球

活动规则:在规定的时间内(事先由工作人员驾驶车辆预测正常行驶所需的时间),参赛者(两人一组)驾驶高尔夫 7 汽车绕过路面事先固定的旗杆(8~10 只,呈 s 形摆放),并由副驾驶将旗杆上捆绑的彩色气球刺破,在规定的时间内刺破气球数量最多者胜出。活动人员需提前报名领号,并按号参加比赛。

活动目的:充分展示高尔夫 7 汽车的驾驶灵活性及易控性。

活动奖励:一等奖 1 名:价值 300 元奖品;二等奖 2 名:价值 200 元奖品;三等奖 3 名:价值 100 元奖品。

2. 有奖抢答

活动规则：在高跷上抢答有关高尔夫 7 的问题，中途从高跷上滑落者将被取消答题资格。共计 10 题。

活动目的：通过"高尔夫 7 有奖竞答"，让新老客户进一步了解高尔夫 7 的产品特性和功能特点；借助"踩高跷"的民间习俗，可以给竞答活动增加新意，并吻合"农庄游"的活动主题。

活动奖励：每答对一道问题者，奖励价值 100 元的礼品一份；答对问题者还可以继续抢答以后的问题。

3. 水杯快运

活动规则：在规定时间路线内行驶，由工作人员给每位驾驶员发放一只水杯，杯内装满水，但不盖杯盖。用绳子将水杯固定在第一排（或最后一排座椅）的椅脚，待到达活动目的地后，由工作人员统一逐辆汽车收集水杯，并标上车辆的号牌，杯中水位高者胜出。在酒会之后统一颁奖。

活动目的：展示高尔夫 7 汽车行驶途中的平稳性。

活动奖励：一等奖 1 名：价值 300 元奖品（或奖金）；二等奖 2 名：价值 200 元奖品（或奖金）；三等奖 3 名：价值 100 元奖品（或奖金）。

4. 装箱比赛

活动规则：由 16 名用户自由组成四组，每组 4 人，在规定的时间内往车内堆放同等规格的纸箱，比赛结束时，车辆中存放纸箱数量最多的一组获胜。为增加互动的趣味性，可在各队搬运的其中一只箱子里（工作人员可做好记号）事先摆放一只鸡蛋或其他易碎品。如果比赛结束后，装箱最多且易碎品未破的一组胜出。易碎品损坏的一组在成绩中扣除 5 只箱子。

活动目的：突出高尔夫 7 超大空间的特色。

活动奖励：一等奖 1 组：价值 200 元奖品（或奖金）；二等奖 1 组：价值 150 元奖品（或奖金）；三等奖 2 组：价值 100 元奖品（或奖金）。

5. 摄影比赛

参赛者：凡参加本次"自驾游"活动的所有人员均可参加。

形式：由车主自带相机，自由拍摄，形式不限，内容不限。

评奖：返程后统一由市场部负责跟踪、收集相片（数码相机拍摄的照片须冲印成照片），然后组织评比，分别评出一等奖 1 名；二等奖 2 名；三等奖 3 名。

奖金：一等奖：500 元（也可折换成等值的奖品）；二等奖：300 元（也可折换成等值的奖品）；三等奖：100 元（也可折换成等值的奖品）。

（四）具体事项

1. 行程安排

行程安排：1 天

全程：约 300 公里

行车时间：单程约 3 小时

2. 自驾游工作组成员

总指挥：1 人

总协调：1 人

车辆维护：1 人

电视台特邀记者：2 人

导游：1 人

其他成员：4 人

3. 准备活动安排

6 月 15 日—20 日：自驾游活动会员报名，确定参加人数（本次会员活动报名总数计 20 人）。

6 月 21 日：与旅行社签订旅游协议，预订饭店、安排食宿、落实活动场地、工作人员明确分工等。

6 月 10 日—19 日：

活动宣传：会员联系、发放入会手册、会员登记等。

横幅制作：由工作人员负责。

策划及准备：场地布置、主持人选、流程安排、活动内容、物品物资等。

6 月 21 日：

车辆行前检查：所有参加自驾车旅游车辆（广州市大众高尔夫 4S 店维修部负责车辆的接待和具体检查项目的实施）。

自驾游行前说明会：向所有参加自驾车旅游会员发放本次自驾游活动安排及注意事项宣传资料（由工作人员负责）。

4. 具体行程安排

6 月 25 日：

上午 8:00—8:30，车辆排序，出发前检测，派送物品（由公司工作人员向会员每人发放一瓶纯净水、一份点心等），粘贴标签；集合地点：大众高尔夫 4S 店正门。

上午 8:30，准时出发，遵循指定路线进行市内巡游后开赴指定地点。

下午 4:00 回城。

下午 5:30 返回 4S 店，由公司工作人员向会员发放本次活动的纪念品：平安符或车用香水或其他饰品，结束愉快的旅程。

5. 收费标准

****/人

用餐：中餐标准**元/桌。

（五）物料布置

1. 活动会场布置

指路牌、工作人员胸卡、会议资料封套、签到本、笔、会议手提袋、奖品、成绩记录表、各项比赛奖项说明、签到台、易拉宝展架（宣传互动活动比赛规则）、水杯（比赛用）；会议资料系列软文、讲话稿、活动议程安排表和餐饮安排。主会场外物料布置横幅一条：热烈欢迎参加"一汽大众汽车自驾游活动"的来宾等。

2. 活动区域外场布置

活动背景板内容：本次活动主题海报；拱门内容：热烈欢迎参加"一汽大众汽车自驾游"的来宾；道旗8面。

（六）出行注意事项

（1）自备个人生活卫生物品、户外休闲旅行服装、换洗衣物、旅游鞋、棉袜等。

（2）公司配备药品：晕车灵、止泻药、创可贴、感冒药等，其他药品自备。注意行车中不能使用含扑尔敏成分的药品，以免影响安全驾车。

（3）个人自备饮用水、零食、相机等旅游物品，以及身份证、驾驶证、行驶证、养路费、购置税、车辆使用税、保险费单等与车及车主有关的证明材料。

（4）自驾车装备：千斤顶、备胎、专用维修工具、易损零配件一批、备足油量、车况的安全检查（油路、电路、刹车、底盘、方向、冷却液、车灯等）。

（5）所有参与活动者，必须严格遵守有关规定及工作人员安排，注意安全，忌酒后开车和疲劳驾驶，切勿擅自脱离队伍活动，以免发生意外。

（七）经费预算（见表10-3）

表10-3 经费预算表

物　资	单价/元	数　量	总价/元	备　注
横幅	100	2条	200	
海报	150	1张	150	
导游费	300	2人	600	
景点门票	60	50张	300	
车贴装饰	30	20张	600	
纪念品	10	50份	500	

续表

物资	单价/元	数量	总价/元	备注
道旗	40	8面	320	
指示牌	30	10张	300	
水杯	10	1包	10	
水和点心	5	52份	260	
奖品（奖金）			3 450	
网络媒体费用	5 000	3天	15 000	
纸质媒体费用	8 000	3天	24 000	
餐宴费用	800	5×2桌	8 000	
打印纸张			无	
总计			53 690	

（八）危机管理

1. 人员受伤或突发疾病

准备常用药品，可供临时使用，并且与工作人员保持通信畅通。

本次活动为了防止有意外发生，建议配备随行救护人员，要求专业医疗救护人员在整个自驾游期间待命。发现病患后，应及时送就近医院治疗。工作人员也要提前培训急救知识，携带急救箱。

2. 车辆故障

小故障：车队就近整队停车，随行维修人员进行现场处理。

大故障：如果短时间内无法修理好，则车队继续前进。如故障车辆经维修处理后能跟上车队就跟上车队。如维修人员确定无法现场处理，电话通知公司救援车进行救援，并退还用户没有发生的费用。

3. 车主不服从管理

活动前随行人员事前培训，并签订免责协议。思想引导，尽力劝服。

4. 天气突变

小雨：检查活动现场电器设备，电源情况，做好防雨工作。

中到大风、大雨：出发前，暂停出发；活动进行中，暂停活动或随机应变。

极端恶劣灾害性天气：终止活动。

5. 交通事故

轻微事故：车队继续前进，现场留工作人员帮助协调解决。事故双方可以协商处理，但要留下对方的车牌号码和联系方式。

重大事故：造成了严重的损失、人员伤亡，或者事故双方不愿调解，就需要保护现场，及时通知交警部门、医疗部门、保险部门。

六、预估与总结

（一）效果预估

1. 提高知名度，制造舆论话题

通过活动可以提高高尔夫7的知名度，制造舆论话题，让更多的人知道高尔夫7。利用媒体宣传的广度和宽度，带动周围的人群发现、了解高尔夫7，打造品牌形象。与此同时，人们通过自驾游等活动，也可以增强和其他车友的沟通，培养感情，培养和巩固我们的目标群体。

2. 将潜在客户转化为现实客户

加强公众对高尔夫7的认识，培养潜在客户。高尔夫7轿车的文化品味取决于客户的认知。发现潜在客户，为客户提供合适的产品，必须调查客户的内心世界。只有充分地与客户进行沟通，了解产品知识、品牌价值、产品的效用需求及其评价标准、客户的个性品味等因素，才能找准潜在客户心理，获得现实客户。

提高了服务质量，将客户的购买和消费变成一次次愉快的交流和体验。"没有最好，只有更好"，要有"我们一直在努力"的服务精神，不断超越客户的期望值。绝对不可以小视客户的"口耳相传"的广告效应。

（二）项目总结

通过本次"大众自驾游，高尔夫伴我行"自驾游活动的成功举办，为广大高尔夫车友送去细微关爱，真正的以文化服务营销占有市场份额，促动销售，拉动销量的大幅度提升。

有效提高高尔夫品牌的知名度和美誉度。虽然在活动过程中有些方面还有待改进和完善，但是大众的员工们有决心在未来的工作中再接再厉，为所有购买高尔夫汽车和将要购买高尔夫汽车的朋友们，打造更好更完善的服务平台，创造更有价值的生活空间，享受更完美的生活质量。

参考文献

1. 陈向阳．公关顾问专业指南．合肥：安徽人民出版社，2004
2. 余永跃．公共关系学通识教程．武汉：武汉大学出版社，2007
3. 郭志台．媒体公关：如何用好营销新利器．北京：机械工业出版社，2006
4. （美）马克·麦希斯．媒体公关 12 法则．吴友富，王英等译．广州：广东经济出版社，2004
5. 易圣华．整合营销之公关新闻策划．重庆：重庆电子音像出版社，2002
6. 赵文明．公关智慧 168．北京：机械工业出版社，2006
7. 刘园．谈判学概论．北京：首都经济贸易大学出版社，2006
8. （美）罗杰·道森．有效谈判秘诀：谈判大师的秘密武器．唐华译．北京：华夏出版社，2001
9. 谢承志．公关谈判艺术．上海：同济大学出版社，2001
10. 孙长征，黄洪民，吕舟雷．公关谈判与推销技巧．第 2 版．青岛：青岛出版社，2000
11. 张雷．就这样去谈判．银川：宁夏人民出版社，2001
12. 王志文．民营企业国际贸易谈判技巧．呼和浩特：内蒙古人民出版社，2002
13. 蒋春堂．经济谈判案例精选评析．武汉：武汉测绘科技大学出版社，1998
14. 廖为建．公共关系学．北京：高等教育出版社，2000
15. （美）特伦斯·A.辛普．整合营销沟通．第 5 版．熊英翔译．北京：中信出版社，2003
16. （美）菲利普·科特勒．营销管理：分析、计划、执行和控制．第 9 版．梅汝和，梅清豪，张桁译．上海：上海人民出版社，1999
17. 范云峰，梁士伦．营销公关．北京：中国经济出版社，2004
18. 骆祖望．营销公关．上海：中国大百科全书出版社上海分社，1995
19. 张勇．非传统营销．广州：广东经济出版社，2004
20. 胡百精．危机传播管理．北京：中国传媒大学出版社，2005
21. 吴应快，张志强．扫雷：企业不得不面对的危机公关．北京：东方出版社，2004
22. 南兆旭．公关危机处理方法．北京：中国标准出版社，2004

23. 滕宝红. 公关危机处理经典案例. 北京：中国标准出版社，2004
24. （英）迈克尔·里杰斯特. 危机公关. 上海：复旦大学出版社，1995
25. 史安斌. 危机传播与新闻发布. 广州：南方日报出版社，2004
26. 余明阳. 现代公共关系实务大全. 北京：企业管理出版社，1996
27. 姚建平. 实用公共关系. 重庆：重庆大学出版社，2002
28. 王纪平，王朋进，潘忠勇. 如何赢得媒体宣传——公共组织宣传操作指南. 广州：南方日报出版社，2006
29. 谭昆智. 公关原理与案例剖析. 北京：清华大学出版社，2008
30. 谭昆智. 营销城市. 广州：中山大学出版社，2004
31. 谭昆智. 营销管理. 广州：中山大学出版社，2005
32. 谭昆智. 现代企业营销创新. 广州：中山大学出版社，2007